高职高专旅游与酒店管理专业系列教材

饭店管理概论

（第4版）

梁　瑜　牟　昆　李明宇　主编

清华大学出版社

北　京

内 容 简 介

本书根据中华人民共和国教育部颁发的《高等职业学校专业教学标准》编写。全书共十二章，内容包括：饭店管理概述、饭店组织管理、饭店营销管理、饭店前厅服务与管理、饭店客房服务与管理、饭店餐饮服务与管理、饭店康乐服务与管理、饭店人力资源管理、饭店财务管理、饭店安全与危机管理、饭店后勤保障管理、饭店服务质量管理。

本书深入浅出，通俗易懂，注重理论与实践相结合；突出高职高专教学注重能力培养这条主线，有机地融合知识、技术、能力、素质等要素，以方便学生学以致用、学有所成，具有一定的前瞻性和可操作性。

本书既可作为高等院校相关专业本科、专科教学的参考书，也可作为旅游管理与饭店管理工作人员的自学读物。

图书在版编目(CIP)数据

饭店管理概论 / 梁瑜，牟昆，李明宇主编. —4版. —北京：清华大学出版社，2023.6
高职高专旅游与酒店管理专业系列教材
ISBN 978-7-302-63720-2

Ⅰ. ①饭… Ⅱ. ①梁… ②牟… ③李… Ⅲ. ①饭店—企业管理—高等职业教育—教材
Ⅳ. ①F719.2

中国国家版本馆 CIP 数据核字 (2023) 第 097125 号

责任编辑：施 猛 王 欢
封面设计：常雪影
版式设计：孔祥峰
责任校对：马遥遥
责任印制：丛怀宇

出版发行：清华大学出版社
　　　　网　　　址：http://www.tup.com.cn，http://www.wqbook.com
　　　　地　　　址：北京清华大学学研大厦 A 座　　　　　邮　　编：100084
　　　　社 总 机：010-83470000　　　　　　　　　　　邮　　购：010-62786544
　　　　投稿与读者服务：010-62776969，c-service@tup.tsinghua.edu.cn
　　　　质 量 反 馈：010-62772015，zhiliang@tup.tsinghua.edu.cn
印 装 者：大厂回族自治县彩虹印刷有限公司
经　　销：全国新华书店
开　　本：185mm×260mm　　　印　　张：20.5　　　字　　数：474 千字
版　　次：2014 年 7 月第 1 版　　2023 年 6 月第 4 版　　印　　次：2023 年 6 月第 1 次印刷
定　　价：59.80 元

产品编号：092337-01

第4版前言

《饭店管理概论》自出版以来，深受高等院校广大师生的喜爱和欢迎，已经累计出版近4万册。结合饭店行业的新发展以及相关院校使用反馈，我们在第3版的基础上做了进一步修订，以期更好地引领学生学习饭店管理知识，提升技能水平。

党的二十大描绘了全面建设社会主义现代化国家的宏伟蓝图。我们要坚持以习近平新时代中国特色社会主义思想为指导，扎实推进中国式现代化，持续改善民生，保持社会大局稳定，为全面建设社会主义现代化国家开好局起好步。如今，中国经济与民众生活稳中向好，饭店行业发展快速，具体表现为饭店集团发展势头更猛，本土化态势更烈；依托新技术、新媒介、智能化系统强势革新饭店的产品与设备以及服务与营销模式，特别是各种新型饭店的大规模涌现，提示我们必须转变视角，打开思维，迎接这个新时代的到来。与此同时，饭店行业的诸多变化和发展也为我们的研究以及本书的修订提供了前沿的信息和鲜活的素材。

本书在第3版的基础上，丰富了饭店管理相关理论知识，基于饭店行业发展新趋势完善了相关内容，增加了行业新动态和新理念；有针对性地更新了部分章节的案例、小资料和相关数据，例如第一章的世界酒店集团排名；删除了部分过时的康乐项目；增加了新冠疫情对饭店安全的影响等内容。从最初的编写到此次修订，我们勤于思索、勇于创新。广大师生对本书的喜爱给了我们不竭的动力，使我们更深切地体会到这门课、这本书的作用与影响。

本书作为校企合作的建设成果，是高等职业院校、应用型本科院校的旅游管理、酒店管理与数字化运营专业规划教材之一。

本书由梁瑜(辽宁现代服务职业技术学院)、牟昆(沈阳大学)和李明宇(沈阳大学)担任主编，由梁瑜进行第4版修订的统筹修改并终审定稿。此外，编者邀请了部分酒店专业人士指导修订工作。

编者在编写本书的过程中，拜读了国内外许多专家和学者的专著，并借鉴了其中部分内容，在此谨向相关作者表示深深的谢意！受时间和水平所限，书中难免会有错误和不妥之处，敬请专家和读者不吝指正。反馈邮箱：wkservice@vip.163.com。

编　者

2022年9月

第3版前言

旅游饭店行业发展日新月异，有关饭店业发展的研究不断推陈出新，为满足广大读者的需求，本书的编写人员参阅了大量的最新相关文献、教材和专著以及行业资讯，对本书的内容重新进行了梳理。在修改第2版教材存在的不当之处的同时，加入了饭店行业的新态势、新信息等内容，以适应新时期饭店行业对饭店从业人才的需求和要求。

饭店管理是以管理学的一般原理和理论为基础，综合运用多学科知识，与饭店具体实践相结合，从饭店本身的业务特点和管理特点出发而形成的一门独特的管理学科。具体来说，饭店管理实际上是"饭店经营管理"的简称，包括经营和管理两个方面。

我们的培养目标：培养德、智、体全面发展，适应生产、经营和服务等方面第一线需要，具有从事饭店服务与管理等工作所必备的岗位知识和服务技能的高等技术应用型人才。

饭店管理课程的教学要求：饭店管理是一门应用性很强的学科，在教学过程中应坚持理论分析与实例、案例分析相结合的方法，通过课堂讲授与实际操作相结合的方式，使学生真正理解和掌握该学科的基本内容、基本知识、基本方法和基本技能。

编者在编写本书的过程中，从高职高专教学的特点出发，注重理论与实践相结合，力求满足酒店管理专业、旅游管理专业对饭店管理教学的要求。在编写内容上，各章紧扣饭店运行规律展开论述，理论与实务兼备，突出了实务的可操作性；在编写风格上，采用朴实的行文风格，深入浅出地阐述了饭店管理的基础理论问题，突出了理论阐述的通俗性；在编写体例上，采用新形式，每章都附有本章知识目标、技能目标、本章小结、案例分析和复习思考题，突出了教材编写体例的务实性。同时，本书还把国内外对饭店管理的最新理论吸收在内，具有新鲜感和时代感。

本书由梁瑜(辽宁现代服务职业技术学院)、牟昆(沈阳大学)和李明宇(沈阳大学)担任主编。编写分工如下：第一章、第二章、第六章、第八章、第九章由梁瑜编写；第三章、第四章、第五章、第十一章、第十二章由牟昆编写；第七章、第十章由李明宇编写。全书由梁瑜、牟昆统稿并修改，终审定稿。

编者在编写本书的过程中，拜读了国内外许多专家和学者的专著，并借鉴了其中部分内容，在此谨向他们表示深深的谢意！受时间和水平所限，书中难免会有错误和不妥之处，敬请专家和读者不吝指正。反馈邮箱：wkservice@vip.163.com。

编　者

2018年4月

第2版前言

本书第1版出版后，受到高等学校广大师生的欢迎，经各学校广泛采用，反馈良好，鉴于以上情况，我们在原来的基础上对本教材做了进一步修订并再版。

此次修订，基本保持第1版的特点和结构体系，并在原有内容基础上针对部分知识进行了更新，尤其对第六章、第七章、第八章作了较大篇幅的修改，引用著名学者Raphael R. Kavanaugh、Jack D. Ninemeier、Kathleen M. Iverson、蒂莫西·R.辛金、格林豪斯的观点，使之与饭店业发展紧密结合。

本书是校企合作建设成果，是应用型本科旅游与酒店管理专业规划教材之一。本书可作为高等院校有关专业本科教学的参考书，也可作为旅游管理与饭店管理工作者的自学读物。

本书由牟昆(沈阳大学)担任主编，万娇(沈阳绿地铂瑞酒店)担任主审，李明宇(沈阳大学)、姚中正(沈阳绿地铂瑞酒店)、侯爽(沈阳大学)、王璐(沈阳大学)、杨光(沈阳大学)参与编写。编写分工如下：第三章、第四章、第五章、第六章、第十二章由牟昆编写；第一章、第七章、第八章、第十章由李明宇编写；第二章由姚中正和杨光编写；第九章由侯爽编写；第十一章由王璐编写。

编者在编写本书的过程中，参考了国内外许多专家和学者的专著，并借鉴了其中部分内容，在此谨向他们表示深深的谢意！由于编者水平有限，书中难免会有错误和不妥之处，敬请专家和读者不吝指正。反馈邮箱：wkservice@vip.163.com。

编　者

2016年6月

第1版前言

饭店管理是以管理学的一般原理和理论为基础，综合运用多学科知识，与具体实践相结合，从饭店本身的业务特点和管理特点出发而形成的一门独特的管理学科。具体来说，饭店管理实际上是"饭店经营管理"的简称，包括经营和管理两个方面，是指饭店管理者在了解市场需求的前提下，为了有效实现饭店的既定目标，遵循一定的原则，运用各种管理方法，对饭店拥有的人力、财力、物力、时间、信息等资源进行计划、组织、指挥、协调和控制等一系列活动的总和。它是管理科学的一个分支，有其特定的研究对象——饭店经营，并已形成独特的管理体系和管理内容。

饭店管理课程的人才培养目标：培养德、智、体全面发展，适应生产、经营和服务等方面第一线需要，具有从事饭店服务与管理等工作所必备的岗位知识和服务技能的高等技术应用型人才，并使其具有较强的分析解决实际问题的能力和动手实践能力。

饭店管理课程的教学要求：饭店管理是一门应用性很强的学科，在教学过程中应使用理论分析与实例、案例分析相结合的方法，通过课堂讲授与实际操作相结合的方式，使学生真正理解和掌握该学科的基本内容、基本知识、基本方法和基本技能。

编者在编写本书的过程中，从高等职业教育教学的特点出发，注重理论与实践相结合，力求满足酒店管理专业、旅游管理专业对饭店管理教学的要求。在编写内容上，各章紧扣饭店实际运营规律而展开，理论与实务兼备，突出了实务的可操作性；在编写风格上，围绕基础理论，采用朴实的行文风格，深入浅出地阐述了饭店管理的基础理论，突出了理论的通俗性；在编写体例上，采用新形式，每章都附有知识目标、技能目标、引导案例、本章导语以及本章小结、案例分析和复习思考题，突出了内容的务实性。同时，本书还把国内外对饭店管理的最新理论吸收在内，使其具有新鲜感和时代感。

本书由梁瑜(辽宁现代服务职业技术学院)、牟昆(沈阳大学)担任主编，李明宇(沈阳大学)、张虹薇(辽宁现代服务职业技术学院)和阎文实(辽宁林业职业技术学院)担任副主编。编写分工如下：第二章、第六章、第九章由梁瑜编写；第三章、第四章、第五章、第十一章、第十二章由牟昆编写；第一章、第七章、第十章由李明宇编写；第八章由李明宇和张虹薇编写。全书由牟昆、梁瑜统稿并修改，终审定稿。

编者在编写本书的过程中，参考了国内外许多专家和学者的专著，并借鉴了其中部分内容，在此谨向他们表示深深的谢意！由于受时间和水平所限，书中难免会有错误和不妥之处，敬请专家和读者不吝指正。反馈邮箱：wkservice@vip.163.com。

编　者

2014年7月

目　录

第一章
饭店管理概述

知识目标

- 掌握饭店的含义、功能与作用
- 掌握饭店的类型与等级
- 了解饭店业发展简史及趋势
- 掌握饭店管理的含义
- 掌握饭店集团的含义
- 熟悉饭店管理的基本内容

技能目标

- 熟悉饭店管理的常用方法
- 熟悉饭店集团的经营模式
- 了解饭店集团化经营的优势
- 了解中外知名饭店集团概况

引导案例 | 细心感动客人

　　忙碌的一天又开始了，客房服务员小娄照例为1015房的长住客清理房间。细心的小娄在给房间抹尘时，发现客人放在茶几上的一块月饼已经发霉。小娄忽然想起客人在冰箱里也储藏了很多食品，而且已经放了很长时间。该客人出差在外，如果因误食过期食品导致食物中毒怎么办？想到这里，小娄打开冰箱把所有食品都检查了一遍，发现存放的几袋鲜奶和面包已经过了保质期，还有一些食品只剩下不到一个月的保质期。小娄庆幸自己能够及时帮助客人检查出来，如果晚几天再检查，客人不小心食用后会影响身体健康。可是小娄又犯了愁，因为这个房间的客人一直早出晚归，服务员一般见不到他，怎么才能通知客人呢？小娄急中生智，想起了使用留言条的方式，她分别把已过期和快要过期的食品进行分类，并在留言条上注明："郭先生您好，我是负责为您清理房间的服务员，在为您清理房间时发现您放在茶几上的月饼已经发霉，所以对您放在冰箱里的食品也进行了检查。首先非常抱歉，在未经您允许的情况下动了您存放在冰箱里的食品，请您原谅。已经过期和快要过期的食品已为您分类放好，快要过期的食品请您尽快食用，已经期的食品请不要食用，否则不利于身体健康。"留言完毕，小娄还不忘在留言条的底端画了一张笑脸。

第二天，小娄再次清理1015房时，发现了客人给她留的小便条，还在显眼的位置放了一个大苹果。便条上写着："感谢你的细心周到，我为住到你们饭店而感到高兴，你的细心让我感受到了家的温暖，冰箱里的食品我会尽快食用，同时我也请你吃个苹果，并且还要麻烦你帮我把那些已经过期的食品扔掉，谢谢！"

资料来源：中国酒店网[EB/OL]. http://chinahotel.com. 作者有删改

思考：

结合案例，请你评价服务员小娄的行为。

本章导语

随着经济的快速发展，人们的生活水平不断提高，除了要获得物质需求的满足，还要不断追求精神需求的满足，旅游业在此背景下得到了飞速的发展。饭店业作为旅游业的"三驾马车"之一，在旅游业中扮演着极为重要的角色，不但成为旅游业经营发展中的主要支柱，也成为世界经济产业中发展较为迅速且具有活力的行业之一。饭店业的发展离不开饭店服务及管理人员素质的提升，因而，饭店服务及管理人员必须掌握扎实的饭店管理知识。

第一节 饭店的含义、功能与作用

一、饭店的含义

英文hotel(饭店)源于法语，原指贵族在乡间招待贵宾的别墅。之后，英、美等国沿用这一名称，泛指所有商业性的住宿设施。用中文表示住宿设施的名称有很多，如"饭店""宾馆""旅馆""酒店""中心""度假村""俱乐部""旅社"等。

饭店的基本功能是向客人提供食宿，满足其旅居生活的需要。它是一个具有营利性质的场所。同时，它又是一座浓缩的"小城市"，一个功能丰富的"小社会"，一个集合多行业的综合体。在一座城市内，星级饭店的数量以及档次可以体现这座城市的形象和接待能力。尽管随着经济的发展，饭店业有了很大的变化，但饭店的基本特征并没有改变。通常而言，饭店应具备以下几个特征。

(1) 饭店经营必须经过政府有关部门的许可。这就要求饭店要符合政府有关部门对饭店行业制定的相关标准，接受检查与监督，遵守消防、卫生、价格、经营范围等规定，获得营业执照。

(2) 饭店应提供住宿、餐饮等基本服务。

(3) 饭店应提供商务、娱乐、购物等服务。

(4) 饭店的接待服务对象应当大众化，对待客人应无歧视。

(5) 饭店设施与场地具有商业性质特征，公开经营，有偿服务。

(6) 饭店作为企业组织，独立经营，自负盈亏，合理竞争，自谋发展。

综合上述特征，可以将饭店定义为：达到相应设定标准，能够为旅居宾客及社会大众提供住宿、饮食、购物、娱乐等服务的综合性服务类企业组织。

二、饭店的功能

饭店的功能是指饭店在满足客人需求的过程中所发挥的作用。饭店的主要功能是向宾客提供住宿和餐饮服务。随着社会的发展、客源及其需求的变化，现代饭店的功能也逐步呈现多样化的发展趋势，具体包括以下几个方面。

(一) 住宿功能

饭店的客房类型较多，常见的有标准间、大床房、单人间、套房等。客房铺设地毯，配有沙发、书桌、床头柜、凳子、茶几等家具，以及彩电、空调、电话、灯具等设备，还有包括浴缸、淋浴设施、梳妆台、洗脸盆、抽水马桶等在内的整套洁具。中高档饭店的客房通常还配有电吹风、迷你冰箱、小酒吧、保险箱等。现代饭店通过清洁、舒适的环境和热情、细致的服务，可使宾客在旅途中得到便利和休息，并以让宾客获得"宾至如归"的感受为服务宗旨。

(二) 餐饮功能

饭店一般设有不同种类的餐厅，以良好的环境、精美的菜肴、严格的卫生条件和优质的服务，向宾客提供自助餐、点菜、小吃、糕点、饮料，以及酒席、宴会等多种形式的餐饮服务。通常而言，饭店会根据自身的等级设有不同档次的酒吧和咖啡厅，有的高等级饭店还会在顶层设旋转餐厅等。

(三) 会务功能

为了方便宾客从事商务活动，饭店会提供各种方便快捷的服务设施。例如，设置商务会议室、商务中心、商务楼层、传真，以及国际、国内直拨电话和其他现代通信设施等。会务功能呈现客房商务化的趋势，多数饭店都已安装传真机、两条以上电话线、打印机、宽带接口等设施；有的饭店配备了电子会议设备，设有各种通信所需要的终端；也有饭店为从事商业、贸易展览、科学讲座等活动的客人提供会议、膳食和其他相关的设施与服务。饭店内通常设有规格不等的会议室、演讲厅、展览厅，并能提供多语种的同声翻译服务，有的饭店还能召开电视会议。

(四) 交通通信功能

通常情况下，饭店设有商务中心，为客人提供国际、国内长途直拨电话，以及传真、邮件、特快专递等服务。客房内设有电话装置，中高档饭店的卫生间一般设有电话副机，部分商务型饭店、中高档饭店的客房内还配备传真机和计算机等设备。有些饭店有自己的车队或与汽车租赁公司合作，有些高档饭店还有定点定时的穿梭车。此外，还有一些饭店配有来往于饭店与机场或车站的班车。饭店与当地的航空、铁路、航运或市内交通公司一般都建立了各种协议关系，可为客人提供便捷的服务。

(五) 康乐功能

随着度假旅游市场的兴起和发展，宾客对度假型饭店的需求也日益增长。度假饭店一般位于风景区内或附近，注重提供家庭式环境，客房能适应家庭度假、几代人度假及游客独自度假的需要，康乐设施也很齐备。此外，商务型饭店也配备了基本的康乐设施供客人使用。现代饭店的康乐设施越来越趋向多样化、实用化，歌舞厅、棋牌室、台球室是比较常见的娱乐设施。中高档饭店还配有游泳池、桑拿浴、按摩椅、健身器材、保龄球、高尔夫球、网球、壁球、电子游戏等设施。度假型饭店还设置一些很有特色的康乐项目，如滑水、冲浪、帆板、沙滩排球、汽艇等。

(六) 购物功能

饭店的商场多以出售当地特产、特色礼品、工艺品、精品服饰为主，为了满足住店旅客的需要，部分商场还会出售生活日用品。在某些情况下，有的商场会沿街开设门面，面向社会客人。低档饭店通常设有超市，以满足住店旅客的日常需求。

三、饭店发挥的重要作用

(一) 饭店是旅游业的"三驾马车"之一

旅游业的"三驾马车"包括旅行社、饭店和旅游交通。可以说，饭店是发展旅游业的重要物质基础，是为满足旅游者在旅游活动中对饮食、住宿、休闲娱乐、商务、购物等需求的场所。如今，饭店已从传统的吃住场所转变为综合性、多功能的"小社会"。饭店以一种特殊的商品形式，吸引人们去感受和体验在家庭和其他地方享受不到的东西，并以提供各种优质服务来获得盈利，这不仅能促进旅游业的进一步发展，还能为地区经济的发展做出贡献。

(二) 饭店是对外交往的窗口和经济发展的前沿

饭店已成为一个城市及地区综合建设、社会公共设施中必不可少的一部分，也是当地对外交往的重要窗口。饭店业的发展对所在地区的政治、经济和文化等方面的发展有着重要影响，不仅能够加深对外开放程度，还能够不断提升社会文明程度。饭店业的发展给人们带来了新的文化和新的生活方式，也为饭店在经营过程中的创新和发展带来了新的管理理念和管理制度。一个地区和一个城市的饭店业构成了当地投资环境的重要组成部分，直接影响外商对当地投资环境的认可程度，因而也是各地经济发展的前沿阵地。

(三) 饭店在旅游和外汇创收中扮演重要角色

饭店业的发展水平是衡量接待国家或地区旅游业发展水平的主要标志之一。在世界旅游业收入中，饭店业的收入通常占旅游业总收入的一半以上。我国把旅游业作为三大外汇来源之一，其中饭店外汇收入占了相当大的一部分。这是因为饭店的经营方式是一种不出口的商品贸易经营方式，饭店业是赚取外汇的重要行业，有利于国家平衡外汇支出。因而，饭店提供的服务性劳务具有就地商品出口的性质，其创汇率高于一般外贸出口，对于平衡国际收支起到重要的作用。

(四) 饭店促进社会消费方式和消费结构的发展和变化

饭店可以为旅游者提供住宿、商务、饮食、购物、健身、娱乐、社交等综合服务，这些服务项目必然会刺激和促进旅游者消费方式和消费结构发生变化。饭店业通过特有的方式向社会提供服务，既能有效地促进旅游、餐饮、零售和其他产业的发展，又有利于社会经济发展和科技文化交流。

(五) 饭店是提高社会就业率的重要途径

根据国际统计资料和我国近年来的实践经验，高星级饭店每增加一间客房，可以直接和间接为5～7人提供就业机会。国外有关研究证实，近年来新增的劳动就业人口中，每25个人中就有1个人就职于饭店行业。同时，饭店也能为相关配套行业，如饭店设备、物品的生产和提供行业提供大量的间接就业机会。因此，饭店建设是提高社会就业率的重要途径之一。

(六) 饭店业将带动其他行业的共同发展

饭店业在经营发展过程中，需要相关行业提供产品和服务，如建筑业、装修业、食品制造业等。因而，饭店业在快速发展的同时，必然会带动其他行业的发展，促使其共同发展。

第二节 饭店的类型与等级

一、饭店的类型划分

(一) 根据饭店市场及客人特点分类

1. 商业饭店

商业饭店通常位于城市商业街区，接待对象一般是商旅客人或外国游客。这类饭店除了讲究外观，对内部设施也要求高档舒适。为了满足客人的需要，应配备完善的通信系统，如总机服务、电传、计算机等；客房、餐厅、公共场所、会议室应配备音响设备装置；饭店整体应配有空调设备；饭店内应设置宽敞的大厅、走廊、洗手间等公共场所；餐厅内应设置宴会厅、小餐厅、音乐厅或夜总会厅；饭店内应配有各种类型的会议室，并配备全套会议设备；饭店应配备训练有素、服务周到的员工，以及各级专业化的管理人员。

2. 度假饭店

度假饭店一般建在风景名胜区，主要为度假的游客提供服务。度假饭店的地点至关重要，应尽量建在海边、湖边、山区附近，便于游客开展各种户外娱乐活动。尽管度假饭店的市场目标一直是度假游客，但为了扩大客源，也逐渐开始接待各种会议及会议团体，以便在饭店业的竞争中求得生存空间并盈利。有些大型度假饭店配备了召开各种会议所需的全套设施，将会议与度假融为一体、相辅相成。

3. 会议饭店

会议饭店用于接待参加各种会议的客人，是为各种会议服务的。会议饭店的客房数量不等，有250~2000间，并配有面积较大的公共场所及完备的附属设施。从20世纪60年代中期开始，会议饭店受到重视，并有了较快的发展。近年来，商业饭店和度假饭店打入了会议饭店的市场，也开始接待会议客人。

4. 公路饭店

公路饭店亦称为汽车饭店。此类饭店在美国最多，自20世纪20年代开始发展。这是随着近代公路网的形成、汽车的广泛使用、交通的日益畅通而产生的一种新型饭店。公路饭店通常建在公路边，为驾车外出的游客提供食宿及各种服务。近年来，公路饭店逐渐向市区转移，使它与商业饭店难以区分。不过，公路饭店提供免费或低价的停车场，这是商业饭店难以做到的。公路饭店的设计着眼于空间的利用，重点放在客房设施的配备上，房内配有电视，另有餐厅和游泳池。

5. 机场饭店

现代航空事业的突飞猛进，在很大程度上促进了旅游业的快速发展。从国外来中国旅游的宾客，基本上都会乘坐飞机这一交通工具，可见飞机在旅游业中占有重要的地位。在这种背景下，航空公司以自己的优势介入旅游业，在各大国际机场附近建立了许多饭店，接待来往的乘客，有的航空公司还将饭店建到市内以及游览区内。比如，美国和日本的航空公司就在各大城市建成饭店系统，将交通与旅游统一起来。机场饭店与商业饭店基本一样，但机场饭店侧重于接待搭乘飞机的乘客或旅行团。

6. 长住饭店

这类饭店主要接待长住的商务客人和度假客人，长住客人需要与饭店签订一份协议或合同，具体写明居住的时间和服务项目。有的长住饭店提供正常的客房和餐饮服务。例如，一些商业集团、商业公司选择在饭店租用房间作为办公地点和场所，租用时间一般为半年或一年以上。另一种长住饭店只提供住宿，不提供专门的客房和餐饮服务，这类饭店的客房由几个套房组成，配有生活设施，因不提供日常的饭店服务，收费较便宜。

(二) 根据饭店规模分类

1. 大型饭店

大型饭店是指拥有600间以上标准客房的饭店。大型饭店客房数量多，每天的客流量非常大，每个客人的消费需求也不尽相同，因此大型饭店的设施和服务项目非常齐全，服务的标准化程度相对较高。大型饭店具有投资规模大、投资回收期长、经营风险较大的特点，因而应定位于豪华饭店，其建筑位置应选在城市的商业中心。

2. 中型饭店

中型饭店是指拥有300～600间标准客房的饭店。中型饭店规模适中，多为商业型、会议型、度假型饭店。它既可以是豪华饭店，也可以是中档饭店，其中中档饭店数量居多，所占比例较高。中型饭店价格合理，服务项目比较齐全，设施相对现代化，其目标市场可定位为大众化消费者。

3. 小型饭店

小型饭店是指拥有300间以下标准客房的饭店。小型饭店内的设施和服务能基本满足旅游饭店的标准和要求，由于其规模较小，服务设施有限，只能提供一般性的服务，且价格比较低廉，多数属于经济型饭店。

(三) 根据饭店计价方式分类

1. 欧式计价饭店

这种饭店的客房价格仅包括房租，不含食品、饮料等其他费用。世界上大多数饭店选择此类计价方式。

2. 美式计价饭店

这种饭店的客房价格包括房租和一日三餐的费用。此类计价方式大多数应用于地处偏远的度假饭店。

3. 修正美式计价饭店

这种饭店的客房价格包括房租、早餐以及午餐或晚餐的费用，方便客人自由安排白天的活动。

4. 欧陆式计价饭店

这种饭店的客房价格包括房租及一份简单的欧陆式早餐，即咖啡、面包和果汁。采用此类计价方式的饭店通常不设餐厅。

5. 百慕大式计价饭店

这种饭店的客房价格包括房租及美式早餐的费用。

(四) 根据饭店资金来源分类

1. 独资饭店

独资饭店是指由一个人或一家企业单独出资建设的饭店。饭店所有权归个人或一家企业所有，独立经营管理、独享利润、独担风险。我国的饭店既有外商独资饭店，即外资饭店，也有内资饭店。

2. 合资饭店

合资饭店是指由两个或两个以上的人或企业共同出资、共同经营、共同管理、共同负责的饭店，通常以股份形式或契约形式进行权利和利润分配。

3. 合作饭店

合作饭店是指通过各种非股权方式合营的饭店。由双方提供资金、物资和服务，但不作为股本投入饭店，盈利按合同规定分配，风险按合同规定由单方或双方不同程度地分担，合作双方的权利、责任、义务和还本付息方式在合同中有明确规定。合作形式可分为合作建设、合作经营管理或合作技术投资等。

(五) 根据饭店所有权分类

1. 董事会所有饭店

董事会所有饭店是指由众多拥有饭店股权的股东联合组成的董事会实施经营、管理的饭店。

2. 国有饭店

在以公有制为主体的国家，在饭店业发展初期，国有饭店是饭店业的主导。

3. 私营饭店

在我国，私营饭店是改革开放后成长起来的一种经济实体。我国政治、经济和文化的发展为我国旅游业和饭店业的发展创造了良好的环境，一些财力雄厚的民营资本开始不断地流向饭店业。

(六) 根据饭店业态分类

1. 主题饭店

主题饭店通常以某一主题来体现饭店的建筑风格、装饰艺术及文化氛围，并将服务项目融入主题，让客人获得个性化的感受。音乐、建筑、历史、科技、自然、神话、童话故事等都可成为饭店借以发挥的主题。主题饭店在国外已有多年的发展历史，现如今，在我国也有一批个性鲜明的主题饭店。

2. 分时度假型饭店

分时度假是指饭店将客房的使用权分成52周次，按10～40年甚至更长的期限，以会员制的方式一次性出售给客户，会员获得每年到饭店住宿7天的一种休闲度假方式。购买此类服务的客户，还可通过交换系统把自己的客房使用权与系统内同等饭店的其他会员的异地客房使用权进行交换，以此实现以低成本到各地旅游度假的目的，同时享有转让、馈赠、继承等系列权益以及对饭店其他服务设施的优惠使用权。分时度假饭店源于20世纪60年代的法国，在20世纪70年代被引入美国，之后在世界上很多国家开始流行。

3. 产权式饭店

产权式饭店是指饭店将每间客房分割成独立产权出售给投资者(拥有产权证)，投资者一般不在饭店居住，而是将客房委托给饭店经营以分得投资回报，同时还可获得饭店赠送的一定期限的免费入住权。产权式饭店是由分时度假型饭店演变而来的，但其买断的是产权，而不仅仅是时段。

4. 经济型饭店

经济型饭店以大众旅游者、出差人员为主要服务对象，客房是其核心产品，不提供附加配套服务，价格低廉，服务标准，环境舒适，是性价比较高的饭店。经济型饭店不同于低星级饭店，因而其并不是按照星级饭店的标准设计的，而是重点突出客房功能，淡化餐饮、商务及娱乐功能，以满足客人"只住宿一晚"的基本需求。

5. 青年旅社

青年旅社是指为了方便青年及各类学生出游、交流而设计的一种以床位论价的旅社。它一般位于市中心或风景区，交通便利，价格便宜，既安全又卫生。旅社内至少要有100个床位，以设置4～8个床位的房间为主，房间内配有分上下两层的大床，每床配一个带锁的柜子，客人使用公用的厨房、洗衣间，客人需自己整理床铺、处理垃圾。青年旅社成立的最初目的是鼓励世界青年走出去相互交流，亲近自然，回归健康、自然的生活方式。

6. 另类型饭店

随着人类社会的开放程度越来越高，人们开始渴望获得更多新鲜、刺激的体验。在选择住宿饭店时，他们厌倦了服务规范化的传统饭店，甚至想暂时脱离居家的感觉，而去寻找一些设计奇异、另类独特的异类饭店。另类型饭店是指在设计上大胆新奇、设施独特、产品较难复制、提供非规范化的服务、能使客人获得特殊体验的饭店。例如，冰雪饭店、水泥管饭店、监狱旅馆、悬崖峭壁饭店等。

二、饭店的等级划分

(一) 世界上常用的等级表示方法

不同的国家和地区采用的分级制度各不相同，用以表示级别的标志与名称也不一样。常见的划分方法有以下几种。

1. 星级制

饭店根据一定的标准分成不同的等级，不同的等级分别用不同的星号表示。比较常见的是五星级制，即一颗星代表一星级饭店、两颗星代表二星级饭店，星号越多，饭店的级别越高，最高级别为五星级。这种星级制在世界上，尤其是欧洲各国应用最为广泛，我国文化和旅游部也采用这种方法划分饭店等级。

2. 字母表示法

许多国家用英文字母表示饭店的等级，即A、B、C、D、E共5级，A为最高等级，E为最低等级，如日本就是采用这种方法划分饭店等级。

3. 数字表示法

采用数字表示法进行分类时，最高级别的饭店用"豪华"来表示，继豪华之后依次是1、2、3、4，数字越大，等级越低，如罗马尼亚就是采用这种方法划分饭店等级。

4. 钻石表示法

采用钻石符号代替星号，用一颗钻石至五颗钻石表示不同的级别。五颗钻石级的饭店等级最高，如美国就是采用这种方法划分饭店等级。

5. 皇冠表示法

用皇冠代替星号，皇冠越多，饭店等级越高，如英国就是采用这种方法划分饭店等级。

(二) 饭店评级的机构

纵观世界各国，有些国家强制规定饭店必须参加等级评定，有些国家则允许饭店自行决定是否申请参加评定。饭店评级机构可以分为三大类。

(1) 由政府主管饭店业的职能部门制定统一的评级标准，如中国、西班牙、日本等。

(2) 由协会组织核定饭店等级，如美国既有饭店协会的评级体系，又有美孚汽车协会和美国汽车协会的评级体系。

(3) 由政府和协会联合起来评定饭店等级，如法国、意大利等。

(三) 我国饭店的星级评定

我国饭店的星级评定是参照某些国家核定饭店等级的方法进行的。饭店业务具有综合性的特点，因此饭店的星级评定工作是一项复杂的系统工程。我国饭店星级评定主要依据《中华人民共和国旅游涉外饭店星级标准》《中华人民共和国评定旅游涉外饭店星级的规定》以及修订后的《旅游饭店星级的划分与评定》。

1. 划分依据

《旅游饭店星级的划分与评定》的主要内容包括：范围；规范性引用文件；术语和定义；符号；总则；星级的划分条件；星级的评定规则；服务质量要求；管理制度要求。

根据《旅游饭店星级的划分与评定》将我国饭店等级标准以星级划分，用星的数量和颜色表示旅游饭店的等级。星级分为五个等级，即一星级、二星级、三星级、四星级、五星级(含白金五星级)。最低为一星级，最高为白金五星级。星级越高，表示旅游饭店的等级越高。预备星级作为星级的补充，其等级与星级相同。

2. 星级评定的基本步骤

(1) 申请。饭店向具备相应评定权限的旅游饭店星级评定机构递交星级申请材料，申请四星级以上的饭店，应按属地原则逐级递交申请材料。

(2) 受理。接到饭店星级申请报告后，具备相应评定权限的旅游饭店星级评定机构应在核实申请资料的基础上于14天内做出受理与否的答复。

(3) 检查。受理申请后，旅游饭店星级评定机构应在1个月内以明察和暗访的方式，安排星级检查员对饭店进行评定检查。

(4) 评审。接到检查报告后1个月内，旅游饭店星级评定机构应根据检查员的意见对申报星级的饭店进行评审。评审的主要内容：审定申请资格；核定申请报告；认定本标准的达标情况；查验违规及事故和投诉的处理情况等。

(5) 批复。对于经评审认定达到标准的饭店，旅游饭店星级评定机构应给予评定星级的批复，并授予相应星级的标志和证书。评定批复的星级饭店可以享有5年有效的星级及其标志使用权。预备星级饭店有效期为1年。对于经评审认定未达到标准的饭店，旅游饭店星级评定机构不予批复。

(6) 复核。对已经评定星级的饭店，旅游饭店星级评定机构每年派检查员按标准进行复核。对严重降低星级标准或复核认定未达到相应标准的星级饭店，星评机构可根据情节轻重给予相应的处分，直至取消星级，并在相应范围内公布处理结果。

第三节 饭店业发展简史及趋势

一、饭店业发展简史

(一) 世界饭店业发展史

按照传统分期理论，世界饭店业发展史可分为古代客栈时期、大饭店(豪华饭店)时期、商业饭店时期和现代新型饭店时期4个阶段。古代客栈时期，饭店特点是设备简陋，仅提供基本住宿，服务质量差，不安全，被认为是低级行业；大饭店时期也称为豪华饭店时期，源于18世纪中叶，饭店特点是规模大，设备豪华，服务正规，讲究礼仪；商业饭店时期源于20世纪初，饭店特点是设施配备更加方便，舒适，清洁，安全，服务日渐健全，价格合理，经营方向开始转向以顾客为中心；现代新型饭店时期源于20世纪50年代，饭店特点是规模扩大，出现了大量的饭店集团，类型多样化，服务具有综合性。

(二) 中国饭店业发展史

按照传统分期理论，中国饭店业发展史可分为古代客栈时期、近代饭店时期、行政事业单位时期和现代旅游饭店时期4个阶段。古代客栈时期(12世纪—18世纪)，驿站和旅店仅仅是一种简单的投宿地点，其规模较小，设备简陋，服务单调，在管理方面没有形成专门的职能；近代饭店时期(19世纪末20世纪初—1949年)，饭店特点是规模大，设备舒适，服务项目较多，经营管理也从服务中独立出来成为专门的职能；行政事业单位时期(1949—1978年)，饭店为行政事业单位，饭店的接待服务工作完全按照上级行政机关的计划和行政指令运行，价格由上级行政机关统一确定，财务统收统支，内部管理处于经验管理阶段；现代旅游饭店时期(1978年至今)，饭店特点是设施和服务日臻完善，事业单位体制转型为企业化体制，多种经营形式并行，并开始引进外资，实行中外合作管理，整体的经营管理水平日益提高。

二、饭店业发展趋势

(一) 绿色化趋势

绿色饭店的兴起是饭店行业在可持续发展理念的指导下响应环境保护倡议的一种自觉行为，值得大力宣传和推广。绿色饭店推出绿色产品、提供绿色服务、倡导绿色消费，对饭店自身而言，积极意义是多方面的。一方面，绿色饭店讲究生态化设计，其提倡环境保护的社会形象深入人心，受到消费者的青睐；另一方面，绿色饭店引入循环经济的概念，可以降低饭店的运营成本。我国正在开展绿色饭店资格的评定审批，建设绿色饭店是饭店业未来的发展趋势。

(二) 主题化趋势

主题饭店的概念源于美国，著名的迪士尼度假俱乐部、太阳国际度假公司等都是经营主题饭店的专业机构。在宾客需求日益多元化的今天，可以将主题饭店看成市场高度细分的结果，它能够极大地满足对应市场群体的特定需求，因而在全球范围内迅速普及开来。

(三) 科技化趋势

科技是第一生产力。自20世纪末以来，新科技革命的迅猛发展，促使人类社会生产力大幅度提高，对人类生活的众多领域都产生了广泛而深刻的影响，饭店业也不例外，科技革新成果在饭店领域的运用使饭店业的发展步入了一个新的历史时期。高科技手段的应用简化了许多饭店服务工作环节，使饭店服务的工作效率和质量得以有效提高。在智能化饭店中，客人可以通过计算机终端直接在客房内办理购物消费和结账退房手续。客人可以足不出户地通过国际互联网络完成旅游业务咨询和预订，既方便又快捷。

(四) 品牌化趋势

品牌意味着广泛的知名度和美誉度，其强大的市场激发能力是毋庸置疑的。由于饭店业的竞争日渐白热化，塑造品牌已经成为饭店生存与发展的必经之路。国内外的饭店都非常注重品牌培育，例如洲际饭店集团推行品牌战略，在饭店业的各个层次都不遗余力地打造享誉世界的著名品牌，在高端市场有洲际饭店，在中端市场有假日饭店，在经济型层次则有智选快捷等。实践证明，顾客在选择饭店时，确实存在品牌偏好，这也是很多品牌饭店拥有大量回头客的重要原因之一。

(五) 集团化趋势

饭店集团也称连锁饭店，是在第二次世界大战以后为适应不断扩大的旅游市场而产生的，它一般是指在本国或世界各地直接或间接地控制两家以上的饭店，以相同的店名和店标、统一的经营程序和管理水平、一致的操作程序和服务标准进行联合经营的饭店企业。饭店集团与单体饭店相比，在经营管理、人力调配、市场运作、资金筹集、物资采购、风险规避等方面都占有明显的优势，而这些优势大多来自饭店集团所享有的规模效应。国外的大型饭店集团，如万豪集团、洲际集团、雅高集团等，旗下的成员饭店遍及世界各地。我国的饭店集团发展虽刚起步，但诸如首旅建国、锦江集团、开元旅业、岭南花园等饭店集团凭借其自身努力取得了辉煌的成绩。因而，推进饭店集团化进程，进一步打造"中国饭店集团航母"，将成为我国饭店业的发展趋势。

第四节 饭店管理的含义、内容和方法

一、饭店管理的含义

饭店管理是饭店经营与管理的简称，既包括经营又包括管理，它是指饭店管理者在市场分析的基础上，为有效实现预定目标，遵循一定的原则，运用多种科学管理方法，对饭店拥有的人力、物力、财力、信息等生产要素进行计划、组织、领导、协调和控制等一系列活动的总和。饭店管理的概念体现了如下几个要点。

(1) 饭店直接面对市场，只有充分了解市场需求、准确进行市场定位，饭店管理才可能有所作为。

(2) 饭店管理的目的是实现预定目标，包括社会效益和经济效益等，前者是指饭店的知名度、美誉度等，后者是指营业收入、投资增值等。

(3) 饭店管理的对象是其拥有的各种生产要素，如人力资源、物力资源、财力资源、信息资源等。

(4) 饭店管理的手段是饭店管理者在管理过程中遵循一定的原则，把饭店管理的基本理论、科学方法等转化为实际运作的形式和方法。

(5) 饭店管理表现为管理者通过执行计划、组织、领导、协调和控制等职能来调整饭店内外部各要素并达到和谐的动态过程。

二、饭店管理的基本内容

(一) 饭店计划管理

饭店计划管理是指饭店根据内外环境条件，用目标管理的方法，编制、实施并控制计划，以保证饭店取得预期效益的管理活动。饭店计划管理明确了饭店管理者在未来一段时间内应该做什么、何时做、由谁去做、怎样做，即制定工作目标和实现目标的行动方案。它具有双重含义：一是指对计划编制本身的管理；二是实施计划，用计划指导饭店的管理。

(二) 饭店组织管理

饭店组织管理是指饭店根据经营目标，建立有效的组织结构，合理分配人员，明确责任和权利，协调各种关系，以达到饭店经营目标的过程。饭店组织管理是实现饭店所有者利益、让顾客满意和体现员工价值的保证，是调动饭店员工积极性，激发其潜能，进而提高饭店核心竞争力的重要途径。

(三) 饭店人力资源管理

饭店的一切经营管理活动都离不开资源，饭店的资源有4类，即人、财、物、信息。其中，人力资源是饭店最重要的资源。饭店人力资源管理是指运用现代管理学中的计划、组织、指挥、协调、控制等职能，对饭店的人力资源进行有效的开发、利用和激励，使其得到最优配置的同时，积极性得到有效发挥，从而提高饭店劳动效率的过程。人力资源管理水平不仅影响其本身的利用效果，还会影响其他资源的利用程度。

(四) 饭店市场营销管理

饭店为了生存与发展，必须运用各种营销策略来沟通饭店与市场的供求关系，使饭店的管理能满足市场需求，令客人满意，在此基础上实现饭店的经营目标。饭店市场营销管理主要包括：市场调查分析，确定营销计划；针对市场设计饭店产品，实施产品组合、价格组合策略；开拓市场，引导客人消费，满足客人需求，提高市场占有率。

(五) 饭店服务质量管理

一家饭店要在激烈的市场竞争中站住脚，起决定性作用的因素有很多，其中饭店产品的质量最为重要，而饭店产品又是由有形的设施、环境与无形的服务构成的，因此，要抓好饭店产品质量，服务质量管理是关键。

饭店服务质量管理是指确定饭店及各部门的服务质量标准，制定服务规程，建立服务质量管理体系，采取有效的服务质量管理方法，来提高饭店服务质量的过程。

(六) 饭店后勤保障管理

后勤保障工作的好坏，直接影响饭店的经营能否顺利开展。饭店后勤是饭店一线人员的坚强后盾，它是以设备管理为核心，以物质保障、安全卫生管理为基础，以维护饭店正常运转为目标的一个重要部门，其工作涉及面广、责任大，服务质量和水平直接影响饭店的形象。

(七) 饭店安全与危机管理

饭店的生存和发展与周遭的很多因素密切相关。饭店在经营过程中，会遇到各类涉及饭店客人、员工及饭店自身经营发展的安全及危机问题。对饭店而言，能否正确地认知安全与危机两方面的潜在问题和突出问题，并及时采取相应的措施予以解决，将是饭店在经营和发展过程中必须面对的重要问题。

(八) 饭店财务管理

饭店的经营离不开资金的投入，在饭店经营过程中，对资金运营过程所实施的管理就是财务管理，其主要内容包括资本筹资管理、投资管理、资金运营管理、利润与成本费用管理、财务制度管理等。

(九) 饭店业务管理

饭店业务部门包括前厅部、客房部、餐饮部、康乐部等。业务管理的主要内容包括：确定各部门的业务内容与范围；对饭店各项业务进行设计与布置；对各项业务的运行过程进行管理；保证各项业务顺利进行。

三、饭店管理的常用方法

(一) 表单管理法

表单管理法是通过表单的设计制作和传递处理来控制饭店业务经营活动的一种方法。运用表单管理法的关键是设计一套科学完善的表单体系。

1. 表单的分类

饭店的表单一般可分为以下三大类。

(1) 上级部门向下级部门发布的各种业务指令。

(2) 各部门之间传递信息的业务表单。

(3) 下级部门向上级部门呈递的各种报表。

2. 表单管理规定

表单管理必须遵循实用性、准确性、经济性、时效性的原则，并在以下5个方面做出具体规定。

(1) 表单的种类和数量，既要全面反映饭店的业务经营活动，又要简单明了，易于填报分析。

(2) 表单的性质，既属于业务指令，又是工作报表。

(3) 传递的程序，即向哪些部门传递、怎样传递。

(4) 时间要求，即规定什么时间传递，传递所需的时间。

(5) 表单资料的处理方法，饭店管理者必须学会利用表单来控制饭店的业务活动，如通过检查、阅读各种工作报表来掌握并督促下属的工作，通过阅读、分析营业报表来了解并控制饭店的经营活动等。

(二) 定量管理法

定量管理法是通过对管理对象数量关系的研究，遵循其量的规定性，利用数量关系进行饭店管理的经营活动。为了以尽可能少的投入，取得尽可能多的有效成果，不仅要有定性的要求而且必须要有定量分析。无论是质量标准，还是资金运用、物资管理以及人员组织，均应有数量标准。一般来说，运用定量方法管理经营活动，具有信息准确、经济实用、能够反映本质等优点。

(三) 制度管理法

制度管理法是通过制度的制定和执行来控制饭店业务经营活动的方法。若要制度管理切实可行，需注意以下三个问题。

(1) 制度的科学性，即饭店的制度必须符合饭店经营管理的客观规律，必须根据饭店经营管理的需要和全体员工的共同利益来制定，同时要确保制度条文明确、具体、易于操作。

(2) 制度的严肃性，即维护制度的权威性和强制性。在制定制度时，必须要有科学严谨的态度，制定什么制度、制定到什么程度，均应认真研究；在执行制度时，要做到有制度必遵、违反制度必究、制度面前人人平等；在处理违章时，要有严格的程序，要以事实为依据，以制度为准绳，注意处罚的准确性。此外，还必须注意修订制度的严肃性，既要在实践过程中不断完善制度，又要保持制度的连续性。

(3) 制度管理的艺术性。一方面我们要严格按制度办事，另一方面要把执行制度和开展思想工作结合起来，注意批评和处罚的艺术，同时要把执行制度和解决员工的实际问题结合起来。

(四) 现场管理法

现场管理法是要求管理者深入现场，加强巡视检查，调节饭店业务经营活动中各方面关系的方法。饭店业务经营的特点之一，就是提供服务和消费服务的同一性。因此，要有效控制饭店的业务经营活动，以便及时发现和处理各种疑难问题，纠正偏差，协调处理各方面关系。同时，要及时和下属员工沟通思想、联络感情，多实施现场激励，要积极发现人才、培养人才。

(五) 感情管理法

感情管理法实际上就是对人的需要、动机和行为进行控制的方法。它通过对员工的思想、情绪、爱好、愿望、需求和社会关系进行研究并加以引导，满足员工必要的需求，从而实现预期目标。

第五节 饭店集团概述

一、饭店集团的含义

饭店集团在国外又被称为饭店联号、饭店公司，以区别于单体饭店。饭店集团是以经营饭店为主的联合经营的经济实体。它在本国或世界各地以直接或间接的方式控制多家饭店，以相同的商标和名称、统一的经营程序、同样的服务标准和管理风格及水平进行联合经营。

二、饭店集团的经营模式

现代饭店集团的经营模式主要采用联合形式。联合形式分为横向联合、纵向联合和多种经营联合。横向联合就是饭店与饭店之间互相联合，一切饭店集团都是以横向联合的形式结合起来的。纵向联合有两种：一是前向联合，即饭店与可能为饭店带来顾客的行业联合；二是后向联合，即饭店与饭店产品供应商、生产商联合。前向联合能够帮助饭店赢得顾客，并且能够加强与相关行业的商业合作，相互达到延伸服务的目的和实现彼此间的服务支持，如饭店与旅行社、航空公司、铁路运输公司、驻外机构等的联合。后向联合能够帮助饭店获得产品生产的保障，如与绿色食品生产基地、酒类企业、纺织企业、家具制造行业等的联合。多种经营联合是上述联合的交互，但现代饭店集团的多种联合经营更多地体现为与相关门户网站、专业网站的联合，如与基于网络的全球预订中心、混合销售代理、会员制与非会员制的中央预订系统等的联合。

三、饭店集团化经营的优势

(一) 饭店集团自身实力雄厚且知名度高

饭店集团具有一定的信誉，能为所属饭店筹措资金提高资信度。此外，饭店集团还能为所属饭店提供金融机构的信息，并帮助介绍贷款机构。饭店加入饭店集团，通常会得到饭店集团公司的一部分投资，集团公司以入股、控股、合资、合作、贷款、集资等形式在资金上给予支持，产权多样化势必会提高各饭店的资金利用率。饭店集团在国际上享有较高的声誉，在公众中有较高的知名度，加入饭店集团后，所属饭店可使用集团的名称、店名、店标，有助于加大饭店产品的宣传力度，增加顾客对饭店产品的信心，更有利于吸引顾客。

(二) 饭店集团拥有先进完善的管理系统

饭店集团可为所属饭店制定统一的经营管理方法和程序，为饭店的硬件设施和服务规定严格的标准，为服务和管理制定统一的操作规程。这些标准和规范被编写成经营手册，可帮助所属饭店达到经营标准，使饭店形象名副其实。饭店集团还可为所属饭店在生产和技术上的专业化、部门化提供条件，技术上的帮助包括在饭店的开发阶段和更新改造阶段提供饭店所需的可行性研究、建筑设计、装潢等服务。此外，饭店集团在食品的生产和加工、设备的维修和改造、布草的洗涤等方面进行集中管理，可达到降低饭店经营成本的目的。

(三) 饭店集团拥有先进的订房销售系统

饭店集团拥有高效率的计算机中心和直通订房电话，可为所属饭店处理客房预订业务，并在各饭店间互相推荐客源。饭店集团在各地区都拥有一支精明的销售团队，可在各大市场为饭店销售团队及会议业务，并为饭店及时提供市场信息，这大大有利于饭店拓展客源渠道和开发国际市场。

(四) 饭店集团为所属饭店员工进行系统培训

规模较大的饭店集团拥有自己的培训基地和培训系统。例如，洲际集团在其总部美国的孟菲斯有一所假日大学，希尔顿集团在美国休斯敦大学设有为员工提供培训的饭店管理专业。饭店集团内部还设有培训部门，负责拟订培训计划，并聘请各类饭店经营管理专家为所属饭店的在职员工提供优质、系统的培训。

四、饭店集团的管理模式

(一) 委托管理

委托管理是通过饭店业主与管理集团签署管理合同来约定双方的权利、义务和责任，以确保管理集团能以自己的管理风格、服务规范、质量标准和运营方式来向被管理的饭店输出专业技术、管理人才和管理模式，并向被管理饭店收取一定比例的基本管理费和奖励管理费的管理方式。

(二) 特许经营

特许经营即饭店集团向个人或饭店转让特许经营权，允许受让饭店使用该集团具有知识产权性质的饭店品牌、名称、标志、管理技术和操作程序，加入该集团的订房网络和市场营销系统，成为饭店集团的成员饭店，以借助饭店集团的品牌提高知名度，获得理想的经营业绩。但受让饭店在产权和财务方面保持独立，不受饭店集团的控制。特许经营出让者有责任对受让者在饭店经营可行性研究、饭店选址、资金筹措、建筑设计、人员培训、广告宣传、原料采购、客房预订、管理方法、操作规程和服务质量等方面给予指导和帮助，受让者向出让者支付特许经营转让费用。

(三) 租赁管理

饭店集团与业主签订租约，租赁业主的饭店、土地、建筑物或家具、设施与设备等，由饭店集团作为法人直接经营管理。一般租赁整个饭店建筑的情况比较多见，包括店内的设施设备和家具等，对于固定资产的更新费用，可在租约中预先规定双方的责任范围。在通常情况下，多由承租的饭店集团承担。在租赁经营中，也有仅租赁土地的例子，在这种情况下，饭店集团要投资建造饭店建筑物，购买设施设备以及家具等。土地租赁期限较长，一般有30年、40年、50年或60年不等。承租经营时，承租者要承担房地产税、保险费、使用费等固定费用，但收取的也是全部经营利润。

(四) 带资管理

带资管理是通过独资、控股或参股等直接或间接的投资方式来获取饭店经营管理权并对其下属系列饭店的品牌标识、服务程序、预订网络、采购系统、组织结构、财务制度、政策标准、企业文化及经营理念等进行统一管理的方式。例如，香格里拉饭店集团是最早在我国采用此方式的国际饭店管理集团，2000年以前它基本上以合资经营为主，对大多数管理的饭店持有绝对控股权。

(五) 联销经营

近年来，伴随全球分销系统(GDS)的普及和互联网实时预订功能的实现，国外的"联销经营集团"应运而生且发展迅猛。饭店联销集团是由众多的单体经营管理的饭店自愿付费参加并通过分享联合采购、联合促销、联合预订、联合培训、联合市场开发、联合技术开发等资源共享服务项目而形成的互助联合体。

小知识

2021年世界酒店集团排名(按客房数计算)

美国《酒店》杂志发布了2021年世界前200名酒店集团的排名，此排名根据各个酒店管理公司所管理客房量计算，不涉及酒店品牌和档次。如表1-1所示，前3名依然是万豪、锦江和希尔顿。前15名中，美国占8名，中国占6名，法国占1名。

表1-1 2021年世界酒店排名

2021年排名	酒店集团名称	国家	2021客房数量	2021门店数量
1	万豪国际酒店集团(Marriott International)	美国	1 446 600	7795
2	锦江国际酒店集团(Jin Jiang International Holdings Co., Ltd.)	中国	1 239 274	11 959
3	希尔顿国际酒店集团(Hilton)	美国	1 065 413	6777
4	洲际国际酒店集团(IHG Hotels & Resorts)	美国	885 706	6032
5	温德姆国际酒店集团(Wyndham Hotels &Resorts)	美国	810 051	8950
6	雅高国际酒店集团(Accor)	法国	777 714	5289
7	华住酒店集团(Huazhu Group Ltd.)	中国	753 216	7830
8	精选国际酒店集团(Choice Hotels International)	美国	575 735	7139
9	首旅酒店集团(BTG Hotels(Group) Co., Ltd.)	中国	475 124	5916
10	最佳西方国际酒店集团(BWH Hotel Group)	美国	434 807	3963
11	格林酒店集团(GreenTree Hospitality Group Ltd.)	中国	337 153	4695

(续表)

2021年排名	酒店集团名称	国家	2021客房数量	2021门店数量
12	青岛尚美酒店集团(Qingdao Sunmei Group Co., Ltd.)	中国	288 293	5804
13	君悦酒店集团(Hyatt Hotels Corporation)	美国	284 944	1162
14	东呈国际酒店集团(Dossen International Group)	中国	254 774	3025
15	爱美酒店集团(Aimbridge Hospitality)	美国	226 797	1517

案例分析

喜来登饭店的成功秘诀
——喜来登"十诫"与亨德森的生意经

1. 喜来登"十诫"

喜来登集团创始人欧内斯特·亨德森是一个责任感强、严于律己的人,他精力充沛、勤奋、精明,是一个机会主义者——随时准备收购或出售饭店。他坚持决策要依据事实与数据,他推崇自律、正直与守信的美德。他的饭店管理思想集中体现为喜来登"十诫",具体包括如下内容。

(1) 不要滥用职权。

(2) 不要收取那些有求于你的人的礼物。

(3) 不要让你的夫人插手饭店的装潢工作。

(4) 不要反悔已确认的预订。

(5) 下达指令之前,明确你要达到的目的。

(6) 小饭店的成功经验很可能是大饭店的失败教训。

(7) 经商时不要放尽人家的"最后一滴血"。

(8) 放凉的饭菜不得端上桌。

(9) 决策要依据事实,依据计算和知识,而非依据感觉。

(10) 下属出现差错时不要不问缘由就大发脾气(有可能是你的错)。

2. 亨德森的生意经

亨德森与其说是一个饭店管理专家,不如说是一个资产经营专家。他把资产经营的经验总结为"最大最小原理",即成本最小化、投资收益最大化。他投资是为了盈利而非地位或声誉,每投资1美元来改造饭店,亨德森希望得到2美元的回报。

亨德森的生意经包括以下几个方面。

(1) 价格竞争策略。1962年,亨德森大胆地做出一个决策,降低所有喜来登饭店房价。这一举措使他的饭店出租率迅速上升,超过希尔顿酒店,直逼假日酒店,他坚信客户出租率的上升及餐饮收入的增加能弥补降价的损失。他特别注重长远利益,要求管理人员不要在乎一时一地的得失,要算大账、算总账。只要顾客进了店,就要吃、要娱乐、要购物，因此可通过收入多元化来弥补客房的损失。此外，亨德森为与汽车饭店竞争还实施了免费停车的优惠策略。但从今天看来，亨德森的价格竞争并没有取得预期的效果，因为他忽视了这样的规律："要弥补降价10%的损失需要增加15%的客房出租率。"降价导致当年每股净利润由前一年的60美分降为17美分。

(2) 严格监控。亨德森深知"千里长堤，溃于蚁穴"的道理，他一生中犯下的最大错误是从1961年至1964年对饭店财政、经营方面缺乏严格控制，导致饭店在1962年至1965年期间利润大滑坡。意识到自己的错误后，亨德森集中了对饭店经营及预算的控制权，强化了对饭店收入及利润的预测工作。集权领导是亨德森饭店管理的一大特色。

(3) 顾客的建议是改进饭店经营的良方。亨德森认为，顾客会有不合理的期望，他并不认为顾客永远是对的。他发现改进管理、提高服务效率的有效方法是给顾客发放问卷，挑选有益的建议，他相信顾客能帮助他把饭店经营得更好。

(4) 销售闪电战。亨德森继承了拉尔夫·希兹的经验，经常在饭店所在城市开展狂轰滥炸式的宣传促销。具体做法是让销售人员蜂集目标城市，针对潜在顾客频繁开展促销活动，大量发放喜来登信用卡。

资料来源：迈点网[EB/OL]. https://www.meadin.com/. 作者有删改

思考：

1. 喜来登"十诚"对你有什么启发？

2. 亨德森先生的生意经对现代饭店业的发展有何现实意义？

本章小结

饭店管理的基本内容包括饭店计划管理、饭店组织管理、饭店人力资源管理、饭店市场营销管理、饭店服务质量管理、饭店后勤保障管理、饭店安全与危机管理、饭店财务管理和饭店业务管理。饭店管理的常用方法有表单管理法、定量管理法、制度管理法、现场管理法和感情管理法。了解中外知名饭店集团的发展历史、经营理念、企业文化等方面，有助于更好地掌握饭店管理与经营的相关理论内容与体系。

复习思考题

1. 饭店的含义是什么？有哪些功能与作用？

2. 简述饭店的类型与等级。

3. 饭店业的发展趋势包括哪些方面？

4. 简述饭店管理的含义。

5. 什么是饭店集团？

6. 饭店管理的基本内容有哪些？

7. 饭店管理有哪些常用方法？

8. 饭店集团的经营模式有哪些？

9. 饭店集团化经营的优势有哪些？

第二章
饭店组织管理

知识目标

- 掌握饭店组织管理的含义与内容
- 掌握饭店正式组织与非正式组织的含义
- 熟悉现代饭店组织设计的影响因素与一般原则
- 了解现代饭店组织管理体系的构成

技能目标

- 熟悉现代饭店组织结构框架的主要形式
- 能够画出饭店的组织结构图

引导案例丨领导为何对他失望

王形走出饭店总经理办公室，心头涌起一阵阵喜悦。总经理刚刚在谈话中向他透露，上一任总经理助理已经退休，他将成为新任助理。王形回到办公室，冲了一杯咖啡，坐下来后，不禁回顾起自己的职业生涯：23岁时，在饭店管理学院毕业，取得饭店管理学士学位；毕业后到飞翔饭店工作，由于工作表现出色，不到2年就被提升为饭店前厅部经理助理；1年后，又被提升为前厅部经理；令他感到特别骄傲和得意的是，自己在前厅部经理的位置上工作不到1年又战胜了竞争对手——餐饮部经理李卫，荣升为总经理助理。李卫在这家饭店已经工作了10年，他不像王形那样富有冒险和改革精神，但他谦虚、工作努力、勤奋，受到餐饮部员工的尊敬，大家一致认为饭店总经理助理的职位应属于李卫。因此，王形意识到，作为新任总经理助理，自己将面临新的考验和挑战。

飞翔饭店有380间客房、12个中餐厅、1个酒吧、1个西餐厅、1个游泳池和2个网球场等康乐设施。无论是饭店的地理位置还是设施，对客人都具有相当大的吸引力。在过去的几年中，饭店效益一直不错。

但是，近两年来，由于邻近两家新饭店的开业，导致飞翔饭店的营业状况开始出现下降的趋势。这使总经理意识到，面临激烈的市场竞争，饭店急需年轻有为、思维敏捷、有创新精神、文化素质较高的人才充实到管理队伍中来。总经理还意识到，饭店要发展，必须制定长期发展战略。为此，他请王形在做好市场调研的情况下，考虑制定一份饭店营销长期战略方案。

　　王形欣然接受了这个任务，坐下来认真思考这个战略方案的内容和形式。为了"亮"一手，王形决定把自己关在办公室里3个星期，独自完成这个艰巨的任务。王形告诉助手，除紧急情况外，其他事情他一律不介入，都由助手处理。3个星期后，当他完成长达两万字的市场营销战略方案时，他非常得意、非常自信。他把这份方案匆匆发到各部门传阅，同时附上一份问卷调查表，内容如下所述。

饭店各部门经理：

　　众所周知，我已被任命为本饭店总经理助理。总经理请我制定未来5年内提高饭店销售收入的市场战略。扩大老市场，开拓新市场，不断增加饭店的营业收入，是本店每个部门和全体员工义不容辞的责任。我认为你们应该仔细阅读这份战略方案，认真考虑方案中提出的各部门在5年内应达到的营业收入和利润指标，并提出实施措施。由于时间紧迫，希望你们能够尽快回答下述问题，填好此问卷，并于本周内交到我办公室，我将不胜感激。

　　(1) 作为饭店部门经理，你打算在你的部门中如何实施饭店市场战略？

　　(2) 要实现新的销售和利润目标，你认为还需要增加多少人力、财力和物力？

　　(3) 你还有哪些好办法或途径来扩大市场、增加销售量、提高饭店收益？如有，请写于后！

总经理助理　王形

　　王形于星期一将这份市场营销战略方案和问卷调查表发到各个部门，他希望在星期五之前得到回复。但王形在星期五那天收到的不是各部门对问卷的答复，而是总经理的电话，请他马上去总经理办公室。他立即从椅子上跳起来，快速赶到总经理办公室，当他看到满脸怒气的总经理时，异常惊诧。下面是他与总经理的一段对话。

　　总经理：王形，我想，我不用费时间告诉你请你来见我的原因，我必须尽快让你知道问题的严重性。我如此信任你、提拔你，而你却在升职后的短短4个星期内让各部门经理都变得情绪低落、消极失望。

　　王形：对不起，总经理，我真不明白您在说什么，是不是哪个刚毕业的大学生在管理见习中做了错事，我予以纠正，导致他不满意？

　　总经理：不，完全不是。鉴于你好像还不清楚我请你来的原因，我不得不向你明确，我只是请你去完成饭店的长期市场营销战略方案，但你却打击了部门经理、扰乱了部门工作。今天早上，有两名部门经理提出了辞职申请。我不明白，你究竟在干什么？

　　王形：我明白了。如果李卫是提出辞职的部门经理之一，如果您不介意，我想应该接受他的辞职。自从我担任总经理助理以来，我感觉他一直对我有意见，我认为他在嫉妒我。

　　总经理：好了，王形，我知道你做这件事的动机是好的，但你把事情办砸了。你自己认真想一想错在什么地方，应如何调整自己？

资料来源：饭店管理案例集. 百度文库[EB/OL]. http://wenku.baidu.com/. 作者有删改

思考：

本案例暴露的问题是什么？应怎样解决？

组织管理是我国饭店管理实践中比较薄弱的环节，又是不可或缺的基础工作。针对我国饭店组织管理方面存在的主要问题，本章着力论述了饭店组织设计、组织管理体系和组织创新的相关内容。饭店组织管理不仅是一个系统的工程，更是动态发展的体系，本章结合知识经济时代的新趋势、新特点对饭店组织管理进行了梳理，以期在组织革新的可行方向上做出合理的总结。

第一节 饭店组织管理概述

一、饭店组织管理简介

(一) 饭店组织管理的含义

组织(organization)是管理的重要职能之一。人们对组织的认识，可以归结为两个方面：一方面是指一种实体，另一方面是指一种活动，即分别从组织的静态结构和动态行为两个方面来理解组织的概念。一般情况下，组织是指具有确定的共同目标、特定的分工协作体系和结构链条，存在于一定环境和信息网络中的社会实体。

根据现代静态和动态的组织理论，可以把饭店组织管理定义为"根据饭店的经营目标，建立组织机构，合理分配人员，明确责任和权利，协调各种关系，促进饭店经营目标实现的过程"。这个定义一方面强调饭店在成立之初就应确定自己的使命与经营目标，并选择科学的组织战略，设计合理的组织结构，进而进行持续性的组织综合管理；另一方面，由于饭店内部因素和外部环境的影响，其目标与战略必然会发生策略性的改变，在这种情况下，组织管理的统筹兼顾与有效控制尤为重要，饭店必须依据现实条件与未来发展趋势进行综合调整。

(二) 饭店组织的功能

1. 服务提供与保障功能

饭店的日常运营具有综合性的特征。饭店提供的并非单一的产品，而是与住宿、餐饮、娱乐等有关的配套产品和服务，向客人提供的产品中包含饭店员工提供的服务。

绝大多数现代饭店采用"业务区分式"的组织结构，即按照业务的范围、特性设置部门。这一方式把饭店的机构分为两大类，即业务部门和职能保障部门。业务部门可以独立存在，有自身特定的业务内容，如前厅部、客房部、餐饮部等；职能保障部门是为业务部门服务的，它行使某种管理和服务保障职能，如人力资源部、培训部、财务部等。由于饭店运营的综合性特征，客观上要求管理者树立整体观念，不可将以上两种性质的部门人为地分开，否则会割裂两者的有机联系，降低饭店总体的工作效率。

2. 信息流通与反馈功能

饭店的组织结构实际上是一个信息的沟通与反馈系统。饭店管理系统能否高效运转，关键在于信息能否在纵横两个方向通畅地流动。饭店组织中的各级人员，正是通过组织的信息传递和反馈功能，在筛选的基础上对信息加以甄别，再用于指导经营决策和工作实践。

3. 经营创新与拓展功能

组织管理将饭店的资源有效地整合在一起，是饭店实现资源优化配置和经营目标的基础。饭店组织创新的途径大致有两种：一种是运用现代制造技术和新的信息技术；另一种是重新设计组织结构或者通过管理实践来增进效率。饭店已有业务的深化以及新业务的开发，与组织的改善和创新是互相促进的。

(三) 饭店组织管理的重要性

组织管理对于现代饭店的重要性主要表现在以下3个方面。

1. 组织管理是实现饭店所有者、顾客和员工价值的保证

饭店作为一个经济组织，其主要目标是获取利润。为了实现获取利润的目标，就必须对饭店的各种资源进行合理科学的组织，并分析饭店自身的业务流程中哪些能创造价值。在此基础上，向顾客提供高质量的产品和服务，并且也只有在这一不断循环的过程中，饭店员工才能实现其自身的价值。因此，组织管理是实现饭店所有者、顾客和员工价值的重要保证。

2. 组织管理是调动饭店员工积极性、激发其潜能的重要途径

饭店作为人力资本密集的服务型行业，员工的重要性不言而喻。有效的组织管理、清晰的层级制度、明确的权责安排、和谐的组织关系，可以使员工专注、高效率地工作；相反，冗余低效的组织只能阻碍员工积极性的发挥，提高对客服务质量也就无从谈起。

3. 组织管理是增强饭店核心竞争力的重要手段

现代饭店需要通过核心竞争力在市场竞争中开创并保持自己的地位。科学合理的组织管理，可以优化配置饭店的各种资源，又能以内在的组织弹性适应不断变化的外部经营环境，从而提高饭店的经济效益和应变能力，并以此来保证和增强饭店的核心竞争力。

(四) 饭店组织管理的内容

饭店组织管理实际上就是对全体成员为完成饭店任务而开展的分工合作进行管理。组织结构决定饭店的整体功能，并牵制饭店管理的效能。我国较为普遍的饭店企业经营管理落后的问题，在很大程度上是由组织结构不合理造成的。

饭店的组织管理职能是通过一定的组织机构和其他因素的作用，把饭店的资金、物资和信息转化为可供出售的有形或无形的产品及服务，使饭店的管理经营理念由观念形态转化为现实形态。具体来说，饭店组织管理内容包括以下4个方面。

1. 组织结构设计

由于饭店的服务对象、经营模式和内容各不相同，如果没有一个严谨、科学、合理的组织机构设置，日常工作计划难以有效实施，饭店管理目标也难以实现。饭店组织设计的目的是对饭店员工之间的分工协作关系做出正式、规范的安排，建立一种有效的组织结构，以实现饭店的战略和经营目标(有关饭店组织结构设计的一般原则和主要影响因素方面的内容，将在下一节中阐述)。

2. 组织人员配备

组织人员配备就是为饭店各个岗位配备合适的员工。员工在总体上可以分为管理人员、技术人员和服务人员三大类。各类人员的配备，都需要满足饭店经营管理的需求，同时必须考虑员工个人愿望的满足。只有这样，才可能在提高饭店整体运营效率的同时，增强员工对饭店的忠诚度。

3. 组织管理体系(组织运作)

饭店组织建立起来后，要维持组织的运转，促进组织的发展，必须按照职务和岗位的内在要求来制定相应的组织管理体系，并严格贯彻实施。只有这样，才能保证饭店组织的顺利运转，在稳定中实现动态平衡。

4. 饭店组织创新

饭店组织创新主要包括饭店组织的调整、变革和再造。饭店内外经营环境的不断变化，决定了饭店组织结构不能只是被动地接受影响，还要积极根据新的变化对组织进行调整、改革甚至再造。这是饭店组织实现发展和提升的根本途径。

二、饭店的正式组织与非正式组织

(一) 饭店正式组织

饭店正式组织(regular organization)是为了有效实现饭店的经营目标而设立的，规定员工之间相互关系和职责范围的组织结构。饭店正式组织，即我们通常所讲的饭店组织，有共同的组织目标、具体的结构形式、明确的权责分配、规范的信息渠道和沟通方式，否则饭店的运转效率会降低，从而影响饭店的经济效益，因此，必须对饭店正式组织进行合理、科学的设计(相关内容我们将在本章第二节中阐述)。

(二) 饭店非正式组织

1. 饭店非正式组织的含义与类型

饭店非正式组织(irregular organization)是指在饭店的正式组织结构中自发产生的，为满足正式组织不能满足的需要而自发形成的一种群体，是与正式组织相对而言的。

饭店正式组织一般只能满足员工的谋生、职业成长、事业成就等方面的需要，而饭店员工的实际需要还包括情感、兴趣和生活方式等多个方面，加之人所具有的社会性本质，使他们倾向于依赖团体来满足自己的需求，所以，非正式组织的产生和存在是必然的。

如果正式组织中存在过多的非正式组织，则间接预示着饭店组织结构亟待改进。因此，饭店管理人员应正视饭店中非正式组织的存在，并认真研究，充分引导和运用，最大限度地调动饭店员工的积极性，从而提高饭店的效能。

对饭店非正式组织进行有效的管理，必须建立在正确、全面地了解并分析饭店非正式组织分类的基础上。饭店非正式组织的类型和形式有很多，下面从3个角度对其进行分类。

(1) 按非正式组织的不同行为特征，可以将非正式组织分为利益型、学习型、兴趣型和情感型4种形式。利益型，是以非正式组织成员共有的利益需要为基础而形成的非正式组织，其目的是满足和维护其成员对某种共同利益的需求；学习型，是以实现某一重大目标为基础而形成的非正式组织，其目的是满足成员在知识、思想、信仰、志向等方面的追求；兴趣型，是以饭店员工个体心理特征为基础而形成的非正式组织，其目的是满足和维护成员的共同兴趣和爱好；情感型，是以饭店员工日常建立起来的深厚情感为基础而形成的非正式组织，其目的是满足成员间共同的思想交流、情感沟通等方面的需求。

(2) 按非正式组织人员构成的不同，可将非正式组织分为纵向型、横向型、网络型、内外型和亲缘型5种形式。纵向型，是指非正式组织的成员来自饭店中不同管理层次的人员，从行为特征来看，多属利益型或情感型；横向型，是指非正式组织的成员主要来自饭店同一层次的不同部门或单位的人员，从行为特征来看，多属兴趣型和情感型；网络型，是指非正式组织兼容纵向和横向两种非正式组织的成员，因而形成一种网络型人员集合；内外型，是指构成非正式组织的成员不仅有饭店内部员工，也有饭店外部人员；亲缘型，是指具有一定亲缘关系的员工所组成的非正式组织，亲缘型的非正式组织成员在饭店组织管理中常产生连锁反应，应加倍重视。

(3) 按非正式组织作用的不同，可将非正式组织分为积极型、无害型、消极型和破坏型4种形式。积极型，是指非正式组织的行为特征符合饭店经营目标，对饭店正式组织的有效运转具有积极的推动作用；无害型，是指非正式组织的目标和行为特征虽然不符合饭店的经营目标，但也不会对饭店经营活动造成任何危害；消极型，是指该类非正式组织没有明确的目标和稳定的行为特征，如员工聚众酗酒、赌博等，表面上对饭店经营活动没有影响，但实际上对饭店员工的观念、行为、思想甚至信仰等会产生很大的消极作用；破坏型，是指非正式组织对饭店正式组织产生一定的对抗心理，甚至在思想上、工作中及行为特征方面与饭店逆向而行，这类非正式组织在饭店中虽然数量不多，但危害较大，应慎重对待和处理。

2. 饭店非正式组织的特点

为了更深入地认识非正式组织，有必要区别并归纳非正式组织的特点，具体包括以下几个方面。

(1) 非正式组织内聚力强。饭店非正式组织是在成员相近的心理需求的基础上自发形成的，一般具有共同的背景、兴趣、爱好或观点，所以成员之间情感亲密、相互信任、互相帮助，具有较强的内聚力，能将组织内的成员紧密地联系在一起。

(2) 非正式组织协调性好。在非正式组织中，有比较通畅且快速的信息交流渠道，因此，可以方便、高效地传递信息、交流思想，从而使组织成员的思想和行为达到趋同和协调。

(3) 非正式组织控制性强。正式组织是通过纪律、权力来约束成员行为，而非正式组织则是以一种潜在的不成文的常规来约束成员行为。这种无形的规范，不仅能强化组织内成员的行为和态度，而且能产生强大的控制力，可促使成员产生从众行为。

非正式组织的群体压力对于塑造饭店文化、团队精神具有非常现实且重要的作用，饭店管理人员应认真研究这种力量，将其运用到饭店正常的经营之中，提高饭店的效率和效益，其具体的作用机制如图2-1所示。

图2-1　运用群体压力提高饭店效能的作用机制

(4) 非正式组织依赖性强。相较于饭店的正式组织，非正式组织对稳定的环境具有很强的依赖性。因此，非正式组织往往厌恶、反对各种变化或变革，对各种动向保持高度的敏感性。变化或变革对非正式组织的影响表现在两个方面：一方面，一旦非正式组织的生存环境发生变化，其一般情况下会难以适应，甚至会随之解散，而被另外一个非正式组织所替代；另一方面，变化的同时还会影响非正式组织内成员的层级和关系。

(5) 非正式组织的影响较大。非正式组织在饭店经营管理中的作用是非常大的，不仅表现为对成员的观念和行为的约束，还表现为对饭店其他员工的影响。

(6) 非正式组织的领导人具有较强的权威性。非正式组织的领导人具有较强的权威性，这不同于正式组织中由职位所赋予的权力，而是自然产生的，威信较高，因而这些领导人甚至能左右整个组织成员的思想和行为，且比正式组织更有效。同时，非正式组织领导人往往会成为影响饭店利用非正式组织的关键因素。

3. 有效管理饭店的非正式组织

有效管理饭店的非正式组织，通常要从以下几个方面着手。

(1) 正确认识饭店非正式组织。客观、全面地认识饭店非正式组织，是对其进行有效运用的第一步。一方面，要承认非正式组织在饭店中的客观存在及其对饭店的双重作用，进而端正对非正式组织的认识，提高对饭店非正式组织研究和运用的自觉性和主动性；另一方面，要转变对饭店中非正式组织的态度，明确其在实现饭店经营目标等方面的重要作用，认识到通过合理运用非正式组织可以全面了解饭店员工的需求和心理状况，更加有针对性地引导饭店员工的行为，从而弥补正式组织的不足。

(2) 合理引导饭店中的非正式组织。以往，饭店管理人员往往将非正式组织当作企业中的不安定因素和潜在威胁因素，给予压制，甚至取缔，但往往只能适得其反。因此，要切实改变对非正式组织的这种做法。例如，可以确认非正式组织领导人的地位，鼓励其帮助饭店实施工作计划。如前文所述，非正式组织可以通过其领导人来减少内部分歧和保持内聚力，同时与饭店组织发生密切的联系，所以在具体的工作中，饭店管理人员应对非正式组织领导人的引导工作纳入计划之中。如有可能，甚至可以将非正式组织领导人任命为正式组织领导人。同时，可以通过目标引导法，把饭店的经营目标同员工的切身利益结合起来，引导非正式组织目标向饭店经营目标靠拢。还可以通过开展文明经营、优质服务等活动，针对饭店员工的心理特征，由饭店举办各种有益的活动，把饭店员工的兴趣和爱好转移到饭店经营目标范围之内。

(3) 科学控制饭店中的非正式组织。为充分利用饭店非正式组织，使其发挥积极作用，要加强对非正式组织正、负两方面作用的研究、利用和控制。非正式组织的消极作用是在没有减少正式组织管理人员责任的情况下，削弱他们的权力。因此，首先，要完善饭店的正式组织，加强对正式组织的合理协调、科学领导，尽量使饭店员工在正式组织中得到全面的发展，从而削弱产生非正式组织的条件和基础；其次，饭店管理人员应认真研究和分析饭店非正式组织，了解和掌握饭店非正式组织的活动，取缔破坏型的非正式组织，促进积极型的非正式组织的发展，使饭店员工真正围绕饭店经营目标，充分发挥自己的创造力和潜能。

第二节 饭店组织结构设计与创新

一、饭店组织结构设计

(一) 组织结构与组织设计

饭店组织结构(organization structure)是指全体员工为实现饭店的经营目标而分工协作，在职务范围、责任、权力等方面形成的结构体系。这一定义可从以下三个层面来解读。

(1) 组织结构的本质是员工的分工协作关系。

(2) 组织结构是实现饭店目标的一种手段。

(3) 组织结构的内涵是员工在职、责、权等方面的结构体系。

用来描述饭店组织框架体系的组织结构，在饭店组织管理中居于核心地位，是实现饭店战略和经营目标的重要保证。组织结构主要包括三种要素，即复杂性、正规化和集权化。

复杂性(complexity)是指组织分化的程度。一个组织的劳动分工越细致，纵向等级层次越多，组织单位的地理分布越广泛，则协调人员及其活动就越困难。

正规化(formalization)是指组织依靠规则和程序引导员工行为的程度。不同组织对规范准则的重视和依靠程度是不同的。一个组织使用的规章条例越多，其组织结构就越正规化。

集权化(centralization)是指决策权的分布情况。在一些组织中，决策是高度集中的，问题与相应的决策自上而下传达；而在另一些组织中，决策权被大量授予下层人员，则为分权化。

管理人员对组织结构的设立与变革，就是组织结构设计。

(二) 饭店组织结构设计应考虑的因素

在进行饭店组织结构设计时，应考虑以下几个因素。

1. 饭店经营环境

任何企业组织的运转都离不开一定的社会经济与文化环境。饭店的经营环境具体包括行业特点、原材料供应、人力资源条件、市场特点、政府的政策法令、经济形势和文化背景等。这些因素会从两个方面来影响组织结构设计，即环境的复杂性和环境的稳定性。饭店的环境因素越复杂，则组织结构设计就越要强调适应性，以采取多种对策来消除外部环境对饭店的不利影响。在环境的稳定性方面，如果饭店经营环境稳定，宜采用集权式组织，以提高组织的运转效率；如果饭店经营环境不稳定，则应采用分权式组织，以提高饭店的市场应变能力。

2. 饭店经营战略与目标

饭店战略决定组织结构，而饭店的组织结构又是实现饭店经营战略的重要工具，不同的战略要求具备不同的组织结构。战略对组织结构的影响主要体现在两个方面：一方面是不同的战略要求不同的业务活动类型，从而影响组织设计；另一方面是战略重点的转移和改变也必将带来工作重心的变化，从而使得对饭店组织各部门及相关岗位进行调整成为必要措施。例如，饭店经营领域不同，有的实行单一经营战略，有的实行多种经营战略，反映在组织结构上，对组织形式(是采用职能制还是事业部制)及职权的集中程度(是集权多些还是分权多些)的设计，会产生很大的影响。又如，不同的战略中心，决定了饭店的不同关键职能，从而要求有不同类型的组织结构。

同时，饭店组织设计也必须以饭店经营目标为核心，经营目标不一样，则采取的组织形式也有差别。如饭店以提供住宿、餐饮服务为主，则宜采用直线职能制组织形式；如饭店采用集团化发展策略，且服务项目较多，采取事业部制的组织形式就较为合适。

3. 饭店经营规模

饭店经营规模是影响组织结构设计的一个基本因素。如果饭店规模不大，宜采用集权式组织，组织结构简单，管理层次少；如果饭店经营规模较大，组织结构复杂，管理层次也较多，则宜采用分权式组织。另外，饭店组织设计有时也要考虑饭店经营的地域分布情况。

4. 饭店生命周期

分析这一因素，就是要明确饭店处于其成长发展过程中的哪个阶段或时期，如初创阶段(幼年期)、正规化阶段(青年期)和精细阶段(成熟期)等。饭店处于不同的发展阶段，组织结构所面临的主要矛盾和问题就不同，因而组织结构设计的主要任务也不同。例如，饭店在初创阶段，常常面临组织结构不稳定、职责分工不明确、规章制度不健全等问题；而许多有悠久历史的饭店集团，则常遇到机构臃肿、制度僵化、缺乏创新等问题。对于不同的问题，需要采取不同方法去解决。

5. 饭店员工素质

饭店员工素质涉及各类员工的价值观、工作态度、行为风格、业务知识、管理技能、工作经验以及年龄结构等因素。人员素质制约组织结构设计，影响集权程度、分工形式、人员定编等方面。不少饭店组织结构改革的经验表明，人员素质高低是影响饭店组织结构改革能否顺利实施的一个重要因素。如果员工素质水平高，自我控制能力强，主动性和创造性强，则应采用分权式组织；如果员工素质差，独立工作能力弱，则应采取集权式组织。但在经营管理的具体实践中，应时刻注意吸引员工参与决策和管理。另外，一般来说，组织结构设计固然不应当"因人设事"，但也应从实际出发，考虑饭店在近期内招收到合格人员的现实性，以及通过培训提高现有员工素质的可能性。

6. 技术水平因素

"技术"一词的含义比较广泛，不仅包括设备、生产工艺，而且包括员工的技术知识和技能。这种知识和技能，既包括生产技术方面，又包括业务与管理方面。技术水平因素对组织结构设计有广泛的影响，它包括整个饭店生产技术特点对组织结构的影响，还包括饭店内部不同部门的技术特点对组织分工、岗位设置和人员素质的要求。例如，计算机和网络信息技术在饭店中的推广和运用，降低了许多岗位的工作强度，减少了人员配备，但对相关员工的素质提出了更高的要求。

7. 同类饭店的经验

饭店在进行组织设计时，应注意吸取同类饭店在组织建设和管理方面的经验和教训，再结合本饭店的实际情况，设计出适合本饭店的组织形式。

(三) 饭店组织设计的指导原则

1. 目标一致原则

目标一致原则是指饭店组织设计必须为实现饭店的战略任务和经营目标服务。首先，饭店的任务、目标是饭店组织设计的"出发点"。饭店的组织体制和结构是一种管理手段，而饭店的任务、目标则是采取这种管理手段的目的，两者是行为和目的的关系。其次，饭店的任务、目标也是组织设计的"归宿点"，即衡量饭店组织设计是否合理有效的最终标准，是看其最终能否促进饭店任务的完成和饭店目标的实现。

2. 权责对等原则

管理学家法约尔很早就提出责任要与权利相符的原则。职责与权利是组织管理中的两个基本要素，也是有效完成工作任务不可分割的两个方面。职责是指在确定的岗位上应履行的义务和责任；权利是指在确定的岗位上应具有的权力和应获取的利益。有权无责，会导致滥用职权，甚至谋取不正当利益；有责无权，则无法把工作做好，也缺乏内在的动力。

3. 统一指挥原则

饭店管理体制和机构的设置，应当保证经营指挥的集中统一，这是现代化大生产的客观要求。为贯彻统一指挥的原则，现代饭店在组织设计中必须使上下级之间形成一条连续不断的指挥链。在这一链条上，任何上级都不允许超越下属的职责权限对更低一级的下属发号施令；同样，任何一个下属都只对直属上级负责，接受直属上级的指令和安排。

4. 分工与协作原则

分工与协作是社会化大生产的客观要求。现代饭店组织管理的工作量大、专业性强，因此需分别设置不同的专业部门，这样才有利于把管理工作做得更深、更细，提高各专业部门的管理效率，迅速培养一批专业化管理人才。但专业分工并不是越细越好，而是有限度的，即要有利于提高工作效率。当分工未达到这个限度时，专业分工利大于弊；一旦超过这个限度，则弊大于利，管理效率反而下降。判断饭店组织管理中的专业分工是否合理，要看饭店经营效率的高低。

有分工，就必然要求有协作。在分工的条件下，各专业管理部门之间会在管理目标、价值观念、工作导向等方面产生一系列分歧，但饭店的运作效率的提升主要取决于饭店管理系统对饭店拥有的资源的整合程度。因此，必须在饭店组织设计中重视部门间的协作配合，加强横向协调，以同时实现社会化和专业化的生产。

贯彻分工与协作原则，应注意组织机构的设置要精干、高效、节约，做到因事设职、因职选人。只有这样，才能增强饭店组织的凝聚力，产生较高的组织效能。

5. 管理跨度原则

管理跨度是指一个管理者能够直接而有效地管理下属的人数。一名管理者受其精力、知识、经验等条件的限制，能够有效管理的下属人数是有限度的，超过一定限度，就会影响管理效果。

管理跨度与饭店的管理层次成反比例关系。同等规模的饭店，如果加大管理跨度，即管理的下属人数增多，则管理层次可适当减少；反之，则层次可能要增加。它们的关系可用公式表示为

$$管理层次=企业规模/管理跨度$$

现代管理理论认为，随着管理下属人数的增加，要处理和协调的关系也呈几何级倍数增长，从而增加了管理的复杂性和难度。管理者要处理的可能存在的人际关系数的计算公式为

$$C=n(2^{n-1}+n-1)$$

式中：C——可能存在的关系数总和；n——下属人数。

因此，在饭店组织设计中，必须根据各项工作的性质，管理人员的知识、能力和精力，以及下属人员的素质确定合理的跨度。古典管理学派的厄威克根据经验，提出有效管理跨度应为5～6人。有效管理跨度并不是一个固定的数值。由于受职务性质、管理人员素质、职能机构的健全程度等条件的影响，不同职位的管理者，其有效管理跨度的大小不等。如果是基层的管理工作、素质好的管理人员或职能机构健全的单位，有效管理跨度就可以大一些；反之，则应小一些。

二、饭店组织结构框架的主要形式

(一) 金字塔制

金字塔制又称层级制，是一种比较简单的组织形式，按此形式建立的饭店组织结构如图2-2所示。在这种组织结构中，将饭店全体员工按照其负责的具体工作划分为4个层次，即决策层、管理层、督导层和操作层。饭店管理自上而下层层控制，实行垂直领导。

图2-2　饭店组织结构的金字塔制框架

1. 决策层

决策层由饭店中的高层管理者(如总经理、副总经理等)构成，其主要职责是对饭店的发展战略和经营活动中的重大问题进行决策。

2. 管理层

管理层由饭店中的中层管理者(如部门经理等)构成，其主要职责是对饭店的发展策略和日常经营活动进行决策。

3. 督导层

督导层由饭店中担任基层管理工作的人员(如主管、领班等)组成，其主要职责是执行饭店及部门的经营计划，指导操作层的员工完成具体工作。

4. 操作层

操作层包括饭店的服务人员和其他部门的普通员工。

金字塔结构具有结构简单、权责分明、命令统一、运转灵活、信息沟通迅速等特点，它把管理职能集中在少数几个人身上，要求管理者具备全面的知识和才能，而这在实际管理中是很难做到的。因此，金字塔结构只适合产品单一、规模较小、业务简单的小型饭店。

(二) 直线职能制

直线职能制也叫业务区域制，它是以直线制的严密控制为基础，吸取职能制中能够充分发挥专业人员作用的优点综合而成的一种组织结构。我国饭店普遍采用这种组织结构形式。直线职能制的组织结构框架如图2-3所示。

在直线职能制的组织结构形式下，饭店各部门分为业务部门和职能保障部门两大类。业务部门是直接为饭店创利的部门，如客房部、餐饮部、商品部等；其他非直接创利的部门称为职能保障部门，如财务部门、人力资源部门等。在业务部门工作的员工为业务人员，在职能保障部门工作的员工为职能人员。

在直线职能制组织框架里，下级只接受直接上级的指令，同时又要注意发挥职能保障部门的专业化特点。职能保障部门的专业人员在计划、财务和其他专业技术方面的决策对饭店的经营管理至关重要。在这种组织结构中，协调好业务人员与职能人员的关系，使他们密切合作，是饭店组织管理中的一个重要课题。

图2-3　饭店组织结构的直线职能制框架

(三) 事业部制

事业部制是一种适合饭店管理集团的分权式组织结构框架形式，实行集中决策下的分散经营。随着经济的高速发展，我国饭店业的集团化趋势越发明显，一些大型饭店已经开始采用这种组织形式。饭店组织结构的事业部制框架如图2-4所示。

图2-4　饭店组织结构的事业部制框架

事业部制的特点是分权管理。饭店集团依据地区、产品、市场等因素，成立若干个事业总部，每个事业部即为集团拥有的某个饭店。事业部具有法人地位，进行独立的经济核算，对事业部内的计划、财务、销售等方面有决策权。饭店集团总部确定各事业部的盈利指标，负责筹集资金和任免事业部主要负责人等。饭店集团总部的工作重点是开发新市场和引进新技术。饭店集团成立事业部的主要目的是实现利润目标，因此事业部又称为利润中心。

饭店采用事业部制组织结构形式可减轻管理人员(尤其是高层管理人员)的负担，使之集中精力于饭店的发展战略和重大经营决策。此外，各事业部可以针对本企业或本地区的实际情况对环境的变化做出快速反应，从而有利于集团的发展和产品的差异化。但是，各事业部管理职能存在重复和交叠，因此管理费用较高。同时，由于各事业部对集团的整体意识减弱，可能会因为本部的局部利益、眼前利益而牺牲集团的长远利益。

(四) 网络式结构

采用这种组织结构框架模式的饭店由许多组织单元构成，组织单元之间运用信息通信技术，依靠共同的价值观念，形成有机的网络化结构。组织单元具有规模小、灵活性强、财务相对独立等特点，能够充分有效地运营，从而使饭店具有极强的环境适应能力。网络式结构的另一个重要特征是实行内部倒闭制度。组织单元虽然拥有高度自治权，但它仍面临优胜劣汰的命运。组织单元不仅与饭店内其他组织单元有业务往来，还可直接与其他饭店开展业务，从而把市场机制全面引入组织内部，组织单元之间也形成了服务者与被服务者、供应商与顾客之间的关系。

综上所述，饭店组织结构的各种形式各有利弊，采用何种形式应视饭店具体情况而定。管理者要从饭店的实际出发，选取最适合饭店的组织结构框架形式。组织结构框架的选取应有利于饭店的经营管理，有利于提高工作效率，使饭店的组织结构效能得到最大限度的发挥。

三、饭店组织机构的设置

按照饭店各部门的性质，可将饭店划分为营业部门、职能部门和其他组织。

(一) 饭店营业部门

1. 前厅部(front office)

前厅部也称总台服务部，是饭店经营活动的中心。前厅部的工作贯穿宾客与饭店接触、交流的全过程。前厅部通过预订客房、办理登记手续、安排住宿房间、代客储存物品、提供邮电服务、外币兑换、结账等，为宾客提供全面的服务。前厅部的运行和管理水平不仅反映了整个饭店的工作效率和服务水平，而且直接影响饭店的经营收益。此外，前厅部还担负着联系和协调饭店各部门工作，并为饭店最高决策层提供决策信息和数据的重任，所以前厅部是饭店组织管理的关键部门和中心环节。

前厅部的主要机构有预订处(reservation desk)、接待处(reception desk)、问讯处(information desk)、行李处(bell service desk)、电话总机(telephone switchboard)、收银处(cash desk)等。

2. 客房部(housekeeping department)

客房是宾客住宿和休息的场所，也是饭店设施的主体部分。随着现代旅游业的发展，宾客对客房环境、住宿设施、清洁卫生设备及服务质量等都提出了很高的要求。因此，为宾客提供一个整洁、舒适、安全的房间，是客房部的主要任务。客房服务质量和管理水平的高低，不仅关系整个饭店的声誉和经营效果的好坏，而且直接影响饭店的经营收入和效益的高低，因而必须做好客房部管理工作，不断提高饭店的经营管理水平。

客房部的主要机构设有客房管事部、楼层服务组、公共区域服务组、棉织品组、洗涤组等。

3. 餐饮部(food & beverage department)

餐饮部是饭店又一个主要创收部门，虽然其创收能力通常弱于客房部，但该部门所获得的经营收入仍然是相当可观的。饭店餐饮服务的规模不论大小，一般包括食品原料采购供应、厨房加工烹调、餐厅酒吧三部分业务活动，因而设置的业务部门主要有原料采购供应部、厨房、餐厅和酒吧。

此外，饭店为了竞争和发展的需要，日益重视向客人提供更加完善的新型餐饮服务，以满足宾客多方面的需求。

4. 康乐部(recreation department)

在许多饭店中，特别是度假型饭店，都设有专门的部门为旅游团体和旅游者个人提供康乐服务，其中包括高尔夫球、网球、保龄球、健身、游泳等活动。这些活动均由康乐部组织安排，并设专门人员负责组织和指导工作。

康乐部还通过向客人提供娱乐设施、保证饭店娱乐活动的正常进行来获得相应的经营收入。康乐部的主管和其他专职人员都具备组织娱乐活动的能力和专长，他们经常为饭店组织一些别开生面和富有吸引力的娱乐活动，以满足客人的娱乐需求。

5. 商品部(shopping arcade)

大多数饭店都设有商品部或商品销售点，大型饭店的商品部和市区内的零售商场相似，但饭店商品部装饰豪华，商品价格通常高于饭店外的同类商品价格。饭店商场和商品部出售的商品，一般以当地特有的旅游商品为主，同时经营一些日常生活用品。在某些大型饭店中，商品部属于业务部门，其经营收入在饭店营业总收入中占有一定的比例。

6. 旅游部(tourism department)

许多饭店都设有组织旅游的专业部门，一方面为饭店组织客源，另一方面为饭店客人游览观光提供各种便利服务，包括交通工具(车船)、导游、订票等服务。

(二) 饭店职能部门

饭店职能部门不直接从事饭店接待和供应工作，而是为业务部门服务，并执行自身某种管理职能的部门。饭店的人力资源部、销售部、工程部、安全保卫部和财务部均属于饭店的职能部门。

1. 人力资源部(personnel department)

人力资源部的主要职责是满足饭店经营管理的需要，协助其他部门负责饭店管理人员和服务人员的选聘、培训及具体的管理工作。人力资源部是饭店中非常重要的部门，一般直接听从总经理的领导和指挥。人力资源部除设有经理和副经理外，还设有负责人员调配、职工培训、工资管理等工作的专职人员，有些饭店的人力资源部还设有专门的培训机构。

2. 销售部(sales department)

销售部的主要职责和工作目标是为饭店组织客源。为了保证饭店有充足的客源，销售部的人员要进行市场调研，了解市场需求，掌握客源流向并负责推销饭店产品。

不同饭店的销售部的规模也有所不同，销售部通常设有经理和主管销售业务的专职人员，有些大型饭店的销售部还设有分管旅游销售、会议销售、宴会销售的经理以及负责维护公共关系等工作的专职人员。为了做好销售工作，饭店总经理也要分出一部分时间来处理销售部的有关事宜。

3. 工程部(engineering department)

工程部主要负责饭店房屋及设备、设施的修理、保养和更新工作，使饭店的外部及内部装修、设施等保持完好状态。此外，工程部还需要按计划对饭店的能源消耗进行有效的管理。

工程部的组织机构包括：工程部办公室(由工程部经理、助理调度员等组成)；锅炉冷冻组(由锅炉房工作人员和冷冻机房工作人员组成)；电工组(由交配电组工作人员与强弱电组工作人员组成)；维修组(由综合维修人员组成)；电梯组(由电梯操作人员、维修人员等组成)；土建维修组(由土建人员、木工、油漆工等组成)。也有的饭店只设锅炉、冷冻、水电、土建4组。

4. 安全保卫部(security department)

安全保卫部是饭店非常重要的职能部门之一，宾客在饭店中不仅需要完备的住宿条件，同时还需要一个安全、舒适、宁静的环境。安全保卫部对饭店的各种设施和财产的安全以及宾客的人身和财产的安全负有重要的责任。

饭店设有安全保卫部经理和专职的安全保卫工作人员，对全饭店进行24小时安全保卫和巡视。需注意的是，虽然安全部的人员负责饭店整体的安全保卫工作，但是饭店的所有工作人员和服务人员都应当关心安全工作，并积极参与安全保卫措施的具体实施工作。

5. 财务部(financial department)

财务部负责处理饭店经营活动中的财务管理和会计核算工作。财务部的人员数量取决于饭店的经营规模，一般来说，饭店财务工作直接由一位副总经理领导，财务部门设有经理、副经理、主管会计、会计员、出纳员若干名。

(三) 其他组织

根据我国的国情、法律、政治经济体制，饭店还要设置其他机构：一是党组织的领导机构，主要对饭店的经营决策、正常运营、组织目标的实现起监督保证作用。二是工会、共青团、妇女组织机构。工会是职工代表大会的常设机构，通过职工代表大会的形式可使职工行使民主管理权利，并维护广大职工的利益；共青团、妇女组织是饭店的群众组织，根据该组织章程，一方面要从该组织成员的特点出发，引导职工在饭店中发挥积极作用，另一方面要保护该组织成员的权益。

四、饭店组织结构图

饭店组织结构图是用于描述饭店组织内部主要的、正式的结构关系的一种常用工具。组织结构中的一些主要关系都可以通过组织结构图来反映，如组织结构中的各种正式关系和各种职位的隶属关系。

饭店一般采用纵向型组织结构，它的主要特点是醒目易懂，主管与部属的正式关系、各部门的基本关系，以及职位、授权的路线十分明晰。图2-5为一般大中型饭店的组织结构示意图。

图2-5　大中型饭店的组织结构示意图

五、现代饭店组织结构创新

(一) 饭店组织结构创新的动因

我国现代饭店业起步较晚，虽然自改革开放以来，我国饭店业在组织管理和组织结构设计方面取得了长足的进步，但仍然存在一些弊端。在日益激烈的市场竞争中，变革和创新饭店的组织结构形式，克服饭店组织结构中存在的弊端，仍是每个饭店经营者必须认真研究的课题。具体来说，我国饭店组织结构存在的弊端可以归纳为以下3个方面。

1. 结构臃肿

在向市场经济过渡的过程中，传统计划经济体制下的机械的组织结构设置模式及其影响仍然存在。由于过分强调分工、分工过细、管理人员能上不能下、人员素质差等因素，造成管理机构庞大臃肿、工作人员负荷不满、冗员严重存在，从而影响了饭店的工作效率。

2. 管理费用过高

管理费用过高与结构臃肿直接相关，人浮于事、职责不清，必然会增加不必要的管理开支，增加经营成本，同时也会削弱自身的竞争力。

3. 组织结构复杂化

各部门各自为政、过度强调分工和行政隶属关系，使饭店统一的生产经营活动被人为地割裂，必然导致整个饭店运作效率的降低和经营决策的延误。

饭店组织结构创新是饭店有效参与市场竞争、求得生存和发展的关键。理想的饭店组织模式不是一成不变的，而是在实践中不断发展。在激烈的市场竞争中，饭店要想高效、顺畅地运行，必须要有与经营管理、员工素质、硬件设施相配套的组织结构，要随社会经济环境和市场形势的变化而变化，这是饭店组织的内在需要，也是饭店自身获得生存与发展的有效途径。

(二) 饭店组织变革与创新的系统模式

饭店组织的变革与创新不能孤立进行，它必须与有关的技术支持配套、同步。对此，哈罗德·莱维特曾提出整个企业(或其他组织)变革与创新的系统模式。他认为，组织变革与创新的内容包括4个方面，即任务、人员、技术和结构，如图2-6所示。

图2-6　组织变革与创新的系统模式

1. 任务

任务是指组织设立的目标和任务。对饭店来讲，任务就是向社会提供产品或服务。这个任务，具体到饭店内部，就分解为各级各部门的具体工作。饭店产品或服务的变革与创新，如调整产品结构、提供新服务等，是饭店革新的重要内容。

2. 人员

人员在这里是指饭店管理人员及员工的态度、知识、技能、经验、期望、信念、风格等状况。饭店人员结构及素质的变革与创新是饭店革新的又一项重要内容。

3. 技术

对饭店行业来讲，技术是指饭店的技术装备和软硬件应用环境。技术改革，新工艺、新材料等的采用，是饭店技术变革与创新的主要内容，而技术变革是饭店革新的重要内容。

4. 结构

结构即饭店的组织结构，包括权责分工、机构设置、集权程度、协调方式等方面。

莱维特组织变革与创新的系统模式表明，这4方面的变革与创新，具有很高的相互依赖性。饭店提供新的服务项目的同时，便要求革新某些软硬件技术，提高饭店管理与技术人员的素质，调整组织层级甚至结构。莱维特还指出，在许多企业中，这4方面的革新往往是同时发生的。

这一理论模式带给我们的启示体现在以下两个方面：一方面，当组织任务、技术、人员素质等状况发生较大改变后，饭店组织结构也必须做出相应的调整；另一方面，孤立地变革与创新饭店组织结构，并不能完全解决饭店存在的问题，必须高瞻远瞩，从饭店全局出发，综合治理，相互配合，才能取得预期效果。把组织结构的变革与创新当作一件孤立的事情来做，单纯地从机构增减、权力上收下放等方面做工作，往往达不到预期的效果。

(三) 饭店组织结构创新的可行方向和原则

富有生命力且高效的组织结构应达到两个标准：一是这个组织结构要有吸引顾客和员工的个性特征；二是这个组织方式要有利于促进饭店的管理，提高饭店的工作效率，增加饭店的经济效益。为此，在饭店组织结构创新中，应遵循以下几项原则。

1. 饭店组织结构应为饭店的经营理念和发展战略服务

组织结构是一个饭店的框架，确定饭店纵向的层次隶属和横向的分工协调，是贯彻饭店经营理念、实施饭店发展战略的基础。同时，作为饭店灵魂的经营理念和发展战略，也必须在饭店的各个经营细节中得到体现。因此，组织结构必须服务和服从于饭店的经营理念和发展战略，这是保证饭店具有持久的生命力、有效的协调力、统一的运作力的基础。

2. 饭店组织结构应逐步趋向扁平化

过度的劳动分工导致冗长、复杂的工作流程，在管理时就不得不跨越多个单位和部门，同时也意味着要雇佣更多的管理人员，使组织变得更官僚化、等级化。在信息技术不断发展的今天，传统的金字塔形的组织形态越来越显示出管理层次过多、机构庞大、信息沟通缓慢且容易失真等缺陷。如今，"一对多"式的信息传递方式已经被"多对多"式的水平且对等的信息传递方式所取代。在这样的背景下，以前高耸的组织结构逐渐成了信息沟通的障碍，饭店组织结构必然要趋向扁平化。

在实际操作中，要改造我国饭店组织管理层次过多的现状，可采用以下思路：取消某些不必要的分工，对业务进行重新整合，压缩管理层次，精简管理机构，充分利用现代信息和计算机技术，逐渐加大管理幅度和减少结构阶层，使上层管理者的指令和下层管理者的信息实现快速的双向沟通。

3. 增强员工对饭店组织的认同感是饭店组织结构创新的落脚点

员工对饭店组织的认同感是指饭店组织内的员工对本组织的真正认可，但不能简单地认为加入饭店组织的每个员工都对饭店产生了认同感。增强饭店员工对饭店组织的认同感是营造组织良好氛围的根本出发点，也是饭店组织结构创新的落脚点。

增强员工对饭店组织认同感的基本方法：增强饭店组织的凝聚力，改革饭店与员工之间单纯的雇佣关系，培养饭店员工的自豪感。

4. 项目管理小组在饭店组织结构中的运用

项目管理作为现代管理的实现方式，具有灵活、利于协调的特点。在日益激烈的市场竞争中，饭店要生存、发展，必须进行开拓和创新，而要打破传统的部门分工，实现高效的组织和协调，充分利用智力资本，创立项目管理小组是一种十分可行的方法。比如，针对某个新服务项目的开发，饭店可成立由市场、销售、技术、财务、一线服务等部门的专业人员组成的项目管理小组，利用已有的各种资源，高效率地沟通信息，发挥各自的优势，从而使项目产品得到高效开发。

5. 将过程整合的理念引入饭店组织结构中

1993年，迈克尔·哈默和詹姆斯·钱皮的著作《再造企业：企业革命的宣言书》在企业管理领域引发了一场意义深远的革命，其中关于企业流程再造和组织结构的许多真知灼见至今仍具有宝贵的价值。他们在对企业组织结构进行研究后发现，基于细碎化、专门化的功能组织越来越难以适应当今快速变化的市场需要，按照过程而非任务来设计组织将成为企业组织结构改革的趋势之一。

饭店组织结构的过程整合包括工作程序整合、任务整合和知识整合。应当实现的目标：通过工作程序整合，减少服务和工作程序组成部分的数目；通过任务整合，让员工在独立的团队中互相协调地开展工作，而非机械地限制在工作程序的某一个流程之中；通过知识整合，使员工具备在任何工作环节与其他人进行沟通和协调的能力，而非只按单独、简单的指令行事。这也是饭店全面质量管理和全员服务理念中应有的内涵。

第三节 现代饭店组织管理体系

现代饭店是一个复杂的大系统，为维持这个系统的正常运转，促进饭店组织更进一步的发展，必须依靠一套科学、严密的组织管理体系。饭店组织管理体系应包括两方面的含义：一方面是从宏观管理的角度来看，指国家、地方、部门、行业对饭店经济活动的管理体系；另一方面是从微观管理的角度来看，指饭店内部对所属范围的经营活动的管理体系。

本小节将主要从微观的角度来讨论现代饭店组织管理体系的构成。如前文所述，饭店组织为了实现组织目标和经营计划，需要制定一系列规章制度，建立相应的管理机构，通过管理机构的组织、计划、指挥、控制和协调，有效地执行管理制度，来保证目标的顺利实现。

一、饭店组织管理机构

饭店组织管理机构是饭店组织结构设计的结果，是为执行饭店经营战略与策略而建立的决策、指挥和协调机构。饭店组织管理机构主要包括董事会、经理层、监事会和职工代表大会。

(一) 董事会

董事会是现代饭店企业在所有权和经营权分离的条件下，饭店资产所有者为了追求和保护自身利益而设立的饭店经营管理体系中的核心组织。

董事会一般不干涉饭店管理者的日常经营活动，在饭店的经营中主要发挥激励和制约功能。具体来说，所谓的激励功能是指董事会应代表全体股东，授权饭店经理层，使其充分发挥经营管理的智慧和才能，完成资本增值的目标，使股东收益最大化；所谓的制约功能是指饭店股东为了保证投资安全，赋予董事会对饭店经理层进行监督和制衡的权力，如对重大资本运作、大额资金支付等的审议和对经理层的奖惩做出规定等。

董事会作为现代饭店的最高决策机构，其在饭店经营活动中的主要职权可以细化为以下几个方面。

(1) 决定召开股东大会并向股东大会作报告。

(2) 执行股东大会决议，协调饭店与股东之间的关系。

(3) 选聘、任免饭店的总经理及其他高级职员(副总经理、财务总监等)。

(4) 对饭店的经营发展战略、发展方向和目标等做出决策和计划。

(5) 决定饭店的筹资方式和制订计划，审定饭店投资项目及大额资金的使用。

(6) 检查饭店的经营和财务状况，审议饭店的年度财务预算、决算。

(7) 决定饭店的分立、合并、承包、终止等重大事项。

(8) 制定饭店的章程及履行相应职权。

饭店董事会应定期召开会议，对饭店经营中的重大问题做出决策。董事会开会时，所有董事均应参加会议，并履行自己的职责权限。因故不能参加会议的，应书面委托其他董事代理，并写明授权范围。董事会由董事长主持召开，董事会议的内容应作记录以备查询。

董事会议做出的决策或决定，由饭店总经理负责执行，并在下一次会议上报告执行结果。

(二) 经理层

现代饭店的经理层是指以饭店总经理为代表的饭店管理层。在由饭店决策层、管理层、督导层和操作层组成的4级饭店组织结构中，经理层包括前3个层次。经理层应全面贯彻执行董事会做出的各种决策和决定，并对董事会负责。同时，以总经理为主，对饭店的一切经营活动进行指挥、协调和控制。为了确保经理层指挥的权威性，有效开展饭店的经营活动，现代饭店通常采取经理负责制，即由总经理统一领导和指挥整个饭店的经营活动，而饭店的副总经理及其他高级管理人员均由总经理提名，由董事会任命，协助总经理履行各部门的职责。

经理人员，尤其是总经理，是现代饭店经营活动的总指挥和最高领导，因而在选择经理人员时必须充分考虑经理人员的知识素质、心理素质、智能素质及身体素质，应保证经理人员赴任后能够有效地完成自己的职责，为饭店创造最佳效益。

(三) 监事会

监事会是现代饭店经营的监督机构，负责监督、检查饭店资本运营及经营管理的状况，并对饭店董事会及经理层行使监督职能。监事会成员也是由股东或所有者选举产生的，并且与董事会相分离，因而使监事会的监督活动具有独立性，从而保证了监事会工作的公正性和客观性。

现代饭店监事会的职权可细化为以下几方面。

(1) 列席董事会议。

(2) 监督董事、经理人员有无违法或违纪行为。

(3) 检查公司业务、财务的执行状况。

(4) 审核董事会提交股东大会的各种报告，如发现存在问题可组织复查。

(5) 对饭店内不称职的经营管理人员提出处分或罢免的建议。

(6) 可建议召开临时股东大会，并代表股东与董事交涉或起诉董事。

总之，设立监事会的根本目的，就是防止董事会和经理层滥用职权、牟取私利甚至侵害饭店股东的权益，以使饭店在有效监督的条件下，健康地运营和发展。

(四) 职工代表大会

职工代表大会是饭店民主管理的主要形式，是职工行使民主管理权力的机构。饭店董事会和经理层分别代表饭店所有者和饭店经营者对饭店的生产经营进行管理，而职工代表大会则是代表劳动者对饭店的经营实行民主管理，审议饭店的各项规划和策划，监督各级管理人员，维护饭店全体员工的切身利益。充分发挥职工代表大会的管理职能，可以使全体员工真正以主人翁的姿态积极工作，对于饭店的发展具有十分重要的意义。

二、饭店组织管理内容

饭店组织管理的核心内容是"先框架，后实体，规章制度为管理"。确定饭店组织结构的框架后，就要建设组织实体，即确定饭店组织管理的具体内容。

(一) 业务的分工与协作

饭店组织管理应首先按照分工的原则对业务进行专业化划分，同时又要使专业化的组织活动和业务活动保持高度的协调一致。饭店业务内容差别较大又自成体系，各业务是在一定的区域空间内进行的，因此，饭店业务的分工通常把业务和区域合在一起进行。

1. 制作饭店组织图

饭店组织图是全面反映饭店业务内容、部门组成、业务区域划分、组织结构、权责关系、岗位分工、人员安排的综合图解。组织图的要素：在明确业务分工的情况下设置一个层次的部门；按直线制的形式设置部门下属业务单元和班组；划分饭店组织层次，包括饭店的基本层次和各部门的层次；对职位做出规定，可细化到组织图中的每一个层次、每一个节点。

2. 业务分工及界面划分

业务分工就是把饭店所有的业务按性质的不同进行分解，并把分解后的业务划归各部门、各层次。饭店业务从大处着眼是泾渭分明、范围明确的，但从小处着眼则是纵横交错、互相牵扯的。为了分清职责，在业务分工后，还要为牵涉两个部门的业务划分界面。

3. 建立岗位责任制

业务最终要由人去完成。什么人、去完成什么工作、达到什么标准，由岗位责任制来规定。

4. 业务的组织联系

业务的组织联系包括饭店的业务设计、连接点衔接和业务信息系统设计。

(二) 管理人员的配备和使用

1. 用人理念

管理人员的配备就是指组织用人，用人应遵循一定的用人理念。饭店的用人理念应是"德才兼备为重"，德即符合管理人员的道德标准，要与饭店同心同德。选人用人时，应杜绝裙带关系等坏风气，必须公平、公正。

2. 确定用人标准

饭店选拔管理人员既要考虑具有共性的标准，又要考虑个体的特性，要把这两者有机结合起来。从这点出发，饭店的用人标准包括以下3个方面。

(1) 基本素质，包括基本品质、道德意识、学历阅历、个性气质、思想观念等。

(2) 管理能力，包括管理理论、管理思想、管理方法，以及心理成熟程度和应变能力等。

(3) 业务知识和业务能力，包括本专业知识的深度和广度、饭店各方面的业务知识、与饭店相关的各种业务知识等。

3. 管理人员配备程序

管理人员配备应有一套规范的程序，应避免按个人意志任命管理人员，具体程序如下所述。

(1) 由该岗位的直接领导列出候选人名单，候选人可以有多个。如是对外或对内公开招聘，则由招聘领导机构列出名单。

(2) 由人力资源部门和饭店相应层次的管理层对候选人进行考察、考核。

(3) 根据管辖层次，由相应的管理层通过集体决策的方式确定该管理岗位的管理人员。

4. 使用和授权

配备饭店管理人员是为了使用，要使用就要对他们授权，使用和授权是组织管理的重要内容，具体包括以下几个方面。

(1) 管理人员进入角色。组织是一种权责角色结构，组织配备了管理人员，就要让他们进入角色，使其处于最佳角色状态。管理人员的角色状态越好，管理活动就越有成效。

(2) 授权。权力是有效管理的必要条件。根据权力和职责相一致的原则，当管理人员确定后，应由正式组织以制度明文规定的形式授予管理人员相应的权力。

(3) 制约机制。组织应通过行政、制度、信息的形式形成对权力的制约机制。

(4) 爱护培养，能上能下。用人就是对人才的使用。任何物质在使用的过程中，都应加以维护保养，对管理人员更要爱护培养。饭店要制订人才培养计划，有计划、有步骤地培养和造就管理人才。对管理人员要建立能上能下的机制，一方面是为了保证管理质量，另一方面是对管理人员的一种激励。

(5) 严格考核。对管理人员既要关心爱护，也要严格要求、认真考核，即"爱之深，律之严"。

(三) 任务分配

组织管理中的任务分配，简单地说就是把组织目标的具体任务分解落实到各部门。任务分配和业务分工有密切的联系，组织管理就是把这两者联系在一起做整体性安排。

1. 确定组织目标

饭店是以决策后制订计划的形式确定目标的。饭店计划还要确定各部门、各阶段的目标和业务活动，由此组成饭店的计划目标体系。

2. 分解指标和分配任务

饭店的计划指标和目标是由各部门在实际开展业务过程中完成的。饭店组织要在综合平衡的基础上，分解计划指标，分解后把具体指标落实到各部门。根据分解的计划指标、饭店的业务决策及业务设计，把与指标配套的任务分配到各部门，各部门根据指标和任务制订本部门的部门计划。在分配计划任务后，还要分配临时任务。计划任务是常规的、定时的(如年、季、月)，临时任务是随机的、不定时的。

3. 目标考核

有了任务分配，必定要有对目标和任务的考核。考核是按部门和阶段进行的，可按各部门不同的考核项目进行，对于阶段的确定，则可以月、季、半年、全年为单位。

4. 编制定员

编制定员是指核定并配备各岗位、各班组、各部门及全饭店管理人员和服务人员的数量。编制定员工作从业务的角度来说属于人力资源部门的工作范围，从管理职能的角度来说属于组织管理职能范围。

(1) 编制定员核定。具体包括以班组为单位进行人员核定，定量分析，分析相关因素，确定数量。

(2) 用工类型。用工类型是指饭店所有员工因与饭店的关系性质的不同而形成几种不同的类型。饭店用工类型的不同决定了员工与饭店的所属关系、契约关系、经济关系、劳动关系的不同。饭店用工类型主要有正式工、合同工、聘用工。对所有员工都应按照企业的规定给予应有的地位，维护他们的合法权益。编制定员是个定数，而饭店实际用工是个变数，它是围绕编制定员浮动的。

(四) 劳动组织

在饭店运营中，劳动组织是通过一定的形式和方法使人和设施合理结合，组成岗位劳动，再使岗位劳动连贯成业务流程，最终使业务流程相互联系和协作，以顺利完成宾客接待的过程。

1. 业务流程和协作

饭店的业务流程是把前后有联系的相关岗位按一定的程序连贯起来的过程。饭店业务流程的特点是按时间和空间组织业务。

(1) 业务流程时序的设计。设计思路是按宾客活动时间的先后，排列有前后时序关系的相关岗位的作业程序，使之成为一个连续的过程，形成时间上的业务流程，时间上的业务流程形成劳动组织的纵向联系。

(2) 业务流程空间的联系。宾客的活动是在空间中的运动，因此饭店岗位协作也要有空间上的横向联系。业务流程设计要把具有空间作业联系的岗位和业务联系起来，把同一空间的业务作业联系起来形成流程。

(3) 业务流程的时空结合。业务流程不可能是一个单纯的时间流程或空间流程，它是时空的结合。业务流程要强调时序性，同样要强调协作性。

(4) 业务流程是实体，与流程相配套的有服务规程和信息流。因此，在对业务流程进行设计时，应同时设计服务规程和信息流。

2. 排班

排班就是排定班次，是根据各岗位及由岗位组成的班组的业务规律，规定工作时间、时间段及作业内容。排班有两种形式：一是按作业时间区分，排成早、中、晚等时间班；二是按业务内容排成业务班，如客房的卫生班和值台班，前厅的总台班和总机班等。时间班和业务班不是截然分开的，它们是交错在一起的。

饭店业务内容较多，各业务内容又不相同，饭店各部门的排班也多种多样。排班只能从实际出发，因事因时而定。排班主要是基层管理者的职责，小区域部门由部门经理排班，对于排班的最后核定和认可由部门经理负责。

三、饭店组织管理制度

现代饭店组织管理制度，是用文字的形式对饭店各项组织管理工作和组织活动做出的规定，是饭店管理的基础和全体员工的行为准则，是现代饭店有效开展经营活动必不可少的规范。现代饭店管理制度的内容和形式都很广泛，主要包括基本管理制度、专业管理制度、岗位责任制和经济责任制4个方面。

(一) 饭店组织基本管理制度

1. 总经理负责制

现代饭店建立以总经理为首的经营管理系统，并在饭店组织管理制度中处于中心地位，这是适应市场竞争、按饭店管理规律管理饭店的需要。

总经理负责制的主要内容包括：明确总经理既是饭店经营管理的负责人，又是饭店的法人代表；总经理对饭店的经营管理拥有决策权、人事权和员工奖惩权；总经理在行使权力的同时，也必须承担相应的责任，实现饭店的各项经营目标；总经理还应自觉接受上级组织和员工的监督。

2. 职工民主管理制

饭店是社会化大生产分工协作的典型企业，员工的个体因素对饭店的管理和服务水平有着极为重要的影响，因此，实行职工民主管理制很有必要。它的基本形式是饭店职工代表大会，它拥有管理、监督、审议的权利，具体工作包括以下几个方面。

(1) 听取和审议总经理工作报告。

(2) 审议饭店的发展规划、经营计划以及一些重要的经营管理问题。

(3) 审议饭店各项基金的使用以及饭店福利等，监督饭店各级干部，对成绩显著的干部提出表扬并给予嘉奖，对不称职的干部提出撤换的建议。

3. 员工手册

饭店员工手册是饭店的"基本法"，规定了饭店每一个员工拥有的权利和义务，即每个员工可以享受的待遇以及应该遵守的纪律和规章制度。

员工手册的主要内容一般包括以下几个方面。

(1) 序言。主要是饭店的欢迎词，对员工加入饭店工作、成为饭店大家庭的一员表示欢迎，并提出期望。

(2) 饭店简介。介绍饭店的历史沿革、规模、档次和特色。

(3) 饭店文化。传达饭店的企业精神、经营宗旨和指导思想。

(4) 饭店组织结构和形式。

(5) 饭店劳动及人事规定。提出有关饭店员工的工作时间和加班的规定及报酬的支付方式，以及招聘、培训、录用、辞退等劳动人事方面的管理规定。

(6) 报酬的评定与发放。规定饭店工资报酬的评定方法及职务、技能、贡献与所得报酬的内在联系。

(7) 员工福利。对员工的医疗费用、病事假和其他请假制度、带薪假期、膳食、津贴等做出规定。

(8) 纪律。员工必须遵守的各项纪律规定以及奖惩条例。

(9) 安全守则。当意外发生时，员工必须遵守的原则和应尽的义务和责任。

(10) 签署人。每位员工在学习并接受、认可员工手册所提出的各项条款后，必须签名，交人事部门备案，以便将来对照实施。

(11) 明确员工在劳动合同书以外附带的权利和责任，条文内容不能与国家法规相抵触。

(二) 饭店组织专业管理制度

现代饭店组织的专业管理制度，是指为了保证饭店经营活动的正常进行，保证经营服务过程中各环节的协调，实现饭店各项专业管理职能而制定的各种管理工作规范，是饭店组织管理制度的重要内容。具体包括饭店经营计划、技术、财务、质量、设备、动力、安全、劳动、环保、营销、人事及部门、班组等方面的管理制度，也是各职能组织部门有效履行其职能责任的重要依据。

(三) 饭店岗位责任制

现代饭店岗位责任制是根据饭店内各个不同的工作岗位而规定的工作内容、服务程序、服务标准及职责权限的制度,是实行经济责任制的基础。饭店岗位责任制是保证饭店优质服务的前提,是不断提高饭店服务质量的依据。因此,必须建立和健全岗位责任制,使每一个岗位都有严格的分工、明确的责任,从而形成相互联系、相互协调的饭店责任体系。饭店每个岗位都需承担不同的岗位经济责任,关系每一位饭店员工,主要内容包括以下几个方面。

(1) 岗位的职责范围和具体的工作任务。

(2) 每项工作任务的基本要求、标准和操作程序。

(3) 应承担的责任和应遵守的制度。

(4) 协作要求。

(5) 奖惩办法。

(四) 饭店经济责任制

饭店经济责任制是以提高饭店经济效益和社会效益为目标,实现责、权、利相结合的一种经营管理制度,也是有效调动饭店各部门和员工的积极性的一种现代化管理方法。

饭店经济责任制的实施是指根据饭店经营目标,按照责、权、利相结合的原则,把各项经济指标分解,层层落实到各饭店组织和个人,并提供相应条件,提出要求,以保证经济责任的落实和目标的完成。通过个人目标和组织目标的实现,最终保证饭店经营目标的实现。

案例分析

吴某是某四星级国有酒店的老总,在其任职的6年间,酒店由原来的年创利近500万元"发展"至年亏损近100万元!后因群众举报,当地检察机关对吴某立案调查,发现吴某竟将该酒店当作自己的私有财产,并设有自己的小金库,其权力在酒店中至高无上,什么事情都由他决定,员工敢怒不敢言。

据了解,吴总当初走马上任时还肯为酒店的发展尽心尽力,其能力也得到了酒店各级管理人员及普通员工的认可。在他上任的第一年,酒店发展较快,生意红火,并通过了国家星级酒店评定,挂牌四星级,年创利达500万元。据吴某交代,后来他发现该酒店的体制不健全,组织管理监督和民主机制更是无从谈起,他越来越觉得他在该酒店中的权力可以凌驾于任何人之上且不会被察觉,私欲的膨胀逐渐把吴某推向了罪恶的深渊。他在酒店建立自己的小金库,肆意挥霍公款用于赌博和物质享受,曾以考察为由去美国豪赌,导致国家财产大量流失。吴某疏于对酒店的日常管理,导致酒店内部人心涣散、每况愈下,最终从年创利近500万元到负债经营,实在令人痛心!吴某也因贪污并挪用公款被判刑。

资料来源:饭店组织管理案例. 百度文库[EB/OL]. http://wenku.baidu.com/. 作者有删改

思考：

你认为该酒店的组织设计缺陷在哪里？如何在日常经营管理中监督总经理的职权行使情况？

本章小结

组织管理是饭店管理中的系统工程，建立饭店管理的相关制度、加强组织管理，是提高饭店管理水平和服务质量的重要途径。本章论述了饭店组织设计、组织管理体系和组织创新的相关内容，并结合知识经济时代的新趋势、新特点对饭店组织管理进行系统设计，以不断提高饭店组织管理能力与水平。

复习思考题

1. 饭店非正式组织有哪些特点？应如何管理？
2. 饭店非正式组织主要有哪些类型？
3. 简述饭店组织设计的影响因素和指导原则。
4. 简述饭店组织设计的主要步骤。
5. 饭店组织结构的主要框架形式有哪些？
6. 思考在知识经济时代饭店组织变革与创新的可行方向。

第三章
饭店营销管理

知识目标

- 了解饭店营销的含义
- 了解饭店营销观念的演变过程
- 熟悉饭店营销的特殊性
- 掌握饭店营销的新理念

技能目标

- 灵活运用多种营销方法
- 对饭店产品进行营销策划

案例导入 | 阿吉帕汽车旅馆的经营之道

意大利特兰托市有一家阿吉帕汽车旅馆，最初主要接待驾车和因公出差的客人，后来由于竞争激烈，生意开始萧条。为了吸引各种类型的客人，该旅馆针对不同类型客人的特点，制定了不同的价格。

(1) 散客。这类客人多因公出差，是旅馆原来的主要客源。由于出差者的支出由企业开销，这部分客人不在乎价格高低。旅馆决定对这类客人收取全价，餐费另计。

(2) 团队。这类客人主要由旅行社带来，客流量较大，旅馆决定对这类客人采用优惠价格，折扣为13%。

(3) 家庭客人。这类客人主要是驾车出游的家庭。旅馆决定对3人以上的家庭提供优惠，3人同住的客房平均每人的房价只有单人价格的65%，不满11岁的小孩可以免费与父母同住。

这家旅馆采用的价格策略很受客人欢迎，促使出租率大大提高，该旅馆很快就在激烈的竞争中生存下来，并增加了盈利。

资料来源：市场营销经典案例. 百度文库[EB/OL]. http://wenku.baidu.com/. 作者有删改

思考：

1. 这家旅馆采用的是什么营销策略？

2. 采用这种营销策略有什么好处？

本章导语

饭店营销是满足顾客需求以获得经济效益的经营过程，是为了让顾客满意并实现饭店经营目标而开展的一系列有计划、有步骤、有组织的活动，是根据顾客需求开展的产品、价格、销售渠道及促销策划和实施的全过程。饭店营销管理是饭店重要的管理活动。

第一节 饭店营销概述

一、饭店营销的含义

营销是企业的一种市场经营行为，它是以买方市场为对象，在动态的市场环境中研究卖方市场的产品或服务如何转移到消费者手中的过程。从不同的角度来看，这种行为大致有以下几种表述。

营销学奠基人之一、美国学者菲利普·科特勒在其著作《营销学》中给出这样的定义：营销是个人和团体通过为他人创造产品和价值并进行交换而满足其需要和欲望的社会过程和管理过程。

盖里·特莱帕给出这样的定义：了解顾客需要，使产品尽可能满足这些需要，劝说顾客满足自己的需要，最后，当顾客愿意购买该产品时，保证购买方便。

安德逊给出这样的定义：营销的真正意义在于听取市场需求，满足需求，创造利润。据此，出色的营销自然应该意味着，你比竞争者更注意倾听市场意见，也比竞争者更有效地满足市场需求。

我们可以把上述定义以及其他学者对营销的定义结合起来，将营销定义为：营销是企业的一种市场经营活动，即企业从满足消费者需求出发，综合运用各种科学的市场经营手段，把商品和服务整体地销售给消费者的经济活动。

根据以上定义，结合饭店企业及产品的特点，我们对饭店营销进行如下界定：饭店营销是饭店管理人员在变化的市场环境中，通过市场调研，了解顾客需求，然后努力提供适合这种需求的产品和服务，使顾客满意、饭店获利而开展的一切活动。

二、饭店营销观念的演变

饭店营销观念的演变大致经历了5个阶段，即生产导向、产品导向、销售导向、营销导向、社会营销导向。

(一) 生产导向阶段

生产导向阶段的观念认为，我的饭店能提供什么，就销售什么。

在饭店业发展初期，产品与服务供不应求，在许多地方成为一种普遍现象。虽然当时饭店简陋，且服务项目较少，但前来投宿的旅客络绎不绝，饭店经营者除了淡季之外，几乎不会为客源发愁，在旅游旺季甚至会出现蜂拥而至的现象。由于客房不足，凡能找到下榻之处，即使设施简单、餐食一般，投宿者也心满意足。于是店方只需关心客房有无、餐食有无即可，无须把精力花在改善设施、增加服务项目、提高餐饮质量等方面。店方能提供什么，旅客便购买什么，旅客的需求完全被放在一个不重要的位置上。严重的供不应求造成了纯粹的卖方市场，也造成了饭店经营者中普遍存在的生产导向观念。

(二) 产品导向阶段

产品导向阶段的观念认为，客人喜欢良好的设施和优质的服务，因此饭店的经营核心是提供良好的设施和优质的服务。

产品观念是典型的质量中心论，"酒香不怕巷子深"便是产品导向观念的集中表现。与生产导向相比，产品导向无疑是一种明显的进步，因为它考虑到消费者对产品质量、性能、价格等方面的需求和愿望。对客人而言，他们下榻饭店所能获得的基本好处就是客房可供休息、餐厅可供用餐。饭店若能提供良好的设施和优质的服务，客人就会感到高度满意。

然而，产品导向的不足之处在于"营销近视症"，即饭店经营者把精力集中在设施的改进与服务质量的提高上，而忽视了对市场即客人需求的了解与研究。实际上，客人来自五湖四海，他们的需求不仅千差万别，而且不断变化。即使饭店提供更好的设施和更优质的服务，若不考虑客人的需求，也很难适应市场需要，难免会被市场淘汰。

(三) 销售导向阶段

销售导向阶段的观念认为，我推销什么，客人就会买什么。

饭店一方面需要增加设施、改进服务，另一方面需要组织人员外出推销，如此才能使客人了解产品，并在竞争中战胜对手。

由于技术进步、设施改善，以及饭店增多、竞争加剧，此时供不应求的局面已不复存在；相反，供大于求迫使饭店经营者把经营重点从生产转向销售。销售导向观念促使饭店企业开展有组织的销售，并应用各种推销术，建立分销渠道和开展广告宣传。与产品导向的"等客上门"相比，饭店内设有专人从事销售业务是一种进步。

然而，销售导向下的一切推销努力并没有把客人的需求放在最重要的位置上来考虑，这种销售努力主要出于饭店自身利益的考虑，销售人员四处奔走，但是他们并没有做过周密的市场调研，不了解客人的真实需求，因此他们的努力并不能保证给饭店带来更多的客源与利润。

(四) 营销导向阶段

营销导向阶段的观念认为，满足客人需求是饭店必须优先考虑的事情。

饭店管理者首先考虑的不是饭店有什么可供销售，而是顾客对饭店有哪些需求。了解顾客需求，努力满足这些需求，饭店才能创造利润，才能在激烈的竞争中获得发展。

随着竞争的日益激烈、技术的进一步提高，消费者的需求越来越多样化、个性化，导致供过于求或供求不对路等情况发生。与此同时，越来越多的饭店经营者掌握了现代管理知识，提高了管理水平。他们开始认识到，单纯的推销努力并不能保证客人满意，也不能增加销售量，饭店只有主动了解客人需求，并采取措施满足其需求，才能长期占领市场，获得高额利润。

饭店经营指导思想从"销售导向"到"营销导向"的转变，可以说是饭店经营思想一次质的飞跃。在销售导向观念中，饭店关心的是设法为自己已经生产的产品找到买主(客人)；在营销导向观念中，饭店首先关心的是市场需求，是了解和满足客人的需求，是根据客人的需求调整产品、改进服务。销售导向和营销导向对比见表3-1。

表3-1　销售导向与营销导向对比

观念区别	起点	方法	目的
销售观念	企业现有产品	推销、促销	从销售中获利
营销观念	消费者的需求	整体的营销活动	从满足消费者需求中获利

(五) 社会营销导向阶段

社会营销导向阶段的观念认为，置身于社会整体中的饭店和其他企业一样，不能孤立地追求一己利益，而必须使自己的行为符合整个社会与经济发展的需要，力求在创造饭店经济效益的同时，能为整个社会的发展做出贡献，创造社会效益。

20世纪70年代，人口激增，资源过度开发，生态环境恶化，促使人们越来越清楚地认识到环境与资源保护的重要性，社会营销导向就是在这种背景下提出的。一些国际连锁饭店在这方面已经做出值得赞赏的努力。例如，为了节约纸张，提供用再生纸做的卫生纸；办公室打印一些非正式文件时使用电传纸的反面；在客房里放置小册子，宣传保护环境与资源的日常方法；为节约水资源，减少棉织品的洗涤次数；取消一次性牙具；组织员工参加植树活动；等等。

■ 三、饭店营销的特点

饭店营销的特点受其产品特点的影响，饭店产品的诸多特点决定了饭店营销活动的特点。

(一) 产品的无形性给营销活动带来脆弱性

饭店提供的产品是以服务为主体的组合，饭店借助各种设施设备和物品原料，通过员工的劳动，满足宾客各种旅居生活所需。服务是无形的，宾客在首次购买饭店产品之前无法触及和感受它们，这就给企业营销带来较大的难度。因此，饭店应巧妙地提供各种有形的证据来吸引宾客，让宾客眼见为实，这些有形的证据包括设施设备、人员形象、环境布置等。

(二) 产品的不可储存性给营销活动增加了难度

饭店产品与其他商品不同，其价值不能储存，如果当天的产品卖不出去，当天的产品价值就消失了，并且无法挽回。因此，饭店在提供产品时，要掌握恰当的时机，提高产品的时间效用，在恰当的时间提供恰当的产品，尽量实现产品的使用价值而减少损失率。例如，可采用量时销售、分时计价等方法减少损失。

(三) 产品的不可运输性使营销活动丧失灵活性

饭店的产品是固定在饭店内的，不可移动，其产品只能在饭店内交换，并就地进行消费，这就使其丧失了一定的灵活性。因此，饭店应对其产品进行大力宣传，吸引广大宾客到店消费，以保证一定的客源。

(四) 产品生产和销售的限制性减少了营销活动产生规模效应的机会

饭店产品具有不可储存性和不可移动性并且存在一定的淡旺季，导致其产品不能像其他产品那样集中批量生产和销售。因此，饭店在营销时最好通过建立饭店联号、实行连锁经营、组建饭店联盟、开展团队促销等方式，统一服务标准、服务程序、服务风格，来达到饭店产品的规模生产和规模销售，以获得较高的利润。

(五) 产品消费的随意性使营销活动必须着眼于刺激宾客的消费欲望

饭店的大部分宾客是旅游者，而且宾客的消费行为在很大程度上受情感、兴趣、动机等心理因素的影响，产品的消费随意性很强。因此，饭店应灵活掌握宾客的消费心理，开展有针对性的促销，以激发宾客更多的消费行为。

(六) 产品的非专利性促使营销活动必须讲究独特性

饭店产品具有非专利性的特点，一旦有新颖的产品出现，很容易被竞争对手模仿运用。因此，饭店在营销中要积极创新，不断开发有特色的新颖产品，以此保持有利的市场地位。

四、饭店营销新理念

在饭店营销领域，相继出现了许多新的营销理念，对提高饭店企业市场竞争力具有很重要的意义。

(一) 主题营销

主题营销是饭店在组织策划各种营销活动时，根据自身特色、时令季节、时尚潮流、顾客需求、社会热点等因素，选定某一主题作为活动的中心内容，以此实现经营目标的一种营销方式。主题营销的特点是赋予一般的营销活动以某种主题，围绕该主题来营造饭店的气氛。店内所有的产品、服务、色彩、造型以及活动都为主题服务，使主题成为客人识别饭店的特征和产生消费行为的刺激物。主题营销不仅是一种差异营销，还是一种品牌营销，更是一种文化营销。

主题可以是民俗地域，如酒文化、茶文化等；可以是历史文化，如古埃及文化、玛雅文化，唐、宋、元、明等历史文化；可以是文学艺术，如西游宴、红楼宴等；也可以是娱乐文化，如音乐、舞蹈、戏剧等；还可以是休闲运动，如奥运会等。

(二) 分时营销

分时营销是指饭店将客房的使用权分时段出售给顾客，顾客购买了该时段的使用权后，可以享有转让、馈赠、继承、分时使用等权益以及对公共配套设施的优惠使用权。分时营销具有销售价格相对较低、使用方式较为灵活、饭店产品具有家庭气氛的特点。

典型的分时营销需考虑饭店、销售代理商、交换公司、购买者4方之间的多种关系。因此，分时营销的运作模式可分为双边式(饭店与购买者)、三边式(饭店、购买者与销售公司)和多边式(饭店、购买者、销售公司与交换公司等)三种类型。

(三) 机会营销

机会营销是指企业根据市场环境，寻找与本企业的经营条件和经营目标相吻合的市场机会而开展的市场营销活动。饭店的市场营销机会具有广泛性、隐蔽性、瞬时性、随机性和对应性等特点。因此，要正确运用机会营销策略，关键是要发现、捕捉、利用和开发各种营销机会，然后根据市场营销机会来组织与开展机会营销活动。

发现和捕捉市场机会的方法有很多，可从信息情报中去发现和捕捉，如报纸、电台、电视、政府出台的政策、文件等；可从社会潮流和趋势中去发现和捕捉，如环保潮流、科技潮流、消费时尚、健康潮流、文化潮流等；可从社会重大事件中去发现和捕捉，如北京2008年奥运会筹备期间、上海2010年世博会筹备期间可能带来的市场营销机会等；可从经济文化发展中去发现和捕捉。

(四) 绿色营销

绿色营销是指企业以促进可持续发展为目标，为实现企业经济利益、满足消费者需求和保护环境利益，有目的、有计划地开发和交换产品的一种营销活动。它的宗旨是保护生态环境，防治污染，充分利用并回收再生资源，以利于社会发展。

绿色营销的途径包括树立"绿色形象"，如"绿色产品"形象、"绿色员工"形象；做好"绿色培训"，如"绿色计划"制订、"绿色能力"训练；开发"绿色产品"，如绿色客房、绿色餐厅；加强"绿色沟通"，如绿色广告、绿色公关等。

(五) 内部营销

内部营销理论认为，为实现企业经营目标，首先把饭店内部当作一个内部市场，将饭店的员工当作饭店的内部宾客，必须先于外部营销活动做好内部营销活动。满意的员工才能提供令宾客满意的产品，满意的宾客会频繁光顾饭店，为饭店带来经济效益，收益良好的饭店会给员工带来更多的利益，满意的员工会为饭店提供更加出色的产品和服务，这是一种良性循环。

内部营销的途径包括尊重员工、了解员工、关心员工、发展员工、激励员工等。

(六) 网络营销

网络营销是指饭店以互联网为传播手段，借助网络、计算机、通信和数字交互式媒体等技术来沟通供求之间的联系、销售企业的产品和服务的一种现代市场营销方式和策略。网络营销的价值在于使生产者与消费者之间的价值交换更便利、更充分、更有效率。

网络营销的方式包括网络调研、网络广告宣传、网络预订等。

第二节　饭店营销市场分析

饭店营销市场分析，是对饭店生产经营活动所处的内外部环境以及影响饭店消费者购买决策因素的分析，它是饭店有效进入市场前的一个重要环节。

一、饭店市场营销环境分析

饭店市场营销环境分析包括宏观环境分析和微观环境分析两个方面。

(一) 宏观环境分析

宏观环境包含企业无法控制的众多因素，如政治制度、法律法规、经济发展水平、科学技术发展状况、人口资源、社会结构与发展趋势、市场竞争结构等。这些环境因素对饭店的经营发展产生巨大的影响，它们影响宾客对饭店产品的需求，决定饭店营运的规模与水平，牵引和制约饭店产品开发的方向和速度。而且这些环境因素是企业无法控制的，这就要求企业能够预见环境演变的规律和趋势，提前对企业的营销战略做出相应的调整。例如，国际上禁烟运动日益普及，人们希望公共场所辟有无烟区，许多宾客进入饭店时通常要求住在无烟区，如果饭店充分利用这一机会，开辟无烟楼层和无烟客房，就可以满足这部分宾客的需求，吸引更多的客源。

(二) 微观环境分析

微观环境是由一些与企业经营活动密切相关的外部因素构成的小环境，包括消费者群体、竞争者、供应商、销售代理商、社区组织机构与居民、地方政府部门以及相关利益团体等。对于这些环境因素，企业能够通过自身的经营活动对它们施加影响，如选择、限制或引导。这些机构或个人的策略性行为也将在很大程度上制约饭店的经营效果。例如，竞争对手的经营状态和形象以及各种营销手法都会对饭店产生较大的影响，甚至形成极大的威胁和压力。因此，对竞争对手进行详细的分析，有利于了解主要的经营威胁所在，做到知己知彼，从而在市场竞争中处于有利的地位。

二、饭店消费者购买决策影响因素分析

对饭店来说，基本的消费者类型有两种：一种是个人消费者，另一种是组织机构消费

者。前者以个人支付为特征，后者以组织形式购买饭店产品。这两种消费者都是饭店的重要客人。

(一) 饭店个人消费者购买决策影响因素分析

影响个人消费者购买决策的因素有很多，主要包括背景因素、外部因素、人口统计因素以及心理因素等。这些因素对消费者的购买决策起到非常重要而又微妙的影响，而且，在不同的环节，这些因素的作用力度会呈现一定的差异。

1. 背景因素

比较突出的背景因素是指一个人所属的文化和亚文化类型及其在社会群体当中所处的地位(通常以社会阶层来表示)，这些背景因素对个人的消费行为有着十分重要的影响。例如，体现东西方文化差异的文化特质，在饮食方面表现为进餐工具的不同，如刀叉与筷子；又如，南北方亚文化的差异形成了饮食上"南甜、北咸、东辣、西酸"的口味差异。

2. 外部因素

外部因素包括宏观环境和微观环境中的政治制度、法律法规、经济发展水平、科学技术发展状况、人口资源、社会结构与发展趋势、市场竞争结构与消费者群体、竞争者、供应商、销售代理商、社区组织机构与居民、地方政府部门以及相关利益团体等因素。

3. 人口统计因素

人口统计因素主要包括年龄、性别、受教育程度、家庭生命周期、收入和职业等变量。这些因素在很大程度上影响消费者的购买行为，因为这些因素常常会决定一个人属于什么样的亚文化群体、什么样的社会阶层，同时也可能决定了一个人具有什么样的心理和行为特点。例如，针对老年宾客的特点，饭店在布置客房时就要充分重视卫生间的防滑地砖、浴缸边的把手、夜灯、备用毯以及大字印刷的服务指南等方面。

4. 心理因素

影响消费者行为的心理因素可以分为不同层次。从过程的角度看，内驱力、需要、动机和行为是一个系统过程，尽管它们之间并非严格连贯。其中比较重要的一个心理环节是需要，需要的形成也同样受其他心理因素的影响，如个性、信念、感知等。

(二) 饭店组织机构消费者购买行为分析

对于饭店来说，组织机构消费者是一个庞大且有利可图的市场，它具有4个特点：购买的数量大、总金额高；在时间上有一定的规律性，可预见性强；购买决策过程中所需信息多，决策时间长；对价格比较不敏感。其中，团体会议承办机构是饭店尤其是商务型饭店或会议中心重要的组织机构购买者。

第三节 饭店营销市场进入

饭店市场是由具有不同特征的细分市场组成的。因此，对饭店市场进行有效的细分，选择目标市场，并在市场中准确地进行定位分析是饭店企业在市场中有效开展经营活动的重要前提。

一、饭店市场细分

(一) 饭店市场细分的含义

饭店市场是由饭店产品消费者个体组成的总体。购买饭店产品者众多，并广泛分布于各个地区，有不同的需求和欲望，且支付能力、购买态度和消费方式也不尽相同。消费者个体的差异性决定了任何一家饭店都无法同时满足所有购买者的需求。饭店要想实现消费者满意的目标，就必须进行市场细分。

饭店市场细分是指饭店按照细分变量，把总体市场划分为若干个具有不同需求特征的亚市场的过程。例如，按照购买方式，饭店消费者市场可分为团队客人和零散客人。

(二) 饭店市场细分的作用

(1) 市场细分有利于饭店特别是中小型饭店发现较好的市场机会。饭店通过市场细分，可以了解各个亚市场的需求状况和目前的需要满足程度，从而发现那些需要没有得到满足或没有得到充分满足的亚市场，进而发现有利的市场机会。市场细分对小饭店尤为重要，因为小饭店资金少、实力薄弱，无法在市场竞争中与大饭店相抗衡。小饭店可以通过市场细分，发现那些未满足的需求，从而在竞争中求得生存和发展。

(2) 市场细分有利于饭店提高经济效益。饭店通过市场细分，可以按照目标市场的需求及时、正确地调整营销组合策略，同时还可以将企业的人、财、物集中到已选定的目标市场，以增强饭店企业的市场竞争能力。

(三) 饭店市场细分的标准

饭店可以按照某些因素把整个市场细分为若干个不同的亚市场，这些因素称为细分变量。饭店市场细分变量主要有地理变量、人口统计变量、心理变量和行为变量。

(1) 地理变量包括地区、城市规模、密度、气候等。

(2) 人口统计变量包括年龄、性别、家庭规模、家庭生命周期、收入、职业、受教育程度等。

(3) 心理变量包括个性、态度等。

(4) 行为变量包括购买时机、购买频率、购买数量、购买目的等。

二、饭店目标市场选择及定位

(一) 饭店目标市场选择

饭店目标市场选择是指确定饭店即将进入或计划为之服务的某个或某些细分市场，这些市场是对企业比较有价值的市场。目标市场覆盖策略包括以下3种类型。

1. 无差异性营销策略

饭店不考虑细分市场的差异性，对整个市场只提供一种营销组合，见图3-1。

```
┌──────────┐        ┌──────────┐
│ 饭店营销组合 │────────│  整个市场  │
└──────────┘        └──────────┘
```

图3-1　无差异性营销策略

2. 差异性营销策略

饭店选择几个细分市场作为目标市场并分别为每个目标市场设计营销方案，见图3-2。

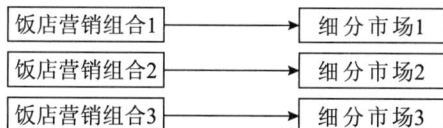

```
┌───────────┐              ┌─────────┐
│ 饭店营销组合1 │─────────────→│ 细分市场1 │
└───────────┘              └─────────┘
┌───────────┐              ┌─────────┐
│ 饭店营销组合2 │─────────────→│ 细分市场2 │
└───────────┘              └─────────┘
┌───────────┐              ┌─────────┐
│ 饭店营销组合3 │─────────────→│ 细分市场3 │
└───────────┘              └─────────┘
```

图3-2　差异性营销策略

3. 集中性营销策略

该策略是指饭店选择一个或少数几个细分市场作为目标市场，见图3-3。

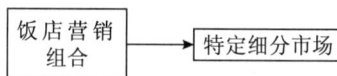

```
┌────────┐         ┌──────────┐
│ 饭店营销 │────────→│ 特定细分市场 │
│  组合  │         └──────────┘
└────────┘
```

图3-3　集中性营销策略

(二) 饭店目标市场定位

饭店目标市场定位是指饭店借助各种营销组合工具努力在消费者头脑中创造一种有关产品与服务的特性、功能及意义的形象的过程。

饭店目标市场定位既服从于市场竞争的需要，又服务于市场竞争。尽管定位方式千差万别，但从市场竞争的角度分析，定位的基本模式分为以下3种。

1. 对抗性市场定位

对抗性市场定位，即紧逼主要竞争者的市场定位。饭店业的进入门槛较低，产品之间的差异较小，吸引的都是同质客源，因此多采用与竞争对手定位相同的方法，有利于争取更大的市场份额。采用此种策略的饭店通常拥有竞争对手饭店的优势，再加上自己的优势，可使自己处于领先地位。这种定位模式会导致各饭店彼此之间爆发激烈的正面竞争，往往实力雄厚或在某些领域确有专长的饭店实施定位策略更容易取得成功。

2. 差异化市场定位

这是与主要竞争对手适当拉开距离的市场定位。饭店的目标市场、产品及市场策略具有自身特色，与竞争者有显著的差异，这就避免了与竞争者之间的恶性竞争，使企业赢得更大的生存与发展空间及更多宝贵的时间，因此，这是大多数饭店常用的产品定位方法。

3. 补缺性市场定位

当市场有潜在需要，但竞争者没有或不愿意或没有能力提供相应的饭店产品，而本饭店却有能力和专长提供相应的产品时，宜采用此种定位模式。饭店定位于这样的市场"空白"地带，可迅速占领细分市场。

第四节 饭店营销市场组合策略

饭店企业在选择了目标市场并确定进入目标市场的策略后，就要围绕目标市场，结合饭店企业的实际情况，制定一个合理的、由市场营销组合构成的整体营销策略，即市场营销组合。它是饭店企业对可控制的各种营销手段的综合应用。基本营销手段主要有4种，也可称之为4种基本的市场营销策略(4Ps)，即产品策略、价格策略、渠道策略、促销策略。

一、饭店产品策略

(一) 饭店产品的含义及构成要素

1. 饭店产品的含义

饭店产品是指饭店出售的能满足客人需要的有形产品和无形服务的总和。饭店产品是饭店企业生产经营体系的综合产出，饭店的各种目标，如市场占有率、利润等，都在很大程度上依附于饭店产品。饭店产品在开拓旅游市场、提高饭店在旅游市场中的竞争地位等方面，都具有关键作用。

从现代营销理论的产品整体观念来看，饭店产品包括三个层次的含义。

(1) 核心产品。它是指客人从产品中得到的根本利益，这种利益表现为客人在入住饭店过程中希望由饭店解决的各种基本问题。

(2) 实际产品。它是指从物质上能展示产品核心利益的多种因素，如饭店的设计风格、建筑特色、地理区位、周边环境、饭店设施设备品牌名称、服务项目、服务水平等。这一系列因素都能展示饭店产品的核心利益，使产品的核心利益更容易被客人认识。

(3) 延伸产品。它是指在客人购买其产品和服务时所提供的附加利益，这种利益对客人来说是必不可少的，它能给客人带来更大的满足感。因而，对客人购买实际产品和服务具有一定的影响力。

2. 饭店产品构成要素

营销学家梅德里克全面地阐述了饭店产品的构成要素，主要由5部分组成。

(1) 饭店地理区位。饭店地理区位的好坏意味着可进入性的高低、交通是否方便、周边环境是否良好，不同的地理区位构成了饭店产品某些不同的内容。

(2) 饭店设施。客房、餐厅、酒吧、多功能厅、会议厅、娱乐设施等在不同类型的饭店中，其规模、面积、接待量和容量也不相同，而且这些设施的装潢、营造出的气氛也不一样。饭店设施是饭店产品的一个重要组成部分。

(3) 饭店服务。它包括服务内容、方式、态度、速度、效率等。不同饭店的服务种类、服务水平是不可能相同的。

(4) 饭店产品的形象。它是指客人对饭店产品的一致看法，它是由饭店设施、服务和地理区位等多种因素共同创造的。

(5) 饭店产品的价格。价格既表现了饭店通过其地理区位、设施设备、服务和形象给予客人的价值，也可从侧面反映产品的不同质量。

(二) 饭店产品策略的类型

饭店产品策略是指饭店用哪些产品和服务来满足市场需求，常见的产品策略有以下几种类型。

1. 单一化产品策略和多样化产品策略

这里指的是饭店经营范围。饭店可以将经营的业务集中在较小的范围之内，如传统的食与宿两个方面，甚至仅提供住宿，配以必要而简单的服务，此为单一化产品策略。如果条件许可，饭店也可以扩大经营范围，以食宿为基础，提供康乐设施与购物中心，经营与旅游有关的各种业务，如出租汽车、导游服务等，此为多样化产品策略。究竟采取单一化产品策略还是多样化产品策略，要综合考虑饭店的人力、财力、物力，饭店的定位及市场需求。

2. 升档产品策略和降档产品策略

所谓升档产品策略，是指在现有产品的基础上增加高档、高价的产品；所谓降档产品策略，则是指在高价产品中增加廉价的产品。两者手段不同，其目的都是适应市场需求，增加销售量，创造更多的利润。究竟采取升档产品策略还是降档产品策略，要综合考虑饭店的人力、财力、物力，饭店的定位以及市场需求。随着许多国家与地区经济的发展，人们收入增加，来华旅游者中有相当一部分愿意投宿高档饭店，所以提高饭店档次、更新饭店设备，在许多情况下也是很有必要的。

3. 标准化产品策略和差异化产品策略

标准化产品策略主要是指饭店应该建立各种规章制度，加强培训与质量控制，以保证自己提供的产品与服务达到一定的标准与水平，更重要的是饭店提供的产品与服务能够为国际旅游者所接受，即达到国际标准。

差异化产品策略是指饭店在市场竞争中不断开发与提供新产品、新服务，强调自己的产品与服务不同于竞争者、优于竞争者，进而使旅游者偏爱自己的产品与服务。

4. 产品生命周期策略

(1) 投入期产品策略。在投入期应突出"快"字，经历的时间越短越好，以便尽快进入成长期，取得较大的市场份额。因此，在此阶段应大力开展宣传、公关工作，尽可能使更多的客人了解本饭店的产品与服务特色。

(2) 成长期产品策略。在成长期，经过一段时间的经营，饭店产品已被市场接受。这一阶段，饭店应该突出一个"好"字，即保证产品质量。同时，要广开销售渠道，加强促销力度，培养顾客忠诚度和提高品牌声誉。

(3) 成熟期产品策略。在这一阶段，饭店应该突出一个"异"字，即实施差异化策略，侧重饭店产品的延伸，突出饭店产品差异化，力争做到"人无有我，人有我优，人优我廉，人廉我转"，同时还应考虑开发新市场和新客户。

(4) 衰退期产品策略。在衰退期，饭店应慎重考虑产品的"转"，即饭店销售的个别产品，尤其指有形产品，而不是指整个饭店产品的转移或转轨。对亏损产品应考虑采取抛弃策略，即退出市场，以求其他发展。

二、饭店价格策略

(一) 产品定价

饭店产品的价格是饭店产品价值的货币表现，它是由饭店产品的内在价值和消费者附加在饭店产品上的心理价值两方面组成的。饭店产品价格的形成受到很多因素的影响，所以，在实际定价过程中，必须要运用一定的策略与技巧。

(二) 产品定价策略

1. 新产品价格策略

(1) 撇脂定价。产品以高价进入市场，以便迅速收回投资。

(2) 渗透定价。产品以低于预期的价格进入市场，以期获得"薄利多销"的效果。

(3) 满意定价。选取一种适中的价格进入市场，兼顾撇脂定价和渗透定价的优点。

2. 心理定价

(1) 尾数定价。给饭店产品拟定一个以零头数结尾的非整数价格，使其在宾客心目中留下一个价低的印象。

(2) 整数定价。给饭店产品拟定一个整数价格，以这种价格来表现产品较高的质量。

(3) 分级定价。根据产品的质量、构成、价值等因素，给饭店产品制定不同档次的价格，以体现不同产品的价值。

(4) 吉祥数定价。用人们喜欢的数字定价，如6、8等数字。

3. 折扣定价

(1) 数量折扣。饭店根据宾客购买的产品数量或次数来决定是否给予折扣，目的是鼓励宾客重复购买。

(2) 季节折扣。根据宾客购买行为发生的时间来确定是否给予折扣或给予多少折扣。

(3) 时间折扣。根据每天早中晚不同的时间段和一周中每天客流量的变化，给予宾客不同的折扣。

(4) 现金折扣。饭店对宾客提前支付账单给予一定的优惠价格。

(5) 功能折扣。依据宾客的身份或产品的功能来确定折扣。一般情况下，对中间商的折扣较大。

(6) 有效的整体折扣。将饭店的一系列产品组合成一个整体进行"打包"销售，并给予较大的整体折扣。

三、饭店渠道策略

(一) 饭店渠道的含义及模式

饭店渠道是指饭店产品和服务从饭店向顾客移动时取得这种产品和服务的所有权(使用权)，或者帮助转移所有权(使用权)的企业和个人。它包括向饭店代订客房、餐饮和其他服务项目的代理人(中间商)，批量出售饭店客房的批发商和预订机构，以及处于销售渠道起点和终点的饭店和顾客。

饭店销售渠道模式如图3-4所示。

图3-4　饭店销售渠道模式

(二) 饭店渠道策略的类型

1. 直接渠道与间接渠道策略

直接渠道是指饭店直接把产品销售给顾客，而不通过任何中间环节。它有利于饭店直接了解市场、减少中间费用、加强推销、控制价格等。

间接渠道是指饭店通过中间商来销售产品。它有利于饭店充分利用中间商的销售网络优势，减少花费在销售上的精力、人力、物力和财力等。

2. 长渠道与短渠道策略

长渠道是指饭店在产品销售过程中利用两个或两个以上的中间商。它的优点是渠道长、分布密、触角多，能有效地覆盖市场、扩大产品销售，能充分利用中间商的作用，市场风险小。

短渠道是指饭店产品仅利用一个中间商或自己销售产品。它的优点是能减少流通环节，时间短、费用省，信息传播和反馈速度快。

3. 宽渠道与窄渠道策略

同一层次或环节使用的中间商比较多的是宽渠道，反之就是窄渠道，其策略具体包括以下几种。

(1) 密集分销策略，即尽可能通过较多的中间商分销饭店的产品。这一策略会增加饭店的销售成本，降低中间商的积极性。

(2) 独家分销策略，即饭店在一定时间、一定地区只选择少数中间商销售其产品。这一策略可使饭店得到中间商最大限度的支持。

(3) 选择分销策略,即饭店在一个目标市场上,依据一定的标准选择少数中间商销售其产品。这一策略兼有密集分销策略和独家分销策略的优点。

四、饭店促销策略

(一) 饭店促销的含义

促销是指采用不同的促销手段去宣传推销饭店产品,广泛组织客源,扩大产品销售的过程。它是饭店产品和服务从经营者手中转化为客人实际消费的重要条件。

(二) 饭店促销策略的类型

饭店常用的促销策略有广告策略、人员推销策略、营业推广策略、公共关系策略。

1. 广告策略

广告是广告主支付一定的费用,采用非人员沟通的形式,通过各种媒介把商品信息传递给广大目标受众的过程。广告是一种单向沟通,在传播中不借助人员,其功能在于传播信息,饭店企业要向广告媒体支付费用。广告的形式有报纸广告、杂志广告、广播电台广告、电视台广告、直邮广告、广告牌、招贴、传单、包装纸、现场POP、网上广告、霓虹灯、旅行指南等。

2. 人员推销策略

饭店人员推销是指通过推销人员深入到中间商或消费者群体中,直接推荐和介绍饭店产品以促使客人采取购买行为的过程。饭店人员推销具有传递信息准确、针对性强、能较快地促成交易、有利于树立饭店良好形象的特点。饭店人员推销的形式主要有上门推销、会议推销、展台推销等。

3. 营业推广策略

营业推广是指企业运用各种短期诱因以鼓励消费者购买本企业产品或服务的促销活动。它具有不规则性、非周期性、灵活多样性、短期效果比较明显的特点。营业推广的形式有价格优惠、奖券和抽奖、提供饭店产品样品、退款和折让、优先照顾、红利、鼓励重复购买、饭店俱乐部、特殊活动、赠送礼品等。

4. 公共关系策略

公共关系是指饭店为了增进与社会公众和内部员工之间的了解、信任和合作而做出的各种审慎的、有计划的、持久不懈的沟通努力。主要方式有制造和利用新闻、举行各种会议、参与社会活动、建设企业文化等。

🔍 **案例分析**

饭店促销手段13招

饭店行业市场竞争日趋激烈,为了增强饭店的市场活力,企业家往往会利用一切可以利用的促销手段来开展饭店市场营销活动。那么,饭店促销手段有哪些?饭店又该如何去使用这些促销手段呢?

简单地说，饭店行业跟其他行业不同，它是在销售一种服务，它的"产品"将有形的外在物质和无形的内在服务融合在一起，我们要利用这种融合的硬件与软件条件，有针对性地选择饭店促销手段。

下面介绍饭店促销手段13招，希望可以对饭店促销活动的开展有所帮助。

1. 最后一分钟促销

例：当日晚上10点后，商务客房以特价出租或向客人赠送100元左右的礼品。因个人想法不同，有很多客人会为了礼品前来。

使用说明：为防止客人出现期待效应，在不影响客房正常销售的情况下，饭店应只针对某些入住率偏低的房型进行促销。截止日期和入住率的标准，由饭店根据实际情况决定。

2. 礼品房

例：饭店根据之前一段时间的客房销售情况，对某些总体入住率较低的房型，采用赠送礼品的销售方式。

使用说明：此种方式不限时段，起始及终止时间由饭店自行确定。

3. 超级团购价

例：买10送1，凡当日一次性同时入住11间客房，可减免1间价格最低的客房房费；或一次性同时入住10间以上(含10间)，送结款人200元左右的礼品。很多结款人会因此成为长期客户。

使用说明：此类促销多用于集团客户和团队客户。

4. 延时促销

例：如果客人连续住宿4夜，则免1夜住宿费；或客人连续住宿4夜，送150元左右的礼品一份。有很多客人既报销了房费又得到了礼品，也会因此成为饭店的忠诚客户。

使用说明：此类促销多用于同种房型的续住情况，而续住不同房型应遵循"多则不退少则补"的原则。

5. 提前预购价

例：客人提前2个月预订某房型并即时确认，可享受5折优惠。

使用说明：此种促销手段要求客人提前预订的时间相隔较长，多出现在淡季促销中，且限定某些房型，对付款或确认也有要求。

6. 常客礼品体验

例：客人在3个月内，住宿超过6次，第7次入住时送100元左右的礼品一份。

使用说明：此种促销手段旨在提高顾客忠诚度，所以建议以客人入住的次数而不是入住房间的天数为标准。而礼品发放的标准，也可由饭店根据当日的客房入住情况来确定。

7. 热点事件促销

例：高考期间，所有考生凭准考证入住饭店可享受8折优惠或送礼品，以增加其对饭店的认知度。

使用说明：此类促销多以社会事件为契机，如高考、妇女节、奥运会等，但受制于热点的时效性，只能在短期内使用。

8. 特殊人群促销

例：新住客超值体验价，所有第一次入住饭店的客人可享受8折优惠或送礼品，以增加其对饭店的认知度。

使用说明：此类促销多为饭店根据自身特点及细分市场而定，可以长期使用，但需限定房型。

9. 商家联合促销

例：凡持××卡的客人入住饭店，结账时可再享受9折优惠。

使用说明：此类促销多以商家强强联合、共享用户资源为目的，可不限房型并长期使用。

10. 限量超值抢购价

例：百元超值体验价，标准房每日限量10间且只能预订1晚，先确认先得。

使用说明：此类促销在短期内具有很强的广告效应，但为保证饭店效益，促销房间不宜过多。

11. 最低承诺价

例：2022年3月，某客人可以多次以一定价格入住某房型。在有房的情况下和规定的时段内，客人可多次享受此房价。

使用说明：此类促销多用于淡季促销活动，建议预收房费并限定入住次数。

12. 全国/全城联通价

例：2022年4月，客人预付4000元，可享受本品牌所有饭店的限房型数量但不限夜数的优惠。

使用说明：此类促销多用于连锁饭店，也多针对异地旅游者或出差较频繁的客人。

13. 优惠客人拓展奖励计划

例：2022年5月，客人每月只要介绍新客人累计达3名且每位新客人在当月消费达200元，可送100元左右的礼品。

使用说明：此类促销需要饭店做好推荐人的相关资料记录工作(如有推荐人)。

饭店应根据自身情况选择合适的促销方案，同时配以其他方面的广告宣传，再加上人员派发DM单。宣传周期为2个月，可大大提高客房入住率，从而使饭店客房的整体入住率达到一个新水平。

资料来源：职业餐饮网[EB/OL]. http://www.canyin168.com/. 作者有删改

思考：

结合案例中的促销手段，根据你家附近某饭店的实际情况，有针对性地选择促销手段并进行说明。

📖 **本章小结**

营销活动是连接饭店与市场的桥梁，营销活动的成败直接影响饭店经营的成败。本章介绍了饭店营销活动的含义、特点、观念的演变过程以及新的营销理念；重点介绍了饭店营销活动中的市场分析、市场进入以及市场营销组合策略。

复习思考题

    1. 饭店营销活动的特点有哪些？

    2. 饭店营销有哪些新理念？

    3. 什么是饭店市场细分？它有哪些作用？

    4. 饭店营销环境包括哪些方面？

    5. 什么是目标市场？如何进行市场定位？

    6. 什么是饭店市场营销组合策略？常见的饭店市场营销组合策略有哪些？

第四章
饭店前厅服务与管理

知识目标

- 了解前厅部的含义
- 了解前厅部在饭店中的重要地位
- 熟悉前厅部的组织机构
- 掌握前厅部的基本业务项目

技能目标

- 熟悉前厅部的主要任务
- 掌握前厅部人员应具备的基本业务技能

案例导入 | 前厅接待与收银的并岗

前厅是饭店业务运营的活动中心，不仅负责销售饭店产品，还负责联络和协调各业务部门的对客服务，接受客人的投诉，解决客人的疑难问题，为客人提供规范服务和超前服务，以满足客人的需求。可见，前厅布局的合理化、工作程序的简洁化对整个饭店的服务而言，无疑是一个良好的开端。

众所周知，饭店前厅一般会设置两个主要岗位，即接待与收银。接待处是接待客人登记入住的地方，而收银处则是办理客人结账离店手续的地方。也就是说，分体式的前厅有明确的工作程序分割点。试想，如果你是一位客人，你是愿意在前厅任意一个位置办完所有手续，还是愿意在不同位置分别办理不同的手续？正常情况下，大多数客人会选择前者，这就涉及前厅接待与收银的并岗问题。

资料来源：酒店中国[EB/OL]. http://hotel.china.com.cn/. 作者有删改

思考：

1.前厅收银处和接待处合并的好处有哪些？

2.前厅接待与收银岗位合并以后怎样才能做好相关的管理和监督工作？

本章导语

饭店易使人产生许多兴奋的联想，在某些知名饭店的大厅里经常会出现出席重大会议及招待会的国际名人、社会领袖、商人以及度假人士。细细地品味、感受这种兴奋有助于你理解饭店为宾客提供优质服务的重要性。当你掌握经营饭店的一些原则时，你将会发现，饭店前厅部在维持这种兴奋感方面发挥着重要的作用，而在这种兴奋感的背后，是前厅部较高的工作效率、高标准的服务要求以及精心营造的饭店营业氛围。本章首先介绍了前厅部的含义、地位和工作任务；其次重点介绍了前厅部的八大服务与管理业务。

第一节 前厅部概述

■ 一、前厅部的含义

饭店前厅部是负责招徕并接待宾客、销售饭店客房及餐饮娱乐等产品和服务的部门，也是沟通与协调饭店各部门的对客服务，为饭店管理决策层及相关职能部门提供各种信息参考，同时为宾客提供各种综合服务的部门。前厅部业务通常包括预订、接待、礼宾、问讯、电话总机、商务中心、收银、大堂副理等。

■ 二、前厅部在饭店中的地位与作用

(一) 前厅部是饭店的营业橱窗

前厅犹如饭店的"脸面"，"脸面"是否漂亮，不仅取决于大堂的设计、布置、装饰、灯光等硬件设施的美观程度，而且取决于前厅员工的精神面貌、办事效率、服务态度、服务技巧、礼节礼貌以及组织纪律性。

(二) 前厅部是给客人留下第一印象和最后印象的地方

前厅部是客人抵店后首先接触的部门，它是给客人留下第一印象的地方。从心理学的角度讲，第一印象非常重要，客人总是带着这种第一印象来评价一家饭店的服务质量。此外，客人离开饭店时也是从前厅离开的，这里也是给客人留下最后印象的地方，而最后印象在客人脑海里停留的时间最长。因此，优质的服务将会使客人产生依恋之情，从而成为回头客。

(三) 前厅部是为饭店创造经济收入的关键部门

通常情况下，饭店营业收入的50%～70%来自客房销售，而销售客房是前厅部的首要任务。前厅部的有效运转可提高客房出租率，从而为饭店创造较高的经济效益。

(四) 前厅部是饭店业务活动的中心

前厅部是饭店的神经中枢，是饭店的信息集散中心，前厅部的服务是建立良好客我关

系的重要环节，贯穿客人在饭店居留的全过程。

三、前厅部的工作任务

(一) 销售客房

参与饭店的市场调研和房价及促销策划的制定，进行宣传促销，开展预订业务和接待业务，办理客人入住手续，安排住房并确定房价，同时控制客房的使用状况等。

(二) 联络和协调对客服务

前厅部将通过开展客房销售活动所掌握的信息资料及时通报给有关部门，并将客人的需求及接待要求等信息传递给有关部门，同时将客人的投诉意见及处理意见及时反馈给有关部门，使各部门有计划地安排各自的工作。

(三) 提供前厅系列服务

前厅部提供的服务有礼宾服务、问讯服务、商务中心服务、电话总机服务、委托代办服务等。

(四) 管理客账

饭店为登记入住的客人提供最终一次结账服务。因此，前厅部应为住店客人分别设立账卡，接受各部门传达的客账资料，及时记录客人在住宿期间产生的各种赊款，每天晚间累计审核，保证客账账目准确，并为离店客人办理结账、收款或转账等事宜。

(五) 建立客史档案

前厅部负责为VIP客人、常住客人建立档案，记录客人住店期间的主要情况及数据，以形成一个具有参考价值的资料库，可供饭店分析客源市场状况、客人消费项目及能力，有助于增强饭店的销售能力和服务的针对性，以赢得回头客并扩大市场份额。

(六) 显示及控制客房状况

客房长期状况显示系统主要显示和控制当前客房状况，以便正确、有效地销售客房。前厅部还会利用客房长期状况显示系统来汇总和显示饭店在今后一段时间的客房预订情况，以便能对客人的订房要求做出迅速且正确的反应，并且能在订房客人抵达前做好预先排房工作。

四、前厅部的组织机构

前厅部的组织机构如图4-1、图4-2和图4-3所示。

图4-1 小型饭店前厅部组织机构

图4-2 中型饭店前厅部组织机构

图4-3 大型饭店前厅部组织机构

第二节 前厅预订业务

一、预订的含义和意义

客房预订是指客人在到达前向饭店预先提出用房的具体要求，即客人通过电话、传真、信函或网络等方式与饭店联系预订客房，饭店则根据客房可供出租的情况来决定是否满足客人的订房要求。饭店开展预订业务，不仅能保证客人所需的饭店设施处于工作状态，同时能最大限度地利用饭店设施，从而为饭店带来利润。因此，客房预订业务具有重要的意义，对饭店来讲，是一种非常重要的市场手段。

二、预订的渠道、方式和种类

(一) 预订渠道

客房预订的渠道有很多，总体上可分为两种，即直接渠道和间接渠道。直接渠道是指客人不通过任何中介而直接向饭店预订客房；间接渠道是指客人需通过中介机构(如旅行社、航空公司等)代为办理订房手续。

1. 直接渠道

(1) 直接向饭店预订的客人订房。客人本人或亲朋好友等通过电话、邮件或面谈等方式直接向饭店预订客房。

(2) 与饭店签订商务合同的单位订房。很多公司和企业都会与饭店签订订房协议，根据协议，饭店会为这些公司和企业的职员或客人提供低于柜台房价的客房。

(3) 通过饭店加入预订系统的客人订房。客人可通过计算机网络向饭店预订客房。连锁饭店拥有强大的计算机订房网络，可相互提供免费的订房服务。另外，一些独立饭店为了与连锁饭店竞争，也建立了自己的订房网络，可相互介绍预订的客人。

2. 间接渠道

(1) 旅行社订房。旅行社通过与饭店签订合同，负责为饭店提供客源，并收取一定比例的房价回扣。这类订房大多是团队订房，且房价较低。

(2) 航空公司订房。近年来，随着旅游业的发展，航空公司的乘客、机组人员和本公司职员的订房量在不断地增加。

(3) 会议组织机构订房。会议组织者一般会根据饭店的会议设备、会议室规格等情况来做出选择。这类订房除了要预订房间外，还会有其他服务需求，如餐饮、用车等。

(4) 政府机关订房。政府机关订房包括政府机关邀请社会团体、贵宾、专家学者等客源的用房，或政府举行大型活动邀请和带来的诸如记者等客源的用房。

(二) 预订方式

1. 电话订房

电话订房是指客人通过电话向饭店预订房间，这是一种比较普遍的预订方式。它适用于预订时间较短的情况，常被称为"免费预订热线"。

电话订房的特点：直接、迅速；客人与饭店沟通快捷，并可当场回复和确认客人的订房要求；但由于区域不同和存在语言障碍，往往会受通话的清晰度以及受话人的听力等影响，容易听不清或理解错误。

2. 信函订房

信函订房是指客人以明信片或信件的方式向饭店预订房间。这是一种古老而正式的方式，信函订房适合预订时间较长的客人和以度假或参加会议为入住目的的客人。

信函订房的特点：速度较慢；订房内容完整、准确；信函附有客人本人的签字和已备案的代理机构印章及负责人签字，如同一份订房协议，对双方起到一定的约束作用。

3. 电传、传真订房

电传、传真订房是指客人以电传、传真等形式预订客房。这是较为常见的订房方法，是商务会议主办者和旅行社乐于采用的预订方式，已成为继电话订房之后使用频率较高的预订方式。

电传、传真预订的特点：方便、迅速；内容清晰，有据可查，不易出现订房纠纷；有时内容欠完整，需要多次确认才能得到全面的信息资料。

4. 口头订房

口头订房是指客人或其委托代理人直接来到饭店，当面预订客房。在实践中，口头订房所占比例不是很高。

口头订房的特点：预订员能详细了解客人的需求，并当面解答客人提出的任何问题；可以根据客人的喜好、行为特点，进行有针对性的促销，必要时还可以展示客房供客人选择。

5. 计算机网络订房

计算机网络订房是指借助于现代化计算机网络工具的新兴订房方式，客人可以通过网络直接获得饭店的信息，并发电子邮件进行客房预订，这是较先进的一种订房方式。

计算机网络订房的特点：方便、快捷；先进、廉价；个性化。

(三) 预订种类

客人在预订房间时会采用不同的方式，饭店为了便于管理，通常会将预订方式归纳为以下3种类型。

1. 临时性预订

临时性预订是预订种类中比较简单的一种类型，它是指客人的订房日期与抵店日期非常接近，甚至是在抵店当天订房，饭店没有足够的时间与客人书面确认，只能口头确认。接受此类预定时，应提醒客人饭店的"取消预订时限"。

按照国际惯例，饭店对预订房间的客人，会为其保留房间直至抵店日当天下午6时止，这个时限被称为"取消预订时限"。若客人没有在规定时间之前到达，则该预订即被自动取消。

2. 保证性预订

保证性预订是指客人通过信用卡、预订款或签订合同等方式预订客房。对此类预定，饭店必须保证为这类客人提供所需的客房，同时客人也要保证按时入住，违约者要承担一定的经济责任。保证性预订既维护了客人的利益，同时也维护了饭店的利益。保证性预订通常有以下3种方式。

(1) 预付订金担保。预付订金担保即客人或其代理人在抵店入住前，须先支付一定的预订金。对饭店来说，这是理想的预订方式。预订金的多少视饭店的规定或当时的具体情况而定，但一般不应少于一天的房费，同时饭店有责任向客人说明保留客房、取消预订、退还订金等有关政策。

(2) 信用卡担保。信用卡担保即客人将所持信用卡的种类、号码、有效期及持卡人姓名等以书面形式通知饭店，达到保证性预订的目的。如果客人届时既未取消预订也未前往饭店办理入住登记，饭店就可以通过信用卡公司扣除相应的房费。

(3) 订立合同担保。订立合同担保即饭店与经常使用饭店设施的单位(如旅行社、企业单位等团体)签订订房合同，以此确定双方的利益与责任。合同中规定了签约单位通知饭店取消预订的最后期限及违约时房费的收取标准，同时明确了保证向签约单位提供所承诺的客房等条款。

3. 等待性预订

等待性预订是指在客房预订已满的情况下，再将一定数量的订房客人列入等待名单(waiting-list)，如果有客人取消预订或有客人提前离店，饭店就会通知等待客人来店。但要注意，预订员须先征求客人的意见，是否可将其列入等待名单，并向客人说清楚等待预订的含义，以免日后发生纠纷。

■ 三、预订业务程序的控制

客房预订业务是一项技术性较强的工作，因此必须建立科学的工作程序，预订业务程序可分为以下几个阶段。

(一) 受理预订

接到客人的预订申请后，预订员应立即将客人的预订要求与饭店未来时期的客房利用状况进行对照，确定是否可以接受客人的预订。如果客人的预订要求没有超出饭店的接待能力，则接受预订。预订人员要使用计算机输入预订资料或填写"预订单"，并向订房客人重述主要内容。预订单的内容及格式如表4-1所示。

表4-1 预订单

客人姓名	房间数量	房间种类	客人人数	房价	公司名称
预订到店日期		预订离店日期		到达航班时间	离开航班时间
付款方式		□公付□含早餐 □自付15%服务费		是否确认	□是 □否
备注 特殊要求		□预付款或支票 □信用卡 □走付 □加床 □婴儿床 □双人床			
联系人姓名		联系电话或传真号码		预订人	预订日期

如果客房状况不能满足客人的全部需求，预订员可建议客人做些更改，主动提出一系列可供客人选择的建议，如变更日期、房型、位置等，尽量留住客人；如果客人不能接受这些建议，可征得客人同意，将客人的订房要求及预订人的姓名、电话等记录在"等候名单"上，一旦有空房，立即通知客人；如果客人还是不能接受，预订员应用友好、遗憾的态度希望客人下次光临本店。

(二) 确认预订

饭店接受客人预订后，预订部下一步的工作就是确认客人的预订，以示对客人订房的承诺。确认预订有以下两种方式。

1. 口头确认

对于客人在抵店前或在抵店当日进行的临时预订，由于时间仓促，饭店一般只能给予口头确认。

2. 书面确认

预订员采用信函、传真等书面形式向客人确认所预订的各项内容及要求。

(三) 预订的更改和取消

在客人的预订已被确认的情况下，客人也有可能在抵店前会因为各种原因对预订内容如日期、房型、人数等提出更改，甚至取消预订。因此，预订员要熟悉客房状况，做好处理此类问题的准备。

1. 预订的更改

当客人更改预订时，首先要根据客人的姓名，抽出原预订登记卡，与客人的变更要求、客房预报表、预订控制簿等进行核对，以确认能否满足客人的要求。其次要根据更改记录，修改客房预订总表和预订控制簿，同时更改计算机存储的内容，按照接受一个新预订的工作程序办理更改预订手续。若变更的内容涉及其他部门，应尽快向有关部门发送变更通知单。

2. 预订的取消

当客人取消预订时，要询问客人姓名、地址及抵店日期和离店日期，并建议客人更改预订。如客人不同意更改，向客人表示歉意，期待客人下次光顾，并将预订登记卡抽出，盖上"已取消"印章，在备注栏里注明取消日期、取消人姓名及取消理由，并由受理人签字，再将预订登记卡放在取消类档案柜中存档。

(四) 订房核对

因为客人抵店前经常发生更改或取消预订的情况，所以在客人抵店前，预订员应做好订房的核对工作，订房核对工作一般分三次进行。

1. 第一次核对

第一次核对在客人抵店日期的前一个月进行，每天核对下月同一天抵店的客人名单，核对重点是重要客人和重要团体。

2. 第二次核对

第二次核对在客人抵店日期的前一周进行，每天核对下周同一天抵店的客人名单，核对重点是抵达时间、更改的订房和重要客人的订房。

3. 第三次核对

第三次核对在客人抵店日期的前一天进行，核对次日抵店的客人名单，核对重点是非担保订房和变更订房以及重要客人、有特殊要求的客人的订房。

(五) 抵店前准备

(1) 提前一周或数日，将主要客情(如VIP客人、大型会议团体、客满等情况)通知相关部门。

(2) 客人抵店前日，将具体的接待安排以书面形式通知有关部门。

(3) 客人抵店当天，前厅接待员根据客人名单，预先分好房间，并将有关细节(变更或补充)通知相关部门。

四、超额预订及预订过度处理

(一) 超额预订的意义

客房是一种不可储藏的特殊商品，当天的客房如果销售不出去，其价值就会永远地消失，无法弥补，所以饭店经常采取一定的措施来防止损失，超额预订就是防止损失的措施之一。

超额预订是指在饭店订房已满的情况下，再适度增加订房数量，以弥补因少数客人预订不到、临时取消或提前离店而出现的客房闲置所造成的损失。

(二) 超额预订过度的处理

超额预订虽然是饭店获得最佳客房利用率的有效手段，但同时也存在一定的风险，所以一旦出现预订过度现象，饭店应积极采取补救措施，来妥善处理纠纷，建议采用以下几种应对方法。

(1) 在饭店内部挖潜，如在会议室等空地加床、打折出租轻微损坏的客房等。

(2) 与部分客人商量劝其退房，同时为其提供方便。

(3) 如果只是某类客房超额预订，可采用房间升级的办法。

(4) 对一般类订房不予受理。

(5) 立即与本地区同级同类酒店联系，安排客人前往暂住。

(6) 派车免费将客人送到联系好的酒店暂住一夜。若房价超出本店，其超额部分由本店支付。

(7) 免费提供一次或两次长途电话或电传，以便客人将变更的地址通知家属和有关方面。

(8) 对连住又愿回本店的客人，次日如有空房，可将客人接回。

(9) 客人在店期间享受贵宾级待遇。

(10) 如果客人采用保证类预订的方式，还应支付客人在其他饭店住宿期间的第一夜房费，或客人搬回本饭店后可享受一天免费房的待遇。

第三节　前厅接待业务

一、接待的意义

客人入住接待是前厅对客服务全过程的一个重要阶段，它的主要任务是为客人办理入住手续，根据不同客人的入住要求合理分配房间，为客人建账以及调房等。通过办理入住手续，可将饭店与客人之间的责权利用法律手段明确下来，同时通过客人填写的登记表和身份验证，可获得客人的个人资料，为饭店营销提供重要的第一手资料。前厅接待处是客人抵离饭店的起点和终点，是前厅的中枢部门。前厅接待的工作效率，对整个饭店的形象塑造和营销活动的顺利开展有着重要的意义。

二、接待业务程序的控制

(一) 识别客人有无预订

当客人向前台走来，应主动询问客人有无预订。得知客人已办理预订，应立即核对当日抵店客人名单或计算机预订记录，并向客人复述预订内容；若客人没有预订，应主动询问客人的住宿要求并查看当日客房可出租状况，向客人介绍客房情况及饭店的其他设施和服务项目。

(二) 填写入住登记表并查验证件

(1) 对于已办理预订的客人，饭店在客人订房时就已掌握其基本资料，因此在客人抵店前就可以将其有关资料打印在入住登记表中，存入专用柜。当客人抵店时，接待员找出该客人的入住登记表，由客人填写其他内容并签字即可。

(2) 对于未办理预订、直接抵店的客人，接待员应主动说明入住登记的有关手续和内容，热情、耐心地向客人介绍客房特点和价格，尽可能缩短办理入住登记手续的时间。

(3) 在填写入住登记表(见表4-2)的同时，请客人出示有效证件进行查验。要分清证件的种类，看清证件号码，认准签证种类，核验签证有效期。

表4-2 入住登记表

英文姓	英文名	性别
中文姓名	国籍	出生日期
证件种类	证件号码	签证种类
签证有效期	到店日期	离店日期
接待单位	房间号	
职业及工作处所	停留事由	□服务 □观光 □其他
永久住址		
离店时我的账目结算方式： □现金 □旅行支票 □信用卡 □旅行社凭单 □其他	房价
	退房时间是中午十二时整 宾客签字
备注	前厅接待	前厅收银

(三) 排房及定价

接待员要根据入住登记表的有关资料及客人的喜好、习惯、类型来分房和报价。对已办理预订的客人，由开房组预留房间；对未办理预订、直接抵店的客人，向客人推荐各种类型的客房并报价，待客人同意并确认后，安排房间。

1. 排房的顺序

(1) 贵宾和常客。

(2) 团队。

(3) 已付订金等保证类预订客人。

(4) 要求延期续租的客人。

(5) 普通预订但已通知具体航班、车次及抵店时间的客人。

(6) 无预订、直接抵店的客人。

2. 排房时的注意事项

(1) 尽量使团体客人(或会议客人)住在同一楼层或相近的楼层。

(2) 尽量把残疾、年老、带小孩的客人安排在离楼梯和电梯较近的房间。

(3) 把内宾和外宾安排在不同的楼层。

(4) 对于常客和有特殊要求的客人应予以照顾。

(5) 不要把来自敌对国家的客人安排在同一楼层或相近的房间。

(6) 要注意不同客人对房间号数字的忌讳心理。

3. 客房的报价方法

常见的报价方法有以下几种。

(1) 由高到低报价，又称为号码讨价法。

(2) "冲击式"报价，即先报房间价格，再介绍这一档次房间所提供的服务设施和服务项目等。这种报价方法适合价格比较低的房间。

(3) "鱼尾式"报价，即先介绍提供的服务设施和服务项目，最后报出房价。这种报价方法适合价格比较高的房间。

(4) "夹心面包"式报价，即在介绍提供的服务项目的过程中进行报价。这种报价方法适合中档房间。

(5) 利益引诱法，即在客人已经接受较廉价客房的基础上，再向客人提出只需在原来的收费基础上稍微提高标准，便能入住更好的客房。

(四) 办理宾客入住登记手续

1. 办理无预订散客的入住手续

(1) 热情微笑，主动与宾客打招呼。

(2) 与宾客确认是否有预订。

(3) 当确认宾客没有预订时，向宾客介绍客房的种类并推销。

(4) 当宾客决定入住后，请宾客填写入住登记表并按其意愿分房，同时验证宾客身份。

(5) 与宾客确认，并询问宾客付款方式。

(6) 按照饭店制度，向宾客收取部分押金。

(7) 安排行李员引领宾客到房间。

(8) 将入住登记表的有关内容输入计算机，并将资料存档。

(9) 制作宾客账单。

2. 办理有预订散客的入住手续

(1) 热情、主动地与宾客打招呼。

(2) 主动询问宾客有无预订。

(3) 得知宾客有预订后，立即查询抵店名单和预订卡，并与宾客确认。

(4) 宾客交付押金后，为其开具发票或在住宿登记卡的备注栏内盖上 "deposit" (押金) 的印章，同时填写押金数额。

(5) 把房卡交给宾客，或由行李员引领宾客到房间。

(6) 将入住登记表的有关内容输入计算机，并将宾客资料存档。

(7) 制作宾客账单。

3. 办理团队宾客的入住手续

(1) 团队抵店时，由大堂值班经理、团队联络员迎接。

(2) 团队联络员向团队领队及宾客说明有关事宜。

(3) 将钥匙信封交给团队领队。

(4) 团队联络员与陪同或领队再次确认房间、用餐等事项。

(5) 将准确的房间号、名单送到行李部，便于行李发送。

(6) 接待员制作团队接待名单、更改通知单，并尽快送往有关部门。

(7) 制作团队主账单及分账单。

(8) 及时将有关信息输入计算机。

(五) 确认付款方式

1. 现金

对饭店而言，现金支付风险小，利于周转。但要注意及时通知客人补交预付款，防止出现逃账现象。接待员可根据饭店订金政策和客人的预付款额，决定其信用限额。

2. 信用卡

接待员首先核验客人所持信用卡(外币卡或人民币卡)有无残缺、破损，以及有效期限和使用范围等，然后使用压卡机影印签购单，告诉客人信用限额，最后将签购单和账单一并交到结账处。

3. 转账

接待员将客人要求与预订单付款方式核准无误后，向客人具体说明转账款项范围，如房租、餐费、电话费、洗衣费等，以及办理客人自付项目的有关手续及规定。

4. 支票

国有企业、公司等通常使用支票的支付方式，国外客人使用旅行支票的支付方式，饭店有关部门应加强对总台接待员、收款员有关核收支票的业务培训。

(六) 完成入住手续

排房、定价、确定付款方式之后，接待员应制作房卡，请客人在房卡上签名，并将房门钥匙交给客人，同时应安排行李员运送客人行李。此外，应及时将客人的入住信息通知总机及客房服务中心，并更改电脑记录，更新客房状态表。

(七) 建立客人账单及相关表格制作与存档

对于使用信用卡结账的客人，应在印制好的账单上打印客人姓名、抵店日期、离店日期、房间号、房间类型及价格，并将账单连同住宿登记表和客人的信用卡签购单一并交由前厅收款员保存。

对于使用转账方式结账的个人，需制作两份账单：一份记录应由签约单位支付的款项，另一份记录需客人自付的款项。

团队账单需有主账单和分账单两份：一份是团队全账单，这部分费用由组团单位或接待单位支付；另一份是团队分账单，用来记录需由个人支付的款项。

三、客房状态显示与控制

饭店客房随着客人的入住、离店等情况随时发生变化，因此，接待员的另一项重要工作内容是关注和控制客房状态。常见的客房状态有以下几种。

(1) 走客房(check out，C/O)，表示已退房结账，房间使用过。

(2) 住客房(occupied，OCC)，表示客人正在使用的房间。

(3) 长住房(long staying guest，LSG)，表示长期由客人包租的房间，也称"长包房"。

(4) 贵宾房(very important person，VIP)，表示该房间的客人对饭店来说非常重要。

(5) 空房(vacant room，VR)，表示该房间一天前没有客人住过。

(6) 维修房(out of order，OOO)，表示该房间的设施设备发生故障正在维修，暂不能出租。

(7) 外宿房(sleep out，S/O)，表示该客房已经租用，但住客昨夜未归。为避免发生逃账等意外情况，客房部应将此种客房状况通知前厅部。

(8) 已清扫房(vacant clean，VC)，表示该客房已清扫完毕，可以重新出租，亦称"OK房"。

(9) 请即打扫房(make up room，MUR)，表示该客房因会客或其他原因，需要服务员立即打扫。

(10) 无行李房(no baggage，N/B)，表示该房间的住客无行李，应及时通知总台。

(11) 保留房(out of the turn，OOT)，表示该客房住客临时外出几天，不退房。

第四节　前厅礼宾业务

一、礼宾服务的意义

为了体现饭店的档次和服务水准，许多饭店设立了礼宾部。礼宾是能提供全方位、一条龙服务的岗位，一般设有门童、行李员、饭店服务代表等，其业务内容主要有饭店代表服务、店门迎送服务、行李服务、委托代办服务等。礼宾部是饭店前厅服务的窗口，礼宾服务是给宾客留下"第一印象"和"最后印象"的关键服务阶段，对树立饭店的良好形象起着重要的作用。

二、饭店代表服务

饭店代表是代表饭店在机场、车站、码头等主要出入境口岸迎接宾客，提供接送服务，同时向宾客推销饭店产品。

(一) 接客服务

在领取需要接站的宾客名单后，安排好接客的车辆；宾客到站，待确认后，向宾客问好，并介绍自己的身份；安排宾客上车后，主动介绍饭店的服务与设施；将宾客接到饭店后，引领宾客到前厅办理入住手续。

(二) 送客服务

对于提出送站要求的宾客，准确掌握需要送站的宾客的离店时间；与车队取得联系，安排车辆，安全、准时地将宾客送到机场、车站或码头；宾客离开时，应主动向宾客道别，并表示欢迎宾客再次光临。

三、店门迎送服务

店门迎送主要由门童(迎宾员)负责，他象征饭店的礼仪，代表饭店的形象。门童通常站在大门口两侧或台阶上。

(一) 迎接宾客

1. 迎接散客

对于步行抵店的宾客，应主动为宾客拉门；对于乘车抵店的宾客，应帮助宾客卸下行李，查看有无物品遗忘在车内，并把宾客所乘的车辆引导至适当的位置停放。之后，应走在宾客的右前方，引领宾客到前厅办理手续，再回到饭店正门，准备接待下一位宾客。

2. 迎接团队宾客

当团队车辆抵达时，门童应站在车门一侧迎接宾客下车。待宾客全部下车后，门童应立即指挥车辆停放在合适的地方。之后，应走在宾客右前方，引领宾客至前厅的团队接待处办理入住手续，再回到饭店正门，准备接待下一位宾客。

(二) 送别宾客

1. 送别散客

如宾客需要，应及时安排离店车辆。车辆到达后，协助行李员为宾客搬运行李，并请宾客上车，再轻关车门，同时躬身致意，向宾客道别。

2. 送别团队宾客

门童应站在车门一侧，向每一位上车的宾客点头致意，欢迎宾客再次光临。待宾客全部上车后，示意司机开车离开，并向宾客挥手道别，目送宾客离店。

(三) 其他日常工作

其他日常工作包括：维护饭店大门周围的安全；保持饭店大门周围的环境；维持饭店

大门周围的秩序；回答宾客的询问；联系调度车辆；提供雨伞服务；提供《服务指南》手册；等等。

四、行李服务

行李服务是饭店礼宾服务的一个重要环节，具体由行李员负责，并配有各式行李车协助其完成。

(一) 散客行李服务

1. 散客入店时的行李服务

对于步行的散客，如果有行李，行李员应主动帮助宾客提拿；对于乘车的散客，应先将宾客的行李从车上卸下并与宾客确认件数，再帮助宾客提拿。随后，将宾客带到前厅接待处办理入住登记手续，引领宾客至客房。

2. 散客离店时的行李服务

行李员在指定的时间到达宾客的房间，与宾客接洽并核实后，再将行李运到前厅，等候宾客结账。随后，将宾客的行李装上车，轻轻关上车门，躬身道别。

(二) 团队行李服务

1. 团队入住时的行李服务

先将预抵店团队名称、人数等信息填入团队行李进店登记表。待团队行李车到店后，迅速卸下行李，码放在规定地点。再根据排房名单，标注房间号和件数，将行李送入客房。最后，返回礼宾值班台，填写工作记录表。

2. 团队离店时的行李服务

先按时到达相应楼层及宾客房间收取行李，并拴好行李牌。随后把行李运往指定地点，码放排列整齐，并清点行李件数。再与来店接运行李的人员办理交接手续，协助宾客将行李装车。最后，返回礼宾值班台，填写工作记录表。

(三) 宾客存取行李时的服务

1. 行李寄存服务

当客人前来寄存行李时，行李员应请客人出示房卡或钥匙，确认客人身份。同时，检查行李的破损、上锁等情况，并填写行李寄存卡，请客人在行李寄存卡的寄存联上签名确认。最后，将寄存卡的提取联交给客人，将寄存联挂在行李上，放入行李房，并填写行李寄存记录表。

2. 行李提取服务

当客人取行李时，行李员应收回客人的行李寄存卡提取联，并当场请其签名。同时仔细核对行李寄存卡的两联，并将行李交由客人清点核对，与客人道别。如客人遗失行李寄存卡，要请客人出示房卡、有效证件，并复印留底备查。

五、委托代办服务

委托代办服务是指礼宾部的服务员在力所能及的情况下，完成客人委托代办的事项，如转交物品、委托订票服务等。

(一) 转交物品服务

转交物品是指住店客人的亲戚朋友、接待单位或其他有关人士有物品要送给客人，因客人外出，又不能久等，委托饭店将物品转交客人。

(二) 订票服务

订票服务即客人委托饭店帮助预订机票、火车票等。

(三) "金钥匙" 服务

近几年来，委托代办业务在现代饭店中逐渐演变为向客人提供全方位、一条龙的"金钥匙"服务。"金钥匙"服务是礼宾服务中的最高境界。

"金钥匙"原意为"钥匙保管者"，负责迎来送往和保管饭店钥匙。它的标志是两把交叉在一起的金钥匙，一把用于开启饭店综合服务的大门，另一把用于开启城市综合服务的大门。"金钥匙"既指一种专业化的饭店服务，又指一个国际化的饭店服务专业组织，也是对拥有国际金钥匙组织会员资格的前厅职员的特殊称谓。国际金钥匙组织标志如图4-4所示，中国金钥匙组织标志如图4-5所示。

图4-4　国际金钥匙组织标志

图4-5　中国金钥匙组织标志

第五节　前厅问讯业务

一、问讯服务的意义

入住饭店的客人，通常来自全国乃至世界各地，他们都想要了解当地的基本情况，希望能够在某些方面得到帮助。饭店为了使客人满意，方便客人了解各种情况，通常会设有问讯处，随时为客人提供问讯、查询等服务，以解决客人的后顾之忧。问讯处一般设在前厅部，其基本业务包括问讯服务、查询服务、留言服务、邮件服务等。

二、问讯服务

客人想要询问的问题涉及很多方面，主要包括饭店内部信息和饭店外部信息两大部分。

(一) 饭店内部信息

(1) 餐厅、酒吧、商务中心等所在的位置及营业时间。
(2) 宴会、会议、展览会的举办场所及时间。
(3) 饭店提供的其他服务项目的营业时间及收费标准。

(二) 饭店外部信息

(1) 最新的航空、铁路、轮船的时刻表、里程表和票价信息。
(2) 饭店所在地的影剧院、展览馆、博物馆、银行、医院等场所的名称、地址、电话号码。
(3) 饭店所在地政府各部门、大专院校、工商企业等机关的地址和电话号码。
(4) 本地风景名胜景点的相关信息。

三、查询服务

(一) 对客人是否住在饭店的查询

问讯员应先问清访客的姓名、与住店客人的关系等，再打电话到被查询客人的房间，经客人允许后，可将住客的房间号告知访客。如果住店客人不在房间，切不可将住客的房间号及电话号码告诉访客，更不能让访客直接到房间找人。

(二) 对客人房间号码的查询

未经客人允许，不可以在总台或电话中将房间号告知访客，应委婉谢绝访客。当客人要求房间号保密时，要问清住店客人的保密程度及起止时间。

(三) 对已离店客人和尚未抵店客人的情况的查询

如果查明客人尚未抵店，问讯员可建议查询者在客人预期到达日期再联系查询。如果查明客人已退房离店，则应向查询者说明。如果已离店客人没有委托，问讯员一般不可将离店客人的去向告知查询者。

四、留言服务

前来拜访住店客人的访客，若未能见到住客，可以通过总台或总机给住店客人留言。若外出办事的住店客人不能约见访客，也可通过问讯处访客留言。

(一) 访客留言服务

1. 访客电话留言

应询问留言者姓名、留言接受者的房间号及姓名等信息，并接受留言内容；记录留言者电话号码，并在留言单上标明日期、时间，签上记录者姓名。留言单一式三联，第一联存放在总台，待宾客返回饭店时交给宾客，或开启该房间内电话机上的留言灯，通知宾客有电话留言。第二联送至电话总机服务台，以备宾客来电询问。第三联交由行李员送往客房，可将留言单从门下塞入客房。

2. 访客当面留言

将留言单交由宾客填写，核查住店宾客的姓名、房间号、日期、时间等信息。将留言单的第一联存放入总台，待宾客返回饭店时将留言单交给宾客，或开启该房间内电话机上的留言灯。第二联送至电话总机服务台。第三联交由行李员送往客房，可将留言单从门下塞入客房。访客留言单如表4-3所示。

表4-3　访客留言单

因为＿＿＿＿＿＿＿＿＿＿＿＿＿	序号＿＿＿＿＿＿＿＿＿＿＿＿
由＿＿＿＿＿＿＿＿＿＿＿＿＿＿	日期＿＿＿＿＿＿＿＿＿＿＿＿
□ 请电话联系＿＿＿＿＿＿＿＿＿＿＿＿	
□ 将再次打电话	
□ 留言：＿＿＿＿＿＿＿＿＿＿＿＿＿＿＿＿＿＿＿＿＿	
＿＿＿＿＿＿＿＿＿＿＿＿＿＿＿＿＿＿＿＿＿＿＿＿＿＿＿	
经手人＿＿＿＿＿＿＿　日期＿＿＿＿＿＿＿＿　时间＿＿＿＿＿＿＿	

(二) 住客留言服务

1. 住客电话留言服务

接到留言要求后，应询问留言者的姓名及房间号，将留言者的姓名及所在地点记录在留言单上，并记录留言内容。留言单一式两联，第一联存放在总台，待宾客前来询问时将留言单交给宾客；第二联送至电话总机服务台，以备宾客来电询问。

2. 住客当面留言服务

请客人填写留言单，住客留言单通常一式两联，总台和总机服务台各留存一联。在访客到达饭店后，经问讯员核准客人资料后，按住客要求将留言单交给来访客或将留言单内容予以转告。住客留言单如表4-4所示。

表4-4　住客留言单

致 _____

由 _____ 房间号 _____

我将在 _____

于 _____ 上午 _____ 上午

于 _____ 下午 _____ 下午

留言：_____

_____

_____

经手人 _____ 日期 _____ 时间 _____

五、邮件服务

邮件服务的种类有很多，如信件、电传、传真、电报、包裹等，主要可归纳为两类，即进店邮件和出店邮件。

(一) 进店邮件服务

问讯员收到邮局送来的邮件时，应仔细清点、分类，并在邮件收发控制簿上登记，同时在邮递员的登记簿上签收，待宾客回来后交给宾客。

(二) 出店邮件服务

通常情况下，饭店不受理挂号信和包裹外寄，但客人如果急需这项服务，饭店可以收取一定的费用，提供此项服务。

第六节　前厅总机业务

一、总机服务的意义

总机服务是饭店内部和外部进行信息沟通和联络的枢纽，总机室作为前厅部下辖的主管话务机构，在饭店的运营过程中，是一个必不可少的部门，其服务质量直接影响客人对饭店的印象，也直接影响饭店的形象。

话务员是"看不见的接待员"，话务员甜美的声音、亲切的态度、娴熟的操作、高效的节奏代表饭店的形象。客人可通过电话线，感知话务员发自内心的微笑和体贴入微的服务。

二、饭店内外电话转接服务

为了能准确、快捷、有效地转接电话，话务员必须熟记常用的电话号码，了解本饭店的组织机构以及各部门的职责范围，掌握最新的住客资料。话务员在转接电话时，应保持热情、礼貌、温和的服务态度，熟练应用转接技能。

在提供电话转接服务时，应注意如下事项。

(1) 话务员应在电话铃响三声之内应答电话。

(2) 话务员与客人通话时，声音应亲切、自然，通过声音向客人传递微笑服务的理念。

(3) 话务员原则上要求用普通话和饭店规定的外语提供电话服务。

(4) 在转接客房电话时，若来电者只告诉房间号，话务员则必须根据饭店的具体规定，来判断是否直接接通房内电话。在转接贵宾房间电话时，应首先了解来电客人的姓名，征询贵宾同意后再接通电话。如客人要求转入的房间信息与实际不相符，应礼貌地提示客人，是否记错房间号或姓名。对要求房间号保密的客人，如果没有要求不接听电话，有来电时话务员可先问清来电客人的姓名、单位等，然后征求保密房客人的意见，经其同意后，方可转入电话。

(5) 话务员应熟记常用的电话号码。

(6) 话务员需熟悉常用的问讯资料，包括饭店服务设施和服务项目，以便准确回答客人的问讯。

(7) 挂电话时，一定要等客人挂断后，再切断线路。

三、长途电话服务

在大多数饭店中，长途电话的使用都很频繁，尤其是在入住客人以商务客人为主的饭店中。饭店长途电话服务通常有两种方式：一种是人工挂拨长途，即通过电话总机转接长途电话；另一种是程控直拨长途，即客人在挂长途电话时，可以不经过总机而直接拨号，自动接通线路，通话结束后，计算机系统将自动结算费用并可输出电话费用清单。关于这项服务，通常在客人房间内的《住店指南》中有详细的使用说明。

在提供长途电话服务时，应注意以下事项。

(1) 应在电话铃响三声之内接听。

(2) 明确客人的具体要求，包括通话种类(叫人、叫号)、受话人姓名、受话人的电话号码、要求电话接通的具体时间、付款方式、发话人姓名和房间号等。

(3) 请客人在房间内等候。

(4) 拨通长途台，通报本机号码、分机号码、所挂电话号码等，并不断与长途台保持联系，尽量缩短发话人的等候时间。

(5) 长途电话接通以后应立即通知客人，请客人讲话。

(6) 记录长途电话通话时间，并与计算机显示结果核对。通话完毕，将实际通话时间告诉客人(对方付费电话除外)。

(7) 服务完毕填写长话登记表。

需注意，在提供长途电话服务时，对于预付款或押金余额不足的客人，委婉地请他到总台及时补办手续后，方可开通长途电话。装有国际、国内程控直拨电话系统的饭店，对于VIP房间和入住登记时已经交纳足额长话押金的房间，需在客人进房前主动开通房间的长途电话。对于客人房间号以及需要拨打的电话号码等信息，话务员听到后最好向客人重复一遍，避免出现误听的情况。

四、叫醒服务

叫醒服务是电话总机对客服务的一项重要内容。叫醒服务事关重大，通常关系到客人的计划和行程安排，切忌发生漏叫或错叫现象，以免给客人和饭店带来无法弥补的损失。叫醒服务可分为如下两种服务。

(一) 人工叫醒服务

(1) 接听电话。铃响三声之内接听电话。

(2) 接受叫醒。仔细聆听客人要求并在叫醒记录簿上记录房间号、特殊要求、叫醒时间等信息。向客人复述一遍所填内容，确保准确无误。

(3) 叫醒设置。在闹钟上定时。

(4) 第一次叫醒。定时钟鸣响，接通客房分机，第一次叫醒客人。

(5) 第二次叫醒。间隔5分钟后，第二次接通客房分机，第二次提醒客人。第二次提醒时，可播放音乐，并播报当日的天气预报。

(6) 将实际叫醒情况记录在叫醒记录簿上。

(二) 自动叫醒服务

(1) 接听电话。与人工叫醒第一步相同。

(2) 接受叫醒。与人工叫醒第二步相同。

(3) 叫醒设置。将叫醒时间输入计算机。如果客人需要叫早服务(morning call)，由夜间话务员统一输入计算机，并由领班统一核对。

(4) 第一次叫醒。计算机根据设置的时间和分机号码，第一次自动接通客房分机，客人接听时，自动播放事前由饭店统一录制的叫醒服务录音。

(5) 第二次叫醒。间隔5分钟后，第二次接通客房分机，第二次提醒客人。

(6) 将实际叫醒情况记录在叫醒记录簿上。

(三) 提供叫醒服务的注意事项

(1) 一般应提供两次叫醒服务，即叫醒服务录音和间隔5分钟再用分机叫醒。若无人接听，则通知大堂副理和客服中心，视情况亲自到房间外敲门叫醒。

(2) 在提供叫醒服务时，应温馨提醒客人当天的天气、气温等情况。

五、留言服务

(一) 接到店外客人留言要求

当店内客人不在而来访的店外客人要求留言时，或当客房电话无人接听而店外客人要求留言时，话务员应认真核对店内客人的姓名，同时准确记录留言者的姓名、联系电话及留言内容，并与店外客人核对、复述留言内容。

(二) 将留言输入电话

使用计算机查出店内客人所在房间，通过计算机程序输入留言内容并核实留言内容，在留言内容下方输入为客人提供留言服务的员工姓名，按"ENTER"键打出留言。

(三) 亮客房留言灯

先按留言灯键，输入房间号码，再按执行键——"#"键，最后按一下留言灯键。

(四) 将计算机中的留言取消

将客人房间号码输入计算机程序，当计算机屏幕显示留言内容后，将计算机中的留言取消。

(五) 熄灭客房留言灯

先按留言灯键，输入房间号码，再按执行键——"#"键，最后按一下留言灯键。

六、查询服务

(一) 接到客人问讯电话

在铃响三声之内，接听电话，报出所在部门，表示愿意为客人提供帮助。

(二) 聆听客人问讯内容

聆听客人提问，必要时，请客人重复某些细节或含混不清之处，并重述客人询问的内容，请客人确认。

(三) 回答客人问讯

若能立即回答客人，应及时给予客人满意的答复。若需进一步查询方能找到答案，请客人挂断电话稍微等候，在计算机储存信息中查寻客人询问的内容，找到准确答案后，再返回机台操作，接通客人房间的电话，报出所在部门，重复客人的问讯要求，待获得客人确认后，将答案告诉客人，待客人听清后，征询客人是否还有其他疑问之处，并表示愿意提供帮助。

七、店内寻呼服务

(一) 接到外线寻呼某人的要求

(1) 聆听呼叫者要求呼叫的人名和号码。

(2) 把呼叫者姓名和被呼叫者姓名及储存号记录下来。

(3) 礼貌地告诉呼叫者"请稍等,不要挂断电话"。

(4) 将外线存入机台。

(二) 把呼叫号输入呼叫器

(1) 将被呼叫者的呼叫号输入呼叫器。

(2) 按呼叫器执行键。

(3) 将被呼叫者应答的号码输入呼叫器。

(4) 按完成键,呼叫完毕。

(三) 其他事项

(1) 当话务员通过呼叫器完成呼叫工作后,应经常提出被存在话机上的外线,以免客人等待时间过长。提出外线时应礼貌地说"××先生/女士,我已帮您呼叫了,请您稍等",应注意每隔30秒需向客人重复一次。

(2) 被呼叫人回答后,话务员应认真核对姓名和呼叫号。

(3) 提出外线接通,告诉客人被呼叫者已回答。

(4) 将内外线接通,话务员挂机。

八、免打扰电话服务

(一) 接到客人电话,要求提供"请勿打扰"服务

(1) 当客人打电话到总机,告诉话务员他要外出时,话务员应询问客人房间号、姓名及客人去向。

(2) 将上述信息与计算机记录核对。

(3) 告知客人当他回到房间后请通知总机,取消"请勿打扰"。

(4) 迅速将有关内容准确地记录在案。

(二) 将房间电话标记"请勿打扰"

(1) 按一下机台上的"DND"键。

(2) 当机台显示屏上出现"DND STA—"后,输入房间号。

(3) 按一下执行键——"#"键。

(4) 当机台显示屏上出现"STA—房间号"之后，按"DND"键，机台屏幕上显示"STA—房间号DND"。

(三) 将客人所在位置输入计算机

(1) 进入电话系统，使机台屏幕显示"TELEPHONE"界面。

(2) 输入客人房间号后，按"ENTER"键。

(3) 在屏幕上查出客人姓名，将序号打在姓名前，再按"ENTER"键。

(4) 用简单的英文把客人当下的位置输入计算机。

(四) 取消电话的"请勿打扰"

(1) 按一下机台上的"DND"键。

(2) 当机台显示屏上出现"DND STA—"后，输入房间号。

(3) 按一下执行键——"#"键。

(4) 当机台屏幕上显示"STA—房间号DAD"后，按"ENTER"键，屏幕上的"DND"键即会消失，电话的"请勿打扰"亦同时被取消。

(五) 取消计算机中客人所在位置的记录

(1) 进入电话系统，使机台屏幕显示"TELEPHONE"界面。

(2) 输入客人房间号后，按"ENTER"键。

(3) 在屏幕上查出客人姓名，将序号打在姓名前，再按"ENTER"键。

(4) 按"CMD3"键，客人当下所在位置的记录即从计算机中消失。

九、报警、预警服务

总机除提供上述服务外，还有一项重要职责，当饭店出现紧急情况时，总机应成为饭店管理人员采取相应措施的指挥协调中心。对饭店来说，紧急情况包括发生火灾、水灾、伤亡事故、恶性刑事案件等。发生紧急情况时，饭店领导为控制局面，必然要借助电话系统，话务员应保持沉着冷静，以提供高效率服务。

(1) 接到紧急情况报告电话，应立即问清事情发生的地点、时间及简单情况，问清报告者姓名、身份，并迅速做好记录。

(2) 即刻通报饭店领导和有关部门，根据现场指挥人员的指令，迅速与市内有关部门(如消防、安全等)联系，并向其他话务员通报情况。

(3) 严格执行现场指挥人员的指令。

(4) 在接到撤离指示前，不得擅自离岗，保障通信线路的畅通。

(5) 继续从事对客服务工作，并安抚客人，以稳定其情绪。如有人打听情况(如火情)，一般不予回答，而是转大堂副理答复。

(6) 完整记录紧急情况的处理细节，以备事后检查。

第七节　前厅商务中心业务

一、商务中心服务的意义

商务中心是现代商务饭店不可缺少的重要服务部门，是商务客人"办公室外的办公室""公司外的公司"。近几年来，许多饭店相继开设了商务楼层和私人管家服务，为商务客人提供专门的、个性化的服务，赢得了客人的高度信任和赞誉，许多客人因此成为回头客。先进的服务设施，齐全的服务项目，安静、舒适、优雅的环境，高素质的专业队伍将为饭店带来更好的经济效益。

商务中心的主要业务内容：通信服务，如为客人提供外线电话、电传、传真、电子邮件等服务；文秘服务，如为客人提供打字、打印、复印、翻译、名片印制、会议记录、电脑文字处理、商业信息查询等服务；票务服务，如代客订购各类国内外车票、船票、机票等服务。此外，许多商务中心还为客人提供物品出售及出租服务、会议室出租服务、互联网服务、导游服务等。

二、通信服务

通信服务的主要内容是为客人提供收发电传、收发传真等服务项目。

(一) 收发电传服务

1. 接收电传
接收电传服务包括如下几个步骤。
(1) 在计算机上核实收件客人资料。
(2) 按发件人要求及时通知客人。
(3) 在"传真收发簿"上登记。
(4) 将收到的备份电传(一份复印件)复印留底，将电传发给客人。
(5) 开出账单，收取费用，请客人签字。
(6) 如果客人挂账，请客人出示房卡并签字。

2. 发送电传
发送电传服务包括如下几个步骤。
(1) 为要求发电传的客人准备好电传纸。
(2) 请客人出示房卡，核对客人的姓名、房间号。
(3) 确认客人字迹、号码、电传回号、城市号等。
(4) 打印一份草稿请客人核对，以确保准确无误。
(5) 发送完毕，把发出的电传送到客人房间。
(6) 开出账单，收取费用，请客人签字。

(7) 如果客人挂账，请客人出示房卡并签字。

(二) 收发传真服务

1. 接收传真服务

接收传真服务包括如下几个步骤。

(1) 收到传真，立即通过计算机查询。

(2) 查明传真上注明的房间号、姓名是否属实。

(3) 将传真折好放入传真袋中，在封面盖上印章，并注明房间号、姓名、页数及相关费用。

(4) 核对无误后，立即通知行李员将传真送到房间。

(5) 如客人不在房间，立即填写留言单，并由行李员将留言单送入客房。

(6) 开出账单，收取费用，请客人签字。

(7) 如果客人挂账，请客人出示房卡并签字。

2. 发送传真服务

发送传真服务包括如下几个步骤。

(1) 确认客人发送传真的目的地，请客人填好传真发送表并签字。

(2) 向客人说明收费标准。

(3) 将传真按程序发出。发送完毕，将"OK"报告单与传真稿件一起交还客人。

(4) 开出账单，收取费用，请客人签字。

(5) 如果客人挂账，请客人出示房卡并签字。

三、文秘服务

文秘服务的主要内容是为客人提供文字打印、文件复印、翻译等服务。

(一) 文字打印服务

文字打印服务包括如下几个步骤。

(1) 接受客人稿件时，应与客人核对内容，查看字迹是否清楚，如有不清楚之处应请客人确认。

(2) 问清客人对打印文件的格式、排版、字体、文字语种和取稿时间等要求，向客人复述并确认。

(3) 向客人介绍收费标准，并告知客人打印文件所需的时间。

(4) 初稿完成后，先请客人校对或修改。

(5) 打印客人修改过的文件，并请客人检查确认。

(6) 待客人确认定稿后，打印正式文件。

(7) 询问客人文件是否存盘，根据客人要求复制或删除。

(8) 开出账单，收取费用，请客人签字。

(9) 如果客人挂账，请客人出示房卡并签字。

(二) 文件复印服务

文件复印服务包括如下几个步骤。

(1) 主动、热情、礼貌地问候客人。

(2) 问清客人所需复印的数量和规格，介绍收费标准，并填写复印登记表。

(3) 按客人要求复印。

(4) 复印完毕，将原件和复印件如数交给客人。

(5) 开出账单，收取费用，请客人签字。

(6) 如果客人挂账，请客人出示房卡并签字。

(三) 翻译服务

饭店商务中心在提供文秘服务的同时还提供翻译服务，一般会提供英、日、德等语种的翻译服务，包括如下几个步骤。

(1) 向客人介绍收费标准。

(2) 取得材料后，当面核对所需翻译的内容和语种，确认无误后接收材料，并约定取稿时间。

(3) 通知饭店翻译人员，请其在约定的时间内译出材料。

(4) 将译稿打印出来，按约定时间交予客人。

(5) 开出账单，收取费用，请客人签字。

(6) 如果客人挂账，请客人出示房卡并签字。

四、票务服务

票务服务主要是代客订购各类国内外车票、船票、机票等。票务服务包括如下几个步骤。

(1) 当客人要求商务中心为其订票时，员工应当请客人亲自填写订票委托单。如果客人要求服务员代填订票委托单，填好后，经客人核实无误后须由客人签名。

(2) 请客人出示身份证，以便订票。

(3) 如果预收了客人的订票款，则应在订票单上注明金额，酒店订票所收手续费应在订票前向客人说明。

(4) 登记完毕，将订票单第一联交给客人，作为客人取票的凭证。

(5) 取到票以后，放入取票袋内，并在取票袋上注明客人的姓名、房间号、预付款数额、应退款数额等。

(6) 当客人取票时，应将取票袋和订票手续费的收据交给客人，请客人当面核对，并收回客人手中的取票联，注明"票已取"字样并存档。

第八节 前厅收银业务

一、前厅收银业务的意义

前厅收银处每天都要处理客人的账务事宜，工作人员责任心的强弱和业务水平的高低直接关系能否保证饭店的经济效益和能否准确反映饭店经营业务活动的状况，同时还反映了饭店的服务水平和经营管理效率的高低。从业务性质来说，前厅收银处一般直接归属饭店财务部，但它属于接待客人的第一线岗位，因此又接受前厅部的指挥。

前厅收银是一项非常细致和复杂的工作，工作内容包括：为客人设立账卡；每天核算和整理各个业务部门收银员送来的客人消费账单；及时记录客人的各种赊账；为离店客人办理结账收款事宜；夜间统计当日营业收益，编制各种会计报表，以便及时反映饭店的营业情况。前厅收银员既要有较强的责任心，又要有较强的业务能力，能做到账目清楚、转账迅速、记账准确。

收银处的业务主要有建立与核收客账、办理住客离店结账手续、外币兑换及贵重物品保管等。

二、建立与核收客账

(一) 为散客建立与核收客账

(1) 核查账单，如客人姓名、房间号、房型、房价、抵离店日期、付款方式等项目应填写齐全、正确。

(2) 核实付款方式，如使用信用卡支付，须检查信用卡是否有效等。

(3) 检查有关附件，如住房登记表、房租折扣审批单、预付款收据等是否齐全。

(4) 将客人账单连同相关附件放入标有相应房间号的分户账夹内，存入住店客人账单架中。

(二) 为团队客人建立与核收客账

(1) 检查总账单，如团队名称、团号、人数、用房总数、房价、付款方式、付款范围等项目应填写齐全、正确。

(2) 查看是否有换房、加房或减房、加床等变更通知单。

(3) 建立团队客人自付款项的分账单。

(4) 将团队总账单按编号顺序放入相应的账夹内，存入住店团队账单架中。

三、办理住客离店结账手续

(一) 散客离店结账

(1) 询问客人房间号，收回房卡、钥匙和押金单等，通过电脑与客人核对姓名、房间号。

(2) 通知客房中心查房，检查客房小酒吧的耗用情况以及客房设施设备的使用情况等。

(3) 核实退房时间是否符合饭店规定。

(4) 委婉地问明客人是否有其他临时消费，如餐费、洗衣费等，以免产生漏账。

(5) 问明客人付款方式。

(6) 打印账单。请客人核对账单，确认无误后签字。

(7) 按照客人要求的付款方式结账，并开具发票。

(8) 将客人离店信息通知有关部门，并及时更新房间状态。

(二) 团队客人离店结账

(1) 团队客人退房前一天应提前做好准备，核对清楚主账户与分项账户。

(2) 退房时，核准团队名称、房间号、付款方式，打印总账单，请团队负责人确认并签字。

(3) 为有自付账目仍未结清的团队客人打印账单并收款。

(4) 如出现账目上的争议，及时请主管或大堂副理协助解决。

四、外币兑换

饭店为方便中外宾客，受中国银行委托，根据国家外汇管理局公布的外汇牌价代理外币兑换以及旅行支票和信用卡业务。星级饭店的前厅收银处提供24小时外币兑换业务。每天应按照中国银行公布的当日外汇牌价，及时调整并向客人公布当日外汇牌价。外币兑换员应接受特定的技术和技能操作培训，增强识别假钞和安全防范的能力。

(一) 可兑换外币现钞种类

在国内指定机构可兑换14种外国货币，具体包括美元、英镑、澳大利亚元、加拿大元、欧元、日元、新加坡元、菲律宾比索、泰国铢、新西兰元、瑞士法郎、瑞典克朗、挪威克朗、丹麦克朗。此外，我国香港特别行政区的港币和澳门特别行政区的澳门元也在可兑换种类之列。由于受人员、设备、客源等条件的制约，多数饭店通常仅提供几种主要的外币现钞兑换业务。

(二) 外币现钞兑换程序

(1) 了解客人要求，问清客人要兑换的币种，确认是否属于饭店的兑换范围。

(2) 礼貌地告诉客人当天的外币兑换率。

(3) 清点外币，通过外币验钞机或人工检验外币真伪。

(4) 请客人出示护照和房卡,确认其住客身份。

(5) 填写兑换水单,将外币名称、金额、兑换率、应兑金额及客人房间号填写在相应栏目内。

(6) 请客人在水单上签名,核查客人与证件上的照片是否一致,并通过计算机核对房间号。

(7) 检查复核,确保金额准确。

(8) 清点人民币现金,连同护照、水单一联交给客人,请客人确认。

五、贵重物品保管

饭店为保障住店客人的财产安全,通常在总台收银处旁边的房间内,单独设有贵重物品保管箱,由收银员负责免费为客人提供贵重物品保管服务。每个保险箱设有两把钥匙,一把由收银员负责保管,另一把由客人自己保管,只有两把钥匙同时使用,才能打开保险箱。

(一) 保险箱启用

(1) 主动问候客人,问清客人的要求。

(2) 请客人出示房卡或钥匙,与计算机资料核对,确认其为住店客人。

(3) 填写贵重物品寄存单,提醒客人阅读寄存单上的"宾客须知",请客人签名确认。

(4) 引导客人到保险箱所在房间,根据客人寄存物品的大小,开启大小适中的保险箱。

(5) 取出保险盒,正面递给客人,同时回避一旁,对客人寄存的物品做到不看、不问。

(6) 在寄存单上注明箱号、经手人、寄存时间等信息。

(7) 客人放好物品后,把保险盒放入保险箱内,当着客人的面锁好保险箱,将其中一把钥匙交给客人,另一把钥匙由收银员保管。同时,提醒客人妥善保管钥匙。

(8) 用计算机做好记录,并将寄存单存档。

(二) 中途开箱

(1) 请客人出示保险箱钥匙,找出寄存卡,请客人在背面签字。

(2) 确认寄存单背面与正面签字一致。

(3) 当着客人的面用两把钥匙打开保险箱,请客人取用物品。

(4) 客人存取完毕,再当面把保险箱锁好,提醒其保管好钥匙。

(5) 在寄存单上注明寄存时间、经手人并存档。

(三) 退箱

(1) 核准钥匙及客人签名后,当着客人的面打开保险箱。

(2) 客人取出物品后,检查一遍保险箱,以防有遗留物品,同时收回保险箱钥匙,锁上该箱。

(3) 记录退箱时间、经手人，在计算机上删除记录，并将寄存单存档。

(四) 保险箱钥匙遗失的处理

(1) 收银员应呼叫大堂经理和保安部人员，请客人出示有效证件和房卡，核实其身份后，请其在寄存卡背面写明事由并签字。

(2) 与工程部人员一起当着客人的面强行钻开门锁，请客人核对寄存物品是否完整、有无遗漏，并做好记录，以备核查。

(五) 寄存贵重物品的注意事项

(1) 定期检查保险箱各门锁是否处于良好的工作状态。

(2) 饭店可规定客人寄存贵重物品的最高标准及赔偿限额。

(3) 客人寄存物品时，收银员应注意回避。

(4) 严格、认真核对客人的签名。

(5) 必须请客人亲自来存取，一般不允许客人委托他人存取。

(6) 交接班时，应仔细核对保险箱的使用数目、钥匙数量。注意所有保险箱钥匙不能带出总台，必须妥善保管。

(7) 客人退箱后，寄存单应至少存放半年以上，以备核查。

第九节　前厅大堂副理业务

一、设置大堂副理职位的意义

大堂副理当值对协调部门关系、处理跨部门投诉、保证对客服务的高效以及重大或紧急事件的及时处理具有重要的作用。大堂副理是饭店对客服务的总代表、饭店形象的宣传员和对客服务的协调员。

(一) 对客服务的总代表

大堂副理是饭店对客服务的总代表，可代表饭店处理对客服务中的重大问题及部门间难以协调或协调不成功的问题；可代表饭店组织、协调、落实各个部门和员工的对客服务工作；可代表饭店执行饭店对客服务的相关政策，如索赔政策、优惠与折扣政策等；可代表饭店处理宾客投诉等。

(二) 饭店形象的宣传员

大堂副理是饭店形象的宣传员，可通过开展服务工作、协调工作来宣传饭店的实物产品形象、设施设备形象、服务形象、环境形象等。

(三) 对客服务的协调员

大堂副理是饭店对客服务的协调员,可负责联络与协调饭店各有关部门的对客服务工作;可处理、协调宾客提出的跨部门投诉;在饭店出现特大或紧急事件时,负责组织、协调有关部门、人员做好对客服务工作。

二、大堂副理岗位职责

大堂副理是饭店中的管理代表之一,他在前厅部具有十分重要的地位,其职责主要包括以下几个方面。

(1) 代表饭店管理层执行饭店对客服务政策。

(2) 代表总经理接受并处理客人的投诉,听取客人的意见和建议。

(3) 代表饭店管理机构检查各部门员工的纪律、着装、仪容仪表及工作状况。

(4) 联络与协调饭店各有关部门的对客服务工作。

(5) 检查饭店公共区域,消除安全隐患。

(6) 检查大堂及直接相关区域的对客服务质量并给予指导。

(7) 督导团队接待部门和有关部门落实贵宾接待准备工作。

(8) 每日参加部门经理例会,通报客人投诉情况、员工违纪情况等,并提出相关意见。

(9) 迎送饭店重要客人。

(10) 维护大堂及附近公共区域的秩序和环境的安静、整洁。

(11) 协助总经理或代表总经理接待贵宾和商务楼层客人。

(12) 解答客人的咨询,协助前厅部员工处理好日常接待中出现的各种问题(如超额预订、客人丢失保险箱钥匙、客人签账超额而无法付款、逃账事件以及其他账务等方面的问题)。

(13) 遇到重大或紧急情况(如突发性疾病、伤亡、凶杀、火警、失窃、自然灾害等)时,代表饭店总经理组织、调动有关人员进行处理;制止非法行为的发生(如吸毒、卖淫、嫖娼、赌博等);劝阻客人玩危险游戏、酗酒;解决客人之间的纠纷,保障客人安全,维护客人利益。

(14) 认真填写工作日志,对重大事件应详细记录并存档。

三、大堂副理工作内容

大堂副理当值一般采用三班制,实行24小时轮班当值。大堂副理在对客服务中应遵循一定的工作程序。

(一) 接班

目的:了解饭店运营情况,获取最新信息。

(1) 向上一班大堂副理移交传呼机和饭店总钥匙,检查传呼机是否工作正常。

(2) 阅读大堂副理值班日志、宴会与会议预订单、贵宾报告单，了解饭店新近发生的投诉和接待方面的重大事件，当日要跟办的事宜，以及当日客房出租情况。

(3) 了解团队客人抵离店及行李进出情况。

(4) 阅读饭店行政部门和其他部门发送的最新文件和通知，了解饭店的方针、政策及执行程序。

(5) 早班大堂副理负责在上班后10分钟内将值班日志送交前厅部经理。

(6) 早班大堂副理参加前厅部经理主持的早会并将会议内容记录下来供其他班次的大堂副理阅读。

(二) 贵宾的接待

目的：保证贵宾顺利入住、顺利离店。

1. 准备

(1) 在贵宾抵店前，大堂副理必须提前检查排房是否合理、钥匙是否预留。

(2) 与客房部主管一起检查贵宾预留房，保证房内物品摆放规范，卫生达到标准，设备工作正常，温度控制适当，鲜花、致意品、总经理及副总经理名片准备妥当，如不合格由客房部主管跟办。

(3) 在宾客抵店前一小时内必须完成最后一次检查。

(4) 如客房内存在的问题一时无法解决，大堂副理必须通知前厅接待部给予换房，通知客房部按贵宾标准清洁整理已换的房间，转移鲜花、致意品等，重新检查，使之符合要求，并通知订房部。

(5) 督导大堂各部门人员着装整洁，站立规范。

(6) 指示订房部填写抵店贵宾的入住登记表和欢迎卡。

(7) 持入住登记表、欢迎卡、房间钥匙、留言单、传真(如有)在大堂等候贵宾到达。

(8) 视情况通知保安部控制一部客梯，停在一楼等候。

2. 贵宾抵店

(1) 贵宾抵店时，大堂副理应迎上前去，陪同宾客到房间办理入住登记手续，在此期间应视情况向贵宾介绍饭店服务设施和场所。

(2) 如贵宾没有事先通知便抵达饭店，大堂副理应立即通知总机，由总机通知有关部门。

(3) 在客房中为宾客办理入住登记手续后，大堂副理应视情况简要介绍饭店房内设施、物品的位置和使用方法，如房门自动锁的使用方法、室温调节方法、混水龙头的使用方法和服务简介的位置等。

(4) 离开客房前应询问宾客是否有服务要求，再面向宾客，轻轻将门关上，将入住登记表交到前厅接待部。

3. 贵宾入住期间

在贵宾入住期间，大堂副理应了解并注意其在店内的各项活动，还应及时协调和检查各项服务。

4. 贵宾离店

(1) 大堂副理在贵宾预期离店的前一天联络贵宾(或随行人员)，明确离店时间、行李收集时间以及是否有特殊服务要求。

(2) 如贵宾要求近期离店，大堂副理应将贵宾离店的准确时间通知总机，由总机通知有关部门。

(3) 提醒前厅收银人员将贵宾账目准备好，检查账单，保证无误。

(4) 督导行李员按时为贵宾送出行李。

(5) 陪同贵宾(或随行人员)到前厅收银处结账。

(6) 陪同贵宾至大门外，督导行李员将行李装车，并送客上车，同时礼貌地向贵宾道别，待车辆驶出视线后再返回。

(三) 饭店总钥匙的使用

目的：正确使用饭店总钥匙。

(1) 大堂副理因工作需要配备的饭店总钥匙直接关系饭店的安全，责任重大，应妥善保管，不得转借他人，不得带出饭店，不得丢失。

(2) 遇到紧急情况时，大堂副理应持总钥匙赶到现场，进行处理。

(3) 如需使用总钥匙进入锁闭的房间，应由该部门的员工或保安陪同。

(4) 完成任务后，应根据需要将房间重新锁上。

(5) 使用总钥匙的情况应记入值班日志。

(6) 大堂副理如需暂时离店，应征得前厅部经理的同意。如前厅部经理不在，应征得高值的同意，妥善安排后再离店。离店前应将传呼机交给前台，将总钥匙锁入保险箱，保险箱的钥匙交由保安主任暂时掌管。

(四) 饭店公共区域的检查与督导

目的：维护饭店公共区域的清洁和正常的秩序。

(1) 检查饭店公共区域的卫生清洁状况，如发现不符合要求，应通知客房部派人来清洁。

(2) 督导保安劝离影响大堂正常秩序的人员，外来人员不准在大堂内使用对讲机。

(3) 劝阻违反饭店店规的员工。

(4) 检查通道、车道，保证其畅通。

(5) 检查路灯、音响、标志、标语、指示牌、旗帜等，保证其符合要求且完好无损。

(五) 团队接待的督导

目的：确保团队接待工作的顺利进行。

1. 准备

(1) 大堂副理应了解当日抵店团队的团数、团号、人数、房数，行李抵店时间和方式，营业部团队接待员的姓名，是否有贵宾团等。

(2) 了解前厅接待部的排房情况和客房部的清洁进度，尽可能地督导他们在宾客抵店前完成。

(3) 贵宾团到店后，按贵宾接待程序进行。

(4) 确保车道和通道的畅通。

2. 团队抵店

(1) 大堂副理应站在大门口，对团队的到达表示欢迎。

(2) 督导大堂外的保安员引导车辆停靠在适当位置，避免造成大堂门口的车辆堵塞。

(3) 督导团队接待员和大堂内的保安员应将宾客引领至大堂休息处，如遇多个团队同时抵店，可将其安排在相对安静的地方，避免大堂内人员拥挤。

(4) 如团队进店带有佛像，须请该团的领队和陪同协助将佛像放在指定的地点，验明尊数，并交由大堂内保安负责看管。

(5) 如营业部团队接待员不在，大堂副理可根据饭店规定批准增设司机、陪房，由前厅接待员跟办。

(6) 如团队抵店时，客房尚未清洁完毕，应劝说宾客在大堂等候，不可让前厅接待员先发钥匙，同时通知客房部尽快完成。

(7) 如遇吃素食的或有特别饮食要求的团队或团员，大堂副理应提醒团队接待员及时请餐饮部做好安排。

(8) 督导大堂保安员有秩序地引领宾客上楼。

(9) 向宾客介绍饭店设施，解答宾客提问，帮助宾客寻亲探友，接受宾客投诉。

(10) 督导行李员迅速、准确、安全地将行李送入宾客的房间。

(11) 夜间，大堂副理须同楼层保安巡视楼层，应礼貌地劝阻大声喧哗、烧香、衣冠不整、脚履拖鞋在公共场所内走动的宾客。

(12) 检查叫醒服务的执行情况。

3. 团队取消

团队未能抵店或取消，大堂副理须在4:30之前通知早餐厨师，取消该团队早餐，并告知营业部。

4. 团队离店

(1) 督导前台收银处备好杂项费用清单。

(2) 协助前厅接待部回收钥匙。

(3) 针对宾客带走或损坏的物品提出索赔。

(4) 督导保安保证大堂的正常秩序和车道畅通。

(5) 督导行李员迅速、准确、安全地将行李送上车。

(6) 礼貌地向离店的团队道别。

(六) 投诉的处理

目的：消除宾客不满，改进饭店服务。

(1) 选择在整洁、清静、不受干扰的地方接受宾客投诉，随身携带的传呼机应关上。如投诉方人数众多，应请投诉宾客单独商谈。

(2) 了解宾客的姓名和房间号，认真听取宾客的投诉，不得打断宾客的谈话，对出言不逊的宾客应容忍，不得争执。

(3) 明确事件发生的起因、时间、地点、主要人物、过程，并做好记录。

(4) 如饭店有明显失误，应向宾客道歉，不可推卸责任，但不得批评饭店部门和员工，尽量满足宾客的自尊心和优越感。

(5) 尽可能多地提出解决问题的办法或建议，征求宾客的意见。如不能在短时间内给予答复，应告诉宾客解决问题的明确时间。超出自己权限和没有把握的事情，应请示有关领导。

(6) 向有关部门和人员详细、全面地了解事情的经过，客观地向有关领导反映。

(7) 协助有关部门做好后续服务，客观地将跟办的情况告诉宾客。

(8) 将处理投诉的过程记入工作日志。

(七) 索赔

目的：维护饭店设备、用品的星级标准，保证饭店利益。

(1) 大堂副理代表饭店向宾客提出索赔时，应熟知物品的价格、索赔价格、减免幅度及相关政策。

(2) 得知饭店设备或用品被损坏或丢失后，应立即赶到现场，安排有关人员指认现场、保留现场并核实记录。

(3) 大堂副理经过调查，确认是住客所为或负有责任后，根据损坏的轻重程度，参照饭店的赔偿价格，向宾客提出索赔。

(4) 索赔时，大堂副理必须由有关人员陪同，礼貌地指引、查看现场，陈述客房的原始标准状态，尽可能向宾客展示有关记录和材料，如做房记录等，如果宾客外出，必须将现场保留至索赔结束。

(5) 如宾客对索赔有异议，大堂副理无法说服宾客，赔偿价在50元以下的，由大堂副理酌情处理；赔偿价在50元以上的，应向当班高值汇报，由高值与宾客继续商谈。

(6) 如果索赔牵涉贵宾，必须先报请高值批准，转告随行人员或具体接待单位，向他们提出索赔。

(7) 如宾客同意索赔，大堂副理应让有关人员立即开出杂项单，并将宾客易于接受的理由(如购置费)填入杂项单，让宾客付款签字。

(8) 宾客赔偿后，大堂副理须通知有关部门立即恢复标准，如宾客要求换房，视住房状况给予满足。

(八) 带客参观

目的：推销饭店产品。

1. 常客参观政策

(1) 零星散客参观，由大堂副理视情况做出决定并安排。

(2) 如与饭店营业有关系的单位要求参观，应报营业部批准，由大堂副理执行。

(3) 如与饭店营业无关系的单位要求参观，应报总经理办公室批准，由大堂副理执行。

(4) 参观总统套房时，应报前厅部经理批准，如前厅部经理不在，则报高值批准。

2. 参观程序

(1) 参观前，大堂副理应和前厅接待部联系，确认参观房处于空房状态后，领取钥匙，并通知前厅接待员封锁参观房。

(2) 参观人数多时，应分批带客参观，通常每批不超过10人。

(3) 带客参观时，应热情、巧妙地根据不同宾客的要求推销饭店产品，劝阻大声喧哗的参观人员。

(4) 参观完毕，送宾客至大堂门外，通知客房部查房，将钥匙交还前厅接待部。

(九) 双锁客房

目的：阻止可能发生的意外情况，保障宾客和饭店的财产安全。

(1) 宾客离店出远门时，大堂副理须和房务员一起进房，应提醒宾客寄存贵重物品，检查电器、水龙头开关，并与宾客确认返店日期，通知前厅接待部做完房间清洁工作后实施双锁，并通知前厅部经理。

(2) 当宾客长期外出未归，尚未结账，且联络不到宾客时，大堂副理须报前厅部经理或高值批准后，实施双锁。

(3) 如需封闭楼层，由前厅部经理通知，大堂副理执行。

(4) 对楼层特殊房间实施双锁，须向前厅部经理确认后方可执行。如要打开双锁，需经过前厅部经理同意后方可执行。

(5) 第(2)、(3)、(4)种情况中的解除双锁须报请前厅部经理或高值批准后方可执行。

(十) 客房窗户的开启

目的：防止意外的发生。

(1) 宾客要求开启客房窗户时，大堂副理应了解原因，无特殊理由应予以拒绝。

(2) 如情况特殊，应报请前厅部经理(或高值)批准，由大堂副理通知客房部开窗。

(十一) 饭店宾客遗物招领

目的：协助宾客寻回遗留或丢失的物品。

(1) 工作人员如发现遗留或丢失的物品应交大堂副理，由大堂副理带拾获者一同前往客房部登记、存放，如失物是身份证、文件、危险品、反动品、黄色宣传品，须带往保安主任办公室登记、存放。

(2) 了解失物的名称、拾获地点、时间、拾获者姓名。

(3) 根据掌握的相关线索寻找失主。

(4) 失主来认领时，由大堂副理带失主前往存放部门。失物金额在5000元以上的，领取前应通知前厅部经理(或高值)。

(5) 如失主已离店，失物需邮寄给宾客，应报请前厅部经理批准，由行李员跟办。

(十二) 查房

目的：配合公安、安全部门执行公务，保护宾客的正当权益。

(1) 如公安或安全部门来店查房，大堂副理应了解查房的理由，并通知保安部主任接待。

(2) 贵宾、外交官员及有关部门关照的宾客不查。

(3) 由大堂副理和保安主任带查房人员上楼，公安或安全部门的查房人员人数一般不超过两人。

(4) 进房前，大堂副理应打电话通知宾客，敲门进房。进房后，大堂副理应向宾客说明查房理由，并介绍查房人员。查房后，大堂副理应向宾客道歉后再退出客房。

(5) 如有突发事件，大堂副理须立即报告高值。

(6) 如查房人员要把宾客带走，须请宾客先结账再离店。

(十三) 住客伤、病的处理

目的：保障住客的健康。

(1) 大堂副理在接到住客伤、病通知后，根据病情联系饭店医疗室的医生出诊，或请病人到医疗室就诊。如饭店医生不在，则应根据病情，请宾客外出就医，说明车费与医疗费须宾客自理。

(2) 如宾客同意外出就医，大堂副理应联系车辆，建议宾客的亲朋好友陪同。如宾客没有陪同人员，大堂副理征得宾客同意后，可通知行李部派一名行李员陪同前往。如宾客身份特殊，大堂副理应视情况亲自陪同前往。

(3) 如宾客要求购买治疗疾病的常用药品，大堂副理应视情况处理，但应请宾客写下药名，买药由行李员执行。宾客的购药单和购药发票的复印件须留存。

(4) 外出治疗的宾客回店后，大堂副理应进房探望，代表饭店慰问宾客，询问是否有特殊服务要求。

(5) 如宾客需住院治疗，大堂副理须问清宾客是否还需要保留房间。如宾客要办理离店，须得到宾客的授权信，然后由房务员、大堂副理和保安在场见证，行李员收拾行李存放于行李房，大堂副理替宾客到收银处办理离店手续。

(十四) 饭店员工的伤病处理

目的：使负工伤、患急病的员工及时得到治疗。

(1) 接到饭店员工负工伤或患急病的通知，须立即转告饭店医疗室、保安部和员工所在部门的经理。

(2) 如医疗室医生下班，大堂副理应根据员工的伤病严重程度决定是否送外治疗。如需外出治疗，可让伤病员工从收银处暂借医疗费用，大堂副理可视情况通知保安部主任派一名保安员陪同。通知车务部派车，车费单留存，次日请伤病员工所在部门的经理签字，大堂副理应在车费单上注明情况。

(十五) 失窃案件的处理

目的：妥善处理失窃案件。

(1) 大堂副理接到失窃报告后，须立即通知保安部主任，一起赶往现场。

(2) 协助保安保护现场，同时协助保安部主任做访问笔录，向保安部了解破案进展情况，并与宾客保持联系。

(3) 如宾客要向公安机关报案，由大堂副理负责与保安部联系。

(4) 如宾客离店，应请宾客留下联系地址。

(5) 破案后，大堂副理须立即通知宾客，将物品归还并请宾客当面点清。

(十六) 紧急情况处理

1. 火警

目的：发生火情的时候，明确自己所在的位置和应做的工作。

(1) 由保安中控室打来的火警电话为正式的火警通知。大堂副理接到通知后，应立即带饭店总钥匙赶到现场，协助保安部主任(消防队员)打开双锁的房间。

(2) 完成开双锁的任务后，应立即返回大堂，根据总经理的指示回答宾客的询问，与宾客保持联系。

(3) 如电话系统出现故障，大堂副理须指挥行李员前往救火指挥部负责传递消息。

(4) 引导疏散的宾客到达集结地点。

(5) 督导大门外的保安指挥车辆离店。

(6) 督导大堂各岗位待命，不得惊慌失措、到处乱跑。

2. 死亡

目的：妥善处理死亡事故。

(1) 大堂副理接到宾客的死亡通知后，须立即通知保安部主任赶到现场，劝阻无关人员退场，维持现场秩序，保护好现场，待公安部门来验尸。

(2) 通知前厅接待部在死者遗体出店之前，该楼层不排房。死者遗体应乘员工梯从后区出店，出店时应避免上下班人流高峰期。

(3) 在处理过程中，应把消息封锁在最小的范围内。

3. 停电

目的：妥善处理停电造成的不便，保证饭店正常运转。

(1) 事先通知停电。

① 大堂副理根据前厅部经理的通知，做好停电的准备工作。

② 饭店工程部因工作需要安排的暂时停电，应在凌晨1:00以后执行。

③ 停电之前，大堂副理应检查所有电梯是否都停在一层。

④ 饭店利用发电机供电时，大堂副理应检查工程部是否安排一部客梯运行。

⑤ 耐心回答宾客的询问，向宾客道歉。

⑥ 恢复正常供电后，大堂副理须与保安一起巡视各个楼层。

(2) 突然停电。

① 通知保安部取出应急灯，保证前厅、大堂外、大堂主要通道的照明。

② 了解停电原因，向宾客解释并道歉。

③ 检查大堂各岗位员工的在岗情况。

④ 协助工程部和保安人员将困在电梯里的人员解救出来。

⑤ 做好防火工作。

⑥ 恢复正常供电后，大堂副理须同保安一起巡视各个楼层。

(十七) 免收宾客半日租

目的：正确处理延迟离店的宾客的房租减免问题。

(1) 饭店规定超过中午12:00离店的宾客应加收半日房租，超过18:00离店的宾客应加收全日房租。

(2) 如宾客在中午12:00以后离店要求免收半日房租，大堂副理可根据客况、宾客身份、离店时间和原因酌情考虑，决定是否给予减免，并通知前厅接待部与前台收银处执行。

(十八) 房务报表与计算机记录差异的处理

目的：查找差异产生的原因，做出相应的处理。

(1) 发现房务报表与计算机记录有差异时，应和房务员进房确认房务报表与实际房态是否一致。

(2) 查看钥匙是否收回。当宾客将钥匙带走但未结账的情况发生时，房费应算到宾客将钥匙交回结账之日；当宾客将钥匙带走但客房已出租的情况发生时，房费应算到客房出租之前。

(3) 向前台了解宾客的详细情况，根据掌握的情况，做出判断和处理。

(十九) 饭店巡视

目的：及时发现不安全因素。

1. 巡视内容

(1) 值大夜班的大堂副理应和保安主任共同巡视一次，巡视地点为客房楼层、公共场所、康乐场所、餐饮场所以及饭店外围和大夜班的其他岗位。

(2) 当班大堂副理应在中午和晚上餐饮营业高峰、团队抵离店、举行大型宴会及会议、舞厅营业高峰时巡视。

(3) 一旦发现问题，应通知有关部门跟办或向有关部门反映。

2. 巡视的注意事项

(1) 客房楼层。留意客房楼层的任何可疑人物；留意各楼层设施的损坏与丢失情况；劝阻大声喧哗的住客和半夜未离店的访客；留意宾客的房门是否关严；督导各岗位员工遵守纪律。

(2) 公共场所。留意任何不受欢迎的人；留意公共场所的清洁卫生状况；留意饭店设施运作是否正常；留意所有通道是否畅通；督导各岗位员工遵守纪律。

(3) 餐饮场所。留意餐厅和厨房的清洁状况；留意是否做好防火安全工作；留意员工的服务是否达到标准；了解营业概况。

(4) 舞厅。留意任何不受欢迎的宾客；留意违法或伤风败俗的行为；留意是否有本饭店员工跳舞。

(二十) 叫醒服务的督导

目的：确保饭店叫醒服务的及时提供。

(1) 大堂副理应至少提前半小时做好准备，向总机落实以下事项。

① 叫醒的记录本是否送上？

② 叫醒的房间号是否输入计算机？

③ 对于迟到的团队，叫醒时间是否补充输入计算机？

④ 计算机是否有故障？是否需要人工叫醒？

(2) 如计算机发生故障，应通知值班工程师予以排除。如工程师认为必须请专业人员来店排除，大堂副理应通知车务部派饭店车辆接送。

(3) 如计算机故障无法排除，应通知总机执行人工叫醒服务。对于团队叫醒，总机可请陪同和领队协助，如陪同和领队不给予协助，叫醒仍由总机执行；对于散客叫醒，则由总机按时间先后逐一进行。大堂副理应代表饭店向投诉的宾客解释并道歉。

(4) 如遇宾客投诉没有接到叫醒或延误叫醒，大堂副理应进行调查，将调查结果记入工作日志。

(二十一) 长住客的拜访

目的：了解长住客的需求，倾听宾客的意见和建议，改进饭店服务。

1. 拜访要求

(1) 大堂副理代表饭店拜访常住客和长住客，应有别于私人之间的交往。

(2) 大堂副理拜访的常住客和长住客多为持饭店VIP卡的宾客。

(3) 对长住客应每月拜访一次，对常住客则视情况而定。

(4) 对于宾客反映的问题，能立即解决的，应通知有关部门马上跟办；不能立即解决的，应向宾客解释，并向有关部门的经理和饭店高级管理人员反映。

(5) 将拜访情况简要地记录在工作日志上以供饭店领导参考。

2. 拜访内容

(1) 宾客对饭店服务的评价。

(2) 询问宾客有何特殊要求。

(3) 发放饭店服务水准调查表(按密件回收程序回收)。

3. 拜访注意事项

(1) 不要随便承诺、表态。

(2) 保守饭店机密。

(3) 不介入宾客或公司之间的纠纷。

(4) 不托宾客买东西，谢绝宾客送礼。

(5) 拜访时间一般不超过一小时。

(6) 传呼机交前台代管，请前台接听大堂副理的电话和留言。

(二十二) 客满状态的督导

目的：保障大堂各部门在客满状态下顺利运行，确保饭店客源不外流。

(1) 了解超额预订的情况。

(2) 督导前厅接待部按照程序有条不紊地开展工作。

(3) 接受宾客因没房、没满意的房间或其他不便提出的投诉并及时解决。

(4) 督导订房部确保因客满而外住的宾客在第二天订到满意的房间。

(5) 安排工作人员为第二天回店的宾客发放致意品。

(6) 宾客回店后，大堂副理应在大门口迎接。

(二十三) "客房营业报告表" 的审核

目的：了解饭店客房收入与宾客入住状况，确保报表准确无误。

(1) 值大夜班的大堂副理负责 "客房营业报告表" 的审核。

(2) 款接员向大堂副理递交报表，大堂副理须逐项审核，应特别注意宾客的归类、团队及散客的人数、平均房价等项目，保证正确无误后签字认可。

(二十四) 打折扣、退还误账

目的：消除宾客不满，纠正工作中的差错。

(1) 接到宾客有关打折和退还误账的投诉时，大堂副理既要坚持原则，维护饭店的利益，又要努力消除宾客的不满。

(2) 如宾客要求打折，大堂副理须明确其是否可享受优惠。如可享受优惠，按饭店政策执行；如不可享受优惠，应进行解释，并根据宾客的身份、职业等做出判断，对潜在的回头客或能给饭店带来利益的宾客，可按权限给予折扣。

(3) 如宾客提出误账退还，大堂副理应核查账单，检查是饭店失误还是宾客误解。如是饭店失误，应一分不少地退还误账，并向宾客道歉；如属宾客误解，应向宾客解释，讲清不退的原因。退款后，大堂副理应在退款单上注明原因并签字。

(二十五) 23:00以后的访客与住客的处理

目的：预防意外事件的发生，保障饭店的安全。

(1) 饭店规定未在饭店登记入住的宾客在23:00以后不得继续在饭店逗留，如发现客房内仍有访客未走，大堂副理应有礼貌地向住客解释，劝访客离开。

(2) 如果23:00以后有访客来店，大堂副理应有礼貌地解释饭店的规定。如访客坚持要见住客，大堂副理应记下住客的房间号、姓名，用电话通知住客，同时进行必要的解释，请住客下楼在大堂会见访客。

(3) 如住客要在房间内会见访客，大堂副理应向其解释并劝说。如确系工作需要必须进客房，大堂副理必须让访客在前台登记后再上楼，并通知保安加以留意，VIP宾客的访客则酌情处理。

(4) 如住客要求留宿访客，大堂副理应请住客和访客一起到前台登记入住，但一个房间的留宿人数不得超过三人。

(5) 如宾客因购买机票等原因不能及时取回护照、回乡证、身份证等证件，仍要求入住，大堂副理应查明宾客的身份后报高值处理。

(二十六) 值班日志的记录

目的：据实向饭店高级管理部门反映饭店的运营状况，以及各部门之间的协调结果和建议。

1. 工作要求

(1) 大堂副理在下班之前必须用整洁的字体详细记录本班次饭店发生的事情和要求继续跟办的事宜。

(2) 在记录之前，必须注明当值时间、日期、姓名和当班高值的姓名。

(3) 大堂副理在处理问题时，必须认真仔细地进行调查了解，以获得准确完整的材料。

(4) 大堂副理应客观地记录事实，无须将个人意见写入日志。

(5) 对于与其他部门有关的、需要立即跟办的事宜，应立即通知有关部门负责人和有关领导，请他们采取措施，并做好记录。

(6) 时常阅读工作日志，确保所有事项都能得到解决，所有工作都能完成。

2. 记录内容

(1) 事件发生的时间、地点，主要人物的姓名和房间号。

(2) 事件发生的起因、经过、结果。

(3) 跟办解决的情况和结果。

(二十七) 跟办商务中心职员下班后的业务

目的：保证饭店24小时为宾客提供商务服务。

(1) 在23:00员工下班之后、7:00员工上班之前，以及商务中心员工用餐时间，所有的商务中心业务由大堂副理负责。

(2) 大堂副理应熟练使用传真机、电传机、复印机、四通打字机和英文打字机，掌握挂电话和发送电报的方法，以迅速、准确地满足宾客的要求。

(3) 大堂副理应熟悉各项业务的收费标准，负责填写账单，并由宾客签字认可。如宾客挂账，需及时将账单交给收银处；如宾客付现金，需妥善保管，待商务中心员工上班时交接，账单应留在商务中心。

(4) 提供英文打字机、四通打字机出租服务，如宾客有电传机的使用需求，应给予同意。

(5) 准确记录宾客的姓名和房间号、服务内容、收入金额和开出的账单号码。

(二十八) 下班交接

目的：帮助前来接班的同事熟悉情况，明确任务，使其迅速进入工作状态。

(1) 浏览当值记录的内容，避免错、忘、漏。

(2) 口头提醒接班同事需要跟办的事宜，并对一些复杂的问题做出解释。

(3) 移交传呼机和饭店总钥匙。

案例分析

某天下午3点左右，王先生提着行李走出电梯，径直来到行李台旁。当时正值行李房行李员小李当班，小李问道："王总您好，好久没见您了，有什么事需要我帮忙吗？"王先生回答说："我昨天刚到，一会儿出去办点事，准备晚上7点坐飞机回去，先把行李寄存到这里。""好的，没问题，把行李放这里吧！"小李态度热情，顺便把行李从王先生手里接了过来。

"是不是要办手续？"王先生问。

"不用了，咱们都是老熟人，到时您直接找我取东西就行了。"小李爽快地表示。

下午5点，小李忙着为客人收发行李，行李员小余前来接班，小李把手头上的工作交给小余，下班离店。

下午5点30分左右，王先生匆匆赶到行李台，不见小李，便对小余说："您好，下午我把一个行李箱交给小李了，请您帮我提出来，好吗？"小余说："请您把行李牌给我。"王先生说："小李是我的朋友，当时他说不用办手续，就没拿行李牌，您看……""哟，这可麻烦了，小李已经下班了，他下班时可没交代这件事。""您能不能想想办法？"王先生着急地问。"这可不好办，除非找到小李，可他已经下班走了。""请您无论如何想办法找到他，我还要赶7点的飞机呢。"

"他不在家，现在联系不上。"小余打了多遍电话，但一直未能与小李取得联系。

资料来源：现代酒店管理案例100则. 百度文库[EB/OL]. http://wenku.baidu.com/. 作者有删改

思考：

1. 小李的做法是否有错误？

2. 小李如果有错，错在何处？

3. 这种情况应如何处理？

本章小结

酒店前厅部是负责招徕并接待宾客、销售饭店客房及餐饮娱乐等产品和服务的部门，也是沟通与协调饭店各部门的对客服务，为饭店高级管理决策层及相关各职能部门提供各种参考信息，同时为宾客提供各种综合服务的部门。本章主要介绍了前厅部在饭店中的地位与作用、前厅部的工作任务、前厅预订业务、前厅接待业务、前厅礼宾业务、前厅问

讯业务、前厅总机业务、前厅商务中心业务、前厅收银业务、前厅大堂副理业务等相关
内容。

复习思考题

1. 简述前厅部在饭店中的地位与作用。

2. 前厅部的工作任务有哪些?

3. 前厅预订业务有哪些?

4. 前厅接待业务有哪些?

5. 前厅商务中心业务有哪些?

6. 前厅问讯业务有哪些?

7. 前厅收银业务有哪些?

8. 前厅总机业务有哪些?

9. 前厅礼宾业务有哪些?

10. 前厅大堂副理业务有哪些?

饭店客房服务与管理

- 了解客房的含义
- 了解客房部的组织机构
- 了解客房在饭店中的地位与作用
- 熟悉客房物资用品和安全管理的基本知识
- 掌握客房部对客服务的基本业务

- 熟悉客房部的主要任务
- 掌握客房卫生清洁的基本技能
- 掌握客房部对客服务的基本技能

案例导入丨客房地毯上的烟洞

张先生是某针织厂的厂长，因公务常来省城出差。某三星级酒店距离他办事的公司较近，因此张先生每次都住在该酒店。有一次，张先生办完事后去总台结账退房，前厅服务员王小姐一边熟练地为他办理离店手续，一边热情地同他寒暄。说话间，张先生拿出一支烟点上，王小姐赶紧送上烟灰缸。正在这个时候，电话响了，原来是客务中心打来的，说张先生所退房间的地毯上烧了一个烟洞。王小姐当即询问张先生，但张先生矢口否认自己在房间里抽过烟。王小姐看着张先生手上的烟，觉得处理此事有点为难。

资料来源：现代酒店管理案例100则. 百度文库[EB/OL]. http://wenku.baidu.com/. 作者有删改

思考：

面临案例中这种情况，王小姐该如何处理呢？

本章导语

对于一家饭店而言，客房部是必不可少的核心部门，因为满足客人的住宿需求仍是现代饭店的基本功能。为客人创造一个清洁、美观、舒适、安全的住宿环境，提供多样化的客房服务，是客房部的重要职责和日常工作。不论是从饭店的收入来看，还是从客房部在整个饭店运营中的影响力来看，客房部都占有非常重要的地位。本章阐述了客房部在饭店中的地位、作用、任务、组织机构及岗位职责，客房部员工的素质要求，客房物资用品管理以及客房安全管理方面的基本理论，重点阐述了客房卫生清洁以及客房对客服务的基本业务内容。

第一节 客房部概述

客房部又称房务部、管家部，是饭店向客人提供住宿服务的重要职能部门，它主要负责组织生产客房产品，为客人住宿提供优质服务。客房服务是饭店运转的主要环节。

一、客房部的地位

客房部在饭店整体运营中占有非常重要的地位，现代饭店服务功能的增加，都是在满足宾客住宿需要这一根本功能的基础上的延伸。客房部的重要地位主要体现在以下几个方面。

(一) 客房是饭店存在的基础

人们外出旅行，首先应保证有地方住宿、休息，以消除疲劳、保持身体健康，这是旅游活动能够持续进行的基本条件。客房就是人们旅游投宿的物质承担者，是饭店的基本设施，也是旅客在饭店内唯一能封闭且独立使用的场所。饭店要向旅客提供生活需要的综合服务设施，必须能向旅客提供住宿服务，而要住宿必须有客房。从这个意义上来说，有客房才能成为饭店，所以说客房是饭店存在的基础。

(二) 客房是组成饭店的主体

客房是饭店的主体，客房部提供的住宿服务是饭店服务的重要组成部分。按客房和餐位的一般比例，在饭店建筑面积中，客房面积一般占饭店总面积的70%左右，如果加上开展客房产品营销活动所必需的前厅、洗衣房、库房等部门，总面积占比为80%左右。饭店的固定资产，绝大部分也在客房，从饭店开展经营活动所必需的各种设备、物料用品来看，客房设施、设备及低值易耗品的价值量要占饭店各种物资设备总价值的绝大部分，所以说客房是饭店的主体。

(三) 客房收入是饭店经济收入的主要来源

饭店通过为客人提供住宿、饮食、邮电、娱乐、交通、洗衣以及购物等服务项目而取得经济收入。其中，客房租金收入通常占饭店营业收入的一半以上。从世界范围来看，我国饭店业发展还比较落后，经营项目单一，缺少综合服务，再加上我国经济发展水平不高，人们的生产水平和消费能力有限，饭店难以依靠当地居民提高餐饮收入。在这种情况下，客房收入在营业总收入中所占的比例更高，大多超过60%，有的甚至超过80%。这反映了客房部在整个饭店经营中的重要地位。

(四) 客房服务质量是饭店服务质量的主要标志

如果客人把饭店当作"家外之家",那么他对客房会更有"家"的感觉,因为客房是客人在饭店中停留时间最长的地方。客房的卫生是否清洁,服务人员的态度是否热情,服务是否周到,服务项目是否周全、丰富等,都会对客人产生直接影响,是客人衡量"价"与"值"是否相符的主要依据。因此,客房服务质量是衡量整个饭店服务质量的主要标志,也是衡量饭店等级水平的主要标志。

(五) 客房是带动饭店一切经济活动的枢纽

饭店作为一种现代化的食宿购物场所,只有在客房入住率高的情况下,饭店的设施才能发挥其应有的作用,饭店的组织机构才能正常运转,才能带动整个饭店的经营管理。客人入住饭店客房后,在前台办理登记手续、交款,在餐饮部用餐、宴请,在商务中心进行商务活动,还会去健身、购物和娱乐。因而,客房服务增加了客人对饭店内各种综合服务设施的需求,从而也增加了饭店的营业收入。

(六) 客房部的管理直接影响整个饭店的运营和管理

客房部的工作内容涉及饭店各个部门,为其他部门的正常运转提供了良好的环境和物质条件。另外,客房部的员工数量占据饭店员工总数量的比例也很大。饭店从业人员的分配是以客房数量为依据的,一般每间客房配备1~2人,客房管理系统需要的管理人员和服务人员要占整个饭店从业人员的40%左右。可见,客房部的管理水平会直接影响饭店员工整体素质和服务质量。

▌二、客房部的作用

生产客房商品和提供客房系列服务是客房部的核心任务,根据客房部的主要职能,客房部的作用主要体现在以下几个方面。

(一) 提供客房商品

客房是饭店的重要商品,客房部需要向客人提供的客房商品主要有房间、设备设施、日常用品和综合客房服务等。为了满足客人的入住需求,对客房部提供的客房商品的基本要求有以下几点:布置高雅美观,设施设备完备、舒适、耐用,日用品使用方便、安全,服务项目全面、周到,客人财物和人身安全有保障。总之,要为客人提供清洁、美观、舒适、安全的入住空间。

(二) 做好清洁卫生工作,创造清洁、优雅、舒适、温馨的环境

随着旅游这种高端消费方式的逐步普及,人们的消费观念、消费要求也有了很大程度的改变。客人入住饭店,不仅需要休息的场所,更希望得到精神上的享受,而清洁、卫生

则是客人对饭店的基本要求，是保证客房服务质量和体现客房价值的重要组成部分。饭店所有客房及公共区域的清洁卫生工作都是由客房部负责的，饭店的良好气氛以及舒适、美观、清洁、优雅的入住环境，都要靠客房服务人员的辛勤劳动来创造。

(三) 协调与其他各部门之间的关系，保证饭店整体服务质量

客房服务中心又被称为"客房控制指挥中心"，为满足入住客人的需要，在开展工作时要与各部门的各个岗位进行沟通、协调，如总台、工程部、餐饮部等，这样才能保证饭店的整体服务质量。在日常工作中，客房部要经常主动地与各个部门做好沟通、协调工作，使各部门了解客房服务过程中的各种需求，从而为客房服务质量尤其是整体服务质量的提高创造良好的条件。

(四) 为饭店其他部门的有序运转提供必要服务

客房部作为饭店的核心部门之一，不仅要做好客房销售和服务工作，还要协助其他部门做好辅助工作。例如，客房部设有布草房和洗衣房，负责饭店各部门的布草(如窗帘、沙发套等)和员工制服的选购、洗涤、保管、发放、缝补、熨烫等工作，要为饭店各部门提供洁净、美观的棉织品，并为饭店的对客服务提供保障。

■ 三、客房部的管理特点

随着饭店业竞争的日益激烈，客人对客房商品的要求也越来越高，为了增加市场占有份额，饭店经营者越来越重视客房部的管理工作。客房部的特殊工作性质，使客房部的管理工作形成了自身的特点。

(一) 随机性及难以预测性

客房部涉及的工作内容繁多，工作空间广泛，与客人的吃、住、行、游、购、娱中的各个环节都息息相关，在对客服务过程中具有很强的不可控性。在这种情况下，为了保证服务质量，客房管理除了采用传统的管理模式，还需要有自己的管理特色，即管理的随机性。客房的管理工作从客人入住饭店开始，到客人离开饭店为止，客人的需求是难以预料的。因此，客房工作人员应该针对客人的不同特点、不同需求，采用不同的管理方式，以服务于不同的客人并使其满意。

(二) 复杂性

客房部的工作范围广，涉及内容复杂，除了要保持客房的清洁、安全，还要对整个饭店的环境卫生、装饰绿化、设备保养，以及布草及制服的洗涤、保管和设计等环节负责。客房部拥有的员工数量及管理的物资设备数量较多，开支成本也比饭店其他部门高，因此管理起来相对复杂。另外，客房的服务对象是来自世界各地的、千差万别的客人，要使他们在入住的短暂时间内保持满意，管理工作的难度相当大。因此，客房管理是一项相当复杂的工作。

(三) 不易控制性

客房部管辖的人、财、物及工作岗位之多，在饭店中居首位。一方面，大多数工作人员的工作环境具有相对的独立性，不利于管理人员的监督检查；另一方面，客房物资用品皆为日常生活用品，如果管理不善，极易流失。因此，客房部加强对员工素质和自我管理的培训尤为重要。

第二节 客房部组织机构及岗位职责

客房是带动饭店一切经济活动的枢纽，为饭店的全方位发展提供基础服务，是饭店不可缺少的重要组成部分。为了确保客房部的正常运行，应设置行之有效的组织机构。

一、客房部组织机构设置原则

(一) 从实际出发

客房部组织机构设置应该从饭店的规模、档次、设施设备、管理思想及服务项目等方面的实际情况出发，以饭店管理系统及运行模式为基础，力求科学、合理，适应饭店现代化经营管理的需要，而不能生搬硬套。例如，大型饭店可能有"客房部经理—主管—领班—服务员"4个层次，而小型饭店可能只有"经理—领班—服务员"3个层次。随着饭店业的发展，饭店各部门的组织机构应尽可能地减少管理层次，以提高沟通和管理效率，降低管理费用。

(二) 精简原则

随着管理理念的升华，组织机构设置的效率、效益意识不断增强，为了防止机构臃肿和人浮于事的现象产生，组织机构的设置要遵循"因事设岗、因岗定人、因人定责"的劳动组织编制原则。在防止机构重叠、臃肿的同时，还要处理好分工与合作、方便客人与便于管理等方面的矛盾，注意"机构精简"并不意味着机构的过分简单化，应避免出现职能空缺的现象。

(三) 分工明确

客房部在设置组织机构时，应确保各层次与各岗位人员的职责不重复，不留空白地带，垂直领导，以保障指挥体系及信息渠道的高效畅达。在明确各岗位人员的工作任务的同时，应明确上下级隶属关系以及传达与反馈相关信息的渠道、途径和方法，防止出现职能空缺、各业务环节脱节等现象。

二、客房部组织机构设置形式

客房部组织机构设置没有统一、固定的模式，各饭店应根据自身的规模和条件进行设计，并随着饭店业的发展及时调整。根据我国饭店业的发展规模，一般把客房部的组织机构分为大中型和小型两种类型。

(一) 大中型饭店客房部组织机构设置形式

在大中型饭店中，客房部管辖的区域范围比较大，因此客房部组织机构设置的规模较大、机构层次多，且分工细致、职责分明，如图5-1所示。从组织机构层次来看，客房部通常设置经理、主管、领班和普通职员4个层次，推行"谁主管，谁负责"的岗位责任制。

图5-1 大中型饭店客房部组织机构图

(二) 小型饭店客房部组织机构设置形式

小型饭店客房部的组织机构与大中型饭店相比，规模较小，比较精简，如图5-2所示。一些小型饭店甚至不单设客房部，而是把客房部与前厅部合并为房务部。即便如此，只要能够做好部门内部或部门之间的分工与协作，仍然能够保证饭店的正常运营与管理。

图5-2 小型饭店客房部组织机构图

三、客房部岗位职责

某饭店客房部岗位设置如图5-3所示。

图5-3　某饭店客房部岗位设置图

(一) 客房部经理

1. 管理层次关系

(1) 直接上级：饭店副总经理。

(2) 直接下级：管家部经理，客房楼层主管。

2. 岗位职责

(1) 贯彻执行饭店副总经理的经营管理指令，向副总经理负责并报告工作。

(2) 根据饭店确定的经营方针和目标，负责编制客房部预算，制订各项业务计划，并有效组织实施与监控，实现预期目标。

(3) 以市场为导向，研究并掌握市场的变化和发展情况，适时调整经营策略，努力创收，坚持以部门为成本中心的方针，严格控制成本，降低消耗，以最低的成本获取最高的经济效益。

(4) 主持部门工作例会，听取汇报，督促工作进度，解决工作中的问题。

(5) 负责客房部的安全管理工作，遵照"谁主管，谁负责"的安全责任制，督促本部门各管区落实各项安全管理制度，切实做好安全防范工作，确保一方平安。

(6) 负责客房部的日常质量管理，检查督促各管区严格按照工作规范和质量要求开展工作，实行规范作业，每日巡视本部门各管区1次以上，抽查各类客房10间以上。

(7) 负责本部门员工的服务宗旨教育和岗位业务培训，督促各管区有计划地抓好培训工作和开展"学先进，找差距"活动，提高全员业务素质。

(8) 加强本部门与饭店其他部门的联系，配合、协调各部门做好工作。

(9) 建立良好的客户关系，广泛听取和收集客人意见，处理投诉，不断改进工作。

(10) 审阅各管区每天的业务报表，密切注意客情，掌握重要的接待任务完成情况，及时检查和督促各管区要认真做好接待服务及迎送工作。

(11) 负责客房设施设备的使用管理工作，督促各管区做好日常的维护保养和清洁工作，定期进行考核检查；参与客房的改造和更新装修工作，研究和改进客房的设备设施。

(12) 考核各管区经理、主管的工作业绩，激励员工的积极性，不断提高管理效能。

(13) 做好思想教育工作，关心员工生活，抓好部门文明建设工作。

(二) 管家部经理

1. 管理层次关系

(1) 直接上级：客房部经理。

(2) 直接下级：公区主管，洗衣房领班。

2. 岗位职责

(1) 执行客房部经理的工作指令，负责管家部的管理和服务工作，向客房部经理负责并报告工作。

(2) 坚持预算管理和成本控制，有效地组织公共区域和洗衣部的工作，严格控制成本费用。

(3) 主持本部门工作例会，督促工作进度，解决工作中的问题。

(4) 负责管家部的安全和日常的质量管理工作，检查和督促各管区要严格按照工作规范和质量要求开展工作，规范作业，每日巡视本部门负责的区域，及时发现问题，及时整改。

(5) 负责管家部员工的服务宗旨教育和岗位业务培训，督促各管区有计划地抓好培训工作。

(6) 加强与其他部门的联系，树立整体经营思想，促进相互之间的沟通。

(7) 审阅各管区每天的业务报表，密切注意客情，掌握重要的接待任务情况，及时检查和督促各管区认真做好接待服务工作。

(8) 负责管家部设施设备的使用管理工作，督促各管区做好日常的维护保养和清洁工作，定期进行考核检查。

(9) 做好思想教育工作，关心员工生活，抓好部门文明建设工作。

(三) 公共区域主管

1. 管理层次关系

(1) 直接上级：管家部经理。

(2) 直接下级：保洁领班，保养领班。

2. 岗位职责

(1) 执行管家部经理指令，并向其负责和报告工作。

(2) 负责饭店公共区域的清洁及绿化工作的质量管理，组织员工严格按照工作规范和质量标准，做好饭店公共区域的清洁和绿化工作。

(3) 加强费用开支控制，负责管区内财产和物料用品的管理和领用，督导员工正确使用各种设备和节约物料用品。做好维护保养和保管工作，如发现设备故障应及时报修或提出更新意见。

(4) 坚持服务现场的管理，负责对班组工作的考核、员工考勤和业务培训。

(5) 沟通与各部门的联系，协调工作。

(6) 关心员工生活，了解员工思想状况，做好思想教育工作，抓好班组文明建设工作。

第三节 客房清洁整理

一、客房类型

(一) 按照单位客房的房间数量分类

1. 单间客房

(1) 单人间。客房中配备一张单人床，适合商务旅行的单身客人居住。

(2) 大床间。客房中配备一张双人床，适合商务旅行的单身客人和夫妇旅行者居住。

(3) 双床间。客房中配备两张单人床，也称"双人间"，适合团队和会议客人居住。

(4) 三人间。客房中配备三张单人床，适合经济型客人居住。

2. 套房

(1) 普通套房。普通套房通常是指连通的两个房间，一间做卧室，配有一张大床或两张单人床，并设卫生间；另一间做起居室，设有盥洗室，一般不设浴缸。

(2) 豪华套房。豪华套房的设备用品比普通套房豪华。它可以是两套间，也可以是三至五套间。除卧室、起居室外，还设有餐室、会议室、书房等。卧室配备大号双人床或特大号双人床。

(3) 总统套房。总统套房多见于四星级以上饭店，设备用品富丽豪华。一般由五个以上套间组成，有的多达二十间，设有男主人房、女主人房、书房、餐室、会议室、娱乐室、警卫室、厨房等。

(4) 立体套房。立体套房通常是指跨两个楼层的套间。一般是卧室在楼上，起居室在楼下，两者由上下楼梯连接。

(二) 按照客房的位置和朝向分类

(1) 外景房。它是指窗户朝向青山、湖泊、公园、商业街等外景的房间。

(2) 内景房。它是指窗户朝向饭店内庭院的客房。

(3) 角房。它是指位于走廊过道尽头的客房。

(4) 连通房。它是指隔墙有门连接的客房。

(5) 相邻房。它是指室外两门毗邻而室内无门相通的客房。

(三) 按照客房的特殊功能分类

(1) 行政楼层房。它是指在整个楼层为大集团或大公司的高级商务客人提供的套房，办公室中配有优良、齐全的办公设备，可提供优质的服务。

(2) 无烟楼层房。它是指专门为不吸烟的客人提供的客房，房内有明显的禁烟标志，房内无吸烟设施和用品。

(3) 女士客房。它是指专为女士提供的客房，客房的布置和设施用品都独具女性特色。

(4) 残疾人房。它是指专为残疾人提供的无障碍客房，房间里的设施设备和用品都是从残疾人的需要和特点出发而进行布置和设置，以便于残疾客人生活和出入。

二、清洁整理前的准备工作

(一) 了解房态，确定清洁整理的顺序与方法

为提高客房利用率和服务质量，客房服务员应根据房间的不同状态，严格按照清洁整理的程序和方法进行，使之达到饭店规定的质量标准。

1. 客房清扫顺序

(1) 淡季时的清扫先后顺序为挂"请速打扫"牌的房间、VIP房间、住客房、走客房、空房。

(2) 旺季时的清扫先后顺序可调整为空房、走客房、挂"请速打扫"牌的房间、VIP房间、住客房。

2. 客房的清洁整理方法

(1) 从上到下，即擦拭墙壁、窗户和物品，应按照从上到下的顺序进行。

(2) 从里到外，即在为地毯吸尘和清扫房间时，应按照从里到外的顺序进行。

(3) 环形整理，即在擦拭和检查卫生间及卧室的设备用品时，应按照从左到右或从右到左，也就是按顺时针或逆时针的方向进行，避免遗漏死角，同时可节省体力。

(4) 干湿分开，即擦拭不同的家具设备及物品的抹布，应严格区分使用。例如，房间内的灯具、电视机屏幕、床头板等只能使用干抹布，以避免发生危险和污染墙纸。

(二) 准备工作车和清洁工具

工作车是客房服务员整理、清扫房间的主要工具，准备得是否妥当直接影响清扫的效

率。一般可在每一班次结束前做好准备工作，但在每班工作前应做一次检查。

准备工作的基本内容：将工作车擦拭干净，将干净的垃圾袋和布草袋挂在挂钩上，再把棉织品、水杯、烟缸、文具用品及其他各种客用消耗品备好，摆放整齐；备齐各种清洁剂、干湿抹布、不同类型的刷子、清洁手套等各种清洁工具；检查清扫工具、吸尘器的各部件是否严密，有无漏电现象；检查蓄尘袋的灰尘是否倒掉。

(三) 听取领班指令，签领工作钥匙和楼层客房清扫报告单

由领班到客房服务中心统一签领所管楼层的工作钥匙，再由楼层服务员到领班处签领钥匙，下班时交还给客房服务中心。

▊ 三、客房清洁整理程序

下面以走客房和住客房为例，介绍客房清洁整理程序及注意事项。

(一) 清洁整理程序

(1) 敲门。站在距门30厘米处，一次敲3下，每次间隔2～3秒，并通报"客房服务员"。

(2) 等候。正视门镜，静候门内反应。若听到客人回应，应报"客房服务员"，询问客人是否可以打扫房间；若门内无反应，敲门3次后方可用钥匙开门。

(3) 开锁。将钥匙插入门锁，开门。

(4) 开门。将门打开一半，再次通报自己的身份，观察情况，不可直接将门完全打开。

(5) 开电源总开关。将卡插入继电器取电。

(6) 停放工作车。用工作车挡住房门，防止闲杂人员进入。

(7) 清理房间垃圾。将室内的垃圾取出，倒入蓄尘袋。

(8) 撤床上用品。将床上用品一件一件撤掉，仔细检查是否夹有客人物品。

(9) 撤杯具和烟灰缸。把客人用过的杯具和烟灰缸洗净撤出，放在工作车上。

(10) 带入干净床单铺床。将干净的床上用品带入房间，按要求进行中式或西式铺床。

(11) 按顺序抹擦房间。按"门—衣柜—行李柜—桌前镜—梳妆台(写字台)—梳妆凳—电视机—小冰箱—茶几—圈椅—托盘—床—床头柜—挂画—床头灯—空调调节板"的顺序抹擦房间。

(12) 清洁卫生间。刷洗脸盆、浴缸、马桶，并进行抹尘、消毒。

(13) 补充房间用品。将卧房和卫生间所需的物品，按数量和规格要求补充齐全。

(14) 吸尘。用吸尘器从里到外吸净房内尘土。

(15) 自查。结束清洁整理后，进行自我检查，如发现不妥之处，应及时修正。

(16) 记录。检查无误后，取卡断电，锁好房门，填写工作报表。

(二) 清洁整理注意事项

(1) 敲门时，不可过急，声音不可过大，不能从门缝向里窥视，若客人在房间，应先

征得客人同意。

(2) 整理房间时，要保持房门敞开。这样做的目的：方便取物；防止有人顺手牵羊；随时接受监督；顾及楼层安全；避免客人回房时受到惊吓。

(3) 不得在房内吸烟、吃东西、阅读报刊等，尤其是不能动客人的东西。

(4) 不得使用客房内设施。

(5) 不得躺或坐在床上休息。

(6) 清理卫生间时，应专备一块脚垫，以防将水带入卧室，弄湿地毯。

(7) 不同抹布应分开使用(干湿分开，擦拭不同物品应使用不同的抹布)。

(8) 仔细检查房间。

(9) 不能随便处理房内垃圾。

(10) 浴帘要通风透气。

(11) 电镀工件要完全抹干。

(12) 不得将撤换下来的脏布草当抹布使用。

四、中西式铺床

(一) 中式铺床

中式铺床步骤如下所述。

(1) 将床拉离床头板，使床离床头板约60厘米远。

(2) 清理床垫。整理床垫和褥垫，使其规整无杂物。

(3) 铺床单。站在床尾中间，两手打开床单，床单正面朝上；左手握床单头，右手平甩另一侧床单头至床尾并抖开床单；双手正握床单的2/5和4/5处，离床垫70厘米高时，双臂均匀用力，向前方振出床单，以气浪和甩力使床单平铺，床单中线对齐床中央；双手下压，轻拉床单，使两头留边相等。

(4) 包边角。将床单四边四角包入床垫下，四角成90°，要求四角角度一致。

(5) 套枕套。抓住枕套开口两边，用力抖动，使之充气、松胀；右手抓住枕芯两前端，以两角为主，左手张开枕套口，将枕芯套入；双手抓住枕套口，用力往下抖，使枕芯完全装入；将枕套封口，包住枕芯，开口向下；将枕头放于床头，齐边，枕套口的放置方向与床头柜的方向相反，枕套中线与床单中线重合，枕头饱满、平整。

(6) 套被罩。将干净的被罩套在羽绒被上，要求四角饱满；将套好被罩的羽绒被铺在床上，将羽绒被头反折30厘米作为被头，整理平整。

(7) 将拉出的床推回原位。

(二) 西式铺床

西式铺床步骤如下所述。

(1) 将床拉离床头板，使床离床头板约60厘米远。

(2) 清理床垫。整理床垫和褥垫，使其规整无杂物。

(3) 铺第一张床单。站在床尾中间,两手打开床单,床单正面朝上;左手握床单头,右手平甩另一侧床单头至床尾并抖开床单;双手正握床单的2/5和4/5处,离床垫70厘米高度时,双臂均匀用力,向前方振出床单,以气浪和甩力使床单平铺,使床单中线与床中央对齐;双手下压轻拉床单,使两头留边相等。

(4) 包边角。将床单四边四角包入床垫下,四角成90°,要求四角角度一致。

(5) 铺第二张床单。铺第二张床单的方法与铺第一张床单的方法相同,只是第二张床单要反面向上,与第一张床单中线重叠,并长出床头20厘米。

(6) 铺毛毯。站在床尾,双手握住毛毯甩开一次到位,使其头部与床头对齐,中线与床单重合,毛毯商标在右下方。

(7) 包边角。在床头处,将两张床单反折于毛毯之上,再将两张床单与毛毯一起反折30厘米,包进床垫下。在床尾处,将两张床单与毛毯的四边四角一起包入床垫下,四角成90°,要求四角角度一致。

(8) 套枕套。抓住枕套开口两边,用力抖动,使之充气、松胀;右手抓住枕芯两前端,以两角为主,左手张开枕套口,将枕芯套入;双手抓住枕套口,用力往下抖,使枕芯完全装入;将枕套封口,包住枕芯,开口向下;将枕头放于床头,齐边,枕套口的放置方向与床头柜的方向相反,枕套中线与床单中线重合,枕头饱满、平整。

(9) 铺床罩。将床罩盖在床上,使床罩尾部边线与床尾边线重合,两边边线与床重合;床罩头部盖在枕头上面,与枕头对齐,并将床罩剩余部分折于两个枕头的中间和底部,形成"双枕线";拉平床罩各处,使其平整美观。

(10) 将拉出的床推回原位。

五、做夜床

做夜床又叫晚间服务或寝前整理,高星级饭店提供此类服务。做夜床的目的是方便客人休息,同时也体现了客房服务的档次与规格。

(一) 做夜床的服务时间

做夜床的最佳服务时间是客人晚上外出用餐时,这样可避免打扰客人。

(二) 做夜床的服务内容

1. 房间整理

(1) 撤出客人用过的水杯用具等并予以补充。

(2) 倒掉烟灰缸内的烟灰及房内垃圾。

(3) 将客人的衣物整理好。

(4) 将房间柜面的污渍、水渍等抹擦干净。

(5) 将家具、物品摆回原位。

2. 开床

(1) 掀开床罩,折好放在规定的位置上。

(2) 将靠近床头一边的毛毯连同衬单向外折成45度角，将其余部分压入床垫下。

(3) 将枕头整理饱满放在床头中间。

(4) 将睡衣、晚安卡、小礼品、早餐牌等放在枕头上。

(5) 打开夜灯、床头灯，关掉其他灯。

3. 卫生间整理

(1) 冲马桶。

(2) 将客人用过的"三缸"用抹布擦抹干净，对较脏的部位应重新擦洗。

(3) 更换客人用过的"四巾"、杯具，补充相关物品。

(4) 清倒垃圾，抹干地面，放好脚垫巾。

(5) 将浴帘底部放入缸内，并拉出1/3。

(6) 关灯，将卫生间的门半掩。

(7) 退出房间，并做好晚间服务记录。

(三) 做夜床的注意事项

(1) 如客人在房间，应征询客人意见。

(2) 如客人不需要做夜床，在报表上做好记录。

(3) 如房门上挂有"请勿打扰"(DND)牌，可从门下塞进一张"夜床服务卡"，待客人提出要求时再做。

六、空房清洁整理

空房是指客人退房后，经过清扫但尚未出租的房间。由于没有出租，空置时间长了难免落上灰尘，造成卫生质量下降，所以必须每天检查并简单清扫，其清扫程序按如下步骤进行。

(1) 查看房间内有无异常(设备运转是否良好，天棚与墙有无蜘蛛网，地上有无虫类等)。

(2) 给家具、设备、门窗等除尘。

(3) 卫生间的马桶、地漏放水排异味，抹尘。

(4) 连续空置的房间，每隔3～4天吸尘一次，水龙头放水1～3分钟。

(5) 检查各类用品是否齐全。

(6) 卫生间的"四巾"如有异味，应在客人入住前更换。

七、房间小整理

对于已有客人入住的房间，除了每天一次的全面清扫之外，有一些饭店还提供临时的简单服务，住客每次外出后都要对其住房进行简单整理，目的是使客房处于整洁的状态。一般情况下，饭店会为VIP房间或客人午睡后的房间进行简单整理。房间小整理的内容包括以下几个方面。

(1) 更换卫生间内用过的"四巾"、杯具。

(2) 刷洗客人用过的"三缸"。

(3) 清倒垃圾和烟灰缸。

(4) 按规范整理床铺(不必更换床单)。

(5) 将家具摆放位置复原,拉好窗帘。

(6) 清理地面杂物(如有污渍立即清洗)。

(7) 更换耗用的香皂等。

八、公共区域卫生清洁整理

客房部通常设有公共区域组,专门负责公共区域的清洁保养及绿化工作。

(一) 公共区域卫生清洁整理的特点

(1) 客流量大。

(2) 范围广,且项目繁杂琐碎。

(3) 工作条件差,专业性、技术性强。

(二) 公共区域卫生清洁整理的内容

1. 大堂清洁

大堂的日常清洁工作主要包括:地面清洁(除尘,清洁雨天放伞架,擦除地面泥尘和水迹,夜间打蜡磨光,地毯吸尘等);门庭清洁(白天擦抹玻璃门窗、门框、指示牌上的浮尘、指印和污渍,夜间清洁门口的标牌、墙面、门窗及台阶,清扫并冲刷大门口的庭院等);家具清洁(勤擦拭休息区的桌椅、服务区的柜台及一些展示性的家具,及时清倒并擦净立式烟筒,更换烟缸,随时注意茶几、台面上是否有杂物,一经发现,及时清理);扶梯、电梯清洁(擦亮扶梯扶手、挡杆及玻璃护挡,清洁轿厢,更换并清洗星期地毯);不锈钢、铜器清洁上光(注意使用专门的清洁剂)。

2. 公共洗手间清洁

公共洗手间的日常清洁工作主要包括:及时做好洗手间的消毒工作;按顺序擦净面盆、水龙头、台面、镜面,并擦亮所有金属镀件;将卫生间的香水、香皂、小方巾、鲜花等摆放整齐,并及时补充更换;拖净地面,擦拭门、窗、隔挡及瓷砖墙面;配备卷筒纸、卫生袋、香皂、衣刷等用品;检查皂液器、自动烘干器等设备的工作状况;热情地向客人问好,为客人拉门、递送小毛巾等。

需注意,洗刷地面及地面打蜡、清除水箱水垢、洗刷墙壁等工作应在夜间进行。

3. 餐厅、酒吧、宴会厅清洁

餐厅、酒吧的清洁工作主要是在餐厅营业结束后,做好对地毯的吸尘和家具、电器等的擦拭、除尘工作,及时清洁地面或地毯上的污迹。宴会厅的清洁工作主要有地毯吸尘,清除板壁上的鞋印、指印及客人张贴的图画和其他饰物,擦拭大厅吊灯,每月一次的通风口除尘等。此外,餐厅、酒吧、宴会厅及其他饮食场所常有苍蝇等害虫出现,应随时或定期喷洒杀虫剂,防止蚊蝇等害虫孳生。

4. 后台区域的清洁卫生

对食堂、浴室、更衣室、服务通道、员工公寓、娱乐室等后台区域也应做好清洁卫生工作，具体包括日常消毒、清洁维护、定期清扫等。

5. 绿化布置及清洁保养

绿化布置的程序：客人进出场所的花卉树木按要求造型、摆放；定期调换各种盆景，保持时鲜；接待贵宾或举行盛会时要根据饭店通知进行重点绿化布置。

清洁养护的程序：每天按顺序检查、清洁、养护全部花卉盆景；清理花盆内的杂物，擦净叶面及枝干上的浮灰，保持叶色翠绿、花卉鲜艳；及时清除喷水池内的杂物，定期换水，对水池内的假山、花草进行清洁养护；及时修剪、修整花草；定期给花卉盆景浇水，定期给花草树木喷药灭虫。

在进行养护和清洁绿化工作时，应注意操作时避免溅出水滴弄脏地面，注意不可影响客人的正常活动。

第四节 客房对客服务

一、接待贵宾服务

贵宾是饭店接待的重要客人，应给予特殊礼遇。

(一) 贵宾服务的基本要求

(1) 饭店各部门的主要服务人员应用客人的姓氏或尊称称呼和问候客人。

(2) 如客人初次住店，应先让客人直接进房，由大堂副理将住宿登记表交其陪同人员填写或送进客房由客人自己填写，再由大堂副理收回交至前台；如是常客，住宿登记表应直接由前台人员根据客史档案填写。

(3) 客人外出时，清扫员应立即整理清扫房间。

(4) 在住店期间，如有可能，总经理或副总经理应登门拜访；离店时，应主动征求客人意见。

(5) 除商场外，其余营业场所应实行一次性消费。

(6) 做好客史档案。

(二) 贵宾的范围

(1) 党和国家领导人、外国元首及政府首脑等。

(2) 对饭店的业务发展有极大帮助的人。

(3) 知名度很高的政界要人、外交家、艺术家、学者、经济界人士、影视明星、社会名流等。

(4) 本饭店系统的高级职员。

(5) 其他饭店的高级负责人。

(6) 饭店董事会高级成员。

(三) 贵宾的等级

(1) A级。党和国家领导人、外国元首及政府首脑等。

(2) B级。我国及外国的政府部长,世界著名大公司的董事长、总裁或总经理,省、自治区、直辖市领导等。

(3) C级。地市级主要党政官员,各省(市)旅游部门的负责人,国内外文化、艺术、体育、新闻界的负责人或知名人士,各地星级饭店总经理,其他行业与饭店有协作关系的公司负责人,饭店总经理要求按VIP标准接待的其他客人。

(四) 贵宾服务的标准

1. A级

(1) 迎送。贵宾抵离饭店时,总经理亲自迎送。

(2) 客房物品配备。除常规用品外,另增配:与房间格调协调的工艺品;插花(盆景),放置在卫生间云台上;每天放一篮四色水果并提供相关的用具、用品和四种小点心;总经理亲笔签名的欢迎信和名片;每天放两种以上的报纸(外宾房放英文版的《中国日报》);开夜床时赠送一份精致的工艺品。

(3) 餐饮。在餐饮方面,应做到:抵店第一餐,由总经理引领客人进餐厅;使用专门的小餐厅;每餐开出专用菜单,交有关方面审查;专人服务,专人烹制。

(4) 安保。在安保方面,应做到:事先留好停车位;在酒店四周安排警卫和巡视;设专用通道和客梯。

2. B级

(1) 迎送。贵宾抵离饭店时,总经理、大堂副理、礼宾员等在大门口迎送。

(2) 客房物品配备。除常规用品外,另增配:插花(盆景),放置在卫生间云台上;总经理亲笔签名的欢迎信和名片;每天放一篮两色水果并提供相关的用具、用品和两种小点心;每天放两种以上的报纸(外宾房放英文版的《中国日报》);开夜床时赠送一份饭店特制的纪念品。

(3) 餐饮。在餐饮方面,应做到:抵店第一餐,由总经理或副总经理引领客人进餐厅;使用专门的小餐厅;每餐开出专用菜单;专人服务。

(4) 安保。事先留好停车位。

3. C级

(1) 迎送。贵宾抵离饭店时,由总经理或副总经理或大堂副理在大门口迎送。

(2) 客房物品配备。除常规用品外,另增配:插花(盆景),放置在卫生间云台上;总经理亲笔签名的欢迎信和名片;每天放一篮两色水果并提供相关的用具、用品和两种小点心;每天放两种或一种报纸(外宾房放英文版的《中国日报》);开夜床时赠送一枝鲜花或一块巧克力。

(3) 餐饮。根据具体情况而定。

(五) 贵宾接待的服务程序

1. 抵店前的准备工作

(1) 对贵宾房进行大清扫(完成各项卫生计划)，保证清洁整齐。

(2) 检查各种设备设施，确保完好、有效。

(3) 按贵宾等级的布置要求，向领班领齐各种物品。

(4) 布置完毕，由领班、楼层主管、客房部经理、大堂副理按顺序严格检查，如发现问题，应立即纠正。

(5) 再次进房巡视并抹尘、吸尘，确保万无一失。

2. 到店的迎接工作

(1) 接到入店通知后，相关人员应在梯口迎接客人。

(2) 面带微笑，使用礼貌用语，如"××先生，您好，欢迎光临"。

(3) 提供"五到"服务，即客到、微笑到、敬语到、茶到(茶杯放在茶碟上，配有带店标的茶垫)、毛巾到(注意保证香度、湿度、温度和柔软度)。

(4) 服务完毕，微笑着对客人说"如果在住店期间有什么服务需要，请拨打客房中心电话××××，我们很愿意为您效劳，希望您在这里居住愉快，再见"。然后后退一步，走到房门处转身面向客人，轻轻把房门关上。

3. 住店的服务工作

(1) 尽量了解贵宾的时间安排，随时为客人提供各种有针对性的服务。

(2) 当客人外出时，及时对客房进行小整理。开夜床时，多配一条地巾放置在床头柜前。

(3) 留心贵宾的喜好，做好记录及时传递到前台，以备完善客史档案。

4. 离店的结束工作

(1) 接到离店通知时，相关人员应立即到梯口等候，为客人按电梯；电梯到达时，请客人进入电梯；当电梯门关上1/3时，向客人道别，如"祝您旅途愉快，欢迎您再次光临"。

(2) 及时查房，如发现客人遗留物品立即通知前台送还，做好回收与检查工作，清扫房间，恢复原状。

■ 二、访客服务

随着饭店业的发展，客房的功能日益增多，它不仅是客人休息的场所，还是客人进行商务会谈、接待来访客人的地方。因此，饭店应能提供相应的访客服务。

(一) 对访客的管理要求

(1) 凡是住店客人带来的访客，可不予询问，但应做好记录，记明访客进出时间和男女人数。

(2) 对于单独来访者，应问明情况，必要时可礼貌地查看有效证件，先打电话征询住客同意，再将访客带入客房；如住客不在，应请访客到公共区域等候，不可在楼层内逗留。

(3) 如住客不在又没有留言，不得让访客进房等候。

(4) 到了饭店规定的访客离开时间，打电话到客房，提醒访客离开；若访客因事不能离开，应办理入住登记手续；若访客超时不走又不办手续，应报大堂副理或保安部处理。

(5) 如住客给访客留了房卡，应核对其有效证件，否则报保安部收缴其房卡。

(二) 接待程序

1. 当访客来访，前台接待员应做好以下工作

(1) 前台接待员(若客人私自到访，由客房服务员出面)应问清访客姓名、单位并查看有效证件。

(2) 再询问住客的房间号、姓名、性别等情况，如与实际相符，请访客填写"酒店会客登记表"。

酒店会客登记表如表5-1所示。

表5-1　酒店会客登记表

年　　月　　日

访客姓名	性别	年龄	工作单位或住址		证件名称	证件号码
住客姓名			房间号	与访客关系		
来访时间			来访值班服务员		备注	
离访时间			离访值班服务员			

2. 当访客来访，如客人在房间内，应做好以下工作

(1) 客房服务员应礼貌地询问访客姓名、有无与住店客人预约及房间号等，并办理访客登记手续。

(2) 请访客稍候，通过电话与住客联系，征得住客同意后方能将房间号告知访客，或引领访客至住客的房间，不得未经住客同意随意将住客的房间号、姓名、电话告知访客。

(3) 征得住客同意后，引领访客至房前，敲门通报，待其进入房间后离开。

(4) 若住客拒绝会客，应委婉告知访客，或请访客留言；若访客无理纠缠，可通知主管或保安部，以切实保障住客安全。

3. 当访客来访，住客不在房时，应做好以下工作

(1) 询问有无预约，查看有无住客留言单，若有留言单，核对留言单上的有关事项，确认后按留言处理。如住客外出，并交代访客可在其房内等候，服务员应按住客的吩咐执行。若无留言，则请访客到大厅等候，当住客返回时再通知访客。

(2) 为了住客的安全，不得私自为访客开门。

(3) 若访客不愿或来不及等候，可请其留言，填写留言单，当住客返回时转交。

(4) 若访客持有房卡，想要进入客房取物品时，应礼貌地了解其对住客的熟悉程

度，办理访客登记手续，陪同访客一同进入客房取物品，及时做好记录，当住客回店后及时说明情况。若访客要取走客人的贵重物品，应请其出示授权书，否则应婉言拒绝。

访客留言单如表5-2所示。

表5-2　访客留言单

女士或先生：_____	房间号：_____
当您外出时	
来访客人姓名：_____	来访客人电话：_____
□有电话找您　　□将再来电话　　□请回电话　　□来访时您不在　　□将再来看您	
留言 _____	
_____	
经手人：_____	日期：_____	时间：_____

4. 当访客来访，应及时为访客提供茶水服务

(1) 当客人提出要求时，应询问客人要几杯茶水及对茶叶品种的要求。

(2) 茶水服务要及时，应在最短时间内送达，并询问是否还有其他要求。如访客人数较多，应及时为客人续水。

(3) 访客离开后，应及时撤出加椅、茶具等，整理好房间。

5. 当访客来访，应做好访客进出时间记录

如超过访问时间，访客还未离开，根据饭店规定，服务员可先用电话联系，提醒客人，以免发生不安全事件。

6. 当访客离开，应热情欢送

在欢送访客时，对于没有住客送行的访客，要特别留意其带出的物品。

三、洗衣服务

饭店通常为客人提供洗衣服务，按项目的不同，可分为水洗、干洗、熨烫三种；按时间的不同，可分为正常洗和快洗两种。

(一) 洗衣服务程序

1. 收取客衣

(1) 客房服务员每天在规定的时间进房检查时要留意洗衣袋，发现洗衣袋内有衣服应及时收取。

(2) 应检查是否有客人填写的洗衣单，及洗衣单上的项目是否填全。

(3) 服务员应核对洗衣单上客人填写的房间号与房间门牌号是否一致。

(4) 收取客人的衣服后，将洗衣袋口收紧，不要放在工作车上，以免被他人取走，造成遗失。

2. 送洗客衣

(1) 认真核对洗衣单上的项目，确保准确无误。

(2) 检查衣物是否有质量问题，以免洗后发生纠纷。

(3) 检查衣物内是否有钱物，如有，应及时返还客人。若客人不在房内，可交给领班，由专人保管，并写清房间号及钱物的数量、名称，请客人当面核实签收。

(4) 客人有特殊要求时，应按规定做好标记。

3. 接收客衣

(1) 清点当日洗衣房送交的已洗客衣的总件数是否准确。

(2) 如发现送洗衣物有短缺、损坏，当面向洗衣房人员提出，商定处理方案。

(3) 烫好的客衣要挂在衣架上，不要折叠摆放。

(4) 检查衣服的各种装饰品是否齐全。

4. 分送客衣

(1) 服务员应在18:00前将客衣送到相应客房，快洗衣物应在4小时内送还。

(2) 对于DND房可将衣物交给房务中心，并从门下塞入"衣服已洗好"的说明卡。

(3) 需用衣架挂起的衣服放进壁橱，折叠好的客衣平放在桌面或床上，再次核对衣物是否与房间号相符、件数是否正确。

(4) 若客人在房内，说明衣物的件数及洗衣费，请客人当面检查质量。

(5) 及时填写"客衣送洗记录表"，以备核查。

(二) 洗衣单的填写要求

洗衣单如表5-3所示。

表5-3 洗衣单

如需洗衣服务请拨××××与房务中心联系

姓名		房间号	
日期		签字	

□送回衣折叠
  return shirt folded
□送回衣挂衣架
  return shirt on hanger

请作标记release tick

□普通服务：10:00收衣，当天晚上送回
  same day service: order before10:00，delivered at night
□24小时提供加急服务
  24-hour express service
□3小时加急服务(100%附加费，收到后3小时送回)
  3-hour service (100% extra charge，delivered with 3 hours)
□5小时加急服务(50%附加费，收到后5小时送回)
  5-hour service (50% extra charge，delivered with 5 hours)

注：① 房间号、日期、填写人(经手人)一定要填写清楚，填写人姓名一定要填写全称。

② 数量、名称要与客人的要求相符。

③ 客人如有特殊交代，一定要在洗衣单上注明。

④ 洗衣单所列内容有限，如有其他要求客人可另加。

四、小酒吧服务

为了方便客人在房内食用各类饮料及小吃，也为了提高饭店收入，客房内往往设有小酒吧或小冰箱，放置烈性酒、啤酒、汽水、果汁等饮料，以及巧克力等小食品，由客人自由取用。

在饭店客房小酒吧内，通常在小冰箱中放有8种软饮料，并在吧台上放置烈性酒、葡萄酒、小食品和配套用品。烈性酒品种不少于5种，葡萄酒品种不少于2种。每种酒的配备数量不得低于2瓶。有的饭店还会摆放一些即食小食品，以满足夜间到店客人的需要。配套用品包括酒杯、饮料杯、调酒棒、杯垫等。另外，还要在吧台显眼处放置"客房小酒吧账单"，账单上列明所供应的饮料、食品的品种、额定存量、价格以及小酒吧的管理提示。为了方便客人填写，饭店采用无碳复写式账单，其账单一式三联。此外，上述所有物品都应按固定的位置摆放整齐。

(一) 客房小酒吧管理规定

1. 检查

每天清扫客房时，查看小酒吧(冰箱)内各种饮料的种类及数量是否符合饭店规定，客人是否使用过。

2. 酒水推销

在介绍客房设施设备时，应适当地向客人介绍小酒吧的服务内容，如所配酒水饮料的品牌，以便客人选择和消费。

3. 酒水检查

(1) 每天上午由专人检查住客房间内小酒吧的消耗情况，填写"客房小酒吧点算单"，并交前台收银处。

(2) 及时补充，团队需与领队沟通是否提供小酒吧服务(个人收取费用)，客人离店结账时，收银员应询问客人是否动用了小酒吧的饮料，如有出入应及时通知客房中心，由服务员检查。

(3) 查看账单，请客人签字确认，即为有效账单，一式三联，客人留存一联，收银处留存一联，客房服务员留存一联。

客房小酒吧账单如表5-4所示。

表5-4　客房小酒吧账单

请在消费数量栏内填上所用酒水的数目

房间号：　　日期：　　时间：

存量 STOCK QUANTITY	品种 ITEM	单价 UNIT PRICE	消费数量 CONSUMED	合计 TOTAL AMOUNT
2	COCA-COLA可口可乐	8.00		
2	EVIAN WATER 依云矿泉水	10.00		
2	CHOCOLATE巧克力	15.00		

(续表)

存量 STOCK QUANTITY	品种 ITEM	单价 UNIT PRICE	消费数量 CONSUMED	合计 TOTAL AMOUNT
1	SODA WATER苏打水	8.00		
总数				
客人签名				

服务员签名：　　　　　　　　　　　　　入账人员签名：

(二) 客房小酒吧服务程序

1. 补充酒水饮料

(1) 每天清扫客房时，及时清点数量，如有耗用，应核对账单，并通知收银处。

(2) 添加冰箱内的饮料，按规定位置摆放整齐，注意有效期限。

(3) 查阅客人填写的账单，检查数量是否相符，特别注意瓶盖封口和罐装饮料底部，防止客人"偷龙转凤"。

(4) 核对无误后，将账单送到房务中心或直接送到收银处记账。将用过的杯子等用品及时撤换，随时补充新账单。

(5) 当发生酒水饮料减少且客人说没有饮用的情况时，应及时上报主管。

2. 专人负责饮料补充

(1) 每天在规定的时间内由领班统计，填写楼层饮料日报表，并根据楼层饮料消耗情况及时补充。

(2) 有些饭店设专职酒水员，负责客房酒水的检查、送单、领取、补充、报损等工作。

3. 注意事项

(1) 客人会客时不要收取饮料费用。

(2) 因特殊情况不能及时补充物品的，应做好交接班工作。

(3) 注意核对饮料项目和房间号，如有误，应注明检查时间，主动向客人说明并更正。

(4) 定期检查有效期，严禁出售过期产品。

(5) 应特别留意瓶盖封口是否完整，巧克力、饼干等食品的包装是否被拆过。

五、托婴服务

为了使带小孩的客人顺利外出或办公，许多饭店为住店客人提供婴幼儿的托管服务，帮助客人照看小孩，并根据时间长短收取相应的服务费。托婴服务责任重大，关系儿童的人身安全，绝不能掉以轻心。该项工作一般交由客房部专门负责。凡是做兼职保育员的服务员，必须接受过专门训练，掌握照管婴幼儿的知识和技能，并略懂英语。

(一) 托婴服务的程序

(1) 接到托婴服务要求后，服务员应问明客人姓名、房间号、所需照顾的日期和时间，并就相关事宜向客人说明，再请客人填写"婴儿看护申请单"。

(2) 向客人说明收费标准。一般以3小时为一个计费点，超过3小时增收相应费用，在前台收银处一并结算。

(3) 征得客人同意后，服务员将资料交给客房部值班人员，请其代办。当主管确定看护人选后，于约定时间前10分钟向客人报到。

(4) 主管要求看护者经常与房务中心或值班人员联络，以随时掌握情况，若有任何情况发生，应迅速处理。

(5) 服务完成后，立即将"婴儿看护申请单"送到前台收银处，以便客人离店时结算。

婴儿看护申请单如表5-5所示。

表5-5　婴儿看护申请单

房间号：＿＿＿＿＿＿＿＿＿＿＿＿＿　　日期：＿＿＿＿＿＿＿＿＿＿＿＿＿

要求看护时间：从＿＿＿＿＿＿＿＿＿＿至＿＿＿＿＿＿＿＿＿＿＿＿

客人签名：＿＿＿＿＿＿＿＿＿＿＿

我们已为您安排了＿＿＿＿＿＿＿＿＿小姐作为婴儿保姆，看护时间以3小时起算。

收费标准：

基价：＿＿＿＿＿＿＿元/小时。

如果看护时间超过3小时将加收＿＿＿＿＿＿＿元。

如果您要取消委托，请务必提前3小时通知我们，否则，我们将按最低看护时间收取基价。

客房部经理：＿＿＿＿＿＿＿＿＿＿　　日期：＿＿＿＿＿＿＿＿＿

(二) 托婴服务的注意事项

(1) 必须向客人了解看护要求、照看的时间和婴幼儿的年龄及特点，以便提供有针对性的服务。

(2) 必须在饭店规定的区域内照看婴幼儿，不能带出客房或饭店，尤其不能带小孩到游泳池边、旋转门或栏杆等地方，以免造成意外伤害。

(3) 不得随意给婴幼儿食物，不得用尖利或有毒的器物充当玩具，更不得随便将婴幼儿托给他人看管。

(4) 留好客人的电话，以便在发生意外时能及时联系客人，使意外得到妥善处理。

六、送餐服务

客房送餐服务是一种高级服务，往往体现了饭店的豪华程度。客人由于生活习惯或特殊要求，如赶早、患病、会客、夜餐等，需要饭店提供客房用餐服务。为了满足客人的需求，越来越多的饭店会提供这项服务，也会收取相应的服务费。

(一) 送餐服务的要求

(1) 简单菜品可用托盘运送，丰盛的菜品应用餐车运送。

(2) 餐车应干净、无声响，餐具干净完好，与食物匹配。

(3) 敲门时报身份"room service"。

(4) 站立的位置应与餐桌保持适当的距离,用规范的手势逐一介绍菜品,告知客人所有菜品上齐,请客人用餐。

(5) 双手持账单,请客人签字并真诚致谢。

(6) 向客人询问有无其他要求,并祝客人用餐愉快,用餐后两小时左右收拾餐具。

(7) 收餐具时要征求客人对菜品的意见。

(二) 送餐服务的程序

(1) 当客人以电话或其他方式要求提供送餐服务时,服务员必须准确记录以下内容:房间号码;客人姓名;餐食内容;送餐时间;其他特殊要求。

(2) 将点菜单送至厨房或交给负责客房餐饮的服务员。

(3) 待厨房将餐食准备妥当后,按指定时间送至客房。

(4) 准备餐车时,应按饭店规定,将整洁的台面铺好,再依菜品的内容摆放餐具、调味瓶等物品,以达到高级饭店的标准。

(5) 进入客房后,依客人指示将餐食摆放整齐,如客人无其他需要,请客人签妥账单后,道谢并转身离开,不必留在客房服务客人用餐。

(6) 按规定时间将客人用完的餐具收回,并清点、分类整理,若有属于客房部的餐具须立刻清洗并归还,其余物品送回厨房或餐厅。最后,将餐车放回饭店规定地点。

第五节 客房设备用品管理

一、客房设备用品管理的重要意义

客房设备用品是饭店提供对客服务的物质基础,也是饭店客房部管理和控制的重点。了解客房设备用品的分类和特点,有助于充分发挥其在对客服务中的作用。正确、合理地选择客房设备用品,可节省资金投入,满足客人和饭店的需求,进而提高经济效益。妥善使用和管理客房设备用品,可减少问题的发生和宾客投诉,提高饭店的整体管理水平。因此,加强饭店客房设备用品的管理具有重要的现实意义,具体体现在以下几个方面。

(1) 加强客房设备用品的管理,可以保证饭店经营活动的正常进行。每一种设备用品都会在对客服务的不同环节发挥作用,所有客房设备用品组成一个整体,某一个环节出问题,会直接影响客人对饭店服务的整体印象。

(2) 加强客房设备用品的管理,是饭店提高经济效益的重要途径。客房设备用品的投资占饭店整体运营投资的比重较高,而且客房设备用品的管理环节多,管理难度大,只有全面加强管理,才能有效提高饭店的经济效益。

(3) 加强客房设备用品的管理,是提高客房服务质量的必要物质条件。国家星级饭店评定标准明确规定了各星级级别应具备的硬件设施条件，是否具备这些条件不仅是晋升星级的要求，更是提供高质量对客服务的要求。

(4) 加强客房设备用品的管理，做好现有设备的技术改造，适时更新设备，有利于加速实现饭店客房服务手段的现代化，提高饭店的等级。

二、客房设备管理

(一) 客房设备的种类

客房设备是指饭店开展客房商品经营活动所必需的各种基本设备，它是保证客房部正常运转必不可少的物质条件，其种类主要包括如下几种。

1. 基本设备

(1) 电器及相关设备，如电视机、电冰箱、空调、音响、传真机等。

(2) 家具及相关设备，如床、床头柜、写字台、沙发、衣柜等。

(3) 建筑装饰品，如地毯、墙纸、地面材料等。

(4) 其他设备，如水暖设备、卫生设备等。

2. 清洁设备

(1) 一般清洁设备，如扫帚、畚箕、拖地器具、工作车、玻璃清洁器等。

(2) 机器清洁设备，如吸尘器、吸水机、洗地毯机、烘干机、打蜡机等。

(二) 客房设备的选择

1. 选择客房设备的基本原则

(1) 协调性。饭店的设备应配套，以发挥其整体效益，客人视线范围内的相关设备的款式要美观，应与饭店整体色调和氛围相协调。

(2) 实用性。实用且精良的设备既能提供良好的对客服务，也能节省员工体力，提高工作士气。例如，将传统的清洁工具进行适当的创新，有时可以产生更好的清洁效果。另外，采购大型先进设备时要充分考虑饭店的档次和建筑特点。

(3) 安全性。安全性主要包括员工的操作安全和客人的使用安全，应对员工进行必要的安全操作培训，并在显著位置标明使用注意事项。

(4) 经济性。客房设备采购和维护保养支出是饭店总成本的重要组成部分，为了提高饭店的经营效益，在选择饭店设备时，应在满足对客服务要求的前提下降低采购成本。

2. 选择客房设备的要求

1) 家具的选择

客房家具的使用率很高，损坏率也很高，所以选购家具必须更为细致。家具的表面要耐火、耐高温、耐污染、防水、防划和防撞压。家具的拉手和铰链必须简单、坚固，使用时无噪音。

(1) 客房用床。客房用床的尺寸和规格要合适。由于客房用床的使用率很高，应选择经久耐用的床铺。

(2) 床头柜。床头柜的高度应与床的高度相配套，通常为60～70厘米。床头柜上方要安装客房内主要电器及相关设备的开关，因此对床头柜的质量要求很高。

(3) 组合柜。组合柜的抽屉不宜过多，否则客人容易遗忘东西，拉手要简单、牢固，开启无声响。

(4) 衣柜。衣柜的深度为55～60厘米，宽度不小于60厘米，最好采用拉门或折叠门。

2) 地毯的选择

(1) 地毯应与饭店的等级、客房的档次相一致，选择地毯时还要考虑客房的位置、档次及预算等因素。

(2) 要仔细观察地毯纤维、绒毛特性和色泽等方面。可以通过地毯的外观特性了解地毯的质量，具体包括绒毛排列密度、绒毛的绒长和绒形、绒毛的重量、绒毛的弹性。

(3) 客房内的地毯应体现装饰艺术效果，使客人进入房间后会产生一种舒适、安宁、温暖的感觉。

(4) 要根据场所的不同，选择适合的地毯。如客房宜选用柔软、富有弹性、保暖、触感好的较高档次的羊毛地毯或混纺地毯，色彩最好采用中性色调，构图应力求平稳、大方、淡雅，太花、太杂或过于强烈的色彩和复杂的图样都不宜采用。

3) 卫生间设备的选择

(1) 浴缸。浴缸有铸铁搪瓷、铁板搪瓷和人造大理石等多种材质，以表面耐冲击、易清洁和保温性良好为佳。浴缸按尺寸分为大、中、小3种，一般饭店多采用中型浴缸，高档饭店多采用大型浴缸。浴缸底部应采取凹凸或光毛面相间的防滑设计。近年来，一些高档饭店的豪华客房选用了各种按摩、冲浪式浴缸，这类浴缸的四周与下部设有喷头，当喷头的水流对人体进行冲射时，能起到按摩的作用。

(2) 马桶。马桶的宽度为36厘米、长度为72～76厘米，前方需留有50～60厘米的空间，左右需留有30～35厘米的空间。

(3) 洗脸池。洗脸池也叫洗面池，安装在大理石(云石)台面上，与浴缸相对，装有可调节水温的水龙头。

需注意的是，卫生间的三大设备应在色泽、风格、材质、造型等方面相协调。

4) 清洁设备的选择

清洁设备的选择是十分重要的，一方面是因为清洁设备的投资较大，使用周期较长；另一方面是因为清洁设备对于客房部的清洁保养能力和效果具有不可忽视的制约作用。在选择清洁设备时，应注意以下几个方面。

(1) 方便性和安全性。清洁设备的操作方法要简单明了，易于掌握，同时具有一定的机动性，便于清洁卫生死角和最大限度地降低职工的体力消耗。安全是对设备操作的基本要求，在选择和购买设备时，应考虑是否装有防止事故发生的各种装置、旋转设备的偏转力矩有多大、有无缓冲防撞装置等。

(2) 尺寸和重量。设备的尺寸和重量会在很大程度上影响工作效率和机动性，甚至与设备保护有关。例如，在房间内最好选择使用吸力式吸尘器。

(续表)

(3) 使用寿命和设备保养要求。清洁设备的设计应便于清洁保养并配有易损件，这样能相应延长使用寿命。设备应坚固耐用，在设计上应考虑使用不当时的保护措施，电动机功率应足以适应机器的连续运转并配有应对超负荷的装置。

(4) 动力源与噪音控制。客房部要负责酒店公共区域的清扫工作，因此在选择清洁设备时应考虑用电是否方便，据此确定是否选用带电瓶或燃油机的设备。同时，由于电机设计和传动方式不同，其噪音量也不同，针对客房区域的环境要求，应尽可能地选用低噪音设备。

(5) 单一功能与多功能。单一功能的清洁设备具有耐用和返修率低的特点，但会增加存放空间和资金占用。如果要减少机器件数，可选用多功能设备和相应的配件。但是多功能设备的使用率高、返修率高、修理难度大，因此也要处理好保养和维修等方面的问题。

(6) 价格对比与商家信誉。价格比较不仅要看购买时的价格，还应考虑售后服务的价格和零部件修配的可靠性等。另外，机器设备的调试与试用效果，也是选择清洁设备时应考虑的因素。

(三) 客房设备的日常清洁保养工作

1. 门窗的清洁保养

(1) 窗户的清洁。对于楼层不高的客房，清洁窗户的难度不大，只需定期进行人工擦拭即可。一般的清洁方法是由上至下，先湿擦后干擦，若脏点较多可先用玻璃清洁剂擦拭。大多数饭店都将客房设在较高楼层，要清洁窗户，可定期请专业公司来做，但这种方式费用高、周期长，很难保证窗户玻璃始终处于明净状态。另外，用于擦拭窗户的抹布应采用不易掉毛纤维的柔软材料，否则既会增加服务员的工作量，又不易擦净玻璃。根据实践经验，口罩布质地的材料为佳。

(2) 门窗的保养。平时应养成轻开轻关门窗的习惯，这样不仅可以延长门窗的使用寿命，还能减少干扰，保持客房及楼层的安静。此外，雷雨天以及刮大风时，应关好客房窗户，以免雨水溅入客房、大风摔坏玻璃。

2. 墙面的清洁保养

饭店客房的墙面大多粘贴了墙纸，经常对墙面吸尘，可以减少大清洗的次数。擦拭墙纸时，应选用比较干的软布。如有大块油污，可用汽油、松节油或不易燃的干洗液擦拭；对于小块油迹，则可用白色吸墨水纸压住，用熨斗熨烫几分钟就能去除。如发现有墙壁潮湿、天花板漏水等现象，应及时报工程部维修，以免墙壁发霉、墙皮脱落，导致房间渗水。

3. 家具的清洁保养

1) 床的清洁保养

(1) 床架。应经常检查床架各部件是否牢固安全，摇动一下，听有无声响。如有，必须及时报修。床架需要注意防潮、防蛀、防水、防热，同时应保持清洁光亮。

(2) 床垫。应注意床垫四周边沿，如果发现灰尘，应及时用小扫帚清除；在床垫上加铺一床褥子，注意用松紧带将褥子固定在床垫上，否则褥子在铺床时容易滑动，给操作带来困难，褥子脏时更换即可；应定期翻转床垫，每周应将床垫的床头、床尾调换一次，每月把床垫翻转一次，使床垫各处所受压力和磨损度相同，避免床垫凹凸或倾斜；应经常检查床垫弹簧的固定钮是否脱落，如有脱落，弹簧会移动，必须及时报修，否则床垫损坏会影响客人睡眠。

2) 沙发的清洁保养

(1) 应选用质地良好的面料制作沙发套，以保护沙发表面清洁、不受磨损，或在沙发靠背顶部和两侧的扶手位置放置与沙发比例相符的花垫。花垫可以起到保护和美化沙发的作用，而且便于随时洗涤。

(2) 经常对沙发吸尘，定期洗涤沙发套，以保持清洁。

(3) 沙发表面有污点时，应根据沙发的质料，及时采用相应的清洁剂去污。

(4) 经常翻转沙发坐垫，以保证坐垫受压均匀。

(5) 应避免在沙发上踩跳、放重物，否则会损坏坐垫内的弹簧。

3) 木质家具的清洁保养

(1) 防潮。木质家具受潮容易变形、开胶、腐烂，因此房间要经常打开门窗通风，保持干燥。潮气较重的房间，家具一般不要紧挨墙壁放置，以保持空气流通。平时擦洗时，也不能使用湿抹布，要先用拧干的湿抹布擦，再用软质干布擦。家具应放置在距墙5～10厘米处，要经常通风换气。

(2) 防水。防水与防潮的道理是一样的。油漆家具若溅上水珠，时间一长，家具表面的油漆会起泡、发霉，使油漆面失去光泽。

(3) 防热。油漆家具尽量不要摆放在阳光直射的地方，如有阳光照射，应拉下窗帘，以防色泽减退，也不要摆放在暖气片附近，以免受热后膨胀破裂。此外，家具的油漆表面怕烫，过热的器皿不要放置其上，因而在放置盛装热水的杯子时，要使用托盘或垫碟以免家具受热变色甚至留下烫痕或掉漆等，如不慎烫出白痕，可用酒精擦拭。

(4) 防蛀。为了防止蛀虫繁殖，应在橱柜抽屉底层放置一些樟脑丸、防虫香或喷洒杀虫剂，常用花椒水擦洗竹制家具可防虫蛀。

除了上述要点，还要经常检查家具螺丝是否松动、五金零件有无丢失等情况，如发现上述问题应及时报修。

4. 地毯的清洁保养

无论哪种地毯，服务员都应采用科学的方法来使用和保养，要坚持每天吸尘一次，吸尘是保养地毯的首要步骤，吸尘工作做得越好，地毯需要清理的次数就越少。一般来说，饭店应每年清洗一次地毯，清洗地毯的方法有两种，即干洗和湿洗。

(1) 采用干洗方法时，先将清洁剂均匀地洒在地毯上，再用长柄刷将清洁剂刷进地毯里，一小时后，用吸尘器彻底吸尘，地毯即被清洗干净。

干洗的优点是不影响使用，地毯不变形、不缩水，简单易行，不费时。

(2) 采用水洗(湿洗)方法时，先将清洁剂溶于水中，再使用喷水器均匀地将溶液喷洒于地毯表面，最后用毛刷刷洗，并用抽水机吸去水分。等地毯完全干了以后，再彻底吸尘。

水洗的优点是洗得干净、彻底；缺点是工序复杂、费时。

另外，在一些重要通道，如建筑入口、靠近楼梯的地方以及客房卫生间门口等处要放置粘尘垫，以防污物进入地毯组织。同时，要经常移动地毯，使各处磨损度相同。

5. 电器及相关设备的清洁保养

1) 电冰箱

(1) 电冰箱应放在通风、干燥、温度适中的地方，其背面和侧面应距离墙壁100毫米以上，以保证空气自然对流，电冰箱能够更好地散热。切忌把电冰箱放置在靠近暖气管、干燥箱，以及有热源或阳光直射或易受水浸、发潮的地方。

(2) 电冰箱内部应定期清理，以免积存污物，滋生细菌，产生异味。在阴雨潮湿季节，由于湿度大，空气中的水分会凝结成水珠吸附在箱体外壳上，这是正常现象，应用柔软的干布擦去。

(3) 为延长电冰箱的使用寿命，使用电冰箱要保持连续性，切忌日开夜停。另外，应尽量减少开门的次数、缩短开门的时间。

2) 电视机

(1) 为安全起见，在擦拭电视机之前先拔下电源线插头，再用柔软的干布擦净机壳外表的灰尘。

(2) 电视机不能放置在光线直射的位置，切忌暴晒，否则会加速显像管老化，导致机壳开裂。

(3) 电视机不能放置在潮湿的地方，要防止酸、碱气体侵蚀，以免引起金属件生锈和元件断脚，产生接触不良等毛病。

(4) 电视机长期不用时，最好用布罩罩住，以免灰尘落入，影响收看效果。

(5) 应尽量避免经常搬动电视机，以减少各种意外事故的发生。

3) 照明设备

照明设备主要指门灯、顶灯、台灯、吊灯、床头灯等。对于这些设备的保养，应做到以下两点。

(1) 电源周围要防潮，插座要牢固，以防跑电、漏电。

(2) 在擦拭灯罩时，尤其是在擦拭灯泡、灯管时要断电，且只能用干布擦，绝不能用湿布擦。

4) 电话机与电线

(1) 每天用干布擦净电话机表面的灰尘，话筒每周用酒精消毒一次。

(2) 客房内电线主要有电视机线、电话线和落地灯线，电线应保持表面无破损。

(3) 电线的安装要相对隐蔽，并整理好，否则容易把客人绊倒，甚至损坏电器。

5) 空调设备

(1) 在保养小型空调机组、遥控器时，应注意先停止机组运转，拔下插头，再用柔软的干布擦拭脏污的地方。当空气滤尘网指示灯闪烁时，说明需要清洁。若室内尘埃多，应每周清洁一次。在停止使用期间，应用半天时间转动风扇，以排除机械内的湿气，避免发霉和产生异味，待空调器停止运转后拔下电源线插头。使用空调器专用电路时，应先断开安全开关，再清洁空气过滤网，最后按原样安装。

(2) 对于中央空调的保养，应由专人负责管理操作、集中供应。按季节供应冷、热风，各房间有送风口，设有"强、中、弱、停"4个档位，可按需要调节。应定期清扫鼓风机和导管，每隔2～3个月清洗一次进风过滤网，以保证通风流畅。电机轴承转动部分要定期加注润滑油。

6. 卫生间设施设备的清洁保养

卫生间的地面材料要求抗水性好、易清理、美观，一般选用瓷砖、缸砖或大理石，这几种材料的清洗保养方法大体相同。现在的大理石加工技术越来越先进，先期抛光效果很好，保护层也很牢固，而且客人大多穿拖鞋或赤脚进入卫生间，对地面的磨损也很小，所以不打蜡是完全可以保持原有光洁度的。在清洁保养时，应注意以下几点。

(1) 在进行清洁保养时要慎用清洁剂，通常选用中性清洁剂，酸性清洁剂会侵蚀地砖表面及接缝，使其失去光泽，甚至会造成大理石表层爆裂。可安排工作人员定期用牙刷蘸清洁剂擦洗接缝。如能坚持，卫生间地面就会长久如新。

(2) 卫生间设施要勤擦洗。洗脸盆、浴缸、马桶等设施，在擦洗时既要使其清洁，又要防止破坏其表面光泽，因此，清洁剂应选用中性清洁剂。

(3) 在对洗脸盆、浴缸、马桶等卫生设施进行保养时，要防止水龙头或淋浴喷头滴水、漏水，如发生类似现象，应及时报工程部维修。否则，久而久之，会使洁具发黄，难以清洁。

三、客房用品管理

(一) 客房用品的分类

(1) 布草用品，如床单、枕套、窗帘、毛巾等。

(2) 客房日用品，包括客房免费赠品(牙刷、牙膏、香皂、浴帽、针线包等一次性用品)以及宾客租借用品(吹风机、熨斗、熨衣板等)。

(3) 清洁剂，包括酸性、中性和碱性等各种类型的清洁剂。在实际工作中，各种清洁剂是搭配使用的，既要考虑使用效果，又要考虑设备物品的保养问题。

(二) 选择客房用品的原则

(1) 遵循行业标准。国家旅游局发布了《星级饭店客房用品质量与配备要求》的行业标准，它是客房部经理制定采购标准的主要依据。客房管理人员应从本饭店的实际出发，根据饭店的星级标准，参照国家行业标准制订客房部物品的采购计划，使之与饭店的档次规模相适应。

(2) 符合目标市场定位及行业发展趋势。客房部管理者应根据本饭店的目标市场定位，考虑目标客源市场对客房用品的配备需求，并且密切关注本行业的发展趋势，在物品配备方面应有一定的超前意识，不能过于传统和保守。

(3) 美观协调。客房由房间、空调、家具、电器、洁具、装饰用品和客人用品等几部分组成。这些物品的大小、造型、色彩、格调等必须相互协调，从而使客房更轻松、柔和、舒适，给客人以美的享受。

(4) 安全环保。客房用品是饭店向客人提供服务的物质基础，其安全性是客人最关心的问题。另外，为使饭店用品实现再循环和再使用，以适应"绿色客房"的发展要求，环保因素也是选择客房用品时必须考虑的重要因素。

(三) 客房用品的使用管理

1. 客房用品的管理

1) 客房用品的分类归档

对于客房用品的编号，没有统一的规定和要求，通常采用三节号码法，即第一节号码标明用品的种类；第二节号码标明用品的位置；第三节号码标明用品的组内序号。如有其他情况，可用括号内的数字表示。

2) 客房用品分级归口管理

分级是指根据客房部的管理制度，分清这些客房用品是由哪些部门、班组或个人负责管理的。归口是指按业务性质，将客房用品归其使用部门管理。采用分级归口管理制度，可使客房用品的管理有专门的部门和个人负责，从而使客房用品的管理落到实处。

在对客房用品进行分级归口管理时，应注意以下几点。

(1) 账面要落实，各级各口管理的客房用品的数量、品种、价值量要一清二楚，有案可查。

(2) 完善岗位责任制、维修保养制和安全技术操作制等规章制度。

(3) 要和经济利益挂钩。

实施客房用品分级归口管理，必须有严格、明确的岗位责任制做保证。责任定得越明确，对客房用品的使用和管理越有利，也就越能更好地发挥客房用品的作用。

3) 核定客房用品储备定额

客房管理人员应按照客房总数、客房类型及年均开房率，确定各类客房用品的年均消耗定额，并以此为依据，对各班组、个人的客房用品控制情况进行考核。应将该定额列成书面材料，以供日常发放、检查及培训之用。

(1) 中心库房的储备定额。客房部应设立一个客房用品中心库房，其存量应能满足客房一个月以上的需求。

(2) 楼层布草房储备定额。各楼层通常需要准备可满足一周需求的客房用品，应列出明确的储备量标准贴在布草房的门后或墙上，以供领料时对照。

(3) 工作车配备标准。工作车上的客房用品的配备通常以一个班次的耗用量为基准。

4) 加强客房用品发放控制

(1) 客房用品发放的控制。客房用品的发放应根据楼层布草房的配备定额明确周期和时间。服务员凭领料单领取客房用品之后，应将此单留在中心库房，以便统计。

(2) 做好客房用品的统计分析工作，保证每日统计。服务员在做房时，应填写"客房服务员工作日报表"，并在做房后，对主要客房用品的耗用情况进行统计，最后由宾客服务中心文员汇总整个客房部所有楼层的客房用品耗用量，填写"每日楼层消耗品汇总表"。

(3) 控制流失现象。造成客房用品领用失控的重要原因有两种情况：第一种情况是一些客人在服务员做房时从工作车上"顺手牵羊"，拿走部分客房用品；第二种情况是服务员利用工作之便，拿走客房用品以自用或提供给他人使用，在管理不善的饭店中，客房用品甚至常常被大量带出去，形成客房用品流失的"无底洞"，这种情况较为普遍。

针对上述情况，客房部可采取以下措施加强控制：要求服务员在做客房卫生工作时，将工作车停靠在客房门口，以便监督；加强对服务员的职业道德教育和纪律教育，督促其节约使用客房用品；要求服务员做好客房用品的领取和使用记录，以便考核；与保安部配合，做好对员工上下班及员工更衣柜的检查工作。

2. 布草的清洁保养

客房部的布草主要有枕巾、面巾、脚巾、毛巾、浴巾、澡巾以及床单等，对于布草的保养，应注意以下几点。

(1) 应教育客房服务员严格按操作规程工作。现代化饭店要求服务员在清扫客房及卫生间设施时使用专用的清扫用具。

(2) 撤换下来的脏布草。应使用专用的袋子将脏布草装好送洗，不要乱堆乱放或在脚下踩来踩去，更不要将床单包起来在地板上或水泥地上牵拖，否则不但会磨损床单，还会导致布草织物与水泥摩擦起反应，生成无法清除的碳酸物。

(3) 撤换下来的棉织品。将干燥的棉织品与潮湿的棉织品分开放置，潮湿的棉织品应及时洗涤，否则容易发霉变质，不但影响使用期限，而且洗出来的效果也不好。

除了上述要求以外，棉织品在使用和保管时应注意防潮、防闷热、防虫蛀、防日晒、防灰尘和防酸碱，否则都会在不同程度上影响织物的寿命与质量。

对织物的保养，还包括对客房毛毯的清洁和保养。按照我国卫生部门的规定，饭店客房内的毛毯应每月清洗一次，但在操作中因该规定不合实际而无法执行。

为了解决清洗消毒与成本过高的矛盾，可采取原始方法与现代方法相结合的手段，每年夏季利用灼热的太阳光曝晒，每天一批，每批正反面曝晒各一天，进入冬季时再干洗一次。这样做，效果很好，成本也可分摊至每个月份。

3. 客房清洁剂的种类与注意事项

清洁剂的化学性质通常以pH值来表示。根据pH值的大小，可把清洁剂分为酸性、中性和碱性三类。酸性清洁剂pH值小于7，通常为液体，少数为粉状，主要用于卫生间的清洁；中性清洁剂的pH值等于7，有液状、粉状、膏状等，因其配方温和不会腐蚀和损伤任何物品，但无法去除积聚严重的污渍；碱性清洁剂的pH值大于7，对于清除一些油脂类或酸性污垢有较好的效果。除此之外，还有上光剂和各种溶剂等。

清洁剂具有溶解、乳化及分解作用。使用清洁剂时，应注意以下事项。

(1) 培训员工正确使用各种清洁剂。

(2) 培训员工不要过量使用清洁剂。

(3) 所有清洁剂容器上应有标签。

(4) 培训员工养成看商标及使用说明的习惯。

(5) 清洁剂正式使用前须试用。

(6) 保证有足够的反应时间。

(7) 充分过水。

(8) 确保温度适当。

(9) 注意安全。

案例分析

一天晚上，一位30岁左右、服饰考究的女客人怒气冲冲地找到饭店大堂副理投诉："先生，我刚才回房发现自己放在卫生间盥洗台上的护发液不见了，肯定是让服务员扔掉了！"大堂副理马上说道："小姐，对不起，给您添麻烦了。那么您是否可以使用本饭店提供的护发液？""不行，我多年来一直使用这个法国名牌护发液，所以外出旅行时也带上它，其他护发液我用不惯。"大堂副理见出现了僵局，觉得应该先到现场调查一下再说。于是，他对客人说："小姐，您可以带我到房间去看看吗？""好吧。"女客人同意了。

大堂副理跟着女客人走进她客房的卫生间，见盥洗台右角处整齐地摆放着客人的盥洗用品和化妆盒，确实没有护发液。大堂副理马上把当班服务员小甘叫来，问她是否见到客人的护发液。小甘承认是她处理掉的，因为她透过半透明的瓶子看到瓶底只剩一点护发液，估计客人不会用了。这位女客人则表示，这最后一点护发液恰恰是她留着最后一晚用的，明天她就乘飞机离开了。

到这里，事情真相完全清楚了。为了消解客人的怒气，使客人满意，大堂副理当即表示："这件事确实是我们饭店的过错。给您带来麻烦，实在抱歉。小姐，这种外国护发液在本地很难买到，我们照价赔偿，今天晚上您使用本饭店的护发液可以吗？其实，本饭店的护发液质量不错的，您试用后或许会喜欢。"客人见大堂副理赔礼道歉，态度诚恳，气便消了，又想到并没有受到多少经济损失，只是生活习惯受到一点影响，让饭店赔偿未免过分，便对大堂副理说："先生，您这么说，我就不好意思了，赔偿就不必啦。""只是委屈您了！"大堂副理满怀歉意地说。"没关系。"客人最后完全原谅了饭店的过失。

资料来源：酒店前厅服务管理案例. 百度文库[EB/OL]. http://wenku.baidu.com/. 作者有删改

思考：

1. 服务员在哪个环节出现工作失误？

2. 如果你是服务员，你该怎么做？

本章小结

客房部是饭店的核心部门之一，在饭店整体运营中占有非常重要的地位，现代饭店服务产品的创新，都是在满足宾客住宿需要这一根本功能的基础之上的延伸。本章主要介绍客房部的地位，客房部的作用，客房部的管理特点；客房部组织机构设置的原则和岗位职责；饭店客房的类型，以及清洁内容、方法及准备工作；走客房与空房的清扫程序；房间小整理及做夜床的方法；中西式铺床方法；公共区域的卫生清洁整理内容与程序；客房对客服务项目内容及客房用品管理的基本内容。

复习思考题

1. 简述客房部在饭店中的地位与作用。
2. 客房部的管理特点有哪些？
3. 客房的卫生清洁方法有哪些？
4. 简述客房的类型和客房部的组织机构。
5. 客房部的岗位职责有哪些？
6. 客房部的对客服务有哪些？
7. 简述中西式铺床流程。
8. 客房物资设备的种类有哪些？
9. 客房安全管理包括哪几个方面？

第六章
饭店餐饮服务与管理

▌知识目标▐

- 了解餐饮部的经营特点
- 了解餐饮部在饭店中的地位与作用
- 熟悉餐饮部的组织机构
- 掌握餐饮部的基本业务

▌技能目标▐

- 熟悉餐饮部的工作任务
- 熟悉餐饮部的工作流程
- 掌握餐饮部的基本业务技能

引导案例 | 过度热情惹"麻烦"

王先生在某餐厅宴请多年未见的老友。正当客人津津有味地品尝当地特色海鲜时，服务员小张走近说："对不起，先生，给您换一下餐碟好吗？"此时，客人手里拿着半只螃蟹，见状只好侧身避让。小张换好餐碟后，见两位客人喝完酒后凑在一起讲话，于是走上前说："对不起，先生，给您斟酒。"王先生与老友不约而同地向两边闪让，斟满酒后，两人又干了一杯，然后继续交谈。这时，小张又上前说："对不起，先生，给您斟酒。"王先生忍不住怒吼："你没看见我们正说话吗？"小张一脸茫然，不知如何是好。

资料来源：职业餐饮网[EB/OL]. http://www.canyin168.com. 作者有删改

思考：

1. 小张的热情服务为什么会引起客人的反感？

2. 小张错在哪里？

3. 服务员如何掌握适度服务原则？

▌本章导语▐

餐饮部是饭店主要的业务部门和接待客人的一线部门，它以向客人提供有形的菜肴为主。餐饮服务是饭店满足客人基本需求不可缺少的经营项目，拥有设施完备、与客人消费需求相适应的餐饮部，是维持饭店正常运营的必然要求。本章阐述了餐饮部在饭店中的地位与作用、工作任务、经营特点、组织机构及岗位职责，重点阐述了餐饮部的服务技能及服务流程等。

第一节　餐饮概述

餐饮部是饭店内部社交活动中心，是饭店营业收入的主要来源之一，又是饭店吸纳员工就业、安排劳动力较多的一个部门。

一、餐饮经营特点

(一) 餐饮生产的特点

1. 餐饮生产属个别定制生产，产品规格多、批量小

为满足客人的多种需求，餐厅菜单上的菜品常多达几十种甚至上百种，但客人对每一个品种的需求量并不大。只有当客人进入饭店点菜时，厨房才开始按照客人的意愿烹制菜肴，所以很难批量生产。

2. 餐饮生产时间短

餐饮产品的消费特点是生产与消费具有同步性，客人进店就餐不愿意等待过长时间，从客人进店点餐至客人结束用餐所花费的时间很短，所以要求厨房出品速度要快。

3. 餐饮生产量难以预测

生产量是根据客人的上座率来决定的，但每天的上座率很难准确预测，随机性较强。

4. 餐饮原料、产品容易变质

生产餐饮产品所需要的原料大多是鲜活原料，且具有较强的时间性和季节性，保管不当极易腐烂变质。

5. 餐饮生产过程的管理难度较大

餐饮产品从原料采购到成品出炉，环环相扣，任何环节出错都会影响产品质量，所以管理难度较大。

(二) 餐饮销售的特点

1. 餐饮销售量受餐饮经营空间大小的限制

餐厅的面积及餐位数直接影响进餐客人的人数，从而影响餐厅的销售量。

2. 餐饮销售量受就餐时间的限制

客人一日三餐的进餐时间大致相同，因此客人进店就餐的时间就有相对集中和相对分散之别。

3. 餐饮经营毛利率高、资金周转快

由于饭店餐饮经营对硬件设备和软件建设的要求较高，导致餐饮产品价格与实际价值偏离较大，因此餐饮产品的毛利率较高，通常在50%左右。同时，餐饮产品是当天采购、当天生产并销售，因此资金周转较快。

4. 固定成本占有一定比重，变动费用所占比例较大

餐饮部门的各种硬件投资较大，导致固定成本占有较大的比例。同时，煤、水、电、员工工资等支出也占有较大的比重。

(三) 餐饮服务的特点

1. 无形性

对于餐饮服务质量，只能通过就餐客人购买、消费、享受服务之后所得到的亲身感受来评价其好坏，在服务之前无法展示，服务过程中无法量化，服务之后无法贮藏。

2. 一次性

餐饮服务在客人消费过程中是一次使用、当场享受，不能像物质产品那样贮存，也不能重复消费，服务发生后没有机会"回炉"修正。

3. 同步性

餐饮产品的生产、销售和消费几乎是同时进行的，餐饮产品不具有贮存性和运输性。

4. 差异性

餐饮服务员由于年龄、性别、性格、素质不同，为客人提供服务的态度和方式方法也不同。

二、餐饮部在饭店中的地位与作用

1. 餐饮部是饭店满足客人基本生活需求的主要服务部门

从旅游的基本需求出发，食、住、行是人们外出旅行的必要条件，其中住和食尤为重要。古往今来，人们把吃作为一种文化。饭店作为旅游者的"家外之家"，餐饮部是旅游者主要的膳食消费地点。现代饭店的餐饮部拥有众多的餐厅、宴会厅、房内用餐服务等餐饮设施与服务项目，这些都为饭店所在地的各行各业、各个阶层、各种消费层次的人们提供了良好的餐饮消费环境。因此，拥有一个完善的、与饭店经营定位和客人消费需求相适应的餐饮部，是饭店经营的基本要求。

2. 餐饮部的收入是饭店营业收入的主要来源之一

饭店业作为旅游业的支柱产业，其餐饮收入占整个饭店收入的比例受饭店的地理位置、经营思路、产品定位、规格档次等诸多主客观因素影响。通常情况下，餐饮部的营业收入约占饭店整体营业收入的1/3甚至更高。由此可见，餐饮部是饭店创造收入的重要部门之一。餐饮收入与前厅客房收入、康乐收入一起被称为饭店营业收入的三大经济支柱。

3. 餐饮部的管理与服务水平直接影响饭店声誉

美国饭店业的先驱斯塔特勒(E. M. Statler)曾经说过："饭店从根本上说，只销售一样

东西,那就是服务。"提供劣质服务的饭店是失败的饭店,而提供优质服务的饭店则是成功的饭店。饭店的经营目标应是向宾客提供最佳服务。

餐饮服务水平的高低是宾客能够直接感受和体会到的,决定服务水平高低的因素是餐饮管理水平的高低,而服务水平的高低是管理水平的最终表现。餐饮有形产品不仅可以满足宾客基本的生理需求,还可以从色、香、味、形、器等方面使宾客得到感官上的享受和满足。

饭店餐厅的服务人员与宾客直接接触,其一举一动均会在宾客心中留下深刻的印象。宾客可以根据餐饮部为他们提供的食品和饮料的种类、质量和分量,服务态度及方式来判断饭店服务质量和管理水平。所以,餐饮部的管理与服务水平直接关系饭店的声誉和形象。

4. 餐饮部是饭店在市场营销中的重要组成部分

在客房标准比较接近的情况下,餐饮和其他服务设施常常被客人作为选择饭店的重要因素,餐饮甚至可以成为旅游资源而吸引客人。餐饮服务的水平客观地反映了饭店的服务水平,餐饮服务质量直接影响饭店的声誉和竞争力。餐饮服务水平由多种因素决定,涉及各个业务环节,从宾客的角度来分析,主要由烹调质量和餐厅服务水平两大因素决定。除了服务员的态度和技能,餐厅装饰布置、风格情调、音响、色彩、餐饮器皿等,也是影响饭店声誉不可忽视的因素。

餐饮发挥着较强的吸引当地消费者的作用,优良的烹调质量是吸引当地回头客的主要因素。美味佳肴是饭店的最佳宣传品,能使客人络绎不绝。服务质量也是吸引当地消费者的主要因素。服务员甜美的微笑,热情、周到的服务,能使消费者从心理上产生美好的回味。

5. 餐饮部是平衡饭店经营中季节性差异的重要手段之一

我国大多数饭店属涉外旅游饭店,而旅游饭店在经营中的季节性表现明显。在旅游者相对比较集中的春秋季节,饭店往往是满负荷运转;而在冬夏季节,饭店客流量较小,设施、设备、人员闲置较多。餐饮部门可以加强在淡季的经营,如开展各类活动,增加营业收入,以弥补由客房利用率低而造成的损失。

6. 餐饮部是饭店用工最多的部门

饭店业属于劳动密集型行业,而餐饮部通常又是饭店中使用员工数量最多的部门。餐饮部的工作岗位多,且这些岗位对员工的文化要求不高,因而能够吸纳普通劳动者。

三、餐饮部工作任务

(一) 向客人提供以菜点为主的有形产品

生产菜点是餐饮部门的基本任务,餐饮部门所生产的菜点应既富有时代特点又具有稳定的品质,在色、香、味、形、器、名、营养健康、档次等方面独具特色。

(二) 向客人提供恰到好处的优质服务

在现代社会，客人在餐厅享受美味佳肴的同时，对餐厅提供的服务也提出了更高的要求。客人在购买餐饮产品的同时，更期待得到热情、周到、舒适、愉悦的精神享受，优质的服务会给饭店带来更大的效益。

(三) 制定符合目标客源市场需要的特色菜单

根据饭店目标市场的消费特点和餐饮要求，合理制定菜单，迎合客人的口味和需求，以此确定餐饮经营的规格和方向，创造餐饮经营特色。

(四) 实施科学、规范的餐饮管理

加强对饭店的餐饮管理，控制经营成本，做好厨房的卫生和安全管理工作，开发餐饮新品种和新菜点，形成独特的餐饮特色，从而吸引客人，增加饭店销售的市场份额，增强饭店的市场竞争力。

(五) 树立良好的社会形象

餐饮部与客人的接触面广，面对面服务的时间较长，因而给客人留下的印象最深，直接影响客人对饭店的整体评价。因此，餐饮部应加强自身的形象塑造，为饭店树立良好的社会形象。

第二节　餐饮部组织机构

一、餐饮部组织机构设置

餐饮部主要由餐厅、厨房、宴会部、管事部、采购部等部门组成。餐厅是餐饮部的服务部门，其主要职责是为客人提供食品、饮料及服务，兼顾推销餐饮产品；厨房是餐饮产品的生产部门，其主要职责是根据客人需求，生产安全、卫生、可口的餐饮产品并不断创新菜点，同时控制生产成本，减少费用支出；宴会部是接受客人预订、为客人提供各种宴会服务的部门，其主要职责是接待宴会预订，销售宴会产品，策划、组织实施各类宴会活动；管事部是保证餐饮部正常运营的后勤保障部门，其主要职责是洗涤餐具和用具，清理垃圾，保管与请领餐具及其他服务用品；采购部是餐饮部的物资供应部门，其主要职责是根据生产需要保质保量地为餐饮部采购所需的物品并验收入库。

根据饭店规模与等级的不同，餐饮部的组织机构通常有以下几种形式。

(一) 小型饭店餐饮部组织机构

小型饭店餐饮部规模较小，人员分工比较简单，其组织机构如图6-1所示。

```
                        餐饮部经理
        ┌───────────────┼───────────────┐
      主厨            餐厅主管          清洗主管
       │               │               │
      领班             领班             领班
       │               │               │
      厨师            服务员            员工
```

图6-1　小型饭店餐饮部组织机构

(二) 中型饭店餐饮部组织机构

中型饭店餐饮部规模适中，分工较为细致，我国多数饭店都采用这种组织机构，如图6-2所示。

```
                    餐饮部经理
                        │
                      经理助理
     ┌──────┬──────┬──────┬──────┬──────┐
   宴会    餐厅    厨师长  酒吧    管事部  房内用餐
   经理    经理            经理    主管    主管
    │      │      │      │      │      │
  宴会领班 餐厅领班 领班   酒吧领班 领班   领班
   ┌─┴─┐   │      │    ┌─┴─┐   │    ┌─┴─┐
  预订 服务 服务  厨师  调酒 服务  员工 订餐 送餐
  员   员   员          师   员        员   员
```

图6-2　中型饭店餐饮部组织机构

(三) 大型饭店餐饮部组织机构

大型饭店餐饮部规模较大，内部分工细致且专业化程度较高，如图6-3所示。

图6-3　大型饭店餐饮部组织机构

二、餐饮部工作岗位职责

(一) 前台岗位职责

1. 迎宾员的岗位职责

(1) 负责接受、安排客人的用餐预订。

(2) 负责迎送、接待用餐的客人。

(3) 掌握每天的预订信息和餐桌安排情况，了解当日菜点情况，准确、周到地为客人提供服务。

(4) 热情主动，礼貌迎客，引领客人到适当的餐桌，保持和各台位服务员的联系。

(5) 主动征求客人意见，微笑送别客人。

(6) 参加餐厅餐前准备工作和餐后结束工作。

(7) 参加定期的班组会和业务培训，不断提高服务质量。

2. 值台服务员的岗位职责

(1) 按照餐厅服务工作程序和质量要求，做好餐前准备、餐间服务和餐后结束工作。

(2) 了解每天的客源情况。

(3) 掌握当日菜单和菜点的供求情况。

(4) 认真听取客人对服务质量和菜点质量的意见，做好信息反馈工作。

(5) 保持餐厅的环境整洁，确保餐具、布草清洁完好，物料用具完备。

(6) 做好餐厅设备的使用和清洁保养工作。

(7) 与其他员工团结协作，积极参加业务培训，不断提高业务水平。

3. 传菜服务员的岗位职责

(1) 按照餐厅服务规程和质量要求做好送单、传菜工作。

(2) 负责开餐期间菜单、菜肴和酒水的传递，配合服务员做好菜肴推销工作。

(3) 配合服务员做好餐厅开餐前的准备工作，负责清洁餐厅和厨房之间的通道，做好传菜用具和各种调料用品的准备工作。

(4) 掌握当日菜单和菜点的供应情况，熟悉餐厅台位布置，熟记台号，传递点菜单应迅速、正确，按点菜先后次序准确无误地上菜、走菜。

(5) 协助值台服务员及时清理和更换餐具、酒具，做好餐后整理工作。

(6) 妥善保管点菜单，以便事后复核审查。

(7) 积极参加培训，发挥工作主动性，与其他员工团结协作，完成上级交办的其他任务。

(二) 后台和保障性岗位职责

1. 厨师的岗位职责

(1) 按照工作程序与标准及上级的指派，优质、高效地完成菜点制作，及时供应餐厅销售。

(2) 按照工作程序与标准做好开餐前的准备工作。

(3) 保持本岗位工作区域的环境卫生，做好本岗位涉及的工具、用具、设备、设施的清洁、维护和保养工作。

(4) 完成上级指派的其他任务。

2. 餐饮物品采购人员的岗位职责

(1) 根据上级分配的采购申请单及采购标准选择供应商并报价。

(2) 依据批准后的采购订单取得付款票据，实施购买。

(3) 具体办理提货、交验、报账手续。

(4) 保存采购工作的必要原始记录，做好统计，定期上报。

(5) 随时了解市场情况，提供市场信息，努力降低采购成本。

3. 仓库保管员的岗位职责

(1) 负责填写采购申请单，注明各种物品的品名、数量，写明库存量、月用量、申购量，确认无误后交上级审批。

(2) 货物入库前必须严格检验，根据申购的数量及规格，检查货物的有效期、数量、质量，符合要求方可入库。

(3) 在货物入库时，物品装卸要轻拿轻放，分类摆放整齐，杜绝不安全因素。

(4) 加强对库存物品的管理，落实防火措施及卫生措施，保证库存物品的完好无损，要做到存放合理、整齐美观。

(5) 物品到货后要及时入账，准确登记。

(6) 出库时按规章制度办事，领货手续不全不出库，如有特殊原因需得到仓库及其他相关领导的审批后方可出库。

(7) 出货后要及时按出库单办理物品的出库手续，登记有关账卡。

(8) 经常与用料部门保持联系，了解物品的使用情况。

(9) 积极配合财务部门做好每月的盘点工作，做到物卡相符、账卡相符、账账相符。

(10) 下班时要仔细检查库房有无隐患，关闭电源，锁好库门，根据规定保存仓库钥匙后，方可下班。

4. 工程设备维护保养人员的岗位职责

(1) 确保水、电、煤气等正常供给并控制能耗。

(2) 做好设备、设施的选择与评估。

(3) 做好设备、设施的日常管理。

(4) 负责设备、设施的安装调试，做好管理工作及技术支持工作。

(5) 负责设备的维护、保养与修理。

(6) 负责设备技术管理。

(7) 负责设备备件管理。

(8) 负责设备改造、更新。

(9) 负责经营区建筑、装饰的养护与维修。

(10) 负责筹划相关建筑的改建、扩建与新建。

5. 安保人员的岗位职责

(1) 执行国家有关安全保卫工作的方针、政策和有关法律、法令、法规及企业的规章制度。

(2) 协助有关领导对员工进行防火、防盗、防灾害及事故处置方面的教育。

(3) 落实各项安全工作的岗位责任制，保证用餐客人的人身及财产安全。

(4) 配合国家有关部门对违法犯罪行为进行调查取证。

(5) 对重点环节制定安全管理制度，加强检查，严格落实。

(6) 认真贯彻消防法规，学习并宣传防火、灭火知识，定期举行实操训练。

(7) 维护饭店及餐饮部的治安以及营运秩序。

第三节 餐饮部的基本业务管理

一、餐厅服务业务管理

(一) 餐厅种类

1. 零点餐厅

零点餐厅以供应中、西餐为主，是使用较为频繁、人们较为熟悉的餐厅。在这里，就餐客人根据餐厅提供的菜单点菜，随吃随点，按数结账，餐厅根据客人的选择提供相应的菜点及服务。在零点餐厅用餐的客人杂而多，其需求各不相同，抵达时间交错，餐厅相关服务人员工作量大，因此，在服务方面要求周到、细致、迅速，做好接待、点菜、上菜、结账等工作。

2. 宴会厅

宴会厅能提供制作讲究的配套菜肴，可供中餐宴会、西餐宴会、鸡尾酒会、冷餐酒会等使用。宴会厅接受客人的委托，组织各种消费水平及礼仪要求较高、具有一定就餐目的的活动。根据就餐主题、标准、用餐方式的不同，有关食品的准备、宴会厅的布置、宴会服务的程序都应有所区别。

3. 咖啡厅

咖啡厅是一种规格较低的小型西餐厅，根据不同的设计形式，可将其分为咖啡屋、咖啡间、咖啡廊等。咖啡厅供应的食品比较简单，如面包、三明治及一些地方小吃。在我国，有些咖啡厅也提供中式小吃。咖啡厅的服务比较高效，且服务时间较长。

4. 酒吧

酒吧以销售各种酒类和饮料为主，兼营各种下酒的小食，是供客人饮酒、消遣、娱乐的场所。酒吧按所设位置的不同，可分为大堂酒吧、泳池酒吧、走廊酒吧、健身房酒吧、宴会厅酒吧、客房小酒吧等。

5. 自助餐厅

自助餐厅是一种快餐厅。在这里，服务员事先将准备好的中、西菜点陈列在餐台上，客人可先付款再进餐。进餐时，可以自由选食，饮料也是自斟自饮，不限量，但不得带食品出餐厅。自助餐厅的客人也可以先取食，然后通过收款机计价付款，再把食品带到餐台享用。自助餐厅具有用餐手续简便、价格便宜、就餐时间可自由调节等特点，能够节约劳动成本，颇受客人欢迎，所以发展速度越来越快。

6. 特色餐厅

特色餐厅是具有某种特性的零点餐厅。按照经营特点的不同，可以分为突出地方菜肴特色的餐厅，突出食品原料和烹饪方法的特色餐厅，突出就餐环境和集娱乐、饮食等于一体的特色餐厅。这类餐厅的特殊性，推动了餐饮业的发展，满足了消费者的不同需求。

7. 多功能餐厅

多功能餐厅能根据客人的需求而变化其功能，具有多种用途。它可接待零点客人，可接待团体包餐客人，也可用于举行各种宴会、酒会、冷餐会，还可兼作会议厅、展览厅、舞厅、电影或录像的放映室等。多功能餐厅可按餐厅的面积自由分合，做到一厅多用，既节约了场地，又扩大了经营范围。

8. 客房送餐

下榻在饭店内的客人，由于生活习惯或特殊要求，需要在客房内用餐，客人可以通过电话或客房服务员订餐。为了满足客人的这方面需求，饭店设置了客房送餐服务。大型饭店的客房送餐由餐饮部送餐组负责，中、小型饭店的客房送餐由餐厅服务员或客房服务员负责。

(二) 餐饮服务技能

1. 托盘

1) 托盘的种类及用途

(1) 托盘的种类，具体包括以下几种。

① 按照托盘的制作材料，可分为木托盘、金属托盘和胶木防滑托盘。

② 按照用途差异，可分为大、中、小3种规格的圆托盘和长方托盘。直径大于36厘米的圆托盘为大圆托盘；直径为32～36厘米的圆托盘为中圆托盘；直径为20～32厘米的圆托盘为小圆托盘。长方托盘也同样分为大、中、小3种规格。

(2) 托盘的用途，具体包括以下几种。

① 方盘和中方盘，用于装运菜点、酒水，收运餐具和盆、碟等较重的器具。

② 小方盘和大、中圆盘，用于摆台、斟酒、上菜、上饮料等。

③ 小圆盘和六寸小银盘，主要用于送账单、递信件等小物品，还可用于收款。

2) 托盘的使用方法

按所托物品轻重，有轻托和重托两种方式。物品重量在5000克以内的，适宜采用轻托方式；物品重量在5000克以上的，则采用重托方式。

(1) 轻托。轻托又称胸前托，适用于中、小型托盘，有便于工作的优点。

轻托的动作要领：

① 两肩端平，用左手托盘。

② 手臂垂直于地面，下臂向前抬起与地面平行，上臂与下臂垂直成90°角。

③ 手掌掌心朝上，五指张开，指实而掌心虚。大拇指指端到手掌的掌根部位和其余四指托住盘底，手掌自然形成凹形，掌心不与盘底接触。

④ 手肘离腰部15厘米左右。

⑤ 右手自然下垂或放于背后。

(2) 重托。重托又称肩上托，多用于大型托盘。

重托的动作要领：

① 用左手托盘。

② 左手向上弯曲臂肘的同时，手掌向左后方转动手腕90°至左肩上方。手掌略高出肩部2厘米，五指自然分开，用五指和掌根部控制托盘的平衡。

③ 托盘的位置以盘底不压肩、盘缘不近嘴、盘后不靠发为准。

④ 右手应自然下垂摆动或扶住托盘的前内角。

3) 托盘操作流程

(1) 理盘。根据装运物品选择托盘，垫上垫巾防滑。

(2) 装盘。根据物品形状、体积、使用先后顺序合理装盘。

(3) 起盘。保持托盘平稳，确保汤汁不洒、菜肴不变形。动作应一次到位，干净利落。

(4) 行走。步伐轻盈、稳健，上身挺直，略向前倾，视线开阔，动作敏捷，精力集中，精神饱满。

(5) 卸盘。动作轻缓，保持托盘平稳、重心稳定，盘内物品不倾斜、不落地。

2. 餐巾花

1) 餐巾花的作用

(1) 餐巾是一种卫生用品。客人可把餐巾放在胸前或放在膝盖上，既可以用来擦嘴，又可防止汤汁油污弄脏衣裤。

(2) 餐巾花能起到美化桌面的作用。服务员可用一张小小的餐巾折叠出栩栩如生的花、鸟、鱼等，摆在餐桌上既可起到美化餐台的作用，又能给宴会增添热烈气氛。

(3) 餐巾花是一种无声的形象语言，有助于表达宴会主题，起到沟通宾主之间感情的作用。

(4) 表明宾主的座次，体现宴会的规格和档次。

2) 餐巾花的种类

(1) 按摆放位置分类，餐巾花可分为杯花和盘花。

① 杯花。杯花需插入杯子中才能完成造型。杯花造型丰富，折叠手法比盘花复杂。

② 盘花。盘花放于盘中或其他盛器上。盘花造型简洁大方、美观实用，高级饭店采用盘花的居多。

(2) 按造型的不同，餐巾花可分为植物类、动物类、实物类3种。

① 植物类，如荷花、月季花、芭蕉叶等。

② 动物类，如鸟、鱼、兽等，要做到形象逼真，需反复练习折叠。

③ 实物类，模仿日常生活中各种实物形态折叠而成，如立体扇面、皇冠等。

3) 餐巾花的折叠技法与要领

餐巾折花的技法主要有9种，即叠、推、卷、穿、攥、翻、拉、掰、捏。

(1) 叠。叠是基本的餐巾折花手法，将餐巾一折为二、二折为四或者折成三角形、长方形等几何图形。叠的动作要领：一次叠成，避免反复，否则餐巾上会留下折痕，影响造型的挺括美观。

(2) 推。推是打褶时运用的一种手法，就是将餐巾折出褶裥，使花型层次丰富、紧凑、美观。推的动作要领：用双手的拇指、食指分别捏住餐巾两头的第一个褶裥，两个大拇指相对成一线，指面向外；两手中指按住餐巾，并控制好下一个褶裥的距离；拇指、食指的指面握紧餐巾向前推折至中指外；用食指将推折的褶裥挡住，腾出中指控制下一个褶裥的距离；三个手指相互配合，使褶裥均匀整齐。

推折又可分为直线推折和斜线推折，斜线推折时用一手固定所折餐巾的中点不动，另一手按直线推折法围绕中心点推折出圆弧形，其指法与直线推折相同。

(3) 卷。卷是将餐巾卷成圆筒形并制出各种花型的一种手法。卷可分为平行卷和斜角卷两种。平行卷时，餐巾两头一定要卷平；斜角卷就是将餐巾一头固定，只卷另一头，或是一头多卷另一头少卷，形成的卷筒一头大一头小。

(4) 穿。穿是用工具从餐巾的夹层折缝中间，边穿边收，形成皱褶，使造型更加逼真美观的一种手法。但采用这种手法后，餐巾花散开时会留下褶皱而影响使用，所以很少用这种方法。

(5) 攥。为了使叠好的餐巾花半成品不易脱落走样，先用左手攥住餐巾的中部或下部，再用右手操作其他部位。

(6) 翻。翻是在折叠过程中，将餐巾折、卷后的部位翻成所需花样，以制成花、叶、鸟翅、动物头等形状。

(7) 拉。拉是在翻的基础上，为使餐巾造型挺直而使用的一种手法。例如，折鸟的翅膀、尾巴、头颈，花的茎、叶等造型时，通过拉的手法可使餐巾的线条曲直明显、花形挺括而有生气。

(8) 掰。制作时，将餐巾叠好的层次，按顺序一层一层掰出来。例如，富有立体感的月季花，就是采用这种手法制成的。

(9) 捏。这种手法主要用来制作鸟的头部。操作方法是先将餐巾的一角拉挺直作为颈部，再用一只手的大拇指、食指、中指捏住颈部顶端，食指在上，将巾角尖端向下压，中指与拇指在下，将压下的巾角捏紧，捏出尖嘴状，即可作为鸟的头部。

3. 摆台

这里主要介绍宴会摆台。

1) 中餐宴会摆台

(1) 摆台前的准备。洗净双手；领取各类餐具、台布、餐巾和桌裙等；用干净的布巾擦亮餐具和各种玻璃器皿，要求无任何破损、污迹、水迹、手印等；检查台布是否干净，是否有皱纹、破洞、油迹、霉迹等。

(2) 铺台布，放转盘，围桌裙，配餐椅。

(3) 摆餐具，餐具的摆放具体包括以下几方面。

① 骨碟定位。10个骨碟为一摆，放在托盘上，从主人座位处开始按顺时针方向依次摆放骨碟，要求碟边距离桌边1.5厘米，骨碟与骨碟之间的距离相等，若碟子印有店徽等图案，要以正面示人。

② 摆放小汤碗、小汤勺和味碟。骨碟中心点与转盘中心点连成一线，左侧摆放小汤碗，将汤勺摆放在汤碗中，勺柄朝左，右侧摆放味碟，汤碗与味碟之间相距2厘米，横向直径在一条直线上。

③ 摆放筷架、长柄汤勺、筷子。在小汤碗与调味碟横向直径右侧延长线处放筷架、长柄勺、袋装牙签和筷子，勺柄与骨碟相距3厘米，筷套离桌边1.5厘米，并与骨碟纵向直径平行，袋装牙签与汤勺末端平齐。

④ 摆放玻璃器皿。在骨碟中心点与转盘中心点的连线处，汤碗和味碟的上方摆放葡萄酒杯，葡萄酒杯的左侧摆放饮料杯，饮料杯与汤碗之间的距离为1.5厘米，葡萄酒杯的右侧摆放白酒杯，三杯呈一条直线并按左高右低的顺序排列，三杯之间的距离相等，均为1.5厘米，三杯横向直径的连线和汤碗与味碟横向直径的连线平行。

⑤ 摆放烟灰缸、火柴。在正、副主人杯具的右前方各摆放一只烟灰缸，其余位置可酌情摆放。烟灰缸的上端与杯具在一条线上，烟灰缸的边缘有三个烟孔，摆放时一个朝向主人，另一个朝向主宾。也有的餐厅为每位客人都准备了烟灰缸，则依照此法每个餐位摆放一个，烟灰缸的边缘处摆放打火机，且正面朝上。

⑥ 摆餐巾花。若是选用杯花，需提前折叠放置在杯具内，侧面观赏的餐巾花如鸟、鱼等则头部朝右摆放。注意搭配摆放不同样式、不同高度的餐巾花，主人位上应摆放有高度的花式。

⑦ 摆放公用餐具。在正、副主人杯具的前方，各摆放一个筷架或餐盘，将一副公用筷和公用汤勺摆放在上面。汤勺在外侧，筷子在内侧，勺柄和筷子尾端向右。

⑧ 摆放宴会菜单、台号、座卡。一般10人桌应摆放两份菜单，正、副主人餐具一侧各摆放一份，菜单底部距桌边1厘米。高级宴会可在每个餐位摆放一份菜单。

⑨ 摆插花。转台正中摆放插花或其他装饰品，以示摆台的结束。

2) 西餐宴会摆台

(1) 餐具的准备工作。西餐餐具品种较多，每上一道菜品就要相应地撤去用完的那套餐具。

(2) 铺台布、摆餐椅。西餐宴会餐桌通常由数张方桌拼接而成。铺台布的顺序应由里向外，目的是让每张台布的接缝朝里，避免步入餐厅的客人看见。铺好的台布要求中线相接，形成一条直线，台布两侧下垂部分美观整齐，两边均匀。

(3) 摆餐具。餐具的摆放具体包括以下几个方面。

① 摆餐盘。与中餐摆台一样，从主人位开始按顺时针方向在每个席位正中摆放餐盘。应注意盘中的店徽等图案要摆正，盘边距桌沿2厘米，且餐盘间的距离相等。

② 摆刀叉。在餐盘的右侧从左到右依次摆放主餐刀、鱼刀、汤匙、开胃品刀，刀口朝左，匙面向上，刀柄、匙柄距桌沿2厘米。餐盘左侧从右到左依次摆放主餐叉、鱼叉、开胃品叉，叉面朝上，叉柄距桌沿2厘米。鱼刀、鱼叉要向前突出4厘米。

③ 摆水果刀叉(或甜品叉)、甜品匙。在餐盘的正前方横向摆放甜品匙，匙柄朝右。甜品匙的前方平行摆放水果叉(或甜品叉)，叉柄朝左。水果叉的前方平行摆放水果刀，刀柄朝右。

④ 摆面包盘、黄油刀和黄油盘。开胃品叉的左侧摆放面包盘，面包盘中心与餐盘中心呈一条线，盘边距开胃品叉1.5厘米。在面包盘上靠右侧边沿处摆放黄油刀，刀刃朝左。黄油盘摆放在黄油刀尖上方3厘米处。

⑤ 摆玻璃杯具。冰水杯摆放在主餐刀顶端，依次向右摆放红葡萄酒杯、白葡萄酒杯，三杯呈斜直线，与水平线成45°角。如果有第四种杯子，则占白葡萄酒杯的位置，白葡萄酒杯顺次向后移动，杯子依然排成斜直线，各杯相距1.5厘米。

⑥ 摆餐巾花。将叠好的盘花摆放在餐盘正中，注意主人位上应放置有高度的盘花，另外还应注意式样的搭配。

⑦ 其他。盐瓶、胡椒瓶、牙签筒按4人一套的标准摆放在餐台中线处。烟灰缸从主人右侧摆起，每两人之间放置1个，烟灰缸的上端与酒具呈一条线。每个餐桌至少摆放2份菜单，高级宴会可在每个餐位摆放1份菜单。插花或烛台等装饰品应摆放在长台的中线处。

4. 斟酒

1) 准备酒水

开餐前，应事先备齐各种酒水。检查酒水质量，如发现瓶子破裂或有悬浮物、沉淀物，应及时调换。将检查好的酒瓶擦拭干净，分类摆放在酒水服务台或酒水车上。除此之外，酒水准备工作还包括对酒水温度的处理(冰镇或温烫)，服务员需了解餐厅常用酒水的最佳饮用温度。

2) 示瓶

当客人点完酒之后，便进入斟酒程序，而示瓶是斟酒服务的第一道程序，它标志着服务操作的开始。示瓶是向客人展示所点的酒水，这样做的目的有两个：一是对客人表示尊重，请客人确定所点酒水无误；二是征询客人开酒瓶及斟酒的时间，以免出错。

3) 开瓶

(1) 开瓶时动作要轻，尽量减少瓶体的晃动。开启软木塞瓶盖时，如出现断裂危险，可将酒瓶倒置，利用酒液的压力顶住软木塞，同时转动酒钻拔出软木塞。

(2) 开启瓶塞后，要用干净的布巾擦拭瓶口，如软木塞发生断裂，还应擦拭瓶口内侧，以免残留在瓶口的木屑顺着酒液被斟入客人的酒杯中。开启瓶塞后，检查瓶中酒液是否有质量问题，也可以通过嗅闻瓶塞插入酒瓶部分的气味是否正常来判断。

(3) 随手收拾开瓶后留下的杂物。开瓶后的封皮、木塞、盖子等杂物，不要直接放在桌面上，应养成随手收拾的好习惯。

4) 斟酒

斟酒的方式有两种，即徒手斟酒和托盘斟酒。

(1) 斟酒的姿势与位置。

① 右脚前跨，重心移至右脚，身体微前倾，两脚呈"T"字形站立。

② 右手持酒瓶的下半部，商标朝向客人，靠近杯口，但不靠在杯口上。

③ 徒手斟酒时，左手持干净的餐巾布并背于身后，每斟倒一次擦拭一次瓶口；托盘斟酒时，左手托托盘，餐巾布搭在手腕处或折成条形固定在瓶口，斟酒时托盘的左手自然拉开甩盘，注意掌握好托盘的重心。

④ 斟倒时，将酒液徐徐倒入酒杯内，当杯中酒斟倒适度时，控制流量并旋转瓶身100°～180°，然后向上抬起小手臂，做到一滴不洒。注意抬起小手臂时，不要碰到旁边客人。

(2) 斟酒量的控制。

① 白酒斟酒量为八成。

② 红葡萄酒斟至1/2杯，白葡萄酒斟至2/3杯，威士忌等斟至1/6杯为宜。

③ 香槟会起泡沫，所以分两次斟倒，先斟至1/3杯，待泡沫平息后再斟至1/3，共斟至2/3杯。

④ 啤酒同样分两次斟倒，斟倒完毕时，以酒液占八成、泡沫占两成为佳。

(3) 斟酒的程序。

① 中餐宴会斟酒顺序。中餐宴会是从主宾位置开始，按顺时针方向提供斟酒服务，也可根据客人需要从年长者或女士开始斟倒。如是正式宴会，在宴会开始前5分钟，服务员应将烈性酒和葡萄酒斟倒好，当客人入座后再斟倒饮料。若有两名服务员同时操作，则一位从主宾开始，另一位从主宾对面的副主宾开始，均按顺时针方向进行。

② 西餐宴会斟酒顺序。西餐用酒较多也较讲究，比较高级的西餐宴会一般要用7种酒，菜肴和酒水的搭配必须遵循一定的传统习惯，菜肴、酒水和酒杯的匹配都有严格的规定。西餐宴会应先斟酒后上菜，斟酒的顺序是先宾后主、女士优先。

5. 分菜与上菜

1) 中餐分菜

(1) 上菜顺序。中餐的上菜顺序是冷菜、热菜、汤、点心、水果。

(2) 分菜方法。

① 叉、勺分菜法。将菜肴端至餐桌上，示菜并报菜名后，将菜取下，左手用口布托菜盘，右手拿分菜叉和勺按顺时针方向从主宾左侧开始绕台分菜。

② 餐桌分菜法。提前将干净的餐盘或汤碗按次序摆放在餐桌上，示菜并报菜名后，由服务员当着客人的面将菜肴分到餐碟中去，随即转动转盘，服务员从主宾位开始，按顺时针方向将分好的菜肴放到客人面前。

③ 服务台分菜法。服务台分菜法的难度较低，示菜并报菜名后，征得客人同意，将菜肴从餐桌上撤下，端回服务台上将菜肴迅速分到餐盘中，再用托盘从主宾右侧开始按顺时针方向托送。

2) 西餐上菜与分菜

(1) 西餐上菜顺序。西餐正餐的上菜顺序是开胃品、汤、色拉、主菜、甜点、饮品。

(2) 西餐分菜方法。由厨师按份切好装盘，再由服务员上台分派。由于西餐服务方式不同(法式、俄式、美式、英式等)，分菜的方法也不尽相同。

(三) 餐饮服务方式及流程

1. 餐饮服务方式

1) 中式服务

中式服务是指我国传统的就餐服务，常见的有共餐式、分餐式两种。

(1) 共餐式。共餐式服务是比较常见的方式，客人到餐厅点菜后，厨师迅速生产菜点，再由餐厅服务员送到客人的餐桌上，客人自由取用。

(2) 分餐式。分餐式服务借鉴了西式服务的特点，是一种中餐西吃的方式。

2) 西式服务

西式服务包括法式服务、俄式服务、英式服务、美式服务等。客人各自点要自己所需的菜点，并根据不同菜肴点配不同酒水，各自享用自己所点的菜肴和酒水。

(1) 法式服务。将菜肴在厨房略加烹制后置于手推车上，由服务员在客人桌边现场烹调或加热，即客前烹制服务，由另一名助理服务员在旁协助分送菜肴。提供法式服务的餐厅往往消费额较高，比较适合小型高档宴会，也可称为餐车服务。

(2) 俄式服务。俄式服务是非常讲究豪华场面的西式服务，使用金、银器餐具较多，菜肴丰富，分量足，是西餐普遍采用的一种服务方式。它先将食物放于大盘内，因此也称大盘服务。菜肴由服务员分配给宾客，对服务员的分菜技巧要求很高。

(3) 英式服务。英式服务是一种气氛活跃、温馨的家庭式服务方式，因此也称家庭服务。菜肴常由男女主人切配装盘，再让服务员分送到宾客面前，是适合亲朋好友聚会的服务方式。

(4) 美式服务。采用美式服务的餐厅，会将客人所点菜肴在厨房装配于餐盘中，由服务员将餐盘送到客人面前。它要求服务员必须具有同时端送4个菜肴盘的技巧，因此也称盘式服务。

2. 餐饮服务流程

1) 零点服务流程

零点餐厅的服务工作是非常细致而又具体的，服务人员必须掌握其主要环节，做到按部就班、有条不紊，这样既便于餐厅的管理和工作的安排及检查，又便于服务人员按照程序迅速、有效地开展工作。

零点餐厅每个班次的服务程序大体可分为餐前准备、开餐服务、就餐服务和餐后结束工作4个环节。

(1) 餐前准备。充分又全面的餐前准备工作是良好服务和有效经营的重要保证，因此，决不能忽视这一环节，具体包括以下几个方面。

① 班前短会。班前短会，即采用列队站立的形式由领班或主管召开的简短的班前会，内容包括：检查仪表，如指甲、衣装等；介绍情况，如菜肴变化情况、VIP情况等；分配任务，如休息、替班等。餐厅服务人员必须在上班之前到达餐厅，换好工作服，精神饱满地站立在队伍之中，接受任务和了解情况。

② 清洁工作。餐厅的清洁工作要落实到人，明确任务和要求，讲究效率和质量。清洁工作包括：地面卫生(扫地、拖地、打蜡、吸尘)；四周卫生(擦门窗玻璃，擦四周平面容易积灰的部位)；餐桌椅卫生(擦桌面、桌腿、椅背，同时检查餐桌椅有无损坏)；工作台卫生(保持台内干燥、清洁，台面无灰尘、油腻)；绿化卫生(擦花架、花盆边及宽阔的花叶面等)。服务人员应认真完成清洁工作，确保就餐环境整洁、优雅。

③ 准备餐具、用具。客人餐具包括杯、碟、碗、筷、匙等。客人用具包括烟灰缸、牙签、调味品等。客人所需餐具、用具应力求做到无油腻、无指纹、无水渍、无破损，注意规格、色彩、图案要相一致，应备齐、备足，叠放有序。服务用具包括菜单、酒单、点菜三联订单、笔、开瓶器、托盘等，此外还需准备茶叶、开水以及一些开胃小食品等。凡是在工作中需要用到的餐具、用具，均要准备齐全，按固定位置摆放整齐，以便点数或检查。

④ 铺设摆台。各地饮食习惯不同，客人就餐的形式、规格不同，所摆设的餐具种类、数量及台面的造型都有所不同，而且各饭店均有本饭店自己的摆台方式，因此摆台方式不可能做到完全统一。摆台必须遵循整洁有序、尊重习俗、适应需求、配套齐全、方便就餐、方便服务、艺术美观的原则。

⑤ 了解情况。服务人员要了解当天菜肴、酒水的供应情况，包括数量、品种、价格以及季节菜和风味菜的增减等，并对当天的工作量有所估计，以便做好接待与销售工作。

⑥ 全面检查。在准备工作完毕，且服务人员已经自查的情况下，由领班或主管进行抽查或全面检查，检查内容包括：餐厅的布置，环境卫生，餐具、用具的配备及摆放，服务员的个人仪表及精神面貌等。开餐前的准备工作要争取做到万无一失。

(2) 开餐服务。开餐服务是餐厅对客服务的开始，也是餐厅服务工作的重要环节，具体包括以下几个服务流程。

① 热情迎宾。当客人进入餐厅后，服务人员要面带微笑、热情问候，询问是否有预订并问清人数，使整个服务工作有一个良好的开端。

② 合理领座。安排客人就座的工作通常由专职人员完成，如迎宾员或领位员。引领座位的原则是先里后外、尊重选择、合理调整。应将先来的客人往餐厅里面领，避免门口堵塞，也有利于安排后来的客人。对于提出自己选择座位的客人，应尊重其意见，不能强制。若出现客人过于集中的现象，服务人员可以进行适当、合理的调整。

零点餐厅的领座有一定的原则，既要关注客人的心理需要，又要考虑餐厅的使用率，还要方便服务人员的操作。

③ 送茶递巾。领位员将客人带到合适的餐台后，值台员要主动为客人拉椅让座，并及时送上香巾，然后向客人问茶，根据客人饮茶习惯，介绍与之相适应的茶叶品种，按需开茶，并斟倒第一杯礼貌茶。在客人饮茶过程中，将菜单递送给客人，应先递送给女客和年长的客人。注意应双手递菜单，反向给客人，菜单若是双页，应打开递送。

④ 接受点菜。服务员在为客人点菜前，可通过看、听、问等方法，了解客人的就餐目的、消费水平以及就餐的急缓程度等情况，以便有针对性地为客人服务。点菜时，服务员应站在客人侧后约50厘米处，并向客人介绍菜肴，接受客人点菜。注意介绍菜肴应实事求是，点菜应以客人为主，服务员只是起到参谋的作用。

⑤ 开单、送单。将客人选定的菜点记录在点菜订单上，即为开单。服务员应站立开单，填写要迅速，字迹要清楚，书写要统一，价格要准确。同时，应按菜单次序分类填写，先冷后热、再点汤和点心等，有利于按序上菜。在开单的过程中，应注明客人的特殊要求，如分量、制作方法、老嫩程度、口味要求等。

点菜完毕应及时向客人介绍并推销酒和饮料。客人点完菜和酒水后，为了避免出差错，应向客人准确复述，并得到确认，尤其是当客人以不合常规的顺序点菜时，更应做好复述工作。点菜单一式四份，一份给厨房，一份给收银台，一份给传菜员划菜使用，一份作为存根备查。酒水订单一式两份，一份给收银台，一份送到吧台领取酒水。这样做有利于餐饮部日后复查。

(3) 就餐服务。就餐服务也叫值台服务，是指把客人点的食品、饮料等送上餐桌，在客人进餐过程中，照料客人的各种需求，最大限度地使客人满意。

① 上酒、上菜。服务员应快速领取客人所点的酒水和饮料，并提供示酒、开瓶、斟酒等服务。零点餐厅第一道菜应在规定的时间内出菜，不能让客人久等。应注意客人的就餐速度，随时与厨房取得联系，尽力使出菜速度与就餐速度相适应。上最后一道菜时，应主动告诉客人，并询问客人是否需要其他帮助，同时向客人介绍甜点和水果。

② 巡视服务。服务员在服务过程中，应时常巡视每桌客人的就餐情况，并及时为客人撤换烟缸和收走桌上的空瓶、空罐、空盘等。如果客人的餐碟中盛满骨壳等，应随即更换。应适时为客人斟倒饮料、酒水，并及时了解客人在进餐过程中的需求，如是否需要加菜或是对某一菜肴特别喜欢提出加菜要求等，应快速了解情况，开单下厨，提升客人的满意度。

③ 结账收款。菜上齐后，应了解客人的就餐情况，并及时告知收银员准备结账。经与收银员核对后，当客人提出要结账时，及时结账收款。客人可付现金，还可使用支票、信用卡或签署账单等方式。因此，服务员应了解和掌握各种收款方式的操作流程。

④ 征求意见。虚心听取客人对就餐方面的意见，是不断改进工作、提高服务质量的

重要途径。在客人用餐完毕、即将离开餐厅时，服务员应主动征求客人对菜点质量、环境卫生、服务态度等方面的意见。服务员应态度诚恳、认真听取，若客人有意见，能处理的应当场处理，当时无法处理的应及时呈报或转告有关部门，便于在今后的服务工作中引以为戒。若客人对用餐很满意，在征求意见时，给予的都是表扬，服务员应礼貌地代表餐厅或饭店表示感谢。

⑤ 热情送客。客人就餐完毕起身离座时，服务员要上前为客人拉开座椅，并提醒客人携带好随身物品。如果客人想带回没有吃完的食物，服务员应主动为其打包，同时检查台面和餐椅上是否有客人的遗留物品。服务员应根据不同的情况采取不同的方式与客人道别，并以热情的语言感谢客人的光临。

(4) 餐后结束工作。当客人离去后，服务员应迅速清理餐台。此时若有其他客人用餐，理台声音不宜过大。应及时将台面清理干净，换上干净的台布和餐具，等待下一批客人到来。

当餐厅全天营业结束，客人全部离开餐厅后，服务员应做好如下几项工作。

① 清扫场地。按规定要求收拾餐台，注意是否有客人的遗留物品，并将台布重新铺上，将餐桌、餐椅纵横排列整齐，清扫地面。

② 分类送洗。当天用的台布、餐巾应及时送洗衣房洗涤，以免霉变或被虫咬。餐具、用具应交由管事部清洗、消毒。注意在操作时对任何物品都要轻拿轻放，以减少损耗。

③ 整理餐具、用具。对尚未使用的餐具、用具应归类存放；调味品盛器和花瓶、台号应擦洗干净；转台应用清洁剂重点擦洗，不留油渍和水迹；点菜单、开瓶器、菜谱等用具应放置在统一的位置，并清点数量；最后清点并补充工作台内的物品。

④ 工作小结。每天工作结束后，餐厅服务员应根据自己的岗位工作情况，做一个简单的总结。一是整理客人意见，二是填写工作日志，以便今后不断提高工作水平。

⑤ 安全检查。服务员在下班离开餐厅前应仔细进行安全检查，注意是否有烟蒂等火种的存在，关闭所有不用的电器，关闭门窗，确保餐厅安全，待领班或主管全面检查后，才能离开餐厅。

2) 宴会服务流程

(1) 宴会种类。

① 按宴会的菜式划分，宴会可分为以下几种。

a. 中式宴会。在中式宴会上，多人围坐在圆桌旁聚餐，食用中国菜肴，饮用中国酒水，使用中国餐具，采用中式服务，反映中华民族的传统饮食习惯和饮食文化特色。中式宴会形式多种多样，根据性质和目的的不同，可分为国宴、公务宴、商务宴、婚宴等类型；根据菜点的档次不同，又可分为高档宴会、中档宴会和一般宴会。

b. 西式宴会。西式宴会是指按照西方国家宴会形式举办的宴会。宴会的桌面以长方形为主，采用分餐制，食用西式菜肴，饮用西洋酒水，使用西式餐具(如刀、叉等各式餐具)，采用具有鲜明的西方特色的西式服务。根据宴会的形式，可分为正式宴会、自助餐会、冷餐酒会和鸡尾酒会等。

c. 鸡尾酒会。它是欧美传统的集会交往方式，形式较轻松，一般不设座位，没有主宾席，客人可随意走动，便于广泛接触、自由交谈。鸡尾酒会以饮为主、以吃为辅，除各种鸡尾酒外，还备有其他饮料，烈性酒不予提供。

d. 茶话会。它是由各类社团组织、单位或部门在节假日或需要时举行的聚会，邀请各界人士参与，气氛轻松随意，伴有演出，形式简便，以茶水、点心、小吃、水果为主。

e. 自助餐式宴会。自助餐也称冷餐会、冷餐酒会，是西方国家较为流行的一种宴会形式。以冷菜为主，热菜、酒水、点心、水果为辅。分设座和不设座两种形式，讲究菜台设计，所有菜点在开宴前全部陈设在菜台上。

② 按宴会规格划分，宴会可分为以下几种。

a. 正式宴会。它是指正式场合举行的宴会。宾主均按身份安排席次就座，对环境、气氛、餐具、酒水、菜肴的道数及上菜程序、服务礼仪和方式、菜单设计都有严格的规定。席间安排致辞和祝酒，有时也安排乐队演奏席间音乐。

b. 便宴。便宴属于非正式宴会，较随便、亲切，一般不讲究礼仪程序和接待规格，对菜品的道数也没有严格要求，宜用于日常友好交往。

③ 按宴会性质和举办目的划分，宴会可分为以下几种。

a. 公务宴会。它是指政府部门、事业单位、社会团体以及其他非营利性机构或组织因交流合作、庆典庆功、祝贺纪念等公务事项接待国际、国内宾客而举行的宴会。这类宴会的程序和规格都是固定的。

b. 商务宴会。它是指各类企业和营利性机构或组织为了一定的商务目的而举行的宴会。商务宴会是所有宴会中较为复杂的一种，宴请目的也非常广泛。

c. 婚宴。它是指人们举行婚礼时为宴请前来祝贺的亲朋好友而举办的宴会。婚宴在环境布置上要求富丽堂皇，在菜式的选料与道数上要符合当地的风俗习惯，菜名要求寓意幸福美满，要体现主人追求幸福的目的。

d. 生日宴会。它是指人们为纪念出生日和祝愿健康长寿而举办的宴会。生日宴在菜品的选择上要突出健康长寿的寓意，用分生日蛋糕、点蜡烛、吃长寿面、唱生日歌等活动来烘托生日宴会气氛。

e. 朋友聚餐宴会。这是一种宴请频率较高的宴会，公请、私请都有，要求形式多样，追求餐厅装饰新潮。

f. 答谢宴会。它是指人们为了对曾经得到的帮助或对即将得到的帮助表示感谢而举行的宴会。举办这类宴会的目的是表达自己的诚意，故宴会要求高档、豪华，就餐环境要求优美、清静。

g. 迎送宴会。它是指主人为了欢迎或欢送亲朋好友而举办的宴会。菜品应根据宾主饮食喜好而定，环境布置突出热情气氛，体现主人对宾客的尊重与重视。

h. 纪念宴会。它是指人们为了纪念重大事件或与自己密切相关的人、事而举办的宴会。这类宴会在环境布置上应突出纪念对象的标志，如用照片、实物、作品、音乐等来烘托思念、缅怀、追忆的气氛。

④ 按宴会规模划分，可分为小型宴会、中型宴会和大型宴会。10桌以下的为小型宴会；10～30桌的为中型宴会；30桌以上的为大型宴会。对于传统中式宴会，1～2桌的为宴席，3桌以上的为宴会。

⑤ 按宴会菜品的主要用料划分，可分为全羊宴、全鸭宴、全鱼宴、全素宴、山珍宴

等。这类宴会的所有菜品均使用一种原料，或以具有某种共同特性的原料为主料制成，每道菜品的配料、调料、烹饪方法、造型等方面各有变化。

⑥ 按宴会菜式风格的特点划分，宴会可分为以下几种。

a. 仿古式宴会。将古代非常有特色的宴会与现代餐饮文化融合而产生的宴会形式，如仿唐宴、孔府宴、红楼宴、满汉全席等。

b. 风味式宴会。风味式宴会将某一地方特色食品用宴会来表现，具有明显的地域性和民族性，强调正宗、地道，如粤菜宴、川菜宴、鲁菜宴、苏菜宴、徽菜宴、闽菜宴、浙菜宴、湘菜宴等。

(2) 餐饮宴会服务的工作流程。

① 宴会餐前工作，具体包括以下几个方面。

a. 餐厅服务员在上岗前应检查、整理好个人的仪容仪表。

b. 餐厅服务员在营业前列队站好，由餐厅经理开例会并分配当天的工作。

c. 餐厅服务员按服务程序做好开餐前的准备工作。开餐前的准备工作主要包括检查餐桌与餐椅布局是否合理美观，调节好室温，了解客人的餐别、人数、就餐时间、菜单等情况。

d. 餐厅服务员必须熟悉当日菜单，包括菜点的原料、风味特色、烹调特点以及酒水、菜点的价格和上菜程序等。

e. 餐厅服务员必须将当日所需要的餐具、酒水、辅助用品准备齐全，并根据餐别按照服务规格摆台。

② 迎宾服务工作，具体包括以下几个方面。

a. 客人进入餐厅，领位员应面带微笑并礼貌地问候，并引领客人入座。

b. 客人坐下后，餐厅服务员送上菜单点菜。服务员站在客人右侧，与客人保持一定距离，倾听并记录客人选定的菜点，适时向客人介绍与推荐餐厅的特色菜点。如有些菜肴烹制时间较长，应向客人说明原因。客人点菜完毕，要将客人所选定的菜点复述一遍，核对无误后将点菜单一联送至厨房备餐，另一联送至收银处供结账使用。

③ 就餐服务工作，具体包括以下几个方面。

a. 上酒水时，餐厅服务员应根据酒水的品种摆放合适的酒杯，通常摆放在水杯的右侧。应当着客人的面示瓶、开瓶，并为客人斟倒第一杯酒。

b. 中餐上菜的服务顺序是先冷菜后热菜、主食、汤，最后上点心、水果等。餐厅服务员每上一道菜都要及时报菜名，同时注意不要将汤汁洒在餐台上或客人的衣服上。上有配食佐料的菜肴时，应将主菜与佐料同时上桌，或者是先上佐料再上主菜。应掌握好上菜的节奏，当餐厅服务员为客人上第一道菜时，应主动对客人说"对不起，让您久等了"，上最后一道菜时也应该对客人说"您的菜上齐了，请慢用"等服务敬语。

c. 餐厅服务员应在所负责的餐台附近巡视，及时发现客人的需求。例如，为客人换餐碟、烟灰缸，添加酒水；当客人所点菜品没有上齐时，要立即与传菜员联系，尽快上菜；为客人分主食和汤品；上洗手盅和小毛巾或餐巾纸；补充食品和饮料等。

d. 餐厅服务员上菜时，应从客人右边送上，所有饮料也应从客人右边送上，用过的餐具从客人右边撤下，注意应先撤盘、后上菜。

④ 餐后结束工作，具体包括以下几个方面。

a. 结账收款要核算准确。客人使用信用卡结算时，应开好账单，并请客人签字确认。

b. 客人用餐完毕，应将客人送至餐厅门口，并礼貌地对客人说"再见""希望您下次光临"等。

c. 收台检查，按毛巾小布件类、酒水杯、碗碟、筷子的顺序分类收拾。

d. 收台检查时，如发现有客人遗留的物品，应及时归还给客人或上交主管处理。

e. 整理台面，换台布并整理桌椅。

f. 洗涤餐具并消毒，按规定存放餐具。

g. 下班后，餐厅服务员应关闭各种电器，并做好相关工作记录。

二、厨房生产业务管理

(一) 菜单设计与制作

1. 菜单的作用

(1) 菜单反映了酒店的经营方针。餐饮工作主要有原料采购、食品的烹调制作和餐厅服务，这些工作内容都以菜单为依据。因此，必须根据餐厅的经营方针来设计菜单，才能实现经营目标。

(2) 菜单标志酒店菜肴的特色和水准。通过菜单上菜品的选料、组配、烹制、排菜，客人很容易判断菜肴的特色风味，以及饭店的经营能力及管理水平，同时菜单也能反映厨房烹调技术和宴会服务艺术水平。

(3) 菜单是沟通客人与服务员之间的桥梁。客人是根据菜单选购食品和饮料的，而向客人推荐菜肴则是服务员的服务内容之一，客人和服务员通过菜单开始交谈、沟通信息。这种"推荐"和"接受"的结果，促成了饭店的经营行为。

(4) 菜单是研究菜肴的资料。通过客人对本餐厅菜肴的点击率，可以了解客人的就餐喜好，从而可以有针对性地改进现有菜肴的制作工艺和开发新的菜肴品种。

(5) 菜单既是艺术品又是宣传品。精美的菜单既可以作为饭店的主要广告宣传品，又可以渲染用餐气氛，提升宴会厅的格调，从而使客人对饭店留下深刻的印象。此外，菜单还可以作为一种用于欣赏的艺术品甚至可留作纪念，引起客人美好的回忆。

(6) 菜单是饭店餐饮业务活动的总纲。菜单是饭店引进餐饮服务设施配备的基础，是开展餐饮服务生产和销售活动的依据，它以多种形式影响和支配饭店的服务系统。

2. 菜单的分类

(1) 按用餐时间划分，分为早餐菜单、早午餐菜单、午餐菜单、午茶菜单、晚餐菜单、夜宵菜单。

(2) 按餐厅经营类型划分，分为饭店菜单、自助餐厅菜单、咖啡厅菜单、酒吧菜单、客房送餐菜单、外带菜单。

(3) 按功能划分，分为零点菜单、套餐菜单、混合菜单、宴会菜单、酒会菜单。

(4) 按外观划分，分为桌上式菜单、桌垫式菜单、悬挂式菜单。

(5) 按菜单使用时间的长短划分，分为固定性菜单、变动性菜单、周期性菜单。

(6) 按用餐对象划分，分为老人菜单、儿童菜单、宗教菜单、节食菜单、素食菜单、对内菜单、对外菜单。

3. 菜单设计原则

(1) 以客人需求为中心。设计菜单时，应掌握客人的消费心理，根据客人的年龄、性别、生活习惯、饮食喜好、宗教信仰与禁忌等，制作特定顾客群所需的菜单。

(2) 以经营特色为重点。设计菜单时，应突出菜肴的地方风味特点，同时根据菜肴档次设计不同的菜单，以满足不同档次消费者的需要。

(3) 以客观因素为依据。应根据原料的供应情况、设备实施条件及员工的技术力量来设计菜单。

(4) 以尽善尽美为目标。菜单的风格应与餐厅整体风格相一致，菜肴的营养成分要搭配合理，菜单的菜品要不断创新。

4. 菜单设计要求

(1) 原料选用的多样性。设计菜品时，应将时令原料、外国原料等丰富多彩的原料充实到菜单中，菜肴原料的多样化会大大提高菜品的质量。

(2) 烹调方法的多样性。设计菜单时，要讲究菜肴烹调方法的多样性，并采用熘、炒、烹、炸等多种烹调方法，以满足客人对不同风味的需要。

(3) 调和味道的起伏性。设计菜单时，要突出菜肴的各种口味，讲究基本味和复合味的多种搭配，以满足客人对不同口味的需求。

(4) 菜肴色彩的协调性。设计菜单时，尽可能利用原料的自然色彩和加热调味后的颜色，同时可以利用器皿、点缀的色彩增加菜肴的美观度，从而增加客人的食欲。

(5) 菜肴形状的不同性。设计菜单时，应注重原料形状的变化、装盘的造型变化和器皿的形状变化，使客人在品尝美味的同时得到一种艺术享受。

(6) 菜肴质感的差异性。设计菜单时，应根据饮食对象、季节、烹调方法的不同，设计出不同质感的菜肴，做到软、硬、嫩、酥、脆、肥、糯、爽、滑等口味应有尽有。

(7) 菜肴品种的比例性。设计菜单时，应合理搭配菜品的品种，针对零点菜单、团体菜单、宴会菜单调整品种，使比例科学合理。

(8) 菜肴组合的科学性。设计菜单时，菜品的荤素搭配、酸碱搭配要合理，质量与价格搭配要适当。

5. 菜单基本内容

(1) 菜品的品名和价格，其注意事项包括以下几个：菜品名要真实；外文名字要正确；菜品的质量要真实；菜单上列出的产品应保证供应；菜品价格要真实。

(2) 菜品介绍，其主要内容包括以下几方面：主要配料及一些独特的浇汁和调料；菜品的烹调和服务方法；菜品的份额。

(3) 告示性信息，其信息内容包括以下几方面：餐厅的名字；餐厅的特色风味；餐厅的地址、电话和商标记号；餐厅的经营时间；餐厅加收的费用。

(4) 机构性信息。有的菜单上，除了体现上述信息外，还会介绍餐厅的等级、历史背景和特点等信息。

6. 菜单制作

(1) 菜单用纸。正确选择菜单用纸，不仅关系菜单的设计质量，而且关系餐厅的档次和成本控制，所以要根据菜单的使用方式，合理选用菜单用纸。

饭店使用的菜单有一次性和反复使用两种。一次性菜单主要是快餐菜单、时令菜单、特选菜单及一般宴席菜单等，这类菜单可选择轻巧价廉的胶版纸等来制作。反复使用的菜单有零点菜单等，这类菜单使用时间长，要经得起客人多次翻阅传递，可选择高级铜版纸、哑粉纸和特种纸等来制作。

(2) 菜单字体。菜单字体的大小、粗细、字距等与餐厅的风格、菜单的颜色等因素密切相关。

在菜单设计制作的过程中，字体要易识别，隶书、草书多用于菜单封面；楷书工整端庄，行书字体流畅，易被客人识别，多用于菜单内页，起到宣传沟通的作用。字体大小要相宜，栏目名称字体要大一些，正文字体则要小一些；中文字体要大一些，英文字体要略小一些。字体排列要协调，一页纸上的字与空白应各占50%。字体行间距要适当，使人读起来舒服；字体颜色要搭配；字体的粗细、颜色要与菜单的大小、颜色相协调。

(3) 菜单规格。菜单规格的大小与菜单的类别、形式及餐厅风格有密切的联系。我国的菜单规格没有统一的标准，各饭店完全根据经营风格自行设计。

(4) 菜单颜色。合理搭配不同的颜色会使菜单看起来更加漂亮，令人赏心悦目，能起到推销菜品的作用。菜单颜色应与餐厅的风格相协调，要与餐厅主题相一致，讲求淡雅美观。

(二) 厨房生产运作流程与管理

厨房作为餐饮部的出品部门，承担着加工食品的重任，因此有效的厨房管理是餐厅经营成功的关键因素之一。在影响客人选择餐厅的诸多因素中，排在首要位置的是菜式和口味。虽然菜品和服务是餐饮经营中比较重要的两方面，也是客人较为关注的两点，但相对而言，菜品质量的重要性要远超过服务。因此，合理地制定厨房运作流程尤为重要。

1. 厨房管理

1) 厨房的日常管理

(1) 控制好厨房生产。按菜单及时生产菜品和食品，合理利用原材料，降低成本，保证餐饮的毛利率。

(2) 分析餐饮市场的竞争趋势。通过分析餐饮市场的竞争趋势，开发符合客人口味的新菜式，增加特色菜，以保证和吸引客源。

(3) 加强厨房的卫生管理和安全生产管理。加强厨房的卫生管理和安全生产管理，保障食品安全，为客人提供干净卫生的食品。

2) 厨房的成本控制

(1) 对厨房加工过程的控制。应对加工数量进行控制，依据厨房的净料计划单组织采购并实施加工，以达到控制数量的目的。

(2) 对加工出净率的控制。由加工人员按不同品种的原料，加工出不同档次的净料交给发货员验收，提出净料与边角料的比例，登记入账后发放给各位使用者。

(3) 对加工质量的控制。加工质量直接关系菜肴的色、香、味、意、形、养。因此，采购、验收要严格遵照质量标准，控制原料质量。

(4) 对原料的加工成型、卫生、安全程度的控制。凡不符合要求的原料均由工序终点者控制，不得进入下一道工序，处理后另作他用。

(5) 对配制过程的控制。对配制过程的控制是食品成本控制的核心，应杜绝失误、重复、遗漏、错配、多配，保证菜品质量。

(6) 对审核的控制。必须有凭额订单和账务员的签章认可，厨师方可配制，并由服务员将客人所点的菜肴与订单进行核对，达到相互制约的目的。

(7) 对称量的控制。按标准菜谱、用餐人数称量，避免浪费原料。

(8) 对烹调过程的控制。烹调过程的控制是确保菜肴质量的关键，应对厨师烹调的操作规范、出菜速度、成菜温度、销售数量等方面加强监控。

(9) 对定厨、定炉、定时的控制。厨师应严格按标准规范操作，实行日抽查考核制度，用定厨、定炉、定时的办法来控制出菜速度、数量和质量，并做好统计工作。

2. 厨房运作管理

1) 工作目标

(1) 按菜单及时采购原材料，合理利用，降低生产成本。

(2) 按菜单及时生产，掌握厨房运作各环节的关键控制点。

(3) 加强厨房生产质量控制，掌握各类菜品的质量验收标准。

(4) 加强厨房的卫生管理与安全生产管理。

2) 厨房运作管理流程

(1) 原材料采购与验收。厨师长根据每天各餐厅接待人次及厨房生产任务量，确定原材料的需求量，及时下达采购申请单，配合采购部门依据订购单或订购记录检查进货，并配合收货人员检查原材料。

(2) 原材料储存。购进的新鲜原材料应及时分类入库，妥善保存。

(3) 原材料领取。厨师长根据每天接待人次及厨房生产任务量，确定需领用的原材料数量，并检查其规格、保存期限等，使其符合原材料投入使用的标准。

(4) 原材料洗刷切割。对领回的原材料进行分类和加工处理，严格按菜品的制作标准进行加工、切配。

(5) 烹调、制作。菜品原材料配制完成后，厨师应严格按操作规范进行烹调、制作。

(6) 成品质量检验。厨房应实行生产质量管理制度，并设立菜品质量控制小组。菜品装盘后，先由行政总厨检验，确认合格后，方可保温或冷藏或从出菜口交给服务员端至餐桌。在此期间，菜品质量控制小组应随机抽查厨房所出的菜品。

(7) 菜品供应。根据需求，成型的菜品由专人(前台服务员)端至餐桌，并接受客人的监督。厨房应定期对菜品的销售情况、获利情况进行分析，为制定销售策略提供决策依据，具体可编制菜肴分析记录表、菜点处理记录表等。

(8) 厨房收尾工作。各厨房的厨师长应带领厨师做好上菜后的收尾工作，包括处理剩余原料、做好清洁卫生等工作。

案例分析

千篇一律的告别语

某饭店常客吴先生对餐厅服务员"机械式"的服务用语颇有怨言。每次吴先生结完账，餐厅收银员都会说："谢谢，欢迎下次光临，请慢走，祝您一路顺风。"有一次，吴先生听后不高兴地说："我要赶飞机，怎么能慢走？更不能顺风！"还有一次，吴先生办理结账手续后，礼宾员小于机械地说："欢迎下次光临。"吴先生回敬道："当然要光临，否则去哪里？"小于从吴先生的话语中感受到他对这种老套欢送词的不满。不久，小于再次送别吴先生时，换了种说法："吴先生，今天您满面春风，一定是遇到了高兴的事……"吴先生听后，心情特别好。

资料来源：职业餐饮网[EB/OL]. http://www.canyin168.com. 作者有删改

思考题：

餐饮服务中应如何使用服务语言？

分析提示：

在高效率、快节奏的现代生活方式中，"请慢走"这种常见的问候语似乎已经不太适用，宜改为"请走好"。"祝您一路顺风"这句问候语，在恶劣的刮风天气或对乘坐飞机的客人也不宜用，应尽量少用，改用"祝您平安""祝您旅途愉快"会更好。饭店从业人员需要学习和研究工作语言，并在实践中努力提升服务语言的表达效果，以便适应服务接待工作的需要。送别语要标准、规范，要避免"谢谢！欢迎再次光临"等机械式的送别语，如可以改为询问式的"您还需要其他帮助吗"可能会更好，可避免客人留下饭店急于送客的印象。

本章小结

本章介绍了饭店对客服务的基本部门——餐饮部的基本业务及管理。餐饮服务与管理是饭店整体运营中的重要组成部分，是不可忽视的重要环节，是饭店经济收入的重要来源。餐饮部的服务代表饭店的形象，餐饮部的服务水平直接影响饭店的经济效益和社会效益。

复习思考题

1. 餐饮经营的特点是什么？
2. 简述餐饮部在饭店中的地位与作用。
3. 餐饮部的基本业务有哪些？
4. 餐饮服务基本技能有哪些？基本标准是什么？

第七章
饭店康乐服务与管理

▌知识目标▐

- 掌握康乐部的含义
- 了解饭店康乐部的作用
- 熟悉饭店康乐部的主要任务
- 了解康乐部的常见组织形式
- 掌握康乐服务项目设置的基本类型

▌技能目标▐

- 掌握保龄球、台球、网球、高尔夫球、游泳、健身等服务项目的概况、主要设施设备和相关服务流程及标准
- 熟悉卡拉OK、舞厅、棋牌等项目的概况、类型、布局、设施设备、服务流程及标准
- 了解SPA水疗、桑拿浴、保健按摩等项目的概况、类别、服务流程及标准

引导案例｜不要和客人冲突　⊙

　　某日晚上六时许，康乐中心保龄球馆人来人往，收银处小孙正忙着为一组客人办理结账手续。这时，有两位客人走到柜台前对小孙说："我们需要一条球道。"小孙说："请您稍等一下，我为这位客人办好手续后，就为你们找空球道。"其中一位姓于的客人说："我们和朋友约好今晚六点半一起来打球，希望你能先替我们办一下。"小孙为了尽可能照顾这两位客人，便一边办理结账手续，一边用电脑查找空球道，他发现还剩一条球道，每局35元，便如实告诉客人。那位于先生听后突然大发脾气："上次我来的时候还是每局25元，怎么就突然调成35元呢？这不是宰人吗？"小孙刚要回话，这位于先生突然拿起服务台上的介绍单朝小孙砸去，小孙没有防备，介绍单飞得到处都是，小孙面孔变得煞白，真想"回敬"对方一下，但他马上想到自己的身份，绝不能意气用事，于是尽量克制情绪，使自己镇定下来，并以充满敬意的语气向客人解释："先生，您是三个月之前来的吧？价格是根据饭店的有关条例于三个月前统一调整的，我建议您先预订一条，以免影响您与朋友的约定。"

这时，另一位客人李先生见他的朋友于先生理亏，想找个台阶下，就劝于先生说："这个服务员服务态度还可以，咱们还是先预订吧。"于先生见势也平复了情绪。小孙立刻招手让服务员把客人带到球道，然后弯下腰去捡介绍单，从他微微颤抖的后背可以看出，他正在极力压抑着内心的委屈。周围的客人纷纷对于先生的粗鲁行为表示不满，于先生一声不响地和李先生办好手续后便跟着服务员去球道处休息。事后，于先生深感自己言行不妥，在结账时到服务台找到小孙，为自己的冒失行为道歉。

资料来源：中国酒店网[EB/OL] . http://chinahotel.com. 作者有删改

思考：

请评价服务员小孙的做法。

本章导语

随着我国经济的飞速发展，人们在衣、食、住、行等基本生活需求得到满足后，对康乐活动的需求日益增强。伴随康乐业的持续发展，康乐部在饭店中扮演着越来越重要的角色。起初，康乐部只是饭店的附属部门，归属前厅部、客房部或餐饮部。但随着饭店客人对康乐需求的增加，康乐部在饭店经营中的地位和作用也越来越重要，逐步发展为与客房、餐饮和前厅等部门并列的关键部门。《旅游饭店星级的划分与评定》明确规定了星级饭店中相应的康乐设施的细化标准。

本章首先介绍了康乐部的作用、主要任务、组织形式、项目类型，在此基础上介绍了康体运动类、休闲娱乐类、保健养生类服务项目的具体内容。

第一节 饭店康乐服务与管理概述

一、饭店康乐部概述

康乐部又称康乐中心，是饭店组织客源、销售康乐产品、组织对客服务并为客人提供各种综合服务的部门，是完善饭店配套附属设施和服务的重要机构。作为饭店的一个部门，康乐部具有典型的现代都市文明特征——时尚、先进，有着独特的服务技巧、服务程序、服务方法和经营规律。康乐部是现代饭店必不可少的重要组成部分，它为客人提供开展康体运动、休闲娱乐和保健养生所需的设施设备、场所和相应的服务。

二、饭店康乐部的作用

(一) 康乐部有利于饭店吸引客源

很多客人把康乐作为生活中不可缺少的一部分。饭店所在地区的大多数年轻人喜欢到饭店康乐部消费，而对于那些住宿客人来说，康乐也是必不可少的活动之一，甚至有些客人就是因为某饭店的康乐设施完善，或对某一次活动感兴趣而投宿的。这是一种新的生活理念，体现了客人对康乐项目的强烈需求，这一趋势有利于饭店提高经济效益。

(二) 康乐服务项目有利于提升饭店经营特色

饭店想在微利环境中生存，就必须不断创新，推出符合时尚潮流的特色经营项目，树立新形象，以满足客人求新、求异的需要。因而，饭店经营的关键在于推出区别于竞争对手的特色产品和创新产品，而特色产品和创新产品必须基于对目标市场需求的了解和对市场趋势的把握，才能将资源优势转化为市场优势，从而形成具有特色的饭店品牌，并最终赢得市场的认可。例如，北京前门饭店的老舍茶馆，展示了以京剧为特色的中国传统文化形象；杭州国际大厦雷迪森广场酒店，也成功地树立起一个现代化的歌剧院的独特品牌形象。

(三) 康乐服务项目是饭店等级评定的必备条件

《旅游饭店星级的划分与评定》(GB/T 14308—2003)明确规定，三星级至五星级饭店必须设有酒吧或茶室，或其他供客人休息交流且提供饮品的场所、会议康乐场所及相应的设施设备，并提供相应服务。

白金五星级饭店评定标准中的"特色类别二"规定，饭店应设有歌舞厅、影剧场、舞台设施和舞台照明系统(能满足一般演出需要)、美容美发室、健身中心、桑拿浴、保健按摩、定期歌舞表演。

白金五星级饭店评定标准中的"特色类别三"规定，饭店应设有自用温泉或海滨浴场或滑雪场、室内游泳池、室外游泳池、棋牌室、游戏机室、桌球室、乒乓球室、保龄球室(至少4道)、网球场、高尔夫练习场、电子模拟高尔夫球场、高尔夫球场(至少9洞)、壁球场、射击或射箭场等。

(四) 康乐部是饭店营业收入的重要来源

在我国的饭店业中，康乐部的规模越来越大，并与客房部、餐饮部并列成为饭店创收的主要部门，甚至有些饭店的康乐部已经超过其他部门，成为饭店第一大部门。完善的康乐设施设备，优雅的康乐环境，现代化的康乐器械，吸引了大批旅游者和当地公众。由于康乐享受越来越受到客人的青睐，促使饭店的经济效益显著提高。很多位于旅游热点地区的饭店，特别是位于首都、大城市和经济较发达地区的饭店，康乐部的经营收入在饭店总营业额中占有很大的比重。

三、饭店康乐部的主要任务

(一) 满足客人康体运动的需要

随着社会文明的进步，人们对身体健康的要求也在不断提高。人们除了参加传统的体育锻炼活动，还在不断寻求并积极参加更有情趣的、能够将锻炼与享受相结合的活动，这就是人们钟情于康乐活动的原因。而满足客人在康体运动方面的需求就成了康乐部的任务之一。客人对康体运动的需求是多方面的，形式也是多种多样的。因此，饭店康乐部设置了网球、台球、壁球、健身器械、游泳池、高尔夫球、飞镖、室内攀岩、乒乓球、羽毛球等设施，以满足不同客人对康体运动的需要。

(二) 满足客人休闲娱乐的需要

休闲娱乐活动具有很强的娱乐性、放松性和选择性，因此受到不同年龄阶层人士的欢迎。不同的消费人群完全可以根据自己的喜好选择相应的项目，例如扑克、麻将、电玩游戏、卡拉OK等，既满足了人们的娱乐需求，也可以使人精神放松、心情愉悦。现代饭店中配备各种娱乐项目及相关设施，不仅可以为店内外的客人提供丰富多彩的娱乐生活，同时有助于客人的人际沟通和商务往来。

(三) 满足客人保健养生的需要

人们追求健康的途径除了加强锻炼、增加营养外，还可采用物理保健的方法。这种保健方法已经成为康乐部门必备的服务项目，例如，桑拿浴(包括芬兰浴、土耳其浴、光波浴等)、按摩(包括中医按摩、泰式按摩、港式按摩、韩式按摩、日式按摩、足部按摩)等，这些项目都可以满足客人休闲娱乐、保健养生的需要。

(四) 满足客人康乐安全的需要

做好设施设备的安全保养工作，满足客人的安全需求，为他们提供一个既安全又舒适的休闲环境，是康乐部的基本任务之一。安全这个问题可以从两方面去认识：一方面，任何一项活动都可能存在不安全因素。例如，打保龄球可能出现滑倒、摔伤或扭伤的危险，游泳可能出现溺水的危险等。这就需要康乐部服务员时刻注意客人的活动情况，及时提示客人注意按照安全规范参与康乐活动。另一方面，随着设备使用次数的增加、使用时间的延长、累计客流量的增加，设备的损耗和老化就会加快，不安全因素也会增加。如果不注意设备的检查和保养，就有可能给客人带来某种伤害。例如，游泳池附近的地面极易滋生青苔，如果不及时清理，就可能导致客人滑倒摔伤。

(五) 满足客人康乐卫生的需要

随着康乐活动的普及，康乐设备和场所的使用频率越来越高，产生细菌交叉感染的概率也越来越大，如卫生状况不良，很有可能对客人的身体健康造成危害。例如，游泳池的水质、客人唱卡拉OK时使用的话筒、球类运动中经常触摸的球拍和球、美容美发室经常使用的各种器械和化妆品等。因而，做好康乐活动场所的卫生清洁工作，为客人提供一个干净舒适、优雅安全的活动场所，是康乐部的重要工作任务。

(六) 满足客人对康乐技巧指导的需要

康乐部的设备种类较多，有国产的也有进口的，高星级饭店的设施更新频度较快，特别是先进的进口设备以及带有电脑显示屏的体育器材，客人在初次使用时，需要服务人员耐心地提供正确的指导性服务。另外，一些运动项目的技术性很强，也需要服务人员对不熟悉该项运动的客人提供技术上或规则上的指导服务，以满足他们对掌握运动技能技巧的需求。

▌ 四、康乐部的组织形式

康乐部作为饭店的重要业务部门，通常是作为一个独立的服务部门或隶属于某个部门，其设置原则与其他部门基本相同，但应与饭店自身的规模、档次和经营理念相适应。康乐部的组织形式有以下几种。

(一) 康乐部独立成部的形式

如康乐服务在饭店中所占比重较大，则康乐部就应作为饭店的一个独立部门，与饭店其他部门并列存在，并具有同等重要的作用和地位。按照饭店自身的情况和特点的不同，康乐部的组织形式可分为并列形式和阶梯形式两种。

1. 并列形式

并列形式如图7-1所示。

图7-1 康乐部的组织形式——并列形式

2. 阶梯形式

阶梯形式如图7-2所示。

图7-2　康乐部的组织形式——阶梯形式

(二) 康乐部隶属于其他部门的形式

如康乐服务在饭店中所占比重较小，则康乐部可隶属于其他部门，以康乐部隶属于餐饮部为例，其组织形式如图7-3所示。

图7-3　康乐部的组织形式——隶属餐饮部

五、康乐服务项目的基本类型

(一) 康体运动类服务项目

1. 康体运动类服务项目的定义

康体运动类项目是借助一定的运动设施设备和环境，为客人锻炼身体、增强体质而设的健身项目。康体项目有别于专业体育项目，它不需要专业体育项目那么强的专业性、技巧性，客人参与康体项目只是为了锻炼身体并从中享受乐趣，进而放松身心。

2. 康体运动类服务项目的内容

康体运动类项目主要有网球、台球、保龄球、高尔夫球、羽毛球、壁球、乒乓球、沙狐球、游泳、健身、室内攀岩、飞镖及射箭等。

3. 康体运动类服务项目的特点

(1) 康体运动类项目对设施设备的要求较高。康体运动类服务的核心是为客人提供康乐设备和运动场地。康体器材应达到高规格、高质量的要求，一方面可以为客人提供充分的舒适享受；另一方面可以降低设备故障率，保证经营的连续性，减少维修费用。

(2) 提供康体运动类项目的配套服务是经营的保证。在设计康体休闲项目时，应根据饭店实力和客人需要提供配套服务。这不仅包括每个项目的内部完善，如休息室、水吧、洗浴、餐厅等配套项目，还包括各种康体项目的配套与互补，这样康体项目才能成为饭店的主要营业收入来源。

(3) 康体运动类项目需要提供指导性服务。康体运动需要较强的技能，客人在相关项目上需要技术性指导。由于客人的消费层次、文化层次存在一定的差异，对康体运动项目品种的熟悉程度也各不相同，尤其是一些较为先进的进口设备和较为时尚的运动方式，如带有电脑显示器的体育器材，包括自行车电脑显示器、心脏跳动显示仪等，以及保龄球、台球的基本游戏技巧，有些客人会比较生疏。这些都需要服务员提供正确、优质的指导性服务，以便使没有掌握器材使用技能的客人能正确地使用器材，从而增加客人的兴趣，提高客人的参与度。

(二) 休闲娱乐类服务项目

1. 休闲娱乐类服务项目的定义

休闲娱乐类服务项目是指通过一定的设施、设备和服务，使客人在参与中得到精神上的放松和满足的游戏活动。休闲娱乐项目与康体运动项目既有区别又有联系，两者的区别在于康体运动项目多由体育运动项目转化而来，而休闲娱乐项目是以休闲娱乐功能为主的游戏活动。

2. 休闲娱乐类服务项目的内容

休闲娱乐类服务项目主要有棋牌、KTV、舞厅、电玩游戏、酒吧等。

3. 休闲娱乐类服务项目的特点

(1) 休闲娱乐类项目的基础是环境和氛围。休闲娱乐项目的场所应高雅、洁净且具有一定的文化品位。休闲娱乐活动场所吸引客人的主要因素是环境和氛围，内容丰富、品位较高的娱乐项目和洁净、高雅的娱乐场所不仅能给客人带来愉悦的心情，而且会给客人带来宾至如归的感受。客人光顾此类场所就是为了享受环境，所以营造娱乐氛围至关重要。

(2) 休闲娱乐类项目具有很强的个人参与性。很多休闲娱乐项目会要求客人主动参与、自我表现，以达到娱乐的目的。另外，由于现代人大多生活压力较大，工作节奏较快，有很多客人希望在参与娱乐活动的过程中获得某种心理或生理上的放松和满足。

(三) 保健养生类服务项目

1. 保健养生类服务项目的定义

保健养生类服务项目是指利用一定的环境设施和服务，使客人能积极主动、全身心地投入，并获得身心放松和精神满足的活动项目。

2. 保健养生类服务项目的内容

保健养生类服务项目主要有SPA水疗、桑拿浴、保健按摩、美容美发、氧吧等。

3. 保健养生类服务项目的特点

(1) 服务人员的专业性是保健养生类服务的关键。无论是保健按摩、SPA水疗，还是美发、美容都需要由受过专业训练并取得上岗资格证书的人员来提供服务。服务人员专业水平的高低不仅关系服务质量的好坏，而且直接影响项目经营效果的好坏。

(2) 良好的卫生条件是保健养生类服务的保证。保健养生类服务项目大多直接接触客人的身体，卫生条件对客人的健康来说尤为重要。无论是客人使用的物品还是服务设施都应经过严格的消毒，同时专业服务人员也要做好个人卫生。

(3) 客人安全是保健养生类服务的基础。无论是桑拿、保健按摩、美容美发还是SPA水疗等，都应把客人安全放在首位。在服务过程中，如因操作失误或因康乐设施故障对客人造成伤害，饭店都负有不可推卸的责任。因而，无论在提升服务质量方面还是在提升经营绩效方面，饭店都应该把安全放在首要位置。

第二节　饭店康体运动类服务项目

一、保龄球服务项目

(一) 保龄球运动概况

保龄球的起源可以追溯到古埃及，当时的人们发明了类似现代保龄球运动所用的大理石球和瓶。在13世纪的德国教会里，流行着一种被称为"九柱球"的游戏，以此来检验教徒对宗教的信仰程度。直到宗教改革之后，马丁·路德统一了九瓶制，成为现代保龄球运动的真正起源。如今，保龄球已经成为现代社会中的一项时尚运动，流行于欧、美、大洋洲和亚洲一些国家。保龄球，英文名是bowling，又称地滚球，是在木板道上滚球击柱的一种室内运动。

(二) 保龄球项目的主要设施设备

1. 球道

球道是保龄球投出后向前滚动的路径，标准球道长1915.63厘米，宽104.2～106.6厘米。球道最前方是置瓶区，球瓶呈倒正三角形排列。球道两侧各有一条球沟，球道的后方是发球区，作为球员持球及助走掷球的区域。

2. 助走道

助走道是球员助走、滑行及掷球的区域，长度为427.3厘米，宽度为104.2～106.6厘米，与球道宽相等。

3. 犯规线

犯规线是指助走道和球道的连接线，宽0.95厘米，上面设有光控犯规监测装置。

4. 助走标识

在助走道的起点处有前后两组10个标识点，被称为助走标识，也叫站位标识，是供球员选择站位的标志。

5. 脚步标识

在助走道与犯规线之间，有一组7个标识点，被称为脚步标识，也叫滑步标识，这是为助走时掌握最后的滑步位置而设的。

6. 目标标识点

球道上有一组箭头标记，距犯规线365.97～487.95厘米，这组箭头被称为目标标识点，是供球员打球时瞄准用的。每隔5块木板有1个箭头，从左向右数，依次分布在第5、10、15、20、25、30、35块木板上，一共有7个箭头。

7. 引导标识点

球道上有一组小圆点标记，离犯规线约243.97厘米，这组圆点被称为引导标识点。引导标识点分为左半组和右半组，两组相互对称。右半组依次分布在从右数第2、5、8、11、14块木板上，左半组则分布在从左数同样的位置上。

8. 球瓶

保龄球瓶选用上等枫木为主要材料，经过钻孔、黏合、打磨、定型和喷涂等特殊工艺加工而成的梭形木瓶。每一只球瓶重1.261～1.641千克，高度为38.85厘米，最大直径为12.1厘米。每条球道备有两组球瓶，每组10个。将10个球瓶凑成一组，其中最重的与最轻的球瓶的瓶重相差不可超过112克。球瓶排列成倒正三角形，10个球瓶以30.48厘米的间距依次排列成4行。

9. 球

保龄球是用硬质塑胶或合成树脂塑胶制成的实心球，由球核、重量堡垒、外壳3部分组成。球的直径为21.8厘米。保龄球的球重按国际规定有11种规格，分别为6磅、7磅、8磅、9磅、10磅、11磅、12磅、13磅、14磅、15磅、16磅(1磅等于0.454千克)。保龄球重可以不同，但大小必须相同。球上有3个小孔，便于手指插入推球。球表面有商标、编号及重量堡垒等识别标记。

10. 记分系统

现代化的球场均装有计算机记分系统。

11. 自动化控制系统

自动化控制系统是现代保龄球场的必备设施，由程序控制箱控制，通过机械装置来完成回球、升球、扫瓶、送瓶、夹瓶、竖瓶等操作，并将瓶位信号、补中信号、犯规信号通过计算机记分系统显示在记分台和悬挂式彩色记分器上。自动化控制系统包括保龄球送球机和保龄球置球机等。

12. 附属设备设施

保龄球馆附属设备设施包括球员休息椅、茶几、公用鞋存放柜、公用球存放架、备用球、清洁打磨机、加油机等。

(三) 保龄球项目服务流程及标准

1. 服务前的准备工作

(1) 在客人到来之前，服务员应按照规定的时间和要求，完成地面、球道、置球区的清洁工作。

(2) 重点做好保龄球的手指孔、记分台、休闲茶座、计算机显示屏和回球架等处的清洁工作，按照规定准备好操球巾和粉盒。

2. 迎接服务工作

(1) 当客人走进保龄球场馆时，接待员要用规范的礼仪，微笑着迎接客人的到来，并主动向客人问好。

(2) 按照操作程序，准确记录客人的姓名、房间号和运动时间。

(3) 根据客人的需求和球道的多少，为客人安排球道，并快速地为客人办理手续。

3. 换鞋与更衣

(1) 在客人办完手续后，服务员应主动引领客人到休闲茶座前，请客人换上保龄球场馆的专用鞋，并帮助客人把换下的鞋及时摆放在鞋架上或者座椅下。

(2) 引领客人进入更衣室，换上打保龄球的运动衣，并提示客人将换下来的西服或大衣放进更衣柜里。

(3) 为客人发放更衣柜的钥匙，并提醒客人，保存好更衣柜的钥匙。

4. 教练服务

(1) 示范发球动作。当初学保龄球的客人进入场馆后，教练应为客人讲解发球的动作要领和发球规则，并进行3～5次示范演练，尤其是五指扣球要领和击球动作，都要按照规范的操作程序，耐心地为客人提供示范服务。

(2) 当好客人的陪练。教练应根据个别客人的需求，热情积极地当好客人的陪练。在为客人提供陪练服务时，应掌握客人的争胜心理，多为客人提供赢局的机会，让客人有成就感。

(3) 为团队参赛客人当裁判。当团队客人参加保龄球比赛时，教练应当好裁判，并规范地操作计算机自动记分系统，及时地把比赛成绩告知比赛双方。

(4) 及时巡视球场。当客人参与保龄球运动时，教练应及时巡视球场的每一个角落，密切关注客人掷球的基本要领和木瓶击中率，观察设施设备是否完好等。例如，客人在球道上掷出的每一枚保龄球能否自动回球，计算机自动记分系统显示的分数是否正确，各个球道和显示系统及置瓶区是否正常运转等。

5. 结账及送客服务

(1) 依据流程迅速地为客人办理结账手续。

(2) 礼貌地向客人告别，并表示欢迎客人下次光临。

(3) 营业结束时，认真填写交接班记录。

(4) 清理保龄球场，将各种运动器械归类入库保管。

二、台球服务项目

(一) 台球运动概况

1510年，台球出现在法国，法国国王路易十四在凡尔赛宫玩的台球是"单个球"(single pool)，具体玩法：在桌上放一个用象牙做的拱门(port)和一根用象牙做的立柱(称为"王"，king)，用勺形棒来打球，把球打进门或碰到柱上便可得分。国王路易十四的御医提出国王餐后做台球运动有利于健身，因此，此项运动得到国王的喜爱和关注，并于17世纪在法国逐渐风行起来。

据说，台球运动最早在室外进行，具体玩法：在地面上挖洞，用木棒把球打进洞内即得分。后来人们将台球的活动场地从室外移至室内的桌子上。台球的出现至今已有几百年的历史，台球运动并不是一出现就尽善尽美，而是在长期流传中经过人们不断改进、丰富，才达到如今比较完善的程度。人们从前在室内桌子上玩球时，在桌子中心开了一个圆洞，后来又在桌子四角开了4个圆洞，球洞的增加激发了人们玩球的兴趣，直到在桌子上开了6个圆洞，才演变成今天落袋式台球球台的雏形。到了19世纪初，台球运动的发展开始走向成熟阶段，在技术不断提高的同时，设备用具也随之发展，许多大大小小的改进措施和发明创造不断涌现。

(二) 台球项目的主要设施设备

1. 台球室

台球室设计要美观，面积大小与球桌安排应相适应。球桌、球杆、台球、记分显示器等运动器材和设备应符合国际比赛标准，球桌应坚固平整，室内照明充足、光线柔和，各种设备应齐全、完好、无损坏。

2. 球杆

球杆是台球运动的灵魂，好球技配好球杆，才能发挥得淋漓尽致。选择球杆的重要标准是全杆笔直，其次是接头部分要密合。此外，长度和重量也是要考虑的要素。

3. 球台

球台是台球室的基本设施，按制作原理的不同可分为许多种，但都要求台面平整。台面底部应铺上厚厚的大理石，使其既平整又有相应的重量，不易移动。台面上应蒙上一层绷得很紧的绿色细呢绒，使球在台面上滚动时不会随意转弯。

球台分为"法式球台"和"英式球台"两种。法式球台有两种规格，一种是137.16厘米×274.3厘米(包边)，另一种是152.4厘米×304.8厘米(包边)。法式开伦球的球台没有球袋，现今使用较少。英式15球及9球的球台规格为127厘米×254厘米。英式斯诺克台球的台面较宽大，规格为182.88厘米×365.76厘米。英式(美式)球台在球台四角及两侧的中部各有一个直径为10厘米或13厘米的球袋，中袋略大，直径为14.2厘米，台面上的球袋口的直径为9～11厘米。台面四周设有硬橡皮条制成的库，分为顶库、边库和库底。顶库，即相对于开球区的另一端的台边；边库，即左右两侧的台边(左边库、右边库)；底库，即开球区一端的台边。台边的弹力从开球区以中等力度击球，球能经顶库折回至底库，再经顶库回到D区，移动两个来回则为标准。球台高80～85厘米，便于打球者伏于台面击球。

4. 台球

过去的台球是以象牙磨制而成的，现在都以硬质塑胶为材质。塑胶制的球不会因温度、湿度的改变而产生变化，具有耐撞、耐冲击、球体质量均匀等优点。

5. 其他设备

(1) 粉块。粉块用来摩擦球杆的撞锤部分。粉附着在撞锤皮革上，可以增加摩擦力，避免击球时打滑，造成滑杆，产生失误。

(2) 手套。架杆的手戴上手套后，可减小球杆和手之间的摩擦力。

(3) 台球的杆架。每张球台旁都应有摆放球杆的杆架，球杆用完后，要顶朝上、柄朝下，整齐地排列在杆架上。

(4) 台球的记分牌。每张球台旁都应配备记分牌，常见的记分牌有三种：横拨珠算式，每得一分拨一个珠子；翻牌式，类似乒乓球记分牌；电子记分表。

(5) 台球的助滑粉。与防滑粉相反，为了防止手上有汗发涩，每张球台旁应备有滑石粉袋，以便击球者随时擦抹在做支架的手上。

(6) 台球的球台灯罩。为了节约用电，也为了聚光，每张球台上应吊两个距台面一米多高的梯形灯罩。

(7) 台球定位器。如果在比赛进行中发现球台面有异物或台球停留处有杂物，需要把球拿起擦揩或清扫，可将台球定位器放在此球的停留处，再将球拿起来清理，清理完毕后放回原处，以防错位。

(三) 台球比赛的计分规则

台球按球台结构和运动方法可以分成两类，即有袋式和无袋式。无袋式台球又称开伦台球，也称撞击式台球。有袋式台球分为英式斯诺克、比列、美式落袋3种。本部分将重点介绍英式斯诺克、美式落袋两种台球的比赛规则。

1. 斯诺克台球比赛规则

每盘比赛前，由裁判员组织双方运动员掷币或抽签决定开球权，然后将红色球15个、黄色球、绿色球、棕色球、蓝色球、粉色球、黑色球(称为"彩球"，均为高分球)各1个按规定的位置摆好。另有1个白色球是主球，开球运动员将主球摆在开球区内有利的位置上。开球时，球员必须先瞄击红色球，而且每次上场都必须先用主球撞击红球，任何一方只有先击进1个红球，才有权选击其他颜色球，第三击也必须再击进1个红球，第四击才能再选击其他颜色球，以此类推。如果得手，则可以1个红球、1个高分球的规律连续打到底。每次击进袋内的高分球均需取出放回开球时的球位上，凡是击进袋内或击出界外的红球一律不许取出。最后1个红球被击入袋后，被选择击进的高分球也应取出放回原位。红球全部落袋后，再按顺序击落的高分球就不再取出放回原位了。这时不管是两人轮流打还是一人打到底，每次击球必须先击进球台上分值最小的彩球(在此之前击高分球时不受分值限制)。各高分球的分值为：红色球1分，黄色球2分，绿色球3分，棕色球4分，蓝色球5分，粉色球6分，黑色球7分。如果球员没有按顺序击球，则算犯规，裁判将会对球员进行罚分。

2. 美式台球比赛规则

(1) 美式15球。美式15球由于简单易学而受到普遍欢迎，它只有一只白球作为主球，其他球只作为目标球，比较适合初学者。比赛时，首先将球分为两组，将1～7号球作为小号码球，全部涂上颜色；再将9～15号球作为大号码球，用白色涂上一层色带，所以也称之为色球和带球。将8号球涂成黑色，最后将黑色8号球打入袋者即为胜。

开始打球时，打入的第一个球所在的一组球(色球或带球)即为自己的球，打球过程中无须考虑自己组内的分值顺序。如果误将对方的球送入球袋，无须取出。谁先将自己的7颗球全部送入袋中，谁就可以打黑色8号球，将8号球送入袋者即为胜。击球过程中，如果自己的目标球未能入袋，或主球进袋，都将由对手获得击球权。

(2) 美式9球。以9个彩球作为目标球，打法与规则较为简单，是当今盛行的一种打法。通常从1号球开始打起，按顺序把球送入球袋。谁先把9号球送入袋者即为胜。双方共用1个白色主球，其余9个彩球摆放成菱形，9个彩球的号码为1号至9号，颜色分别为黄、蓝、红、紫、粉、绿、棕、黑和黄条花色。比赛采用盘局制，事先定好胜负盘局数，也可以限定在某一时间，开盘多者为胜。

比赛时，选手必须先撞击1号球，并且至少有4个彩球撞到台边或入袋才算开球成功，若9号球在开始时便合法入球，即为胜一盘。获得本盘胜利的球手，可以取得下一盘的开球权。开球后，选手利用彩球或主球撞击其他彩球进袋有效，可继续击球，若将9号球击入袋中则算一盘胜利。

(四) 台球项目服务流程及标准

1. 服务前的准备工作

(1) 将台球案罩布折叠整齐，放在规定的位置。

(2) 检查台球设备及辅助用具是否齐全。

(3) 检查服务用具是否齐全。

2. 迎接服务工作

(1) 面带微笑，主动问候客人。

(2) 询问客人是否有预约，如有预约，则在确定预约内容后向客人介绍台球设施、收费标准、收费方式等，为客人登记，开记录单，收取押金。

(3) 对无预约的客人，若客满，则安排客人按顺序等候，并告知等候时间，为客人提供茶水和报刊等。

3. 台球服务

(1) 根据来客人数及台球使用情况迅速安排球桌。

(2) 打开球桌照明灯，协助客人挑选球杆，将球摆好，询问客人是否需要手套。

(3) 客人打球时，应站在不影响客人击球的位置，注意观察，随时准备为客人提供服务。服务项目包括取、放台球架杆和计分等。如客人需要，可向客人讲解台球规则、技巧、记分器如何使用等。

(4) 主动询问客人是否需要饮品、小吃等，做好服务工作。

(5) 如果客人需要陪打服务，陪打员应认真服务，根据客人的心理掌握输赢尺度。

(6) 客人原定的运动时间即将结束时，应及时询问客人是否需要续时。

4. 结账及送客服务

(1) 客人消费结束时，服务人员请客人到服务台结账。

(2) 如果客人要求挂单，收银员应请客人出示房卡并与前台收银处联系，待确认后请客人签字并认真核对客人的笔迹。如果未获前台收银处同意或认定笔迹不一致，则请客人以现金结付。

(3) 客人离开时，服务人员应主动提醒客人不要忘记带好随身物品，并帮助客人穿戴衣帽。

(4) 清点、检查客人所用的台球设备是否有损坏，有无客人遗留物品。

(5) 将客人送至门口并礼貌地向客人道别。

(6) 将球杆摆在杆架上，将球码放整齐，使用专用刷和专用抹布将台面及台边清理干净，整理好水杯、烟灰缸和茶几等，准备迎接下一批客人的到来。

三、网球服务项目

(一) 网球运动概况

网球运动可以追溯到古希腊时期，是一种"掌上游戏"。据说该项运动是由一位云游诗人带入欧洲，到13世纪传入法国的宫廷之中，成为宫廷游戏。当时这些贵族所打的"网球"既无网也无拍，球也不能在地上弹跳。他们用的球由一块布裹制而成，里面塞上毛发等物，"球网"则是一条绳索，双方用手做球拍将球打来打去。而后英国人将以掌托球改为用羊皮拍打球，形成了现代网球的雏形。到17世纪，这种运动已走出宫廷，在上流社会流传开来，成为欧洲十分流行的一种游戏。19世纪中叶，欧洲人掌握了橡胶制造技术后，做出了可以弹跳的球。当时，埃及的坦尼斯镇生产的球质量最好，所以人们开始称这项运动为"坦尼斯"。同时，球拍由原来的羊皮拍发展成弦线拉成的球拍。

1873年，英国有一个名叫温菲尔特的乡村绅士将这项古老的宫廷游戏搬到了室外，运动场地也由室外的草坪代替了室内的地板，从此产生了现代网球运动。1877年，在英国伦敦的温布尔顿举办了第一届草地网球锦标赛，即温布尔顿网球公开赛。当时以亨利·琼为裁判组成了一个两人委员会，草拟了比赛规则，并作为网球比赛规则的基础沿用至今，现代网球常用的盘制、局制以及相关练习方法都形成于此。

(二) 网球项目的主要设施设备

1. 网球场地

(1) 网球场地类型。网球场可分为室外和室内两大类，且有各种不同的球场表面，其主要由经济因素所决定，常见的有以下几种。

① 草地球场。草地球场是历史悠久、具有传统意义的一种场地。它的特点是球落地时与地面的摩擦小，球的反弹速度快，对球员的反应速度、灵敏度、奔跑速度和技巧等要求非常高。因此，草地往往被看成"攻势网球"的天下，发球上网、随球上网等各种上网强攻战术几乎被视为草地网球场上的制胜法宝。但由于气候的限制以及保养与维护费用高昂，草地球场很难被推广到世界各地。每年寥寥几场草地职业网球赛事几乎都是在英伦三岛上举行的，且时间集中在6月和7月。温布尔顿锦标赛是其中最古老也是最负盛名的一场比赛。

② 红土球场。红土球场更确切的说法是"软性球场"，其典型代表就是采用红土球场地的法国网球公开赛。另外，常见的各种沙地、泥地等都可称为软性场地。此种场地的特点是球落地时与地面有较大的摩擦，球速较慢，球员在跑动中特别是在急停急回时会有很大的滑动余地，这就决定了球员必须具备更出色的体能及奔跑和移动能力，以及更顽强的意志。在这种场地上比赛对球员的底线相持功夫是极大的考验，球员需要付出数倍的汗水及耐心在底线与对手周旋，最终获胜的往往不是打法凶悍的发球上网型选手，而是在底线艰苦奋斗的一方。

③ 硬地。如今大部分比赛都是在硬地网球场上进行的，这是较为普通和常见的一种场地。硬地网球场由水泥和沥青铺垫而成，其上涂有蓝色和绿色塑胶，表面平整、硬度高，球的弹跳非常有规律，且反弹速度很快。需要注意的是，硬地不如其他质地的场地弹性好，地表的反作用强且僵硬，因此容易对球员造成伤害。

(2) 网球场地规格。标准网球场呈长方形，长线称为边线，它表示球场的长度；两端的短线为底线或端线，它表示球场的宽度。网球双打球场的长度与单打球场的长度一样，为23.77米，双打宽度为10.98米，单打宽度为8.23米。设计球场时合在一起，仅以白线做区分界线。处在场地中间的球网高度为91.4厘米(中间最低处)，将场地分隔成两个相等的半场，每一个半场靠端线处为发球区，从端线至发球区的长度为5.485米。另外，端线以外至少要留有6.4米的空地，边线以外至少要留有3.66米的空地，以方便接长球或大角度球。

2. 网球

比赛用球为白色或黄色的由橡胶制成的橡胶球，中空，具有弹性，外表以毛质纤维均匀覆盖。球面上的短毛有稳定方向、延滞球速的功能，短毛脱落严重的旧球会变得不易控制，最好更换。

3. 网球拍

网球拍依据材质的不同可分为木制、铝制、玻璃纤维和碳素纤维等多个种类。最受欢迎的是碳素纤维球拍，它具有弹性好、韧性强、重量轻等特点。球拍上的弦线有尼龙线和羊肠线之分，尼龙线坚韧耐用，不怕雨淋，但弹力较差，旋转力不够；羊肠线属于较高级的弦线，弹力足，旋转力强，但遇雨天或潮湿天气时容易断裂。

(三) 网球项目服务流程及标准

1. 服务前的准备工作

(1) 打卡签到，整理好自己的仪容仪表。

(2) 按时参加班前会，接受领导检查和分派的工作任务。

(3) 清洁环境卫生，做到地面洁净无杂物，服务台上的物品按类摆放整齐。

(4) 将营业时间、客人须知、价格表等以中英文对照的方式书写清楚，置于明显位置。

(5) 将钟表时间核对准确。

(6) 将气温、湿度及日照情况写在公告栏上，如是室内网球场，还应向客人公布室内温度、湿度。

(7) 检查所有服务设备设施是否齐全、运转是否正常。

(8) 检查更衣柜内是否留有杂物。

(9) 将各种表格及必需品准备齐全，放于规定的位置。

2. 迎接服务工作

(1) 营业前10分钟按标准服务姿态站立于规定位置。

(2) 当客人到来时，应主动、热情地问候客人。

(3) 引领客人至服务台办理网球运动登记手续。

(4) 主动协助客人挑选网球拍和网球。

(5) 引领客人进入网球场地。

3. 网球服务

(1) 为需要陪练的客人提供陪练服务。

(2) 为进行比赛的客人担当裁判工作。

(3) 为初学的客人做网球运动示范。

(4) 对客人出色的击球报以掌声鼓励。

(5) 在客人运动间歇，及时向客人提供面巾和酒水饮料服务。

4. 结账及送客服务

(1) 客人运动结束时，检查客用设备是否完好。

(2) 依据标准迅速为客人办理结账手续。

(3) 礼貌地向客人道别，并表示欢迎客人下次光临。

(4) 营业结束时，认真填写交接班记录。

(5) 清理网球场，将各种运动器械归类入库保管。

(6) 关闭网球场电源并锁门。

四、高尔夫球服务项目

(一) 高尔夫球运动概况

高尔夫原意为"在绿地和新鲜空气中的美好生活",这一含义可以从高尔夫球的英文单词"GOLF"看出来:G——绿色;O——氧气;L——阳光;F——脚部活动。它是一种集享受大自然乐趣、体育锻炼和游戏于一体的运动。相传,苏格兰是高尔夫球的发源地。当时,牧羊人经常用驱羊棍击石子,击得远且准为胜者,这就是早期的高尔夫球运动。1860年,英格兰首次举行高尔夫球公开赛。在这一年中,印度、加拿大、新西兰、美国等也相继举办比赛,继而举办国际、洲际乃至世界性的比赛。现如今,世界杯、英格兰公开赛和美国公开赛这三项比赛是高尔夫球领域最高水平的竞赛。

(二) 高尔夫球项目的主要设施设备

1. 室外高尔夫

(1) 场地。大部分高尔夫球场是利用自然起伏的地形规划出来的。正式的球场通常有18个洞,也有9个洞的小型球场,较大的球场则有27个洞或36个洞。洞数的多寡仅用于表示球场规模的大小,其规则没有变化。但在正式比赛的时候,18个球洞的场地参赛者可按顺序排列打下去,而9个球洞的场地参赛者则要绕两遍才能完成比赛。

(2) 球杆。球杆由杆头、杆身与握把3部分组成,其长度为0.91~1.29米。根据击球远近的需要,每个选手最多可带14根不同类型的球杆进场。这14根球杆以4根木杆、9根铁杆和1根推杆的配置为宜。

(3) 球道。高尔夫球道分为长、中、短3种。长球道共4条,前后9洞各2条,男子距离为431米以上,女子距离为376米以上;中球道共10条,前后9洞各5条,男子距离在430米以内,女子距离在336米以内;短球道共4条,前后9洞各2条,男子距离在229米以内,女子距离在192米以内。

(4) 果岭。果岭是指修整得很好的设置球洞的短草草坪,是每条球道的终点区域,中间设置球洞洞穴。

(5) 球洞洞穴。球洞洞穴是指埋入地下、供球落入的金属杯。洞穴直径为10.8厘米,深度为10.2厘米,金属杯的上沿低于地面约2.5厘米。洞穴间距离为91.44~548.64米。

(6) 高尔夫球。高尔夫球是在一块压缩的小橡皮上,用橡皮筋缠绕而成,再包上有微凹的坚硬合成材料作为外壳,重量为45.93克,美国高尔夫球协会规定球的直径为4.27厘米。

(7) 标志旗。标志旗是系于细长旗杆上的小旗,插入每个洞穴指明洞穴的号数。近距离向洞穴击球时,旗杆可暂时拔出。

(8) 球座、球杆袋及附属设施、设备。球座是用木头或塑料制成的锥状物,用于在发球台上发球时托架球,打一场球需要准备多个球座。球杆袋也叫球包,是装球杆的袋子,除放球杆外,还可放球、球鞋、雨伞、毛巾等物品。附属设施、设备是指打球时用来拉球杆袋和人员的电瓶车，修补草坪的沙袋和沙子等。

2. 室内高尔夫

(1) 显示屏幕。显示屏幕是指用投影机投射的大屏幕，由耐用的尼龙纤维织成，具有较高的清晰度、防火和耐击打性能，用来显示所选球场景观，投影清晰度高。

(2) 击球平台和防护支架。击球平台由在木条上面覆盖较厚的胶合板及人造草坪构成，同时可作为防护棚支架的基础。防护棚支架的作用是立在击球平台上支撑防护棚。

(3) 计算机。计算机用来显示系统功能菜单和球道的俯视全貌图，帮助打球者定位。其中设有计算机球童——仿真的服务生，它配备多种语言系统(英文、中文、日文或韩文等)，并且可视打球者的水平和需求为其选择合适的球杆，客人每挥一杆，计算机会立即报告击球的速度、角度和落点距离，并建议客人选用合适的球杆号码。球落地后，系统会根据实际状况展示现场声响效果，整个过程如置身于真正的高尔夫球场。

(4) 投影机。投影机可将球场和击球状况进行投影显示，具有高频扫描作用，并装配便捷的数字聚集系统，可悬挂在支架上或安装在天花板上。

(5) 测量器。测量器通常安装在仿真人造草坪上，负责测量击球的距离等指标。

(6) 缓冲墙。缓冲墙通常安装于显示屏侧面的辅助墙面上。

(三) 高尔夫球项目服务流程及标准

1. 准备工作

(1) 按规定时间做好营业前的准备工作，清洁人造草皮、座椅、茶几、烟灰缸、地毯和太阳伞等。

(2) 检查各项设施是否完好，如果发现问题应设法修理或报工程部门。

(3) 将供客人租用的球具等用品准备好。

2. 迎宾工作

(1) 服务台的服务员应面带微笑，主动问候客人。

(2) 询问客人是否有预约，向客人介绍收费标准等，并与客人确认开始计时的时刻。

(3) 为客人登记，开记录单，并收取押金。

(4) 对无预约的客人，若场地已满，应安排其按顺序等候，并告知大约等候的时间，为客人提供茶水和报刊等。

3. 高尔夫球服务

(1) 球场服务员应主动问候客人，并接过客人手中的球具袋，引领客人至座位旁。

(2) 主动帮助客人将球具袋内的球、球杆、手套和球鞋等取出，为客人摆放好。

(3) 将客人换下的鞋子收拾到鞋柜里，并提醒客人如果需要擦鞋服务，可以通知服务人员。

(4) 对于没有携带球具的客人，应主动询问他们喜欢什么样的球具和所需运动鞋的尺码，并迅速到服务台为其领取。

(5) 在客人开始打球的一段时间，服务员应及时关注客人的需求，比如球鞋不合适、需要技术指导、需要陪打、场地和设备出现问题、需要调整座位等，并及时给予解决。

(6) 及时提供捡球、送球服务。

4. 结束服务

(1) 当客人消费结束时，服务员应帮助客人收拾球具或帮助客人归还租用的器材，提醒客人带好随身物品，并请客人到收银台结账。

(2) 如果客人要求挂单，收银员应请客人出示房卡并与前台收银处联系，待确认后请客人签字并认真核对客人的笔迹，如果未获前台收银处同意或认定笔迹不一致，则请客人以现金结付。

5. 送别客人

(1) 礼貌地向客人道别，并表示欢迎客人下次光临。

(2) 清理场地，将卫生状况恢复至营业前的标准，准备迎接下一批客人的到来。

(3) 按规定清洁客人租用的球鞋、球具等，修理损坏的球具等。

五、游泳服务项目

(一) 游泳运动概况

游泳是一个拥有悠久历史的运动项目，但有关游泳运动的起源还没有完整、系统的史料可供考证，从现有的某些资料和人类社会发展历史来看，在很早以前就有了游泳运动。现代游泳运动起源于英国。据史料记载，17世纪60年代，英国很多地方的游泳运动开展得相当活跃。随着游泳运动的日益普及，1828年，英国在利物浦乔治码头建造了第一个室内游泳池。现代游泳在产生和发展的过程中，逐渐形成自由泳、仰泳、蛙泳和蝶泳等类型，成为康体休闲的重要项目之一。经常进行游泳锻炼，能改善人的神经、呼吸和循环系统机能，而且能促进身体匀称、协调和全面发展。

(二) 游泳项目的主要设施设备

1. 游泳池

游泳池根据池底结构和使用范围的不同，通常可分为比赛型、训练型、教学型和普通型4种。饭店内设置的游泳池一般为普通型游泳池，它既可以用于比赛、教学、训练，也可以作为戏水休闲的场所供客人使用。

游泳池设计美观，面积宽敞，顶部高大，顶棚与墙面玻璃面积较大，采光良好。池底装有低压防爆照明灯，底部满铺瓷砖，四周设防溢排水槽。游泳池通常分深水区和儿童嬉水区，深水区水深不低于1.8米，儿童嬉水区水深不高于0.48米。在合理的位置装有安全的游泳梯和跳水板，配有自动池水消毒循环系统、池底清洁系统及相应的机房和加热设施。池边满铺不浸水的绿色地毯，设躺椅、座椅和餐桌，大型盆栽盆景点缀其间，配备一定数量的遮阳伞。游泳池有专用的出入通道，入口处设有浸脚池。

2. 配套设施

游泳池旁边设有与接待能力相适应的男女更衣室、淋浴室和卫生间。更衣室配备锁、更衣柜、挂衣钩、衣架、鞋架与长凳。淋浴室各间相互隔离，配冷热双温水喷头和浴帘。卫生间配隔离式抽水马桶、挂斗式便池、洗手台、穿衣镜及固定式吹风机等卫生设备。各配套设施的墙面和地面均满铺瓷砖或大理石，并采取防滑措施。游泳区内设饮水处。各种配套设施材料的选择和装修，应与泳池设施设备相适应。

(三) 常见的游泳类型

1. 自由泳

自由泳是比较常见的一种游泳类型，速度较快且具有较强的实用性。自由泳又称爬泳，是澳大利亚人于1900年首创。自由泳要求游泳者将身体俯卧在水中，头部和肩部稍高出水面。游进过程中，双手轮流划水是推动身体前进的主要动力，同时身体要围绕中轴左右转动，以便手臂更好地发挥作用。游进速度越快，身体位置越高，但注意不要故意抬头挺胸来提高身体位置，这样会破坏身体的流线型，增加阻力从而消耗更多的体能，并且会使身体下沉。

2. 蛙泳

蛙泳是较为古老的游泳类型，因其划水与蹬腿的动作极似青蛙的游泳姿势而得名。游进过程中，游泳者身体平稳，动作省力，呼吸也比较方便，所以蛙泳比较适合于长时间、长距离等持久性强的情况。蛙泳因其动作较隐蔽、声音较小，长期以来具有很强的实用价值。在进行蛙泳时，要求游泳者将身体俯卧在水中，双臂伸直后向两侧分开，同时向后屈肘划水，划到肩侧面结束后在胸前汇合，再次向前伸出水面。在腿的配合方面，要注意将小腿和脚向外侧翻出，在身体两侧向后呈半弧形加速蹬水。

3. 蝶泳

蝶泳是在蛙泳的基础上发展起来的，在蛙泳划水后双臂不在胸前汇合，而是举出水面前摆后再次入水以提高速度，因这种姿势很像蝴蝶所以称为蝶泳。如今的蝶泳有所改进，借鉴海豚利用其半圆形尾鳍和躯干做波浪动作以快速推进的原理。蝶泳时，双手手心向外，同时向侧下后方划水，并由外向内划到腹下，然后在大腿两侧出水，从空中向前摆动双臂，腿部要上下打水。

4. 仰泳

仰泳技术的产生和发展有较长的历史，1794年就有了关于仰泳技术的记载，但是直到19世纪初，游泳者在仰泳时仍采用两臂同时向后划水、两腿做蛙泳的蹬水动作，即现在的"反蛙泳"。游进过程中，身体仰卧，臂腿动作没有规则限制，多采用交替划水和交替踢水相配合的技术，由于游泳者头部露出水面，呼吸方便，且躺在水面上，比较省力，仰泳深受中老年人和体质较弱者的喜爱。

(四) 游泳项目服务流程及标准

1. 准备工作

(1) 穿好工服，佩戴胸卡，整理好自己的仪容仪表，提前到岗，向领班报到，参加班前会，接受领班检查及分工。

(2) 检查游泳池的水质、水温。做好游泳池水的净化工作，先对池水进行水质化验，并根据化验情况合理投放氯酸钠和明矾，开启水循环过滤泵。对池水消毒1个小时左右，以达到净化标准。室内游泳池水温控制在26℃～28℃，余氯控制在0.4mg/L，pH值为6.5～7.8，尿素含量不得超过3.5mg/L，大肠杆菌不得超过18个/L。

(3) 将水质、水温情况写在公告栏上，如是室内游泳池，还应向客人公布室内温度、湿度。

(4) 整理池边座椅和躺椅，清理池边杂物。打捞水中杂物，用水下吸尘器吸除水底沉积物。

(5) 冲洗、刷洗游泳池浸脚池，放满水并适量加药，使其达到卫生标准。

(6) 清洁游泳池边的瓷砖、跳台，淋浴间的地面、镜子和卫生间的洁具。用消毒液按1∶200兑水后对池边躺椅、座椅、圆桌、更衣室长椅等进行消毒。

(7) 检查更衣室、救生器材和其他服务设施设备是否齐全、安全。

(8) 将各种表格及必需品准备齐全，并放于规定的位置。

(9) 及时查看交接班记录，办理相关事宜。

2. 迎宾接待

(1) 客人到来时，服务员应面带微笑，主动、热情地问候客人。

(2) 准确记录住店客人的姓名、房间号、到达时间、更衣柜号码。办理押金手续，给客人发放更衣柜钥匙，并为客人指示更衣柜方位。

(3) 主动为客人提供拖鞋和浴巾，提醒客人将更衣柜锁好，以免物品丢失。

(4) 对于饮酒过量的客人或患有皮肤病或传染病的客人应谢绝入内。禁止客人带入酒精饮料和玻璃瓶装饮料。

3. 游泳池服务

(1) 提醒客人须经由强制喷淋通道和消毒浸脚池进入游泳池，并提醒客人做简单的准备活动。

(2) 提醒带小孩的客人注意照看自己的小孩，不要让小孩到深水区游泳。

(3) 客人游泳时，服务员和救生员应巡视各种设施设备的运行情况，同时应密切注视水中的情况，如果发现异常，应及时救护。

(4) 根据客人需要，适时提供饮料和食品，开好饮料食品单，写清种类、数量、名称，并用托盘送到客人面前。

(5) 为需要救生圈的客人办理租用手续并交给客人。

(6) 注意及时擦干台面和地面的水迹，以免客人滑倒。

(7) 保持洗浴间的整洁，及时收拾香皂头、杂物，清洁摆放洗浴用品的台面、皂碟。

(8) 保持卫生间的清洁，及时更换纸篓中的垃圾袋，清洁坐便器，补充厕纸，喷洒除异味剂。

(9) 保持更衣室的清洁，及时收拾香皂头、杂物和拖鞋，发现更衣柜门上有遗留的钥匙时，应立即交服务台并做好登记，以便客人遗失物品时查询。

(10) 保持游泳场内的整洁，及时为客人更换烟灰缸，添加饮料，擦干躺椅和桌面上的水迹等。

4. 结账服务

(1) 客人结束游泳时，主动引领客人至淋浴室。

(2) 客人示意结账时，提醒客人交还更衣柜钥匙，将租用的救生圈交给服务台，还应提醒客人不要遗留随身物品，并协助客人到收银台结账。

(3) 如果客人要求挂单，收银员应请客人出示房卡并与前台收银处联系，待确认后请客人签字并认真核对客人的笔迹，如果未获前台收银处同意或认定笔迹不一致，则请客人以现金结付。

5. 送别客人

(1) 送客人至门口，礼貌地向客人道别，并表示欢迎客人下次光临。

(2) 客人离开后，服务员应立即检查更衣柜里有无客人遗留的物品。

(3) 做好更衣室的清洁工作。

第三节 饭店休闲娱乐类服务项目

一、卡拉OK服务项目

(一) 卡拉OK概况

"卡拉"在日语里是空洞、虚无的意思，"OK"是指无人伴奏的乐队。卡拉OK的最初形态只是供专业乐手在没有条件带伴奏乐队的巡回演出中使用的伴奏磁带。卡拉OK兴起于20世纪60年代末，在日本神户酒吧做伴奏乐手的井上大佑为朋友的录音机灌制伴奏乐曲时，发现了无人伴奏能给人们带来很大的乐趣，进而发明了伴唱声轨和可携式麦克风。

此后，"卡拉OK"迅速流传到中国，各大城市的饭店康乐部相继配备了卡拉OK设备。早期的卡拉OK需由客人在选曲单上填上歌曲名，服务员根据选曲单输入激光视盘，客人便可根据屏幕上出现的歌词，跟着伴奏唱歌。现如今已经发展为电脑点歌，客人根据个人需求独自在电脑上完成选曲和各项设置，既可以进行各种特殊放送，如选曲、自动预约以及反复播放，还可以根据客人嗓音的高低、演唱快慢来变化音调和节奏，或者配上各种美音、回声、高低音等音响效果，这些都为学唱者和演唱者提供了极大的方便，从而达到自娱自乐的目的。

(二) 卡拉OK的类型

1. MTV

MTV是一种电视音乐形式，是music television的缩写，以播放电视节目录影带或影碟为营业项目，配备现代化设施，提供隐秘性空间，以优质的音效、清晰的画面、身临其境的效果招徕客人。随着MTV的发展，播放内容从音乐节目片转向电影电视片，放映地点由大厅转向包厢，音响设备由普通单一转向高档多元。MTV通过精心组织画面来强烈、深入、全面地展示一首歌曲，它有约定俗成的习惯，即歌手往往是画面的主角，制作精美，构思别致。

2. KTV

KTV是卡拉OK和MTV的结合。"钱柜"创始人刘英先生对KTV的定义是："KTV是提供器材、设备、空间供客人练歌的场所。"从视听娱乐发展序列的角度看，KTV是卡拉OK的新一代延伸，因此也有"卡拉OK包房"之称，被誉为"第五代视听娱乐活动项目"。

3. DTV

DTV(dancer's KTV)仍维持KTV的基本形态，只是另在包厢内划出部分空间作为舞池，包厢里的灯光和音响非常考究。此外，还会在墙上挂一面大屏幕，播放和舞曲同步的图像，给人以全新的视觉和听觉享受。现场有DJ(disc jockey)及VJ(video jockey)不停地衔接歌曲和更换碟片，可带给客人既振奋又刺激的感觉。

4. PTV

PTV是一种更为新颖的卡拉OK形式，是在KTV的基础上发展起来的。演唱者不仅可以根据屏幕上的画面、文字进行演唱，而且能将自己的形象投映到屏幕的背景画面中，与背景画面和演唱者的形象一样，如影片般淡入淡出、生动自然。同时，可以将演唱者在屏幕上的形象录制下来，既留声又留影，从而达到自娱自乐的目的。

5. RTV

RTV包间是配有餐饮服务的卡拉OK包间，面积大于20平方米，空间较大，能摆放1~2张餐桌，还可摆设简单的烹饪或烧烤、煮涮用具，供客人就餐时使用。这类包间除配备卡拉OK设备、餐桌、餐椅外，还配备沙发、茶几等，供客人在餐前、饭后休息时使用，可满足客人边饮酒水、边用餐、边点唱的娱乐需要。

6. 量贩式KTV

"量贩"一词源于日本，这种KTV形式主要针对消费水平较低的工薪阶层客人，具有收费标准透明、自助和平价三大特点，采取按小时计费的收费方式。

(三) 卡拉OK项目服务流程及标准

1. 岗前准备工作

(1) 召开班前例会，明确工作角色与任务分工，了解当日客人的预订情况。

(2) 根据"员工手册"中有关仪容仪表的要求，检查自己的仪容仪表是否符合标准。

(3) 完成负责区域内的环境清洁工作，保持活动场所的环境高雅美观，以便于客人轻松、愉悦地开展娱乐活动。

2. 迎宾、引领服务

(1) 迎宾员应按照标准服务站姿立于大厅门口，并使用专业服务用语招呼客人。当客人光临时，应面带微笑，主动迎接并问候客人。

(2) 询问客人是否有预订，若有预订，直接引领客人至预订好的座位或包房；若没有预订，则根据客人需求为其安排合适的座位或包房。

(3) 在引领过程中，应注意照顾客人，尤其在拐角或台阶处应提醒客人当心。

(4) 引领客人到位时，伸手示意客人，请客人坐下，需拉动座椅时，应主动及时提供服务。如客人脱帽或脱下外衣，应主动上前帮助客人挂好。

(5) 预祝客人在此玩得愉快，告退离开。

3. 台面服务

(1) 客人入座后，台面服务员应立即提供服务，主动向客人介绍娱乐活动项目，供客人选择。

(2) 及时向客人递送酒水单，并将酒水单的第一页打开，同时面向客人，按照先宾后主、先女后男的顺序双手呈递。

(3) 客人翻看酒水单时，应留给客人一定的挑选时间，稍后再询问客人是否可以开单。

(4) 为客人开单时，应注意运用推销语言和技巧，主动向客人介绍酒水及佐餐小食。对于本店的特色酒水或果茶则应向客人介绍配料、调制方法及饮用方式等，要争取客人最大限度内的消费。

(5) 客人点好酒水后，应向客人复述一遍，确保内容准确无误后，收回酒水单并请客人稍候。

(6) 服务员应迅速将填好的酒水单分别送往吧台和收银处。

(7) 为客人提供递送酒水和佐餐小食的服务。

4. 巡台服务

(1) 服务员应随时观察客人的需求动向，留意客人的眼神、手势，及时为客人添加酒水。

(2) 当客人吸烟时，应迅速掏出打火机为客人点燃香烟。

(3) 及时清理台面，勤换烟灰缸(烟灰缸内的烟蒂不得超过3个)，适时撤掉空酒瓶、空酒杯，并主动询问客人是否需要续添酒水。

(4) 如客人不慎将酒瓶碰落摔碎，服务员应及时用扫帚清理干净，切忌用手捡，再用干拖把或抹布将地面擦干，保证地面干燥清洁。

(5) 服务员应和保安共同维护大厅秩序，保证场内氛围的和谐。

5. 结账服务

(1) 客人要求结账时，服务员应认真核实客人的消费账单是否准确，并迅速将账单递送到客人手中。

(2) 若客人对账单心存疑问，应耐心、认真地解释。

(3) 接过客人递来的现金时，应仔细核对，并使用服务用语向客人道谢。

(4) 如客人使用信用卡结账，需先确认此卡是否有效，再检查持卡人的姓名、性别、有效期和持卡人身份证等，确认无误后，为客人办理刷卡结账手续，并请客人确认消费金额、签字，最后将信用卡、身份证交还客人。

(5) 如客人签单结账，则请客人出示相关证明，服务员核对后，请客人在账单上签字，签字后将账单的第一联、第二联交给收银员核实。

(6) 如遇无理取闹或拒不付账的客人，应及时报告保安部。

6. 送客服务

(1) 客人结账后，欲起身离座时，服务员应主动上前拉动座椅，协助客人穿好外套。

(2) 提醒客人带好随身物品，送客至大厅门口，礼貌地同客人道别。

(3) 门口的迎宾员应主动为客人开门，欢送客人离开，同时表示欢迎客人再次光临。

7. 收尾工作

(1) 服务员应迅速清理台面，整理桌椅，检查房间内是否有客人遗留的物品，如有则应及时报告主管，尽早归还失主。

(2) 按要求重新摆好台面，等候迎接下一批客人的到来。

二、棋牌服务项目

(一) 棋牌游戏概况

棋牌游戏是传统的娱乐项目，它是指参与者通过使用棋或牌，遵从棋牌游戏约定俗成的惯例或有关棋牌权威机构颁布的竞赛规则，通过布局或组合的方式进行的一种智力对抗性游戏。

棋牌活动的盛行是因为其项目种类繁多、玩法多样、娱乐性强。棋牌类活动对参与者的体能要求不高，任何年龄段的人都可参与。同时，棋牌活动对参与者的修养、素质也能起到提升的作用。在我国大多数饭店里，康乐部门都设置了棋牌服务项目。棋牌项目主要包括国际象棋、中国象棋、围棋、扑克牌、麻将等。

(二) 棋牌项目的类型

1. 国际象棋

国际象棋是一种国际通行的棋种，是融科学、文化、艺术、竞技于一体的智力体育项目。它起源于公元5世纪古印度的"恰图兰卡"，当时仅有战车、象、骑兵和步兵4种棋子，反映了古印度军队的兵种组成情况。现代国际象棋的棋盘是个正方形，由横纵各8格、颜色一深一浅交错排列的64个小方格组成，深色格称为黑格，浅色格称为白格，棋子就在这些格子中移动。棋子共有32个，分为黑白两组，各16个，由对弈双方各执一组。兵种是一样的，分为1王、1后、2车、2象、2马、8兵共6种。在正式比赛中，国际象棋棋子采用立体棋子，非正式比赛中可以采用平面图案的棋子。对局时，白方先行，然后双方轮流走子，以把对方"将死"为胜。除"将死"外，还有可能出现"超时判负"或"和局"的情况。

2. 中国象棋

象棋源于中国，是中国传统棋种之一，它是以红黑棋子代表两军对垒的智力竞技。象棋的棋子共有32个,分为红黑两组,各16个,由对弈双方各执一组。兵种是一样的,分为7种,红方为1帅、2仕、2相、2车、2马、2炮、5兵;黑方为1将、2士、2象、2车、2马、2炮、5卒。对局时,由执红棋的一方先走,双方轮流各走一着,直至把对方"将死"或对方认输为止。如果不能"将死"或使对方认输,经一方提议做和,另一方表示同意,或双方走棋出现循环反复3次以上(属允许走法)又均不愿再走时,可根据规则判为和局。

3. 围棋

围棋也是中国传统棋种之一,以黑白两种棋子对局。有对子局和让子局之分,前者执黑棋先行,后者上手执白子者先行。开局后,双方在棋盘的交叉点轮流下棋子,一步棋只准下1个棋子,下定后不再移动位置。围棋通过运用做眼、点眼、韧、围、断等多种战术吃子和占有空位来战胜对方,通常分布局、中盘、收官3个阶段,每一个阶段都有重点走法。通常终局时将实有空位和子数相加计算,多者为胜。围棋千变万化,紧张激烈,既能锻炼人的思维能力,又能陶冶性情,有助于培养顽强、坚毅、冷静的性格。

4. 扑克牌

扑克牌虽发展历史较短,但由于可以多副纸牌合玩,组合方式多样,游戏方式多变,在棋牌游戏中占据重要地位。一副纸牌共有54张,由红心、黑桃、方块、梅花4组花色构成,每组花色分别有13张,"大王"和"小王"各1张。游戏时,根据具体的纸牌规则将54张纸牌或多副纸牌组合起来进行竞技。我国较为流行的纸牌玩法有"拖拉机""锄大地""拱猪""五十K""跑得快"等。此外,同一种纸牌游戏因为地域的不同,具体规则也有一定的区别。

5. 麻将

麻将是我国民间普遍流行的一种游戏,由唐宋盛行的色子、叶子以及明末盛行的马吊发展而来。麻将总张数为136张,具体游戏方法灵活多变,并在地域上形成了北京麻将、上海麻将、四川麻将、东北麻将以及十六张玩法的台湾麻将等不同的麻将规则。麻将拥有庞大的社会参与群体,具有很强的趣味性、娱乐性和益智性,深受人们的喜爱,且流行面广、影响面大。

(三) 棋牌室的设施设备

棋牌室设备简单、投资不高,主要是为客人提供专用桌椅和质地优良的棋牌用具等。近年来,随着科学技术运用到娱乐领域,棋牌室也改变了以前简单的手工操作状态,出现了大量先进的电子棋牌设备,如自动麻将机、自动扑克机和计算机国际象棋等。

(四) 棋牌项目服务流程及标准

1. 准备工作

(1) 穿好工服,佩戴胸卡,整理好自己的仪容仪表,提前到岗,向领班报到,参加班前会,接受领班检查及分工。

(2) 做好清洁整理工作,包括器械、地面、家具、休息区、服务台等。

(3) 认真细致地检查棋牌室内的灯光、空调、排风等设施设备，确保其运转正常。

(4) 将供客人使用的棋牌用具、记分的纸笔准备好。

(5) 将钟表时间核对准确，并将跳表复位。

(6) 检查交接班记录本，了解客人预订情况。

2. 迎宾接待

(1) 面带微笑，主动问候客人。

(2) 询问客人是否有预订，并向客人介绍收费标准等。

(3) 对有预订的客人，在确认预订内容后，办理包厢登记手续；对无预订的客人，按客人所需安排相应的包厢，为客人登记，开记录单，并收取押金。对于住店客人，请其出示房卡或房间钥匙，并准确记录客人的姓名和房间号。若场地已满，应安排客人按顺序等候，并告知大约等候的时间，为客人提供茶水和报刊等。

(4) 引领客人进入相应的包厢。

(5) 提醒客人遇到问题及时通知服务员。

3. 棋牌室服务

(1) 服务员应主动引领客人到合适的位置，帮助客人挂好外衣和帽子等。

(2) 提醒客人保管好自己的钥匙牌和个人物品。

(3) 迅速准备好棋牌等用具。

(4) 根据客人的要求讲解各种棋牌的游戏规则和使用方法，必要时应为客人示范。

(5) 适时推销各种酒水饮料、食品，并填写服务单。

(6) 客人在玩棋牌时，应退出房间，并站在适当的位置，随时听候客人的吩咐。

(7) 定时巡视棋牌室，为客人提供茶壶续水或更换茶叶服务，提供面巾服务，清理烟灰缸，擦干茶几上的水迹，收拾地面上的杂物等。

(8) 注意客人的状况，如客人之间发生纠纷，应及时排解。

(9) 客人原定时间即将结束时，在场地空闲的情况下应及时询问客人是否需要续时。

4. 结账服务

(1) 客人消费结束时，服务员应及时、礼貌地检查棋牌用具是否完好，收回客人租借的棋牌。提醒客人带好随身物品，并协助客人到收银台结账。

(2) 如果客人要求挂单，收银员应请客人出示房卡并与前台收银处联系，待确认后请客人签字并认真核对客人的笔迹。如果未获前台收银处同意或认定笔迹不一致，则请客人以现金结付。

5. 送别客人

(1) 礼貌地向客人道别，并表示欢迎客人下次光临。

(2) 整理棋牌室，将卫生状况恢复至营业前的标准。

(3) 关闭灯光、空调等设施，保证设备完好。如空气不畅，应开启排风扇，确保空气清新。

(4) 准备好迎接下一批客人的到来。

第四节 饭店保健养生类服务项目

一、SPA水疗服务项目

(一) SPA水疗概况

SPA(源于拉丁文souls poor aqua)意为"健康之水"，古希腊文献曾有记载，在洗浴的水中加入矿物及香薰精油、草药、鲜花，可以预防疾病及延缓衰老。

从狭义上讲，SPA指的是水疗美容与养生。SPA形式各异，具体包括冷水浴、热水浴、冷热水交替浴、温泉浴、海水浴、自来水浴等，每一种浴都可以在一定程度上松弛紧张的肌肉和神经，有助于排除体内毒素，起到预防疾病的作用。从广义上讲，SPA包括人们熟知的水疗、芳香按摩、沐浴、去角质等。现代SPA主要通过人体的五大感官功能，即听觉(疗效音乐)、味觉(花草茶、健康饮食)、触觉(按摩、接触)、嗅觉(天然花草熏香)、视觉(舒适的景观)，使人感到全方位的放松，将精、气、神三者合一，实现身、心、灵的放松。

(二) SPA水疗的必备条件

1. 水

水是SPA的基本要素，活水为佳，如温泉水。如果不具备这个条件，也应在洗浴的水里加入一些矿物质，使之在化学成分上接近温泉水。

2. 减压护理

现代人的工作、情感压力都很大，减压护理如芳香疗法、淋巴按摩可以使做SPA的客人感到如释重负，从生理到心理都放松许多。

3. "五感"情境

SPA作用于人体的五大感官功能——听觉、味觉、触觉、嗅觉、视觉，可使做SPA的客人产生一种身体、心灵皆舒畅自在的感受。具体包括：听觉——具备疗效的音乐；嗅觉——天然花草熏香；视觉——舒适的景观；味觉——健康的餐饮；触觉——按摩、护肤。SPA水疗服务项目应通过这5种感觉去满足客人，提供优质的、令客人满意的服务。

(三) SPA温泉水疗项目类别

在多数饭店中，康乐部门设置了SPA温泉水疗项目，常见的有如下几种。

1. 中药沐浴

中药沐浴，即由具备专业中药知识的服务工作人员，根据中医理论知识和不同的中药性能，对某些中药进行精心配制之后，煎熬成一定比例的浓缩药液，在有效期内，按比例投放于温泉水中。客人根据不同的功效与身体需求，选择不同的药疗效果，在中药沐浴池里浸泡30~50分钟之后，才能取得良好的效果。在SPA温泉水疗服务项目中，中药沐浴较受中老年客人欢迎。

2. 鲜花沐浴

鲜花沐浴，即客人在沐浴温泉之前，服务员提前10分钟把当天采摘的玫瑰花瓣或茉莉花瓣撒入温泉水中，大约浸泡5分钟之后，客人再进入温泉池里沐浴。近几年来，鲜花沐浴已成为女性客人的首选。

3. 香汤沐浴

香汤沐浴，即在温泉池中加入香料，客人在飘着香味的温泉中沐浴。在我国古代，香汤沐浴是劳动人民沐浴的一种传统习俗，也受到宫廷皇室和道教人士的钟爱。古人认为，在浴汤中加入香料，不仅能提神醒脑、洁身去臭，还可以祛除邪气、疗疾养生。因为这些香料大多取材于香花香草，含有芳香物质和药理成分，有益于身心健康。

(四) SPA水疗项目服务流程及标准

1. 准备工作

在客人到来之前，SPA水疗中心的服务员要做好以下几项准备工作。

(1) 服务员应提前清洁整理温泉池边的瓷砖以及游泳池、按摩池和淋浴间等，并将消毒液按1∶200兑水后，对温泉池边的躺椅、座椅、圆桌、更衣室和休闲椅等进行消毒。

(2) 接待员应提前整理吧台，准备有关表格和签单手续以及出售给客人的饮料和食品，并在温泉池边撑好太阳伞，摆放饮料和小食品价格牌。

(3) 管理员应提前检查SPA水疗中心所有设施设备的完好情况，并对各个温泉的出水口进行试运行；准备中药沐浴池、鲜花沐浴池和香汤沐浴池的原料或配方，并调好水温。

2. 接待与服务

在客人到来时，SPA水疗中心的接待员、服务员和管理员应做好以下几项工作。

(1) 接待员应礼貌地迎接客人，为客人提供引领服务和咨询服务。

(2) 按照规范的操作程序，验证客人的房卡或SPA水疗中心为客人发放的更衣柜钥匙牌。

(3) 准确记录客人的姓名、房间号(住店客人)、到达时间和更衣柜号码，主动为客人办理贵重物品保管手续，将更衣柜钥匙牌交给客人。

(4) 当客人进入SPA水疗中心时，服务员应礼貌地请客人换鞋和更衣，主动为客人打开更衣柜，协助客人挂好衣物，并提醒客人锁好更衣柜。

(5) 服务员应礼貌地请客人在进入温泉池前先到淋浴间冲洗身体，并为客人提供毛巾和浴巾。

(6) 服务员应婉言拒绝对温泉沐浴有过敏反应的客人，提醒酒后及患有心脏病、高血压或传染性皮肤病的客人，不要进入SPA水疗中心的温泉池内。

(7) 管理员在客人进入SPA水疗中心后，应密切关注客人在温泉池中的沐浴情况，根据客人对池水温度的要求，及时为客人调节水温。

(8) 当客人在温泉沐浴时，应保证池水的清澈和透明，保证水质达到国家规定的卫生标准。

(9) 当客人在温泉沐浴时，应时常巡视温泉池内设施设备的运转情况，及时排除不安全因素。

(10) 当客人在温泉沐浴时，应密切关注水面，如发现客人因水温过高而出现晕池等异常情况，应立即实施救助。

(11) 及时整理温泉池边客人用过的浴巾，为出浴休息的客人准备干浴巾，送上浴服，礼貌地请客人进入休息大厅或包间休息。

(12) 在客人进入休息大厅或包间时，应主动引导客人就座，为客人盖上毛巾，帮助客人调好电视节目，礼貌地询问客人是否需要饮料和小食品。

3. 礼貌送客

在客人准备离开时，应帮助客人打开更衣柜，协助客人换好衣服，并提醒客人带好随身物品，引领客人至前台结账或签单，礼貌地与客人道别，并表示欢迎客人再次光临。

二、桑拿浴服务项目

(一) 桑拿浴概况

桑拿为英文"sauna"的音译，至今已有两千多年的历史。在客人沐浴过程中，服务人员将室内温度升高超过45℃，使客人犹如置身于沙漠，被太阳曝晒，从而使体内水分大量蒸发，达到充分排汗的目的。客人洗浴时，应先用温水淋浴，将身体擦洗干净，女士要卸妆；进入温水池浸泡片刻，使毛孔、血管扩张，再进入桑拿浴室蒸10～15分钟，感到全身排汗或太热时出来；进入冷水池中浸泡或用冷水淋浴，然后再次进入桑拿浴房，如此反复3次左右；最后将全身洗净，或在温水池浸泡一会儿后进入休息室休息。

(二) 桑拿浴的分类

桑拿浴通过专用的蒸汽设备，可使人在高温、高湿的环境中充分排汗，以达到保健的目的。桑拿浴分为干桑拿和湿桑拿两种。

1. 干桑拿

干桑拿起源于芬兰，故又称芬兰浴。洗浴者坐在特制的木房内，在热炉上烧烤特有的岩石，使其温度超过70℃，再根据自己的需要往岩石上泼水，以产生冲击性的蒸汽供其沐浴。人体受到高温的烘烤，体内会蒸发大量水分，从而可达到充分排汗的目的。干桑拿比较适合油性皮肤的人。

2. 湿桑拿

湿桑拿起源于土耳其，故又称土耳其浴。洗浴者在温度很高的室内，通过不断在散热器上淋水，或是根据需要控制专用的蒸汽发生器的阀门，使浴室内充满浓重的湿热蒸汽，洗浴者仿佛置身于热带雨林之中，会感到又闷又热，当洗浴者大汗淋漓时，便可达到排除体内垃圾的目的。女性多乐于选择湿桑拿，蒸完后皮肤往往比较红润。

(三) 桑拿浴的设施设备

1. 桑拿房

桑拿房一般采用的木制房结构。在木制房里，有木条制的休息床和枕头，有防水的照明灯、温度计、湿度计和计时器。地板也由木条制成，可以排水。除此之外，还设置一个观察窗，便于管理员观察室内客人的沐浴情况，以防客人因时间太久导致虚脱或晕池而发生危险。

2. 专用音响设备

桑拿房内一般配有专用音响设备，为体验桑拿浴的客人提供美妙动听的背景音乐。有的桑拿房还利用高科技音响设备，模拟大自然的阴晴风雨，为客人播放奇妙醉人的天籁之音，使客人一边沐浴，一边沉浸在大自然的美妙乐曲中。

3. 桑拿石与桑拿炉

桑拿石是一种耐高温的深海岩石或因火山喷发而散落的矿石。桑拿炉是一种内部排列耐高温电热丝而外部经绝缘处理的加热设备，其功率为7000～9000瓦。加热后的桑拿石可使桑拿房内的温度不断升高，从而使客人享受到桑拿浴的快乐。随着科技的发展，康乐部门在桑拿沐浴养生保健项目中配有全自动电子恒温控制器，客人可以根据身体对温度的需要，随时调节桑拿房的温度或保持一定的温度。

4. 桑拿木桶和木勺

桑拿木桶和木勺是客人在进行桑拿浴时用来盛水的工具。客人在进行桑拿浴时，为了使桑拿房的温度不断升高，要不断地用木勺舀木桶里的水泼洒到桑拿石上。当水碰到经桑拿炉加热的桑拿石后，立刻变成水蒸气，弥漫在室内的空气中，可起到提高室内温度与湿度的作用。

(四) 桑拿项目服务流程及标准

1. 岗前准备

在沐浴桑拿的客人到来之前，服务人员必须做好以下几项准备工作。

(1) 在客人到来之前，服务员应清洁整理接待大厅、更衣室、休息大厅、包间和卫生间。

(2) 更衣室的服务员应清点更衣柜钥匙，补充客用毛巾和洗浴用品，并将已经消毒的拖鞋、浴巾和浴服摆放整齐。

(3) 水区的服务员应提前做好桑拿房和淋浴间的卫生清洁和消毒工作。

(4) 管理员应提前打开桑拿房的所有设施设备，调整好温度和沙漏控时器，将木桶内的水盛满，并试用桑拿房的全自动电子恒温控制器，确认是否运转正常。

(5) 休息厅的服务员应提前清洁和整理休息厅及包间，水吧应准备好当日供应客人的饮料和小食品等。

2. 沐浴服务

在客人进入接待大厅和桑拿房之后，服务员应按照规范化的服务程序，为客人提供优质服务。

(1) 大厅接待员。大厅接待员应微笑迎客，主动热情地向客人介绍桑拿浴的各个服务项目及价格标准。

(2) 更衣室服务员。更衣室服务员应主动与客人打招呼，为客人打开更衣柜，协助客人挂好衣物，及时提醒客人锁好更衣柜，礼貌地为客人递送毛巾和更衣柜钥匙牌，请客人换拖鞋，提醒客人把贵重物品存放在接待处，并引领客人进入淋浴间。

(3) 桑拿室管理员。桑拿室管理员应按照安全服务标准，对初次进入桑拿房沐浴的客人讲解安全知识。在客人进入桑拿房之后，管理员应时常在桑拿房的窗口前巡查，用心关注每一位客人在桑拿房的沐浴情况，并根据客人需求，及时调节桑拿房内的温度，及时为客人递上冰巾和冰水，如发现客人出现意外，应立即实施救助。

(4) 淋浴间服务员。淋浴间服务员应根据客人的个性化需求，及时为客人调试好水温，并为出浴客人提供毛巾，帮助客人擦净身体，送上消过毒的干净浴服，礼貌地引领客人至休息大厅或包间休息。

(5) 休息厅服务员。休息厅服务员应按照服务标准，引领客人应休息大厅或包间就座，询问客人是否需要饮料和小食品，及时为客人提供优质服务。

3. 浴后服务

当客人准备离开休息大厅或消费完毕时，更衣室服务员应帮助客人打开更衣柜，协助客人换好服装，提醒客人带好随身物品，并引领客人到接待大厅签单或用现金结账。当客人离开接待大厅时，大厅接待员应礼貌地向客人致谢、道别，并表示欢迎客人再次光临。

三、保健按摩服务项目

(一) 保健按摩知识概述

在日常生活中，每当人们感到腰酸、背痛、疲劳时，就会用手掌或手指按压某些穴位，以减轻症状。按摩可以说是一种医疗方法，这种古老的医术流传到现代，俨然已成为一种休闲方式。整天忙碌的现代人，在工作之余接受专业的按摩服务，不但可以预防疾病，还可以消除疲劳、放松身心。

(二) 保健按摩的分类

1. 泰式按摩

泰式按摩是流行于泰国的一种按摩方式，相较于其他种类的按摩更为激烈。它是由泰国御医吉瓦科库玛根据古印度西部传入泰国的按摩法和当地中国移民的一些按摩法创造而来的，当时被作为招待皇家贵族的最高礼节，其技法还被铭刻在瓦特波卧佛寺的游廊壁上，那里被称为"泰式按摩基地"。泰式按摩以活动关节为主，手法简练而实用，无穴位之说，是很好的保健手法之一。泰式按摩简便易学、难易适中、实用性强，非常注重背部、腰部的舒展，按摩师从脚趾开始一直按摩到头顶才算结束一套动作，手法几乎涵盖按、摸、拉、拽、揉、捏等动作。泰式按摩采用跪式服务，左右手交替动作，用力柔和、均匀，速度适中。浴后经泰式按摩，可以快速消除疲劳、恢复体能，还可增强关节韧带的弹性和活力，恢复正常的关节活动功能，达到促进体液循环、保健防病、健体美容的功效。

2. 日式按摩

日式按摩与中式按摩的手法相似。按摩师跪在体验者背上用膝盖进行按摩等形式很有日本风格。日式按摩以指压为基本特点，施力方式是以肢体或手指作为支撑架，利用自身的重量，向下垂直朝肢体的中心部位施力。施力时不用腕力，指压时停留在指压部位的时间为3～5秒。"指压部位"是指某个较大的局部面，而不是特定的点，可能在中医的某个经穴上，但在日式按摩中不称为穴位，只称为指压点。在做日式按摩时，可在客人身上涂少许按摩油之类的介质，应先做右边，再做左边。

3. 欧式按摩

欧式按摩源于古希腊和古罗马，被称为"贵族的运动"，当时的平民百姓是禁止享受这种保健活动的。工业革命之后，这种按摩方法开始在欧洲各国逐渐盛行。欧式按摩借助按摩油的润滑作用，运用推、压、捏、拿、揉、搓、提、抹等手法，达到放松肌肉、缓解疲劳的目的。欧式按摩手法轻柔，以推、按、触摸为主，搭配使用多种芳香油，沿肌纤维走行方向、淋巴走行方向、血管走行方向进行按摩，可使人产生轻松、自然、舒适的感受。欧式按摩能使肌纤维被动活动，促进肌肉营养代谢，放松被牵拉的肌肉，同时提高肌肉耐受力。

4. 中式按摩

中式按摩历史悠久，以保健、治病为主要目的，是中国传统医学的重要组成部分。传说战国时代的神医华佗是其发明者，经过几千年的医学探索，这种按摩方法现在已经比较完善。中式按摩是以中医理论为基础的保健按摩，以经络穴位按摩为主，其手法渗透力强，可以放松肌肉、解除疲劳、调节人体机能，具有提高人体免疫能力、疏通经络、平衡阴阳、延年益寿的功效。

在此基础上演化而成的港式按摩更讲究舒适感，在手法上多了滚揉和踩背，少了点按穴脉。按摩师的手法简单实用，相较于其他按摩方式轻柔许多，多用于沐浴后身体和心灵的放松。主要手法有拇指指腹按压法、踩背法和推油法。在做按摩的过程中，客人很容易昏昏欲睡，彻底松弛紧绷的神经。我们经常听到的"马杀鸡"就是港式按摩中的踩背，轻重根据个人的身体状况来定。

5. 韩式按摩

韩式按摩是由韩国家庭按摩演变而成的，也被美容界称为韩式松骨。除了松骨这一大显著特征外，推油和热敷也比较经典。按摩步骤是顺着肩胛骨、脊椎、胯骨的骨缝用扳的手法进行按摩的第一步，即松骨。放松四肢后再用麦饭石或热水袋热敷皮肤，放置在肩关节和易受伤寒的脊椎骨处，大约10分钟，毛孔张开后，按摩师将按摩油倒入手心搓热，对背部和四肢推油。洗脸、洗头、采耳都是韩式按摩的内容，可见其细致。做完一整套动作后，客人会倍感精力充沛，身体由内而外地透着舒畅。

(三) 保健按摩项目服务流程及标准

1. 岗前准备工作

(1) 做好服务台、按摩室、休息区、卫生间的清洁工作。

(2) 认真、细致地检查按摩室设施、设备，保证按摩设施的卫生，保障各种设备的完好。

(3) 准备各种客用品，精神饱满地迎接客人。

2. 预订服务

(1) 接受客人预订按摩服务时应主动热情。

(2) 如电话预约，则应在电话铃响三声内接听。

(3) 应准确记录客人的预订信息，例如客人姓名、电话、服务时间和指定的按摩技师等，并向客人复述预订内容，核实确认后，填写预订表格。

(4) 如客人初次接触按摩服务，可向客人介绍按摩种类和特点，并耐心、细致地帮助客人选择按摩项目。

(5) 及时通知相关人员做好接待准备。

3. 迎宾服务

(1) 客人光临时，应主动、热情地问候客人，对常客应能准确称呼其姓名或头衔。

(2) 观察客人，如果是年老体弱、极度衰弱者，或是酒后神志不清、精神病患者及孕妇等，原则上不宜按摩。

(3) 礼貌地询问客人是否有预订，若有预订，应迅速查找预约登记表，并尽快为客人安排服务；若没有预订，则根据客人需求为其安排适合的按摩服务。

(4) 对于初次光临的客人，应主动介绍按摩的种类与疗效，并根据客人的情况推荐服务项目。

(5) 客人选好消费项目后，服务员可推销其他服务项目。

(6) 应向客人说明按摩服务的时间和收费标准，按客人的要求合理安排技师。

(7) 为客人发放更衣柜的钥匙，引导客人更衣，提醒客人保存好更衣柜钥匙，并将贵重物品寄存到前台或随身携带。

(8) 引领客人至按摩室，为客人奉上免费饮品。

4. 按摩服务

(1) 请客人躺在事先准备好的按摩床上，为客人盖好毛巾。

(2) 按摩前，应主动征询客人意见及需要何种按摩手法。

(3) 将客人的基本情况和需求同技师进行沟通，同时向客人介绍技师的资历，然后请技师为客人服务。

(4) 在客人按摩期间应时常询问客人意见，并了解客人感受。

(5) 随时与技师保持联系，共同满足客人合理的服务要求。

5. 按摩结束服务工作

(1) 客人按摩结束后，及时递上毛巾，帮助客人整理衣服及发式，同时征求客人意见。

(2) 送上饮用水，请客人休息。

6. 结账服务

(1) 当客人示意结账时，服务员应主动引领客人结账或将消费账单递送给客人。

(2) 收验客人递来的现金、信用卡和房卡等，为客人迅速办理结账手续。

(3) 如客人要求挂单，服务员应请客人出示房卡并与前台联系，待确认后请客人签字并认真核对客人的笔迹，如未获前台同意或认定笔迹不一致，则请客人以现金结账。

(4) 收回客人的更衣柜钥匙，对客人的到来表示感谢。

7. 送客服务

(1) 帮助客人穿好外套，并提醒客人带好随身物品。

(2) 将客人送至门口，向客人道别，并表示期待客人再次光临。

8. 收尾工作

(1) 全面做好按摩室的清扫工作。

(2) 通风换气，检查有无客人的遗留物品，如有则应及时报告主管，尽早归还失主，并检查更衣柜的门锁是否完好。

(3) 整理按摩床，收拾客人用过的毛巾等布草，登记数量，填写表格。

(4) 补充客用用品，并按规格和标准放在指定位置，准备迎接下一位客人。

(5) 关闭电源、水源和门窗等。

(6) 将对该客人的服务要点记入"客人服务档案"中。

案例分析

康乐服务经典案例

C饭店是一家四星级商务型饭店，接待的客人多为商务客人及附近大公司的高级职员。最近，康乐部经理接到几宗投诉，客人反映对饭店KTV的服务不满意。康乐部经理经过一番调查，发现问题出在KTV包房中的服务员没有积极地活跃包房气氛，冷落了客人，未能使客人尽兴。服务员认为自己的职责是完成点歌，提供饮料、小吃等服务，没有意识到当KTV中的DJ(disc jockey，唱片播放师)缺席或不设DJ岗时，服务人员应承担起DJ的职能。康乐部经理意识到应加强对KTV包房服务员的培训工作，让KTV包房内的领班及服务员认识到他(她)们既要分工又要合作，还应积极调动KTV包房的娱乐气氛，努力做好KTV的服务工作，如此才能让客人满意而归。

资料来源：中国酒店网[EB/OL]. http://chinahotel.com. 作者有删改

思考：

1. 案例中，康乐部经理应该做些什么？

2. 如何有效管理KTV包房内的服务人员？

本章小结

康乐部又称康乐中心，是饭店组织客源、销售康乐产品、组织对客服务并为客人提供各种综合服务的部门，是完善饭店配套附属设施和服务的重要机构。饭店康乐部的作用包括：有利于为饭店吸引客源；有利于提升饭店经营特色；康乐服务项目是饭店等级评定的必备条件；康乐部是饭店营业收入的重要来源。饭店康乐部能够满足客人在康体运动、休闲娱乐、保健养生等方面的需要。康乐部的常见组织形式包括独立成部的形式和隶属其他部门的形式。康乐服务项目的基本类型包括康体运动类服务项目、休闲娱乐类服务项目和保健养生类服务项目。

在饭店康体运动类项目部分，主要介绍了保龄球、台球、网球、高尔夫球、游泳、健身房等服务项目的概况、主要设施设备和相关服务流程及标准。在休闲娱乐类项目部分，主要介绍了卡拉OK、舞厅、棋牌等项目的概况、类型、布局和设施设备、服务流程及标准。在保健养生类项目部分，主要介绍了SPA水疗、桑拿浴、保健按摩等项目的概况、项目类别、服务流程及标准。

复习思考题

1. 简述饭店康乐部的作用。

2. 饭店康乐部需承担哪些任务？

3. 康乐部的常见组织形式有哪些？

4. 康乐服务项目包括哪些基本类型？

5. 简述保龄球服务项目所需的主要设施设备

6. 简述卡拉OK厅的布局和所需的设施设备。

7. 概要说明SPA水疗服务的流程及标准。

饭店人力资源管理

- 掌握饭店人力资源管理的含义、特点和意义
- 了解饭店人力资源管理常见的组织架构
- 掌握饭店人力资源管理的目标、地位
- 了解饭店员工招聘的含义、基本原则和重要意义
- 熟悉饭店员工甄选的含义
- 掌握饭店员工培训的含义、特点和作用
- 熟悉饭店员工培训的内容、分类
- 掌握饭店员工激励的含义、作用
- 了解激励经典理论
- 掌握团队的含义、类型和建设过程
- 熟悉职业生涯规划的含义、内容和作用

- 掌握人力资源从业者的基本素质要求
- 掌握饭店员工的招聘流程
- 熟悉饭店员工甄选的测评方法
- 熟悉饭店员工的录用程序
- 掌握饭店员工培训的基本方法
- 熟悉饭店员工激励的主要方法
- 了解职业生涯规划的反馈与修正

引导案例┃锦江的原动力——人力资源的培训开发与使用 ⊙

锦江集团有自己独特的培训计划，也就是所谓的三年培训计划，具体包括以下内容。

1. 管理培训

锦江集团每年通过不同形式对不同层次的管理人员进行管理培训。集团每年通过各种研讨会的形式，针对饭店的高层管理人员，专门聘请国外著名饭店管理公司总裁以及饭

店管理培训方面的专家做讲座，然后由各饭店的高层管理人员分层级向下传达学习内容。集团计划与康奈尔大学合作办一所网络大学，直接通过网络形式，对高层管理人员进行培训，并通过录音记录培训内容，既能避免在外地饭店工作的人员长途跋涉到总部参加培训之劳，又能加强饭店工作人员的学习。对于中高层管理人员采取派遣学习的方式，即派遣集团的中高层管理人员去国外知名饭店学习和考察。

2. 人才发展

锦江集团不仅积极吸纳国际化人才，还自办学院培养饭店专业人才。由于北京奥运会和上海世博会的开办带来了大量商机，饭店集团急速扩张，对饭店管理人才的需求也将全面告急。面对人才缺口越来越大的情况，2004年2月，锦江国际集团与瑞士理诺士饭店管理学院联合创办了国内首家中外合作饭店管理学院——锦江国际理诺士饭店管理学院。瑞士理诺士饭店管理学院创建于1954年，为思尔文国际大学网络的重要成员之一，并与瑞士最大的饭店服务业教育机构格里昂联合办学。锦江国际理诺士饭店管理学院旨在提供优秀的饭店服务业教育，同时倡导创造性和理论知识相结合的办学理念，致力于为锦江国际集团各成员饭店管理层提供优质培训，同时为国内饭店业提供培训服务。它的愿景是成为值得信赖的锦江国际饭店的培训品牌。饭店的价值观是满怀激情、追求卓越。

该院直接采用国际化的实践教育模式，培养以实践操作型为主的复合型高级饭店管理人才，因此被称为一所面向21世纪饭店管理业的"黄埔军校"。此外，锦江集团开展"管理培训生"招聘，以良好的职业发展方案吸引了大批应届大学生报名，从中择优录用近百名"管理培训生"。建立了包括饭店总经理管理实务培训、ITT(导师培训)培训、服务方式培训等项目在内的国际化培训体系，从而为产业的国际化发展提供了人才保证。

2007年，集团计划培养50名管理人才，他们被安排在锦江国际理诺士饭店管理学院参加为期3年的全外语培训班。同时，集团还计划针对一些应届大学生进行为期1年的培训，其中，在锦江理诺士进行全外语专业训练3个月，在各部门进行专业课程培训3个月，在本岗位培训半年时间，培训之后公司为他们制订5年培养计划。集团的目标是把本科生培养成中高层管理人员，把大专生培养成部门经理。这样的培训计划能够为集团饭店的发展提供足够的人才，满足饭店扩张对人才的需求。

资料来源：锦江国际集团[EB/OL]. http://www.jinjiang.com/. 作者整理

思考：

请简述对锦江人力资源培训开发与使用的看法。

本章导语

饭店是以人为中心的服务行业，饭店管理说到底就是对人的管理，即运用科学的方法对饭店的人力资源进行有效的利用和开发，以提高全体员工的素质，使其得到优化的组合，发挥最大的积极性，从而不断提高劳动效率。因此，加强人力资源管理对饭店具有重要意义。本章首先概述了饭店人力资源管理的含义、特点、组织结构、意义、地位、目标等；其次，介绍了饭店员工的招聘、选拔及录用；再次，介绍了激励理论、激励方法等；最后，讲解了饭店员工职业生涯规划。

第一节 饭店人力资源管理概述

一、饭店人力资源管理的含义

饭店人力资源管理就是科学地运用现代管理学中的计划、组织、领导、控制等职能，对饭店的人力资源进行有效的开发和管理，使其得到优化的组合，并最大限度地挖掘人的潜在能力，充分调动人的积极性，使有限的人力资源充分发挥作用的一种全面管理。饭店人力资源管理是一门研究饭店人力资源管理活动规律的、应用性和实践性很强的综合性科学，其最终目的在于使饭店员工与工作相互协调，充分发挥员工自身的潜力，切实提高工作效率，最终实现饭店与员工共同发展的目标。

二、饭店人力资源管理的特点

(一) 饭店人力资源管理覆盖的范围较广

饭店人力资源管理涉及组织内的每一位管理人员和普通员工，并贯穿于饭店各级别、各部门、各岗位及各业务流程中。管理范围涉及饭店人力资源招聘选拔及录用、绩效考核、员工激励、人员培训、劳动关系等，关系广大管理人员及基层员工的直接利益，直接影响饭店全体员工的积极性、主动性的调动与发挥。因此，饭店的各层级员工尤其是管理者应该了解和掌握人力资源管理的基本理论、方法，合理选聘、培训和激励饭店员工，营造一个可以让员工充分展示才能的良好环境，充分调动员工的工作积极性。

(二) 饭店人力资源管理具有较强的动态性

饭店面临的环境纷繁复杂，面对的客人形形色色。饭店员工的流动性较强，其工作目标、服务质量及心理需求等在不同时期明显不同。饭店人力资源管理的动态管理特点是指管理者不仅要根据饭店的整体目标选拔合适人才，对饭店员工的录用、培训、奖惩、晋升和离职进行管理，还要注重对员工工作动态的管理，具体包括如何营造良好的工作环境，如何调动员工的工作积极性，如何改善员工生活条件，如何激发员工潜在能力等。在实际工作中，饭店应重视员工的情绪变化、心理需求和思想动态，并采取相应措施充分调动员工的主观能动性，开发员工潜能，在动态中实现饭店的经营目标。

(三) 饭店人力资源管理具有明显的跨越性

饭店人力资源管理的跨越性可以从地域和文化两个方面来理解。

首先，在地域跨越方面，国际著名的饭店集团相继进驻我国，如洲际、温德姆、万豪、雅高、希尔顿、凯悦、朗廷等。同时，我国本土饭店集团也实现了跨地区、跨国界的集团化发展，如上海锦江饭店集团、首旅饭店集团、广州白天鹅饭店集团、开元国际饭店管理集团、中旅维景饭店管理集团等。在这一背景下，我国饭店人力资源管理呈现鲜明的地域跨越性，集中表现在员工招聘和员工培训等方面。

其次，在文化跨越方面，外资饭店及合资饭店的员工处于双重文化交叉并存的环境中，很容易使员工心理失衡，进而出现情绪不稳定的情况。这些都会不同程度地影响饭店服务质量，不利于员工组织承诺感的增强，将会导致饭店人力资源管理工作陷入混乱局面。饭店应针对实际情况，在招聘、选拔、培训等方面，因势利导、因地制宜，培养并锻炼员工的适应能力和应变能力。

(四) 饭店人力资源管理体现鲜明的政策性

饭店人力资源管理是在国家和地方政府人事劳动政策的指导下开展的，饭店虽然拥有人员招聘、人事安排、用工方式、劳动组织和薪酬福利等方面的自主权，但仍需要遵守人事劳动管理的有关政策、法规、条例，如员工社会统筹、劳动休假制度、最低工资、劳保福利等政策规定。因而，饭店人力资源管理具有鲜明的政策性，饭店相关管理者应给予高度重视。

三、饭店人力资源管理的组织结构

饭店自身条件不同，其人力资源部组织结构也不同，常见的形式有以下几种，如图8-1、图8-2及图8-3所示。

图8-1 饭店人力资源部组织结构(一)

图8-2 饭店人力资源部组织结构(二)

图8-3 饭店人力资源部组织结构(三)

四、饭店人力资源管理的意义

(一) 人力资源管理是饭店获得持续发展的根基

饭店业务活动包括人力和物力两个基本要素，而人力又是影响饭店经营活动的决定性因素。饭店必须根据自身的等级规格、接待能力和业务发展需要制定人员配置、人员招聘、人员录用标准，才能保证饭店各级各部门的人员配备满足业务发展的需要。以上这些都是饭店获得持续发展的前提和基础，若没有人力资源管理工作的开展，饭店就将失去生存和发展的基础，因而做好饭店人力资源管理工作具有十分重要的意义。

(二) 人力资源管理是饭店提升服务质量的保证

饭店是通过向各类客人提供食宿及其他服务来获得收益的经济组织，服务质量的好坏是饭店能否取得良好经济效益和社会效应的决定性因素。此外，饭店属于劳动密集型产业，大量工作都需要通过人工来完成。随着知识经济时代的到来，虽然许多工作可以被机器和设备所代替，但是对于饭店业而言，仍然有大量工作是需要由人来完成的。例如，对客人的引领、回答客人提出的各种问题、为客人提供的个性化服务和应对性服务等。因此，要提高服务质量，取得良好的经济效益和社会效应，就必须努力做好人力资源管理工作。

(三) 人力资源管理是饭店打造核心竞争力的关键

各饭店之间的竞争，归根结底是人才的竞争。饭店必须树立起"以人为中心"的现代管理理念，摒弃陈旧的人事管理理念。饭店的兴衰存亡在很大程度上取决于饭店人力资源管理水平。纵观国内外知名饭店，无一不注重对人力资源的投入与管理，建立优秀而稳定的人力资源团队，并结合良好的硬件基础，形成良好的口碑，从而形成属于自己的忠实客户群，打造核心竞争力。

(四) 人力资源管理是饭店员工提升综合素质的保障

教育和培训在饭店人力资源管理中发挥着越来越重要的作用。教育不仅是提升饭店生产率的重要途径，同时也是提升员工综合素质的保障。员工之间应建立良好的人际关系，每个员工都应具有强烈的事业心、责任感，能自觉地认同和参与目标管理，有良好的精神状态和旺盛的工作精力，有成就感且工作效率显著。通过对员工实施教育和培训，有助于员工达到上述理想状态，进而实现员工个人价值及饭店长远目标的有机结合。

五、饭店人力资源管理的作用

(一) 策略参谋

饭店人力资源部是饭店战略决策的参与者，负责提供基于战略的人力资源规划及系统的解决办法，因而饭店应将人力资源管理纳入战略与经营管理活动中，使人力资源管理与饭店战略相结合。

(二) 内部顾问

运用专业知识和技能研究开发饭店人力资源产品与服务，可为饭店人力资源问题的解决提供咨询，进而提高人力资源开发管理的有效性。

(三) 员工服务

与员工沟通，及时了解员工需求，可为员工及时提供支持，从而提高员工满意度，增强员工的忠诚感。

六、饭店人力资源管理的目标

(一) 创建专业化且人才群体结构合理的队伍

饭店要正常运营并取得良好的经济效益和社会效益，不仅要有与饭店各个岗位相适应的员工数量，而且这些员工的素质也必须符合饭店业务发展的需要。任何一家饭店想在竞争中取胜，都必须打造一支专业化的员工队伍。饭店专业化的员工是指具有饭店整体意识和良好职业习惯的员工。此外，一支优秀的人才队伍必须经过科学合理的配置，才能形成最佳员工组合。饭店人才群体结构是指群体成员的能力、知识、专业、性格、年龄以及思想、道德观念等要素的有机组合。这种结构形式决定了各个饭店员工在群体中所起的作用和所处的地位，以及所应承担的相对独立的职责和任务，通过群体结构将他们联系在一起，相互发生作用，形成一个有机的整体。

(二) 营造良好环境，挖掘员工潜力

正确处理饭店与员工的劳动关系，可营造良好的员工工作环境，使员工的劳动成果得到尊重。通过培训，可不断提高劳动力素质，充分调动员工的劳动积极性；贯彻执行以岗位责任制为中心的各项规章制度，关心员工生活并强化劳动保护；科学合理地分配劳动力，改善劳动组织，可挖掘员工工作潜力，不断提高劳动效率。此外，通过采取各种有效的激励措施，可发挥最佳群体效应，营造一个良好的工作环境，使员工能够安心工作、享受工作，从而最大限度地发挥工作积极性和创造性，进而使饭店保持生机与活力。

(三) 稳定员工队伍，留住优秀人才

饭店作为劳动密集型产业，人员流动率高于其他行业。究其原因，主要包括4个方面，即为实现自身价值，谋求发展而跳槽；为寻求更高的薪酬收入而跳槽；为寻找一份稳定的工作而跳槽；为寻求人生体验而跳槽。高比例的人员流动将导致饭店经营费用增加，服务质量及效率不稳定，客源流失，团队的积极性和稳定性受到影响。因此，饭店应采取措施做好人力资源管理工作，来积极应对员工流动对饭店产生的不良影响。饭店人力资源管理一方面在思想上要从过去的"以我为中心"转变为"以我们为中心"，用事业留人、用待遇留人；另一方面用文化留人，用感情留人，管理人员配备要适应人才流动，建立合理的制约措施。总之，饭店应采取措施稳定员工队伍，留住优秀的人才，努力使饭店在竞争中立于不败之地。

第二节　饭店员工选聘与录用

一、饭店员工招聘概述

(一) 饭店员工招聘的含义

招聘是招和聘的合称，招即招募，是饭店组织在吸引员工前来应聘前所做的一系列工作，包括招聘广告设计、发布等；聘即聘用，是饭店人力资源部对前来应聘的人员进行审核以确定是否录用的过程。招聘包括分析人员要求和岗位需要两方面内容，通过对应聘者的筛选、甄别，选拔符合组织需要的人员。综上而言，饭店员工招聘是为一定的工作岗位

选拔合格人才而进行的一系列活动，是把优秀、合适的人员招聘到饭店，并安排在合适岗位上工作的过程。

(二) 饭店员工招聘的基本原则

1. 能级原则

在饭店招聘实践中，存在大量的人才高消费、相互攀比的现象。大多数饭店招用的高学历人才并没有被安置到适合其发挥自身价值的工作岗位，要么被闲置，要么高能低就。这种完全不顾职位工作需要的做法，造成了饭店间的恶性竞争及饭店人力成本的提升，同时也会造成人才的大量流失。因此，饭店员工招募应做到因职选能、因能量级、能级匹配。

2. 公开竞争原则

饭店招聘时，应把招聘的职位、要求、应聘资格、选拔标准、选拔程序和方法等信息向外部和内部公开，让应聘者在相同的规则条件下，参加各种甄选测试和考核，饭店应依据竞争结果来甄选适合的人才。采取公开竞争招聘的方式一方面能够确保给所有应聘者或内部员工以公平竞争的机会，达到广招人才的目的；另一方面将招聘工作置于公开监督之下，可确保招聘的公平性。

3. 择优录用原则

为保证饭店员工的素质，必须遵循择优录用的原则。在饭店招聘过程中，有可能出现应聘者滥竽充数的情况。因此，招聘者有必要根据饭店的实际情况，因地、因店、因工种条件制宜，即依照饭店的规模、星级标准、接待对象、工作性质和质量要求的不同情况，以及饭店的工作内容、劳动方式和业务能力等要求，对应聘者进行筛选，以甄选真正符合工作需要的员工。

4. 经济效益原则

经济效益原则是指努力降低招聘成本，提高招聘的工作效率，以最低的成本消耗招聘合适的人才。招聘成本包括：招聘时所花的费用，即招聘费用；因招聘不当，重新招聘时所花的费用，即重置成本；因人员离职给饭店带来的损失，即机会成本。此外，饭店员工的选拔聘用是为饭店的生产经营服务的，因此，招聘计划的拟订要以饭店需要为依据，以确保经济效益提高为前提。

(三) 饭店员工招聘的重要意义

1. 员工招聘是饭店打造竞争优势的关键

当今饭店业的竞争归根结底是人才的竞争，一个组织拥有什么样的员工，在一定程度上决定了其在激烈的市场竞争中处于何种地位，是立于不败之地，还是面临被淘汰的命运。人才的获得是通过招聘环节来实现的，因此，有效地完成招聘和甄选工作，对提高组织的竞争力、绩效及实现其发展目标，均有至关重要的影响。从这个角度来说，人员招聘和甄选是组织创造竞争优势的基础环节，对于获取某些组织急需的紧缺型人才来说，人员招聘和甄选更有其特殊意义。

2. 员工招聘是维持饭店正常运营的基础

有计划地招聘和录用一定数量的新员工，将"新鲜血液"不断输入饭店，将竞争机制引入饭店人力资源管理，是促使饭店员工合理流动，不断提高员工素质，进而不断提高服务质量，促使饭店经营管理顺利进行的基础。

3. 员工招聘有助于饭店营造良好形象

实践表明，人员招聘和甄选的过程既是吸引、招募人才的过程，又是向外界宣传组织形象、扩大组织影响力和提升知名度的过程。应聘者可以通过招聘和甄选过程了解该饭店的组织结构、经营理念、管理特色、饭店文化等。尽管人员招聘和甄选不是以传播饭店形象为目的，但是招聘和甄选的过程在客观上起到了宣传的作用，是组织不容忽视的一个方面。

4. 员工招聘有助于降低员工流动性，保持整体稳定

通过科学有效的招聘，可以使饭店获得胜任工作并对从事的工作感到满意的优秀人才。同时，员工也可在工作中获得成就感，有利于员工的稳定和发展，从而降低饭店员工的流动性。如果饭店中存在大量不能胜任工作的员工，将导致较高的人员流动率，不利于饭店员工队伍的稳定和发展。

(四) 饭店员工招聘的流程

饭店员工招聘的流程主要由招募、选拔、录用和评估4个阶段组成，如图8-4所示。

图8-4　饭店员工招聘的流程

资料来源：王珑，徐文苑. 饭店人力资源管理[M]. 广州：广东经济出版社，2007.

1. 招募

招募是指饭店组织为吸引人员前来应聘所做的一系列工作，包括招聘计划的制订与审批、招聘信息的确定与发布、应聘表格的设计等。饭店求职人员登记表如表8-1所示。

2. 选拔

选拔是指组织从岗位职责要求出发，挑选合适的人员来承担某一职位，主要包括审查应聘者的应聘资格、初次面试、复试、任用面试、体检、合同签订等环节。饭店面试通知书如表8-2所示。

3. 录用

录用主要包括员工的初始安置、试用、正式录用3个环节。

4. 评估

评估主要针对招聘活动的效益与录用人员的质量，它可为下一次人员招聘提供参考。

表8-1　饭店求职人员登记表

姓名		性别		出生年月			文化程度	
政治面貌		婚否		民族			健康状况	
家庭住址						联系电话		
户口所在地						档案所在地		
毕业学校						学制		
第一外语语种		程度		第二外语语种			程度	
现任职务工种		现有工龄				身高		
本人简历								
家庭主要成员								
本人求职意向								
用人部门意见		人力资源部意见				总经理批示		

填写：　　　　(求职人员本人)

联数：一式一联

用途：登记求职人员使用

表8-2　饭店面试通知书

面试通知书

_____先生(小姐)：

　　经我饭店初步甄选，现荣幸通知您于____月____日____时到____面试。

饭店人力资源部

年　　月　　日

二、饭店员工招聘渠道

饭店员工招聘的第一步是掌握员工的来源渠道，并进行分析比较，以便有效地开展招聘活动。根据招聘对象的来源，可以将饭店组织人员招聘渠道分为内部招聘和外部招聘两种。

(一) 内部招聘渠道

1. 内部招聘的含义

内部招聘是从饭店内部或饭店集团内部现有的员工中选拔合适的人才来补充空缺或新增的职位，这实际上是组织内部的一种人员调整。在进行人员招聘时，应先对饭店内部员工进行调整，尤其在招聘高级职位或重要职位时更应重视内部招聘。

2. 内部招聘的方法

(1) 内部晋升。从饭店内部提拔一些合适人员来填补职位空缺是常用的招聘方法，它有助于饭店迅速从员工中提拔合适的人选到空缺的职位上。内部提升可使员工感到在饭店中是有发展机会的，个人职业生涯发展是有前途的，这对于鼓舞士气、稳定员工队伍是非常有利的。同时，由于被提升的人员对饭店有较为全面的了解，他们能很快适应新的工作环境，这也是一种省时、省力、省费用的方法。但由于内部人员选择范围小，可能挑选不到更为合适和优秀的人员，容易造成"近亲繁殖"的弊病，不利于观念、思维方式的创新，不利于眼界的拓展，易导致饭店缺乏创新与活力。

(2) 岗位轮换。岗位轮换是指暂时的工作岗位变动，通过实习或培训的方式，使员工从一个岗位调到另一个岗位以增加其经验的工作方法。它使员工在逐步掌握多种工作技能的同时，增强对不同工作之间的相互关系的认识，从而拓展更广阔的工作视角。这种知识扩展对完成高水平的管理工作是大有裨益的。此外，岗位轮换可以在一定程度上消除专业分工过细带来的弊端，既有利于员工克服狭隘的部门观点，又有利于部门之间的横向协调，从而树立系统的全局观念。

(3) 工作布告。国内很多饭店都有自己的宣传媒体，如广播、内刊、宣传栏、墙报等。工作告示是将饭店空缺岗位的性质、职责及其所需的任职条件等信息以告示的形式公布在饭店中一切可利用的布告栏、内刊及内部网站上，尽可能让全体员工都获取信息，并号召有才能、有能力的员工前来应聘的一种招聘形式。对岗位感兴趣的员工可直接去人力资源部门申请，用人部门和人力资源部门经过公正、公开的考核择优录用。该途径既为有才能的员工提供成长、发展的机会，又体现了公平竞争的原则。

(4) 内部重新聘用。饭店组织在淡季让一部分员工离岗待聘，待饭店经营效益转好，再重新聘用这部分员工。这种形式往往适用于发生突发事件时。饭店行业具有季节性、脆弱性的特点，外部环境发生突变甚至会对其造成毁灭性的影响。

(二) 外部招聘渠道

1. 外部招聘的含义

外部招聘是指运用各种招聘方式来吸引饭店外部的人才，从中选录合适的人员来填补职位空缺。饭店外部人才的主要来源包括同行业人士推荐的人才、相关专业的毕业生、实习项目的参加人员、职业介绍中心推荐的人员、饭店在职员工推荐的亲属和朋友等。

2. 外部招聘的方法

(1) 利用各种媒体广告招聘。饭店可充分利用广播、电视、报纸和杂志等进行招聘宣传，每种方式都有自身的优缺点和适用范围，如表8-3所示，饭店可根据具体情况选择适合自身的招聘媒体。招聘广告的设计和构思，可以借鉴西方国家的AIDA方法：A——attention，即广告要引人注意，善于利用各种技巧，如在报纸的分类广告中，有意留白或为重要职位进行宣传的广告；I——interest，即激发应聘者对职位的兴趣，这种兴趣可从职位本身去发掘，如未来的发展空间、收入、地理位置等；D——desire，即让求职者对空缺职位产生认同感和求职欲望；A——action，即广告能让人马上采取行动。

表8-3　各种广告媒体优缺点及使用范围

类型	优点	缺点
报纸	灵活，及时，普及率高，能全面覆盖当地市场，可信度高，便于剪贴存查	有效期短，再生质量差，传阅性差
杂志	对象明确，针对性强，可信度高，有威望，再生质量高，传阅性好	成本高，传播不广泛，不能保证刊登位置
广播	普及率高，灵活，成本低，及时	只有听觉效果，播出时间短，听众注意力差，听众分散
电视	覆盖面广，视听结合，效果显著，灵活，艺术性强，感官吸引力强	绝对成本高，时间性强，易受干扰，受众不明确
户外广告	灵活，展示重复性好，成本低，竞争低，位置选择性好	受众面小，创意受限
直接邮寄	灵活，可选择受众，同一媒体中无竞争者，可以体现个性化	相对成本高，易给人留下"垃圾邮件"的印象
互联网	选择性好，成本低，直接，互助性强	受众少，单一，相对影响小，受众控制展示时间

(2) 通过人才招聘网站招聘。网络作为一种全新的招聘渠道，发展历史较短，但普及速度十分迅速，很多饭店把网络招聘作为主要招聘渠道。网络招聘以招聘范围广、信息量大、可挑选余地大、应聘人员素质高、招聘效果好、费用低等优势获得了越来越多的饭店的认可。随着网络技术的发展，饭店还可以通过网络进行面试和在线人才测评，为饭店节省招聘费用。网络招聘的方式主要有两种：一是注册成为人才网站的会员，在人才网站上发布招聘信息，收集求职者信息资料，查询合适的人才信息。人才网站上的资料库储备的人才数量多，日访问量高，饭店能较快地招聘到合适的人才。同时，由于人才网站收费较低，饭店可以同时在多家网站注册会员，以便收到众多求职者的资料，可挑选的余地更大，这是大多数饭店采用的网上招聘方式。二是饭店在自己的主页或网站上发布招聘信息。很多饭店都会在自己的官方网站上发布招聘信息，以吸引来访问的人员。

(3) 利用猎头和职业中介机构招聘。猎头服务通常适用于高级人才的招聘，而职业介绍机构适用于一般人才的推介。猎头的服务程序：接受委托，进行职位分析及了解饭店背景，签订委托书，开展寻猎行动，初试及综合测评，推荐与复试，录用，结算余款及后续跟踪服务。我国的猎头市场存在许多不规范的地方，因此选择猎头时要对其资质进行考察，在与猎头合作时，一定要在开始时约定双方的责任和义务，并事先就一些容易发生争议的问题达成共识，例如费用、时限、候选人的标准、保证期的承诺、后续责任等问题。利用职业中介机构的优点是可以省略筛选求职者的部分前期工作，而其缺点也在于此。职业中介机构可能会使素质较差的求职者通过饭店的初选阶段，最终使饭店雇佣到达不到要求的求职者。

(4) 他荐和自荐招聘。他人推荐是饭店实施外部招聘的一条可行之道，通过他人推荐获取人力资源，可以帮助饭店节约招聘广告费用和中介费用，饭店还能获得较高水平的应聘者。此外，在饭店行业竞争激烈和员工流动率较高的情况下，饭店采取老员工介绍亲友就业的方法，有利于稳定新老员工，使其尽责工作。这显然不同于部分饭店招聘中存在的"走后门"现象，此方法能够约束新老员工，使他们都努力工作，是对饭店效益负责的制度。

自荐的应聘者，其目的十分明确，但不一定能遇到合适的职位空缺。这类应聘者在一定程度上增加了人力资源部的工作量，但人力资源部的员工还是应该礼貌接待，并进行简单面试，留下其个人简历和联系方法，并诚恳地予以反馈，倘若有合适的职位空缺，人力资源部应第一时间与应聘者取得联系，让应聘者感到被重视、被尊重，这有助于饭店树立良好的企业形象。

(5) 通过专业院校招聘。专业院校是饭店人力资源的主要来源渠道。每年都有大批毕业生走出校门，包括正规的饭店管理专业的毕业生和相关专业的学生。这些年轻的学生构成饭店人力资源的生力军，将成为饭店技术人员和后备管理人员中的一分子。学校的学生一般没有参加工作的经验，所以对这些人员的招聘不能从经验上提要求，但高校学生具备很强的发展潜力，将来如发展顺利可以成为组织内部强有力的中坚力量，所以饭店在招聘毕业生时要把眼光放长远些，不能一概以"缺少工作经验"为由把他们拒之门外。

(6) 利用人才租赁招聘。人才租赁也叫"人才派遣"，是饭店根据工作需要，通过人才服务机构租借人才的一种新型用人方式，也是一种全面高层次的人事代理服务。人才服务机构与用人饭店和派遣人员分别签订人才租赁协议、人才派遣合同，以规范三方在租赁期间的权利和义务，在租赁期间用人饭店与租赁人员不发生人事隶属关系。用人饭店与人才租赁服务机构的关系是劳务关系；被租赁人员与人才租赁机构的关系是劳动关系，与用人饭店的关系是有偿使用关系。随着人力资源供需情况的变化，以及市场上的人力资源中介机构和饭店人力资源部的专业化，对于饭店内的部分职位，可以向专业的人力资源中介机构租借人才，但必须谨慎地选择合作机构并签订清晰合法的租赁合同。

(三) 内部招聘与外部招聘的优缺点

饭店内部招聘与外部招聘的优缺点如表8-4所示。

表8-4　饭店内部招聘与外部招聘的优缺点

项目	内部招聘	外部招聘
优点	了解全面，选择准确度高；可鼓舞员工士气，激励员工进取；应聘者可更快地适应工作，使组织培训投资得到回报；招聘费用低	人员来源广，选择余地大，有利于招到一流人才；新员工能带来新技术、新思想、新方法；当内部有多人竞争而难以做出决策时，从外部招聘可在一定程度上平息或缓和内部竞争者之间的矛盾；节省培训、投资等费用
缺点	人来源局限于饭店内部，水平有限；容易造成"近亲繁殖"，导致思维定式和行为定式；可能会因操作不公或员工心理原因造成内部矛盾	不了解饭店情况，进入角色慢，较难融入饭店文化；对应聘者了解少，可能招错人；内部员工得不到机会，积极性可能会受到影响

三、饭店员工甄选

(一) 饭店员工甄选的内涵

饭店员工甄选是饭店组织通过一定的技术和手段，对已招募到的应聘者进行鉴别和考察，并根据其个性特点和知识技能水平，预测其工作绩效，确定是否录用，或通过协商，安排其他工作岗位的过程。为了尽可能全面和深入地了解应聘者的知识水平、能力、个性及特长等个人情况，饭店组织应采取多种方式和手段，以选拔合适的人选。甄选是招聘工作中比较关键、比较重要也是技术性较强的一个阶段，因而其难度较大。

(二) 饭店员工甄选的测评方法

1. 笔试法

笔试法是饭店组织常用的一种人员测评技术。它的主要特点是针对性强、涉猎的知识面广、经济适用、结果可以量化，是各类测评技术中应用得较为普遍的方法，特别适用于测试员工的知识水平。例如，考察应聘者的英语水平可以采用笔试加口试的方法，考察应聘者的专业知识水平也可采用笔试的方式。

2. 能力测试法

能力测试是一种测量人的特质、需求及知识水平的方法，通过该项测试，可以明确应聘者未来能胜任什么工作及能给他提供何种机会。在管理实践中，有近百种能力测试可以应用，我们将其概括为两类，即普通能力测试和实际操作能力测试。

(1) 普通能力测试。普通能力测试即一般能力测试，主要考核应聘者的思维能力、想象能力、记忆能力、语言能力、推理能力、判断能力、协调能力等，通过计算、推理等类型的问题对应聘者进行评价。

(2) 实际操作能力测试。作为劳动密集型的饭店服务业的员工，其动手能力的高低，直接影响其工作业绩及饭店工作效率的高低，因此，对应聘者操作能力的测试尤为重要。操作能力测试主要测量应聘者的反应速度、灵活性、协调性及灵敏度等，可以帮助饭店管理者较为准确地判断应聘者是否适合接受培训及需要培训的时间等。

3. 情景模拟测试法

情景模拟测试法是根据应聘者可能担任的职位的要求，编制一套测试题目，安排应聘者在模拟的工作环境中处理有关问题，以测试其心理素质、实际工作能力和发展潜力的方法。该方法的特点是能够考察书面测试无法准确测试的领导、人际交往、沟通、合作、理解、创造、解决问题、语言表达等综合素质能力，适合在招聘服务人员、事务性工作人员、管理人员和销售人员时使用。

4. 心理测试法

(1) 智商测试。智商测试用来测定智力的差异。"智力"一词涉及面甚广，人们从不同的角度赋予其不同的定义。例如，智力是把许多客观事物进行综合的能力，智力是把许多客观事物进行抽象的能力。智力包括语言表达的能力、驾驭别人的能力等。现已取得的共识认为，智力主要是指一个人学习和适应环境的能力。智商测试可估量儿童智力的发展程度及成年人相对于多数人的智力发展程度，实质上是对解决问题能力的测试，即对被测试者如何在判断、创造以及逻辑思维方面运用自己的智力的测试。各种类型的心理测试包含相当数量的测试作业，根据被测试者完成的作业数量，就可以确定测试的分数。

(2) 个性测试。个性是一个人行为的综合体，包括体质、性情、兴趣、智慧、态度、价值观等。一个人的个性有与其他人相异的特性，故具有独特性。

个性测试与智商测试的主要差别在于，智商测验可以一定精度确定构成智商的各种才智，这些才智是一种"绝对的品质"，它可以脱离被试者进行独立阐述和评分；个性则是一种"相对的品质"，它是一种相对的概念，是与个体相联系、与正常状态相比较而存在的。

5. 职业兴趣测试法

职业兴趣作为一种特殊的心理特点，由职业的多样性和复杂性反映出来。不同的人，在职业兴趣方面的个体差异是相当大的，也是十分明显的。这是因为，一方面，现代社会职业划分越来越细，社会活动的要求和规范越来越复杂，各种职业间的差异也越来越明显，所以对个体的吸引力和要求迥然不同；另一方面，个体因自身的生理、心理、受教育程度、社会经济地位、环境背景不同，乐于选择的职业类型、倾向于从事的活动类型也不同。因此，对应聘者的个人兴趣、爱好进行测试，将被测试者的兴趣与不同职业从业者的兴趣进行比较，可确定其适合的职业领域。

6. 面试法

面试是整个招聘工作中的核心部分，是指供需双方通过正式交谈，使饭店能够客观地了解应聘者的语言表达能力、反应能力、个人修养、逻辑思维能力、业务知识水平、工作经验等综合情况，使应聘者能够更全面地了解饭店信息和自己在饭店未来的发展前景。如何提高面试效率，如何通过面试准确判断适合饭店的人才并吸引这些人才，是人力资源工作者需要探讨的问题。面试的真正目的是评估应聘者是否具备做好工作的能力、评估应聘者是否适合担任这个职位，因此人力资源工作者应实事求是地介绍工作情况，及时完成对应聘者的剖析。

四、饭店员工录用

(一) 录用应聘者

1. 通知录用者

当饭店决定录用应聘者，个别饭店通常会等待一段时间后再发出录用通知，以免让应聘者觉得工作来得太容易而不珍惜这份工作。事实上，应聘者是否珍惜工作涉及很多因素，如工作是否适合自己、待遇是否让自己满意、人际关系状况是否良好等，饭店没有必要如此安排。既然饭店要招聘人才，还是让人才尽早到岗为好。因此，饭店要尽快通过电话、面谈、电子邮件等方式通知应聘者已被录用，并就到职日期及有关细节达成协议，然后发放录用通知书。饭店在拟订人员录用通知时，用语应贴切得体，以树立饭店的良好形象，同时明确员工报到须知事项。

2. 通知未被录用者

在现实工作中，很多饭店通常只给被录用的应聘者发放录用通知书，而忽视了未被录用的应聘者。拥有优秀企业文化的饭店，会用合适的方式通知未被录用者，使每一个参加面试的人都能得到及时回复。

饭店在回复未被录用的应聘者时，尽量用书面方式通知，并采用统一的表达方式，以委婉和友好的措辞为宜。

(二) 办理体检手续

饭店组织被录用人员统一到指定的医疗卫生机构进行体检，其目的是确定新员工的身体素质符合饭店工作的基本要求。体检的重点是确保新员工无任何传染性疾病、无影响正常工作的生理缺陷、无影响正常工作的慢性疾病等。通常以在当地卫生检疫部门办理的员工健康证作为入职标准。

(三) 员工试用

员工试用期为1~3个月，试用期满员工若达不到饭店的用人标准，可延长试用期，但最长不得超过国家规定的6个月期限；若6个月后员工仍不能转正，则不予录用；若试用期满，经部门考核、评估，员工符合岗位工作要求则可转正。员工进入组织前要与组织签订试用合同，员工试用合同是对员工与组织双方的约束与保障。试用合同内容主要包括：试用的职位、期限、报酬与福利；在试用期应接受的培训；工作绩效目标与承担的义务；应享受的权利；员工转正的条件；试用期组织解聘员工的条件与承担的义务和责任；员工辞职的条件与义务；员工试用期延长的条件。

(四) 转正并签订劳动合同

员工被正式录用即为转正，转正是指试用期满且试用合格的员工正式成为该组织成员的过程。员工能否被正式录用，关键在于试用部门对其的考核结果如何。组织录用试用员工时应坚持公平、择优的原则。在正式录用过程中，用人部门与人力资源部门应完成多项工作，如员工试用期的考核鉴定；根据考核情况做出是否正式录用的决策；给员工提供相应的待遇；制订员工发展计划；为员工提供必要的帮助；与员工签订正式的雇佣合同。

第三节　饭店员工培训

一、饭店员工培训的内涵

饭店员工培训是指按照一定的目的，有计划、有组织、有步骤地向员工灌输正确的思想观念，传授服务、营销和管理工作的知识和技能的活动。饭店员工培训包括三方面含义：它说明了饭店员工培训的主要目的和要求；它说明了培训的主要内容和范围；它说明了培训是一个饭店组织有计划、有组织的行为。饭店行业有其自身的特点，所以在培训的时间、内容、范围、方法等方面与其他行业有所不同。

二、饭店员工培训的重要作用

(一) 培训为员工规划自身职业路径奠定基础

培训不仅对饭店有利，对员工本身也有好处。员工在"接受培训—工作—再培训—再工作"的过程中，能够熟悉业务并成为内行，提高胜任本职工作的信心，增强职业安全感，还可以拓宽视野，学到新知识和更先进的工作方法及操作技能，从而提高工作能力和服务效率，进而增加个人收入，同时为将来的晋升发展创造必要的条件。

(二) 培训是饭店经营管理的基本要求

饭店通过培训可以提高管理水平及工作效率，增加营业利润。同时，通过培训可以提高饭店员工的工作能力、服务质量，增强其对饭店的责任感，减少客人投诉，减少浪费、破损与责任事故，降低物料成本。作为激励手段之一，培训可以增强员工对工作的安全感与满足感，增强团队的凝聚力，减少员工流失，并帮助饭店解决经营管理中的实际问题，促进饭店的业务发展和服务升级。

(三) 培训是饭店进行文化建设的重要途径

饭店文化是指饭店内部全体员工的共同价值观念、信念和行为准则。对饭店来说，饭店文化的核心就是服务文化，即为外部顾客和内部员工提供优质服务是饭店全体员工的信念、行为准则和价值观念。饭店文化建设是一个系统工程。饭店精神的培养、饭店凝聚力的加强、饭店目标的宣传、服务意识的灌输等都需要教育和引导，培训是形成饭店文化的途径之一。

(四) 培训是饭店适应市场竞争的必然选择

现代饭店组织面临竞争激烈的市场环境，世界经济的一体化发展、市场信息的瞬息万变，无不使组织面临巨大的生存压力。竞争的焦点就是人力资源，现代市场环境下的饭店组织只有不断培训员工，不断更新员工的知识面，才能适应顾客不断变化的需求，才能在激烈的市场环境中立于不败之地。

三、饭店员工培训的特点

(一) 员工培训的针对性

饭店业属于综合性服务行业，前厅、客房、餐饮、康乐、工程、财务等各部门的专业知识和业务内容不完全相同，为了增强各部门员工对不同工种业务需求的适应能力，在开展培训工作时，在计划安排、课程设置、训练方式方法选择等方面，必须从实际需要出发，坚持理论与实践相结合，以讲究实用为出发点，注重针对性。

(二) 员工培训的计划性

饭店培训工作不是盲目的，它是一项有计划、有组织的工作。饭店只有通过相关计划，有针对性地制定饭店培训工作的目标、方针并规划过程，明确达到饭店培训目标的方法和措施，科学合理地组织并协调饭店的人、财、物去实现饭店培训的计划目标，才能达到提高饭店员工素质的目的。

(三) 员工培训的广泛性

由于饭店员工培训必须以实用性为主，各部门、各岗位所需要的知识与技能不同，且培训内容比较广泛和复杂，各部门、各层次员工应全面掌握所从事工作的专业知识与业务技能及相关的各种常识。同时，饭店需要开展针对不同内容的培训，做好计划安排，坚持长期规划与短期安排相结合。

(四) 员工培训的复杂性

饭店培训的主要形式是对员工进行在职训练，培训对象既有管理人员、工程技术人员，又有广大服务人员。由于人员结构层次复杂，员工的文化基础和知识水平参差不齐，饭店内部工种繁多且技术要求不同，这就要求培训工作必须长期分阶段进行，并采用灵活多样的方式与方法。对不同工种或从事同一项工作的员工，培训必须针对不同岗位的业务需求以及不同职务层次的实际需要，遵循多学科、多层次、多种形式相结合的原则。

(五) 员工培训的灵活性

饭店在培训活动的时间安排与考勤控制方面往往会受到一些困难的影响，如受到经营业务的冲击而不能按计划进行。因此，饭店人力资源部在培训计划的安排中，要准备各种应急与应变措施，以适应饭店培训灵活多变的特点，使培训工作取得令人满意的效果。

四、饭店员工培训的基本内容

(一) 职业道德意识培训

职业道德是指饭店业的道德准则和行为规范，它是饭店从业人员身上体现的精神面貌和社会行为的总和。饭店职业道德培训的首要任务是加强员工对职业道德的认识，从而使员工在服务工作中形成正确的道德观念，逐步确立自己对客观事物的主观态度和行为准则。另外，通过职业道德培训可使员工在本职工作中讲求高尚的道德行为，形成长期的职业道德习惯，并将饭店职业道德规范自觉运用到本职工作中。

(二) 饭店企业文化培训

饭店企业文化是饭店组织成员共有的行为模式、信仰和价值观，包括饭店经营理念、饭店精神、价值观念、行为准则、道德规范、饭店形象以及全体员工对饭店的责任感、荣誉感等。饭店企业文化现象都是以员工为载体的现象，而不是以物质为中心的现象，由一个饭店的全体成员共同接受、普遍享用，而不是饭店某些人特有的，并且是在饭店发展过程中逐渐积累形成的。饭店企业文化培训的内容主要包括三个层次：精神文化层，即饭店核心价值观、饭店精神、饭店哲学、饭店理念等；制度文化层，即饭店的各种规章制度以及这些规章制度所遵循的理念，包括人力资源理念、营销理念、生产理念等；物质文化层，即饭店建筑物、饭店标识、饭店传播网络等。

(三) 饭店服务知识培训

饭店服务知识是饭店员工为了更好地提供服务而应当知道的各种与服务有关的信息总和。掌握饭店服务知识是饭店各项工作得以顺利开展的基础，只有在了解丰富知识的基础上，才能顺利地向客人提供优质的服务。

(四) 员工心理培训

心理培训是一个新兴的培训概念。饭店心理培训属于心理学的应用范畴，它是指将心理学的理论、理念、方法和技术应用到饭店管理和饭店训练活动之中，以更好地解决员工的动机、心态、心智模式、情商、意志、潜能及心理素质等一系列心理问题，使员工心态得到调适、心态模式得到改善、意志品质得到提升、潜能得到开发等。

(五) 员工操作技能培训

饭店的服务工作是技能性和技巧性很强的工作，因此，操作技能的培训是员工培训的一项主要内容。例如，对餐厅服务员领位、看台、摆台、上菜、撤盘的培训；对前台服务员办理客人入住、结账、收银、预订的培训；对客房服务员打扫客房、做夜床等的培训。

操作技能的培训既是基础性培训，又是长久的培训。对操作技能的培训可采用集中培训的方式，并在实践中不断深化提高，以便让员工掌握最新的工作方法，提高工作能力和工作效率。

五、饭店员工培训的基本方法

(一) 讲授法

讲授法是传统的培训方法，也称课堂演讲法。在饭店培训中，经常开设的专题讲座就是采用讲授法进行培训，适用于向大群学员介绍或传授某单一课题的内容。培训场地可选用教室、餐厅或会场。饭店培训若采用这种方法，应特别考虑如何使受训员工自始至终保持学习兴趣，这就要求培训者对课题有深刻的研究，并对学员的知识水平、兴趣及经历有所了解。采用这种培训方法时，应保留适当时间用于培训者与受训员工之间的沟通，以问答形式获取学员对讲授内容的反馈，同时授课者应具备较强的表达能力。培训时，授课者可使用视听设备等辅助手段。

(二) 研讨法

研讨法是对某一专题进行探讨的培训方法，又分为问题讨论法和案例研讨法。问题讨论法是由培训者提出问题，组织和引导受训员工开展讨论并给予提示，最终得出正确结论的方法。案例研讨法是由受训员工对实践中的具体案例进行分析和研究，并提出见解的方法。其中，案例研讨法提供的情景是具体的、全方位的，而员工的行为可以从多方面进行解释，因此很难有一个最优答案。案例研讨法比较适合中高层管理人员的培训，优点是学员可以积极参与，并进行多向信息交流，针对性强，从而可以加深学员对知识的理解；缺点是开展研讨的准备工作较难，对培训者的要求较高。

(三) 角色扮演法

角色扮演是一种情景模拟活动。总体来说，角色扮演法既是要求受训员工扮演一个特定的管理角色，从而观察其多种表现，了解其心理素质和潜在能力的一种测评方法，又是通过情景模拟，要求受训员工扮演指定行为角色，并对其行为表现进行评定和反馈，以此来帮助其发展和提高行为技能的一种培训方法。

(四) 模拟训练法

模拟训练法是利用现代科学技术手段创设出的虚幻情景或某些特殊条件进行训练的方法。模拟训练法与角色扮演法类似，但不完全相同。模拟训练法侧重于对饭店员工操作技能和反应敏捷性的培训，它将受训员工置于模拟的现实工作环境中，让受训员工反复操作装置，解决实际工作中可能出现的各种问题，为走上实际工作岗位打下基础。模拟训练法很早就已经被运用。第二次世界大战期间，美国就曾运用高科技手段对作战人员进行模拟训练，让他们观看战争影片，在观看过程中认真感受和体会战场的气氛，从而丰富自身的实战经验。模拟训练法作为一种实验操作方法，已经在世界范围内得到广泛运用。

(五) 操作示范法

操作示范法是较为常用、较为有效的基层培训方法，除了由培训者亲自示范外，还可利用教学电影、幻灯片等辅助工具。这种方法适用于机械性较强的工种，如餐厅和酒吧服务员的摆台、上菜、调酒，或客房服务员的铺床、清扫等实务操作训练。操作示范法先由培训者讲解操作理论与技术规范，并按照岗位规定的标准、程序进行示范表演，对于操作过程中的重点和难点可以反复强调示范，再由受训员工模仿演练，同时培训者应进行指导，纠正错误动作，直到受训员工符合操作标准。

(六) 头脑风暴法

头脑风暴法是现代创造学的创始人阿历克斯·奥斯本于1938年首次提出的，它原指精神病患者头脑中短时间出现的思维紊乱现象。奥斯本借用这个概念来比喻思维高度活跃，打破常规的思维方式而产生大量创造性设想的状况。采用头脑风暴法时，要求受训员工解放思想，使各种设想在相互碰撞中激起创造性风暴。这是一种集体开发创造性思维的方法。头脑风暴法在饭店管理的实际应用中，适用于每一个管理层面，它能最大限度地集思广益，激发每一个人参与饭店管理的积极性，强化每一个人的工作责任心和荣誉感。事实证明，在需要针对特定主题集中注意力与思想进行创造性沟通的情况下，这种方法非常有效。

第四节 饭店员工激励与团队建设

■ 一、饭店员工激励

(一) 员工激励的内涵

激励，即激发鼓励，是指人们朝向某一特定目标行动的倾向。在人力资源管理中，激励就是激发调动员工工作积极性的过程。从某种角度来说，饭店管理工作的目的就是有效地将员工的动机引向饭店的发展目标。一个饭店要想有所作为和发展壮大，就必须采取有效的激励措施和激励手段。

(二) 员工激励的重要作用

1. 激励能够充分开发员工的内在潜能

员工的潜能是蕴藏于员工体内的潜在能力，虽然在平时的行为活动中尚未显露出来，但这种潜能的确是存在的，并且一经发掘便会释放出巨大的能量。我们平常所说的超越自我和挑战极限，就是指发掘人的潜能。美国哈佛大学教授威廉·詹姆士研究发现，在缺乏激励的环境中，人的潜能只能发挥出一小部分，即20%～30%；如果受到充分的激励，他们的能力可以发挥80%～90%。这就是说，一个人平常的工作能力水平与激发后可达到的工作能力水平之间存在约60%的差距。可见，员工的潜能是一个储量巨大的"人力资源库"。发掘员工的潜能，在生产过程和管理过程中具有极为重要的意义，激励正是发掘人的潜能的重要途径。

2. 激励能够充分提高工作效率

员工可以清楚认识到饭店运营中存在的问题，员工存在巨大的潜能和创造性。实施激励有利于员工创造性地开展工作，以饭店主人翁的姿态工作，再配合饭店的管理措施，以及鼓励员工提出合理化建议、建设性意见的措施，不仅能够改进工作状况，从工作中发掘员工潜能，而且能使员工受到奖励和重视，从而进一步激发员工的创造性和革新精神。

3. 激励是饭店员工优胜劣汰的原动力

通过实施激励，不仅能留住饭店需要的人才，让其长期为饭店工作，还能将不适合饭店工作的人员逐渐分离出去。在产权结构变迁及产权社会化的条件下，已经形成一个员工与饭店分离的退出机制，饭店和员工都获得了充分的界定，拥有充分的转让权和收益权，即员工供给者对自己所控制的资源的使用享有独立决策权，这是员工追求自身效用最大化的前提条件。退出机制是在员工市场的基础上形成的，激励是退出机制有效运行的原动力。

(三) 激励经典理论

1. 需要层次论

该理论是由美国社会心理学家亚伯拉罕·马斯洛提出来的，因而也称为马斯洛的需要层次理论。马斯洛的需要层次理论有两个基本出发点：第一，只有尚未满足的需要才能影响人的行为，即已得到满足的需要不能起到激励作用；第二，人的需要有高低层次之分，只有低层次的需要得到满足，才能产生更高一级的需要。在这两个论点的基础上，马斯洛认为，在特定的时刻，人的一切需要如果都未能得到满足，那么满足最主要的需要就比满足其他需要更迫切，只有低层次的需要得到充分满足，高层次的需要才能显示出激励作用。马斯洛认为每个人都有5个层次的需要，即生理的需要、安全的需要、社交的需要、尊重的需要和自我实现的需要。

2. 双因素理论

弗雷德里克·赫茨伯格针对激励理论提出了新的见解。他指出，许多与动机有关的因素其实不是真正的激励因素。赫茨伯格把影响员工工作的因素分成两类：一类是在不能得到满足时会影响其工作或劳动积极性的因素，称之为保健因素；另一类是激励员工工作热情和活力的因素，称之为激励因素。

(1) 保健因素。保健因素包括饭店政策、管理措施、监督机制、人际关系、物质工作条件、工资、福利等。如果保健因素未能满足，员工就会抱怨、怠工，丧失工作热情，产生消极情绪。保健因素的满足对员工产生的效果类似卫生保健对身体健康所起的作用。保健可从人所处的环境中消除有害于健康的事物，它不能直接提高健康水平，但有预防疾病的作用，它不是治疗性的，而是预防性的。当这些因素恶化到人们认为可以接受的水平以下时，就会产生对工作的不满意；当人们认为这些因素很好时，它只是消除了不满意，并不会导致积极的态度，这就形成了某种既不是满意又不是不满意的中性状态。

(2) 激励因素。激励因素包括成就感、领导的赏识、富有挑战性的工作、增加的工作责任以及成长和发展的机会。从提高劳动生产率的角度来说，激励因素比保健因素更重要。如果这些因素具备了，就能对人们产生更大的激励。从这个意义出发，赫茨伯格认为传统的激励假设，如工资刺激、人际关系的改善、良好的工作条件等，都不会产生更大的激励；它们能消除不满意，防止产生问题，但这些传统的"激励因素"即使达到最佳程度，也不会产生积极的激励作用。

按照赫茨伯格的意见，管理层应该认识到保健因素是必需的，不过它一旦使员工的不满意中和以后，就不能产生更积极的效果，只有"激励因素"才能促使员工取得更好的工作成绩。

3. 强化理论

根据美国心理学家斯金纳的激励强化理论，描述关于人的需要的研究是针对需要导致行为的输入来讨论的；公平理论、期望理论等是针对需要导致行为的过程本身来讨论的；强化理论则是把需要导致行为看成一个黑箱，针对这个模式的输出，也就是针对行为来做文章。一般人们倾向于去重复那些受到赞扬或者鼓励的行为，避免或者克服那些受惩罚或者被打击的行为，这就是强化理论的基本出发点。所以，它主张使用正强化、负强化、自然消退和惩罚4种方式，对人们的行为施加影响。

4. 期望理论

美国心理学家费洛姆认为，人们只有在预期行为有助于达到某种目标的情况下，才会被充分激励起来，产生内在的激发力量，从而产生真正的行为。这种激发力量的大小等于该目标对人的效价与人对能达到该目标的主观估计(期望值)的乘积，用公式表示为

$$激发力量=效价 \times 期望值$$

$$M=VE$$

式中：M——动机激发力量，它是指调动一个人的积极性，激发人的内在潜力的强度，它表明人们为达到设置的目标而努力的程度；V——目标效价，是指达到目标后对于满足个人需要的价值的大小，它是个体对这一成果或目标的有用性的主观估计；E——期望值，它是指个人根据经验所做的主观判断，达到目标并能导致某种结果的概率，即个人据其经验对自己所采取的行为将会导致某种预期成果的可能性的主观估计。

为了使激发力量达到最佳值，费洛姆提出了人的期望模式。费洛姆认为，根据人的期望模式，为了有效激发人的动机，需要正确处理努力与成绩的关系、成绩与奖励的关系、激励与个人需要的关系。具体来说，一方面，管理者应当使组织目标的重要性为员工所充分认识、自觉认同，并将员工的个人目标与组织目标紧密联系起来；另一方面，管理者应当积极地为员工完成组织目标创造条件，同时组织目标要恰当、明确。

5. 公平理论

公平理论是美国心理学家亚当斯在1965年首先提出来的，也称为社会比较理论。公平理论认为，员工不是在真空中工作，他们总是在进行比较，比较的结果对于他们在工作中的努力程度有影响。大量事实表明，员工经常将自己的付出和所得与他人进行比较，而由此产生的不公平感将影响他们以后付出努力的程度。这种理论主要讨论薪酬的公平性对人们工作积极性的影响。他指出，人们将通过横向和纵向比较来判断其所获薪酬的公平性。

(四) 饭店员工激励的主要方法

1. 领导行为激励法

(1) 参与激励。饭店要真正发挥员工的作用，就必须把员工摆在主人翁的位置上，尊重他们、信任他们，畅通员工参与饭店管理的渠道，让他们在不同层次和程度上参与饭店的管理和决策，采纳他们提出的正确、合理的意见，使员工对饭店产生归属感和认同感，满足员工自尊和自我实现的需要，实现其价值。

(2) 情感激励。情感因素对人的工作积极性有很大的影响。所谓情感激励，就是管理者必须加强与员工之间的感情沟通，尊重员工、关心员工，把员工真正当作饭店的主人，而不是雇佣者。管理者与员工之间要建立平等、亲切的感情联系，对员工深怀感情，把员工的安危冷暖放在心上，这样才能激起员工的工作积极性。

(3) 榜样激励。领导者的行为会产生一种影响力，具有榜样作用和模仿作用，我国自古就有"上行下效"之说。榜样激励体现了目标动力的作用，榜样的力量是无穷的，通过树立先进典型，可以使员工找到一面镜子、一把尺子和一根鞭子，增添克服困难、实现目标的决心和信心。在实践中，饭店可以利用评选优秀员工、优秀班组的办法来激励其他员工。

2. 饭店物质激励法

(1) 薪酬激励。薪酬激励是激励员工的基础。合理设计饭店员工的薪酬结构，将员工的薪酬与绩效挂钩，可以更好地激励员工的积极性。奖惩激励是指对员工的成绩给予表扬，对员工的失误和错误给予适当的惩罚。

(2) 福利激励。福利激励是指饭店根据自身经济效益制定有关福利待遇的发放标准，确保员工生存与安全的需要，激励员工为饭店多做贡献。饭店经营的重要目的是盈利，获得可持续发展。为了吸引和留住员工，除了合理的薪资外，还需要实施与其实力相适应的福利制度，如有些饭店除了为员工缴纳正常的养老保险、失业保险、医疗保险、工伤保险、生育保险和公积金外，还增加了国内外旅游计划、教育补贴、交通补贴、员工生日聚会等福利，这些完善的福利制度不仅提高了饭店声誉，吸引更多的人才加盟，而且增强了内部的协作精神，激发了饭店员工的创造性，营造出积极向上的竞争氛围。

(3) 股权激励。由于饭店产权结构的变化，产生了一种新的物质激励形式——股权激励。股权激励作为一种长期激励方式，是通过让经营者或饭店员工获得饭店股权的形式，或给予其享有相应经济收益的权利，使他们能够以股东的身份参与饭店决策、分享利润、承担风险，从而尽职尽责地为饭店的长期发展服务。现代饭店理论和国外实践证明，股权激励对于改善饭店组织结构、降低代理成本、提升管理效率、增强饭店凝聚力和市场竞争力具有积极的作用。

3. 饭店精神激励法

(1) 目标激励。目标激励是利用一定的目标对动机的刺激作用，去激励人的积极性、主动性、创造性的方法。它把员工的个人目标与集体目标结合起来形成一个总目标，从而对员工产生激励作用。实行目标激励既可以使员工看到自己的价值和责任，员工一旦达到目标就会获得一种满足感，又有利于上下左右的意见沟通，减小达成目标的阻力，也能使员工个人利益与饭店目标相统一。

(2) 示范激励。示范激励也称为典型示范，是指通过先进人物与典型事件来影响和改变个体或群体的观念和行为的一种激励方法。榜样示范发挥激励作用需要一定的条件。示范由示范原型、示范场、示范效应三部分构成。

(3) 参与激励。员工参与是发掘员工的潜能，鼓励员工对饭店取得成功做出更多努力的一种过程。它隐含的逻辑是让员工参与会对他们产生影响的决策，可增强他们的自主性和对工作及生活的控制力，这样员工会变得更有积极性，对饭店组织也会更加忠诚。

二、饭店团队建设

(一) 团队建设的内涵

团队建设是指有意识地在组织中开发有效的工作小组，每个小组由一定数量的员工组成，通过自我管理的形式，负责一个完整的工作过程或其中一部分工作。团队建设可以理解为一个过程，在该过程中，参与者和推进者都能增进彼此信任并且真诚相处，从而促使工作小组创造出不同寻常的业绩。

(二) 团队的类型

1. 相似型工作团队

相似型工作团队的工作原理是把有相似技巧的员工组织在一起，在规定的时间内完成所有规定的工作。例如，中餐领位员、中餐传菜员、中餐点菜员等。可以看出，相似性工作团队一般来自同一个工作地点或部门。

2. 接力型工作团队

接力型工作团队的工作原理与田径项目中的接力比赛类似，需要由团队中的所有成员密切配合才能完成任务。以饭店餐饮部为例，通常由服务员和厨师组成一个团队。服务员必须准确无误地记录客人所点的菜品，并将信息传递给厨师，厨师准备好后再把菜品传送给服务员，最终送到客人面前。在整个服务过程中，接力型工作团队的成员应密切配合。

3. 一体化型工作团队

一体化型工作团队的工作原理是将具有不同专业能力的成员组合在一起来完成特定的工作任务。例如，饭店中为团队客人安排住宿的全体工作人员，该团队将涉及销售部、前厅部、客房部等部门的人员。他们组合在一起，目的是计划并协调各部门和员工间的行动，以确保团队客人顺利入住。团队客人抵达后，销售部应确认人员数量、入住时间与预订信息是否相符；前厅部应办理团队客人入住的相关手续；客房部应保证团队客人入住的客房干净卫生，提前将房间整理完毕。

(三) 团队建设过程

1. 形成阶段

形成阶段是成员在饭店团队发展中的首次聚集阶段。在该阶段，团队成员应重点考虑如何适应饭店团队的工作要求及明确自己在团队中所处的位置。

2. 震荡阶段

震荡阶段是饭店团队成员试图明确团队目标和价值的阶段。该阶段的团队还未完全规范其具体要求和规定，很可能会出现由一名或两名成员来控制团队活动的局面，因此饭店团队成员中可能会出现相互猜忌和指责的情况。

3. 规范化阶段

在团队规范化的过程中，饭店团队成员逐渐度过震荡期并开始呈现团队协作的特征。在该阶段，团队确立了自己的规范准则、经营方式和沟通渠道及行为规范。同时，团队成员之间相互包容，并了解团队内不同的思维方式和人员特性，团队成员各司其职，团队目标更为明确，团队成员进一步明确自己在团队中的位置，相互之间的关系更加融洽。

4. 运行阶段

在运行阶段，饭店团队能够有效解决工作中出现的问题，工作效率大大提高。在经历了震荡阶段和规范化阶段后，饭店团队成员不仅建立了信任感，而且最大限度避免了冲突的发生。在该阶段，团队成员能够目睹饭店成功运营，因此他们更加重视团队的作用。也正是在这个阶段，团队成员才能获得更好的职业发展，而这时的团队才能称为"真正的团队"。

第五节 饭店职业生涯规划

一、职业生涯规划的含义

职业生涯规划是根据个人情况及所处的环境，确立职业目标，选择职业通道，并采取行动和措施，实现职业生涯目标的过程。此含义说明了4个问题：职业生涯规划具有明显的个人化特征；职业生涯规划包含确定生涯目标、采取职业生涯措施、实现目标等一系列过程；职业目标与日常工作有很大的差别；饭店应引导员工的职业生涯规划目标为饭店总目标服务。

二、职业生涯规划的分类

按照时间的长短，可将职业生涯规划分为人生规划、长期规划、中期规划与短期规划4种类型，如表8-5所示。

表8-5　职业生涯规划的分类

类型	定义及任务
人生规划	整个职业生涯的规划，时间为40年左右，设定整个人生的发展目标。例如，规划成为一个拥有数亿资产的饭店董事长
长期规划	5～10年的规划，主要设定较长远的目标。例如，规划30岁时成为饭店部门经理，规划40岁时成为一家大型饭店副总经理等
中期规划	一般为2～5年内的目标与任务。例如，规划到不同部门工作来获取经验，规划从主管升到部门副经理等
短期规划	2年以内的规划，主要是确定近期目标，规划近期完成的任务。例如，对专业知识的学习、2年内掌握哪些业务知识等

三、职业生涯规划的内容

(一) 职业管理

饭店组织所从事的职业发展方面的活动，称为职业管理。它的目的是把员工的个人需要与组织需要统一起来，做到人尽其才，并最大限度地调动员工的积极性，同时使他们感到在饭店中能够有所作为，从而提高其对组织的归属感。在饭店内承担职业管理职责的是各级管理人员，因为他们不仅了解下级员工的长处与短处、需要与抱负、过去与现状，还了解饭店中存在的机会与备选发展途径，便于他向下级介绍发展前景，从而可以更好地指导、监督、培养和鼓励下级员工。

(二) 职业计划

员工个人所承担的职业发展活动称为职业计划。这种计划包含职业生涯中一系列重大转折性的选择，如专业发展方向的选择、就职饭店的选择、职务的选择等。首先，需要在做好自我分析(包括个人的优势、弱点、经历、绩效、能力等)的基础上，在本人价值观的指导下，确定长期与近期的发展目标；其次，拟订具体的职业发展规划。个人职业计划应具有一定的灵活性，以便根据自己的实际表现而加以调整。

四、职业生涯规划的作用

(一) 有利于为饭店提供人力资源保障

饭店制定战略目标、战略方案和业务发展方案的同时，也应制定相应的人力资源战略规划，这样可为饭店战略目标的实现提供人力资源保障，而员工职业规划正是人力资源战略规划的重要组成部分。饭店推行员工职业规划管理，在员工现实工作的基础上，将饭店的战略目标、业务发展和员工的工作进步、职业引导、职业和职务的晋升与发展相结合，形成以职业规划为中心的奋斗目标，能够将饭店的战略目标与业务发展同员工的个人奋斗目标结合起来，使员工看到前途和希望，从而产生动力和士气，有助于饭店吸引、留住和培养出适应饭店战略目标和业务发展需要的各类人才。

(二) 有利于开发员工潜能和提升实力

职业生涯规划有利于引导员工正确认识自身的个性特质、现有与潜在的资源优势，帮助员工重新对自己的价值进行定位并使其持续增值；有利于引导员工对自己的综合优势与劣势进行对比分析，使员工树立明确的职业发展目标与职业理想；有利于引导员工评估个人目标与现实之间的差距，通过将前瞻与实际相结合的方式进行职业定位，从而搜索新的或有潜力的职业机会；有利于员工学会如何运用科学方法，采取可行措施，不断增强职业竞争力，实现自己的职业目标与理想。

(三) 有利于为培训计划的制订提供依据

每一个新员工进入饭店时，都会有自己的发展愿景和计划，即对哪些工作有兴趣，希望两年后做什么、五年后做什么等。但是，并不是所有的员工都具备与饭店组织的人力资源动态需求相符合的知识和能力。通过职业生涯设计，可帮助员工认识到每一个职业发展阶段所必须接受的训练与开发。

■ 五、职业生涯策略的制定与实施

(一) 职业生涯策略的主要内容

职业生涯策略可以细化为具体的计划和措施，同时要明确每项计划的起讫时间和考核指标。

1. 具体计划

职业生涯发展是一步一步走过来的，职业生涯目标的实现也是一点一点积累起来的。如果没有具体的行动计划，就不可能实现目标。因此，需要列出详细的工作和学习计划。例如，每个阶段学什么，需要列出具体的科目；每个阶段干什么，需要列出具体的任务等。

2. 具体措施

在列出具体的计划后，还需要列出实现每项计划的具体措施，并且措施要切实可行。如果没有具体的措施或者措施不可行，计划就无法实现。

3. 起讫时间

在对每项计划列出切实可行的具体措施后，还需要明确每项计划的起讫时间，即什么时间开始，什么时间结束，否则员工的计划也会落空。明确每项计划的起讫时间，是约束自己按计划行动的重要手段。

4. 考核指标

在明确具体的计划和措施以及起讫时间后，还需要确定以什么指标来检查或衡量计划的完成程度，明确每项计划的考核指标，是员工实现职业生涯目标的重要环节。如果没有考核指标，计划就有可能搁浅，职业生涯目标也就无法实现。

(二) 职业生涯策略的制定

在确定职业生涯发展目标和职业生涯发展路线之后，为了达到目标，还需要制定职业生涯发展策略的行动规划。职业生涯策略是指为了实现职业生涯目标而采取的各种行动和个人资源配置措施。制定职业生涯策略既要决定"应该做什么和怎么做"，也要决定"不能做什么"，还应包括个人资源的配置计划。具体来讲，职业生涯策略包括以下3个方面。

1. 工作策略

工作策略，即为达到工作目标，计划采取哪些措施提高工作效率，通过哪些努力实现个人在工作中的良好表现与业绩。

2. 学习与培训策略

学习与培训策略，即在业务素质方面，计划采取哪些措施提高饭店业务能力；在潜能开发方面，计划采取哪些措施开发潜能等。此外，还包括除当下学习或工作之外的一些前瞻性准备，如在业余时间参加课程学习或接受有针对性的教育与培训；掌握一些额外的技能与专业知识，如提升英语口语能力，参加职业资格证书考试等。

3. 人际关系策略

人际关系策略，即在职业领域构建人际关系网络，为未来的发展寻找更广泛的支持与合作空间。

(三) 职业生涯策略的实施

职业生涯目标的设定是职业生涯规划的关键，职业生涯策略和具体的计划与措施是实现职业生涯目标的保证。如果仅设定目标、制定策略和计划，不去实施和行动，那么再好的目标也是空想，再好的策略和计划也是一纸空文。因此，要实现自己的职业生涯目标，就必须将具体的策略和计划转化成实际行动。在职业生涯策略的具体实施中，要排除一切干扰目标实现的因素，坚持不懈地为实现自己的职业生涯目标而努力。

六、职业生涯规划的反馈与修正

在行动的过程中，需要通过不断地评估与反馈来检验和评价职业生涯行动的效果。在职业发展的过程中，需要不断地对职业发展计划进行调整，可能是调整具体的行动计划，也可能是调整职业发展路线，甚至可能是调整职业目标。职业生涯发展的评估与反馈主要包括以下两个部分：一是在实施职业发展策略与行动计划后，对个人职业发展状况进行评估，以便及时修正规划中的目标、策略、方法等不切实际的部分；二是协调个人职业目标和现实的工作目标、生活目标与饭店组织目标的关系，从而完善职业生涯规划，提高职业发展与开发活动的有效性。

🖳 案例分析·

某饭店实施的"1543工程"计划奖励方案

某四星级饭店餐饮营业部门计划采用以三个月为一个周期的滚动计划管理方式，即财务部根据市场供求关系和饭店潜力，每三个月下达一次餐饮营业收入计划指标。第一个月为必须完成的指令性计划，第二个月为指导性计划，第三个月为参考性计划。到第一个月结束，根据当月完成结果，经过预测分析，再下达三个月的计划指标。这时，第二个月的指标变为指令性计划，第三个月的指标变为指导性计划，第四个月的指标变为参考性计划，以此类推。

饭店为调动员工积极性，同时制订了针对员工的"1543工程"计划奖励方案，即员工每月完成当月计划指标，按完成额的1%提取奖金。超额完成营业收入计划，超额10万元时，按超额数的5%提取奖金；超额20万元时，按超额数的4%提取奖金；超额30万元时，按超额数的3%提取奖金。按完成计划数的1%提取奖金则始终不变，因而称为"1543工程"。在上述奖励计划的基础上，饭店每月公布计划指标，月底核算一次，按"1543工程"的实际结果兑现。

由于这次奖励计划简单明确，便于监督考核，大大调动了饭店员工的积极性，发掘了员工潜力，促使饭店营业收入和经营利润逐月稳步上升，每月都能超额20万～30万元完成计划指标。员工除获得正常的工资福利外，每月的奖金也能达到400～500元，从而受到员工的普遍欢迎。

资料来源：现代酒店管理案例100则. 百度文库[EB/OL]. http://wenku.baidu.com/. 作者有删改

1. 该饭店实施的"1543工程"计划奖励方案为什么会赢得员工的拥护和认可？

2. 运用人力资源激励理论分析该饭店的"1543工程"计划奖励方案取得成功的原因。

🖳 本章小结·

饭店人力资源管理就是科学地运用现代管理学中的计划、组织、领导、控制等职能，对饭店的人力资源进行有效的开发、管理和使用，使其得到优化的组合，并最大限度地发掘人的潜在能力，充分调动人的积极性，使有限的人力资源充分发挥作用的一种全面管理。

饭店员工招聘是为一定的工作岗位选拔合格人才而进行的一系列活动，是把优秀、合适的人员招入饭店，并安排在合适的岗位上工作的过程。饭店员工甄选的测评方法包括笔试法、能力测试法、情景模拟测试法、心理测试法、职业兴趣测试法、面试法。饭店员工录用程序包括录用应聘者、办理体检手续、员工试用、转正并签订劳动合同。

饭店员工的培训是按照一定的目的，有计划、有组织、有步骤地向员工灌输正确的思想观念，传授有关服务、营销和管理工作的知识和技能的活动。饭店员工培训的内容包括职业道德意识培训、饭店企业文化培训、饭店服务知识培训、员工心理培训、员工操作技能培训、员工管理知识培训。

激励就是激发并调动员工工作积极性的过程。激励经典理论包括需要层次论、双因素理论、强化理论、期望理论、公平理论。饭店员工激励的主要方法有领导行为激励法、饭店物质激励法、饭店精神激励法。

职业生涯规划是员工根据个人情况及所处的环境，确立职业目标，选择职业通道，并采取行动和措施，实现职业生涯目标的过程。职业生涯规划按照时间的长短，可分为人生规划、长期规划、中期规划与短期规划4种类型。职业生涯规划有利于为饭店提供人力资源保障，有利于开发员工潜能和提升实力，有利于为培训计划的制订提供依据。

复习思考题

1. 饭店人力资源管理有哪些特点？
2. 简述饭店人力资源管理的意义。
3. 饭店员工甄选的测评方法有哪些？
4. 饭店员工培训有哪些重要作用？
5. 简述饭店员工培训的内容。
6. 简述团队建设的过程。
7. 职业生涯规划的含义是什么？
8. 职业生涯规划有哪些作用？

第九章
饭店财务管理

知识目标

- 了解饭店财务管理的主要内容
- 掌握饭店成本费用控制的程序和原则
- 掌握饭店营业收入管理的内容

技能目标

- 熟悉饭店利润分配程序以及饭店财务分析方法
- 能够将财务分析方法具体应用到各部门收银岗位

引导案例丨某宾馆的催账过程

2021年1月16日，某宾馆大厅人来人往，像往常一样忙碌。下午，总收银台向中班大堂副理反映，2008房客人张先生超支870元。大堂副理及总收银台均向张先生催账并送去了催账单，张先生随后送来一张支票放在收银台。大堂副理与销售部联系，得知销售部认为张先生的信用度有待观察，持保留态度，故不愿为其担保。大堂副理与总收银台商量后，以该账户未在支票防伪鉴定中心登记为由，将支票还给张先生，并要求其用现金补交。张先生称第二天上午10点交，并将其护照放在总台，说他会用现金换取。鉴于此，大堂副理决定暂将其在宾馆内的签单权改为观察级，采取内紧外松的策略，并向客房部了解其房间行李情况(房间内有较多行李)，同时通知客房部、保安部关注该房动向。

此后，每班的大堂副理都会向张先生催账，但张先生一直未补交费用，上午推下午，下午推晚上，再推至第二天，一推再推，至18日仍未付清，此时，张先生已超支1500多元。其间，张先生表示曾与宾馆长包户某公司取得联系，他的费用由该公司支付，但大堂副理向该公司相关负责人确认时，得知该公司不会为其支付费用，明确表示张先生的费用应由其自理。大堂副理将催账情况向经理做了汇报，经理肯定了大堂副理的工作，并指示加大催收及监控力度。到1月21日，某公司老总通知大堂副理，张先生的费用由其代为付清，随即这位老总在张先生的相关单据上签了字。

直到张先生退房离店，宾馆员工对张先生始终给予热情礼貌的服务，大堂副理还亲自送张先生离店，张先生对宾馆的优质服务表示满意和感谢，并对因欠费而造成的麻烦表示歉意。

资料来源：酒店前厅服务管理案例. 百度文库[EB/OL]. http://wenku.baidu.com/. 作者有删改

思考：

在饭店经营中，催收账款是哪些部门和岗位的职责？本案例中的催账过程有些曲折，该宾馆员工在催账过程中采取了哪些措施？你认为他们的做法得当吗？

本章导语

随着旅游业的发展，旅游市场竞争日趋激烈，旅游企业财务活动也越来越活跃。这种发展趋势要求饭店必须加强财务管理，明确财务管理在企业管理中的地位，理顺财务管理与其他业务管理的关系，从而提高管理水平，使饭店在竞争中立于不败之地。

第一节 饭店财务管理概述

财务泛指社会各经济环节中涉及钱、财、物的经济业务。财务管理(financial management)是一门独立性、专业性很强且与社会实践密切相关的管理学科。它产生于17世纪末，在20世纪取得了突破性的发展，尤其在第二次世界大战后，随着企业生产经营规模的不断扩大和金融证券市场的日益繁荣，筹资越来越不容易，风险也逐渐加大，人们越来越认识到财务管理的重要性，从而促使相关理论与方法不断发展。

一、饭店财务管理的含义

饭店财务管理是指对饭店财务活动的管理。财务活动即饭店财产物资方面的业务活动及事务活动，包括各种财产物资的取得、配置、耗用、回收等活动。各种财产物资都具有价值和使用价值，财产物资价值的货币表现就是资金。为了保证业务经营活动的正常进行，饭店首先要筹集一定数额的资金，其次要做好资金的投放，使之形成饭店业务经营所需要的各种财产物资，即各项资产。在饭店的业务经营过程中，资产的价值形态不断地发生变化，不断地由一种形态转变为另一种形态。

饭店是借助有形的设备、设施，通过提供服务而获取经济效益的生产经营单位，饭店经营者运用投资者提供的资金进行经营。从形式上看，饭店财务是指货币资源的收支活动，它表现为饭店资源量的增加与减少，其基本内容体现为筹资、投资与分配等。

饭店财务活动包括饭店由于筹集资金、运用资金以及分配利润而产生的一系列经济活动，饭店财务活动的总和构成饭店资金运动。饭店财务管理的对象就是资金运动。

饭店财务管理是随着饭店规模的不断扩大、管理的不断深化而出现的一种管理职能，它主要解决饭店经营中的一些理财问题，管理者根据饭店的经营目标和经营需要，按照资金运动规律，对饭店的财务问题进行科学有效的管理，并正确处理饭店与社会各种利益关系团体和个人之间的经济关系。

二、饭店财务管理的特点

饭店作为一个综合性服务组织，它所提供的产品与制造业企业不同，饭店主要是为宾客提供以食宿为主的各种服务，因而饭店财务管理有其自身的特点。

(一) 客房商品销售的时间性

饭店通过提供服务或劳务直接满足宾客的需要，当宾客在饭店消费时，饭店设施与服务相结合才表现为商品。客房销售有强烈的时间性，如果当天不能实现销售(出租给宾客)，则当日的租金收入就永远失去了，即客房商品无法实现库存。客房商品销售的时间性要求饭店财务部门积极支持营销部门的促销活动，以提高客房出租率，增加客房销售收入。

(二) 宾客结算的即时性

饭店为了方便宾客结账，通常在宾客离店时提供一次性结清账款的服务，不论宾客何时离店，都应立即办理结账手续，防止出现错账、漏账和逃账。这就要求饭店财务部门必须昼夜提供值班服务，尤其是及时为客人提供入住、货币兑换、离店结账等各种服务。从这个意义上讲，饭店财务管理工作的时间性要强于一般企业财务管理的时间性。

(三) 投资效益的风险性

饭店固定资产投资比重大，占总投资额的80%左右。饭店的固定资产使用时限长，一旦投入往往难以改作其他用途，如果旅游市场形势不好，必然会导致饭店投资效益低下。饭店投资巨额固定资产以后，要经过较长时期的经营活动才能逐步收回成本，所以其市场定位对饭店未来的发展速度和长期获利能力都有重大影响。因此，在进行投资决策之前，需要对投资方案的预期经济效益做深入、全面评估，并用审慎的态度、科学的方法选择最有利的投资方案，以规避风险，获取最大利益。

(四) 更新改造的紧迫性

饭店内的各类设备、设施是否先进，对饭店经营的影响很大。这种状况决定了饭店的资产设备更新周期短，需要经常进行更新和改造。因此，饭店财务管理人员要注意研究各种资产设备的经济寿命周期，寻求最佳更新时机，适时装修改造，以获得较高的资产使用效益。

(五) 经济效益的季节性

饭店经营具有明显的季节性，这导致饭店效益也随之呈现明显的季节性波动。结合季节性的特点，饭店财务部应合理安排各种营销活动，使淡季不"淡"，从而取得最佳的经济效益。

三、饭店的财务关系

随着饭店经营活动的不断进行，其财务活动也日益频繁。在开展财务活动过程中，饭店必然会与各方面发生经济联系，产生各种经济利益关系。饭店在财务活动中与有关方面所发生的经济利益关系就称为财务关系(financial relations)。

(一) 筹资中的财务关系

在筹资活动中，饭店是接受投资者，而向饭店出资的投资者可分为所有权投资者和债权投资者。因其对饭店的投资责任不同，享有的权利也不同，具体体现在以下几个方面。

(1) 债权投资者拥有优先求偿权。当饭店破产时，优先于股东分得饭店资产，因此，其投入的资金损失的可能性较小。所有权投资者对饭店资产和盈利的求偿权居于最后。饭店破产时，股东的投资可能得不到全额补偿，甚至一无所获。

(2) 债权投资者收入比较稳定。饭店发行的债券票面都标有固定的利息率，债券的发行人有按时支付利息的法定义务。因此，在正常情况下，投资于债券能得到比较稳定的收入。所有权投资者的收入则不稳定，收入的多少视饭店经营状况和财务状况而定，其有无、多寡均无法律上的保证，风险远远大于债权投资。

(3) 债权投资的购买力风险比较大。债券的面值和利息率在发行时就已确定，如果在投资期间通货膨胀比较严重，则投资者投入的资金和利息的购买力将不同程度地受到侵蚀。而所有权投资的收益不固定，在通货膨胀率比较高的时候，由于物价普遍上涨，饭店的盈利会随之增加，投资收益也会相应增加。因此，与债权投资相比，所有权投资能有效地降低购买力风险。

(4) 债权投资者没有经营管理权。投资于债券只是获得收益的一种手段，投资者无权对债券的发行单位施加影响；相反，所有权投资者有权监督饭店的生产经营情况，并可以对其经营管理施加影响。

(二) 投资中的财务关系

投资是将筹集的资金用于生产经营的各个方面。投资中的财务关系与筹资中的财务关系相同，只是饭店的角色由接受投资者变成投资者。饭店作为投资者，与受资者之间的关系，即投资与分配的关系，属于所有权关系。投资会促使饭店加速资金流动，资金流动既会带来资金收益，也会带来投资风险，这就要求饭店在收益与风险之间进行权衡，争取以最小的风险获得最大的收益。饭店若作为债权人将其资金购买债券，通过提供借款或商业信用等形成的经济关系，在性质上属于债权债务关系。

(三) 分配中的财务关系

参与饭店企业分配(distribution)的主体主要有如下几个。

(1) 国家。国家以行政管理者的身份参与社会剩余产品包括饭店企业利润的分配。饭店必须依法经营并按照税法规定缴纳各种税款，包括流转税、所得税和各种计入成本的税金。这种财务关系体现的是饭店与政府之间的一种强制性的财务分配关系。

(2) 债权人。债权人为饭店借入资金，以贷款者身份参与饭店分配，即饭店要按时以还本付息的方式向债权人偿还本金和支付利息，这是一种有偿分配，带有一定的强制性。

(3) 职工。饭店职工以其自身提供的劳动参与饭店分配，即按劳分配，也是一种有偿分配。饭店根据职工的劳动情况，向职工支付工资、津贴，用利润向职工支付奖金、提取公益金等。职工分配最终会导致所有者权益的变化。

(4) 所有者。所有者参与饭店分配的方式是按资分配，即所有者按其对饭店投资的多少进行分配。

上述财务关系是饭店在从事生产经营，进行资金的筹集、调拨、使用、分配、偿还等财务活动中产生的。饭店财务的本质是饭店经营过程中的资金运动及其所体现的财务关系，而财务管理的对象是资金运动及财务关系。因此，饭店财务管理就是根据国家政策法规和资金运动规律，组织财务活动，处理各种财务关系，通过对资金的运用过程实施管理与控制，从而实现加强财务控制、促进企业发展、提高经营绩效的目标的过程。

四、饭店财务管理的组织与目标

(一) 饭店财务管理组织

建立健全饭店财务管理组织，是有效开展财务活动、调节财务关系、实现财务管理目标的重要条件。饭店财务管理组织机构主要有以下3种类型。

1. 以会计为核心的财务管理机构

这种财务管理机构的特点是会计核算职能和财务管理职能不分，财务管理机构同时具备两种职能。在这种机构内部，是以会计核算职能为核心来划分内部职责的，设有负责管理存货、长期资产、结算、出纳、成本、收入、报表等部门。该类财务管理机构适用于中、小型饭店。

2. 与会计机构并行的财务管理机构

这种财务管理机构的特点是会计核算与财务管理职能分离，财务管理职能由独立于会计机构的财务管理机构履行。财务管理机构专门负责筹资、投资和分配工作。在该机构内部，按照职责的不同可分为规划部、经营部和信贷部3个部门。该类财务管理机构适用于大型饭店。

(1) 规划部(planning department)。规划部的主要职责是进行财务预测和制订财务计划。预测内容包括金融市场的利率与汇率、预期证券市场价格和现金流量等，为饭店的筹资和投资提供依据。计划的主要内容是编制现金预算，确定筹资计划；编制利润计划，确定饭店生产经营目标；编制投资计划，确定饭店实物投资和金融投资的动向。

(2) 经营部(operating department)。经营部的主要职责是寻找资金的筹措渠道，进行融资和投资活动，实施资金分配。

(3) 信贷部(loan department)。信贷部的主要职责是调查客房资信状况，掌握其生产及经营状况和偿债能力，对拖欠款进行债务催收或清理，对还款情况进行后续跟踪调查。

3. 公司型的财务管理机构

这种财务管理机构的特点是它本身是一个独立的公司法人，能够独立对外从事财务活动。在公司内部，除了设置从事财务活动的业务部门以外，还设有一般的行政部门。这种财务管理机构一般设置在集团或跨国公司内部，其主要负责集团公司或跨国公司的整体财务管理、各个成员之间的财务协调，以及各企业成员的财务管理。

该类财务管理机构适用于一些大型饭店集团或跨国公司，不仅执行企业的财务管理职能，而且行使对饭店集团下属的众多饭店进行整体财务管理的职能，也被称为财务公司。

(二) 饭店财务管理目标

饭店财务管理目标(goals of financial management)是指饭店开展财务活动，处理财务关系所要达到的目标。饭店财务管理目标决定了财务管理的基本方向，只有目标明确，饭店管理者才能进行有效的财务管理。

1. 总体目标

(1) 利润最大化(the maximum profit)。它是指饭店管理者把获得最多的利润作为财务管理目标。利润的多少反映了饭店经济效益的高低，是资本报酬的主要来源。利润越多，意味着实现的劳动价值越多，职工报酬也越高。利润代表剩余产品的价值，剩余产品越多，社会财富也越多。因此，利润最大化意味着社会财富的最大化。

以利润最大化作为饭店财务管理的总目标，有利于饭店加强财务管理、更新技术、降低成本费用、提高劳动生产率，从而以较少的投入获得更多的利润。同时，该目标也存在一些不足：一方面，利润最大化没有考虑利润产生的时间，没能考虑资金的时间价值，也没能有效地考虑风险问题，可能会使财务人员不顾风险的大小去追求最大利润；另一方面，利润最大化往往使财务决策带有短期行为的倾向，导致财务人员只顾实现眼前的最大利润，不顾企业的长远发展。

(2) 股东财富最大化。它是指通过财务上的合理经营，为股东带来最多的财富。在股份经济条件下，股东财富由其所拥有的股票数量和股票市场价格两方面因素决定。当股票数量一定时，股票价格越高，则股东财富越多，所以，股东财富最大化又称为股票价格最高化。与利润最大化目标相比，股东财富最大化会产生积极的作用，它科学地考虑了风险因素，因为风险的大小会对股票价格产生重要的影响；它在一定程度上克服了企业在追求利润方面的短期行为倾向，因为不仅目前的利润会影响股票的价格，预期的利润也会对股票价格产生重要影响；它比较容易量化，便于考核和奖惩。但是，股东财富最大化也有一些缺点，首先，股东财富最大化的目标只适用于上市公司；其次，股票价格受多种因素影响，并非企业所能控制，把不可控因素引入财务管理目标是不合理的。

(3) 社会责任。饭店应承担对社会应尽的义务，如果每一家饭店都能积极承担一定的社会责任，如保护消费者权益、合理雇佣员工、消除环境污染等，将会为整个社会的繁荣和发展做出积极的贡献。同时饭店承担一定的社会责任，会起到改善饭店形象、提高饭店在公众心目中的地位等作用，从而有利于饭店的长远发展。

2. 具体目标

饭店财务管理的具体目标,体现在饭店财务活动的全过程中,包括筹资、投资、分配等方面。

(1) 筹资管理目标。饭店筹资管理目标是以较少的筹资成本和较低的筹资风险获得更多的资金支持。资金成本降低,会增加饭店的价值。另外,筹资还会给饭店带来偿付责任或风险,如果这种责任或风险降低,也会增加饭店的价值。因此,饭店财务管理的目标在筹资活动中的具体体现就是以较低的筹资成本和较小的筹资风险,获取饭店发展所需的资金。

(2) 投资管理目标。投资是指饭店资金的投放和使用,包括饭店内部投资和对外投资两个方面。饭店在经营过程中,会选择适当时机对自身的经营活动进行投资和对外投资。一般情况下,投资收益和风险是并存的,这就要求饭店在财务管理的过程中,应努力实现投资收益最大化、风险最小化。

(3) 分配管理目标。分配是指饭店要将取得的收入和利润在饭店与相关利益主体之间进行分配。这种分配不仅涉及各利益主体的经济利益以及饭店的现金流出量,从而影响饭店财务的稳定性和安全性,还涉及饭店价值的变化。如果饭店对大部分收入和利润进行分配,虽然会提高各利益主体对饭店的市场评价,但会影响饭店资金的积累,也会增加饭店日后的筹资规模及筹资成本,从而影响饭店未来的收入。因此,饭店需要在这两者之间进行权衡,选择适当的分配标准和分配方式,既要提高饭店的即期市场价值和财务的稳定性以及安全性,又要使饭店的未来收入或利润不断增加,从而使饭店的市场价值不断上升。

第二节 饭店成本费用管理

成本费用管理是饭店财务管理的重要组成部分。成本费用是饭店经营耗费补偿的最低值,是制定价格的基础,也是检验饭店经营质量的重要指标。

一、饭店成本费用的含义

成本费用是指饭店在一定时期的经营过程中为宾客提供服务所发生的各项费用的总和。成本是指购进商品和雇佣劳动力发生的支出,如在饭店经营过程中购买各种原材料、商品等的支出。费用是指某个时期为获取收入而发生的耗费。

饭店在为宾客提供各项服务的过程中,会发生各种直接支出和消耗。在购进商品和雇佣劳动力时发生的直接支出,应列入成本;而未列入成本的,在各时期为获取收入而发生的耗费,则称其为费用,包括营业费用、管理费用和财务费用等。

相对来说,饭店的经营项目较少,其营业成本主要包括餐饮原材料成本、商品购进成本等。按照我国现行成本管理制度,饭店业务成本费用主要包括以下几项。

(一) 营业成本

营业成本是指饭店在经营过程中发生的各项直接支出，包括餐饮成本、商品成本、洗涤成本和其他成本。

(1) 餐饮成本。餐饮成本是指饭店餐饮部制作食品菜肴和饮料使用的原材料、配料和调料的购进成本。

(2) 商品成本。商品成本是指已经销售的商品的进价。

(3) 洗涤成本。洗涤成本是指饭店洗衣部洗涤衣物时使用的用品、用料的支出。

(4) 其他成本。其他成本是指其他营业项目支付的直接成本，如复印项目的复印纸成本等。

(二) 期间费用

期间费用是指饭店在一定会计期间发生的费用，包括营业费用、管理费用和财务费用等。

(1) 营业费用。营业费用是指饭店各营业部门在经营过程中发生的各项费用，包括运输费、装卸费、包装费、保管费、保险费、燃料费、水电费、展览费、广告宣传费、邮电费、差旅费、物料消耗折旧费、修理费、职工工资、职工福利费、工作餐费、服装费等。

(2) 管理费用。管理费用是指饭店为管理生产经营活动而发生的费用以及由饭店统一负担的费用，包括公司经费、工会经费、开办费、职工教育经费、劳动保险费、待业保险费、劳动保护费、坏账损失、董事会费、租赁费、咨询费、审计费、诉讼费、排污费、绿化费、土地使用费、技术开发转让费、无形资产摊销、开办费摊销、业务招待费、存货盘亏、毁损和报废等。

(3) 财务费用。财务费用是指饭店为筹集经营所需资金等而发生的一般财务费用，包括企业经营期间的利息净支出、汇兑净损失、金融机构手续费、加息及筹资发生的其他费用等。

(三) 不得列入成本费用的支出

按照我国现行制度规定，饭店下列支出不得列入成本费用。

(1) 为购置和建造固定资产、无形资产和其他资产而发生的支出。

(2) 对外投资支出。

(3) 分配给投资者的利润。

(4) 因被没收财物所造成的损失。

(5) 支付的赔偿金、违约金、罚款、捐助支出等。

(6) 国家规定不得列入成本费用的其他支出。

二、成本费用控制的意义和程序

饭店实施成本费用控制，有助于限制各项费用和消耗的支出，有计划地控制成本费用，减少资金占用量，提高资金的使用效益，以达到降低成本、提高经济效益的目的，从而改善经营管理，增强饭店的竞争力。

成本控制可按发生成本的先后顺序划分为事前控制、事中控制和事后控制3个阶段。

(一) 事前控制

事前控制即设计阶段，其主要工作是对影响成本的经营活动进行预测、规划、审核和监督，并建立健全成本责任制，实行归口管理。工作内容包括制定成本费用控制标准，如标准成本、成本预算指标、物资消耗定额等；建立健全成本费用控制责任制及各项控制制度。

(二) 事中控制

事中控制即执行阶段，主要依据现实制定控制标准及控制责任制。在实际发生成本费用的过程中，对成本形成的全程进行监控，并预测今后的发展趋势。

(三) 事后控制

事后控制即考核分析阶段，在成本费用形成之后进行综合分析和考核，将实际成本费用与标准进行比较，查明产生成本差异的原因，确定责任归属，提出改进措施或修改成本费用控制标准。

通过开展以上工作，对发生成本的全程进行控制，可形成一个不断往复、不断改进的循环控制体系。

三、成本费用控制的原则

饭店成本费用管理必须做到既符合国家的有关规定，又符合饭店的实际情况，一般应遵循如下原则。

(一) 严格遵守国家规定的成本开支范围及费用开支标准

饭店必须遵守国家财务制度，对饭店发生的各项支出做出明确规定，不得随意扩大开支范围，不得把不应计入成本费用的支出计入成本。

(二) 因地制宜原则

该原则是指饭店成本控制系统必须具有一定的针对性，以适合特定部门的要求，不可全盘照搬其他企业的做法。适合特定部门的要求，是指饭店的各个部门如销售部、前厅部、客房部、餐饮部、技术开发部、维修部的成本形成过程各不相同，因此，各自的成本控制标准和方法也应有所区别。

同一饭店的不同发展阶段，其管理重点、组织结构、管理风格、成本控制方法和奖励形式都应当有所区别。例如，新建饭店的管理重点是开拓客源，扩大销售；饭店正常营业后的管理重点是提高经营效率，控制费用并建立成本标准；饭店扩大规模后的管理重点转为扩充市场。此外，不同类型的饭店，其成本费用管理也不尽相同。例如，规模庞大的饭店集团，管理重点是巩固组织，需要进行周密的计划并建立投资中心。总之，适用于所有饭店的成本费用管理模式是不存在的。

(三) 全员成本管理原则

饭店开展任何活动，都会发生成本，都应在成本控制的范围之内，涉及饭店的各个部门、班组和个人。成本控制要求员工具有控制成本的愿望和成本意识，养成节约成本的习惯，关心成本控制的结果。因此，要健全成本管理责任制，将成本计划指标分解落实到有关部门、班组，并且和岗位责任制相结合，将成本费用计划的完成情况作为评价考核的一项重要内容。为调动各部门、班组、个人降低成本费用的积极性，要将成本费用管理方面的责任和权利结合起来。成本控制是全体员工的共同任务，只有通过全体员工协调一致的努力才能完成。

(四) 正确处理降低成本费用与保证质量的关系原则

这项原则是指因推动成本控制而发生的成本，不应超过因缺少控制而丧失的收益。在降低成本的同时不应影响饭店产品质量和服务质量，应在保证质量的前提下，降低饭店产品成本费用。这就要求饭店管理部门在成本控制过程中，选择关键因素加以控制，把注意力集中于重要事项，主要从内部挖掘潜力，力求节约、减少浪费。

第三节　饭店收入与利润管理

一、饭店收入的内容及确认

饭店收入(revenue)是指饭店在生产经营过程中，因销售商品、提供服务等取得的收入，它是饭店业务经营活动的直接成果。按各项业务经营活动与业务经营的关系，可将饭店总营业收入划分为营业收入、投资收益和营业外收入。其中，营业收入是饭店收入的主要构成部分。

(一) 营业收入

营业收入是饭店业务经营活动的直接成果，包括主营业务收入和其他业务收入。主营业务收入是饭店营业收入中的主要部分，如饭店的客房收入、餐饮收入、洗涤收入、美容收入、车队收入、康乐收入、商品销售收入等；其他业务收入是指饭店主营业务以外不单独核算的其他业务收入，是营业收入中的次要部分，十分不稳定，如饭店中的固定资产出租、无形资产转让和包装物出租等收入。

(二) 投资收益

投资收益是指饭店对外投资取得的收益，包括对外投资分得的利润、股利和债务利息等。

(三) 营业外收入

营业外收入是指与饭店业务经营无直接关系的各项收入，具体包括固定资产盘盈、处理固定资产净收益、罚没款收入、无法支付的应付款项等。

(四) 饭店收入的确认

按照现行制度规定，饭店应在发出商品、提供劳务并收讫或者取得索取价款的凭据时，确认营业收入。由此可以看出，饭店确认营业收入有两个标志，即商品、产品已经发出或者劳务已经提供；价款已经收到或者得到收取价款的凭据。

也就是说，营业收入的确认不应只以收到价款为标志，还要看饭店的责任是否全部履行，或者是否已经取得收取价款的权利。如果责任已经履行，或取得收款的权利，则说明收入已经取得，营业收入已经实现。

二、营业收入管理的内容

在市场竞争日趋激烈的背景下，对营业收入的管理尤为重要。归纳起来，饭店营业收入管理主要包括以下几方面内容。

(一) 合理定价

价格是饭店为宾客提供各项服务的收费标准，也是饭店计算营业收入的依据之一。饭店计量营业收入的依据是向宾客提供的服务量和收费标准。通过合理定价，饭店向社会提供一定的商品和劳务之后，能保证取得合理的营业收入。同时，价格又是饭店赢得竞争的一个重要手段，合理制定价格有利于增强饭店的竞争力，增加营业量，实现营业收入的最大化。

(二) 制定合理的营业收入标准

营业收入标准控制包括营业收入预测和决策、预算。饭店应通过营业收入预测和决策，了解并掌握市场供求关系的变化趋势和价格的变化规律，努力运用自己的设施和人力资源去适应市场需要，千方百计地增加营业收入，同时降低成本费用。通过营业收入预算，可调动饭店员工的积极性，促使其完成预算任务。饭店只有做好营业收入标准控制，才能营造良好的运营环境，从而增加营业收入。

(三) 做好营业收入日常控制

现代饭店会为宾客提供多项服务。在营业收入中，应收账款所占的比重较大，如不能及时收回，将占用饭店过多的资金，甚至会造成坏账损失。只有赊销收入收回现金，才算营业收入的真正实现。所以，做好营业收入日常控制，就是要做好营业收入结算和应收账款的控制，努力减少营业收入损失，尤其是坏账损失，保证营业收入真正收回。

三、饭店利润控制的要点及利润分配程序

(一) 饭店的利润

利润是饭店生产经营的最终财务成果，是考核饭店经营效果的一项综合性经济指标，饭店在增加服务量、提高质量、降低成本、增加营业收入及提高管理水平等方面所取得的成绩，都将通过利润这项指标表现出来。

饭店的利润等于营业收入减去营业成本和费用等流转后的余额，包括营业利润、投资净收益和营业外收支净额等，计算公式为

$$利润总额=营业利润+投资净收益+营业外收支净额$$

(1) 营业利润。营业利润是饭店开展正常业务活动所取得的利润，是饭店利润的主要组成部分。饭店在一定时期内的营业利润等于同期经营利润减去管理费用和财务费用的余额，计算公式为

$$营业利润=经营利润-管理费用-财务费用$$
$$经营利润=营业收入-营业成本-营业费用-附加及其他$$

式中：营业收入是指饭店各项经营业务的收入；营业成本是指经营部门发生的直接成本；营业费用是指饭店经营过程中各营业部门发生的各种经营费用；营业税金及附加是指与营业收入有关的，由各项经营业务负担的各项税金及附加。

(2) 投资净收益。投资净收益是饭店对外进行的股票投资、债券投资及其他投资所取得的净收益，等于投资收益扣除投资损失后所得的数额。

(3) 营业外收支净额。营业外收支净额是指营业外收入减营业外支出的净额。营业外收入主要包括固定资产盘盈和变卖的净收益、罚没收入、因债权人原因确已无法支付而按规定程序转入营业外收入的应付款、礼品折价收入等。

(二) 饭店利润管理的控制要点

结合影响饭店利润的各种因素，饭店利润控制应包括以下几个方面的内容。

(1) 决策正确。各项经营决策结果要求达到预期的资金利润率。

(2) 计划平衡。按照预期的资金利润率进行指标分解，反复进行综合平衡。

(3) 财务责任。按照各项任务、财务指标和收支预算实行归口管理。例如，营销部门对营业收入负责，营业部门对营业费用负责，各管理部门对管理费用负责，采购部门对采购资金负责等。

(4) 责任中心。在建立财务责任制的基础上，划分利润中心、费用中心和收入中心，并规定其考核办法。

(5) 预算控制。针对资产与负债、收入与支出、收益及分配等认真编制预算并严格执行。

(6) 核算反映。认真做好会计、统计、业务核算工作，准确、及时、全面、系统地反映饭店的经济活动。

(7) 检查分析。严格、仔细地检查饭店生产经营活动的合法性和合理性，找出存在的问题并分析产生问题的原因。

(8) 考核成果。按照既定的考核办法，对各部门的财务任务的完成情况进行考核，并对有关人员进行奖励或惩罚。

(三) 饭店利润分配程序

饭店利润分配一般按下列程序进行。

(1) 弥补以前年度的亏损。如饭店发生年度亏损，可用下一年度的利润弥补；下一年度不够弥补的，可以在5年内延续弥补；延续5年仍未弥补完的亏损，则应该用税后利润弥补。

(2) 税前利润按国家规定做出相应调整后，依法缴纳所得税。

(3) 被没收的财产损失，支付各种税收的滞纳金和罚款。企业因违反各种法律法规而被没收的财产损失，因违反税收征管条例而必须缴纳的滞纳金和罚款，只能由税后利润承担，不能在税前列支。

(4) 提取法定盈余公积金。企业的法定盈余公积金是指按照国家法律规定，从税后利润中提取的公积金。提取目的是防止企业把税后利润分净吃光，降低企业经营风险，提高企业应付各种意外事件的能力，保护债权人的利益。法定盈余公积金按税后利润的10%提取，如达到注册资本的50%，可不再提取。

(5) 提取公益金。企业公益金是指企业从税后利润中提取的用于集体福利的资金。

(6) 提取任意盈余公积金。任意盈余公积金是指由企业董事会决定的，从企业税后利润中提取的公积金。任意盈余公积金的提取不受法律限制，企业可以多提，可以少提，也可以不提。

(7) 向所有者分配利润。企业的税后利润在按上述顺序分配后，可以向所有者分配。股份制饭店在提取公益金后利润分配顺序为支付优先股股利，提取任意盈余公积金，支付普通股股利。

第四节 饭店财务分析

财务分析是运用饭店的有关财务报表和资料，通过一定的财务指标进行对比分析，以评价饭店的财务状况及经营成果，并揭示其未来的财务活动趋势及规律的一种方法。它所提供的财务分析信息，不仅能说明饭店目前的财务状况和经营业绩，而且能为未来的财务预算和财务决策提供重要的依据。因此，无论是饭店管理者，还是主管饭店业的政府部门、投资者、债权人，都需要对饭店进行财务分析。

一、财务分析的目的

与饭店利益相关的主体包括所有者、经营者、债权人、员工、客户、竞争者等，开展财务分析的目的概括起来体现在以下两个方面。

(一) 反映饭店经营状况和财务状况

这是饭店进行财务分析的直接目的。在竞争日益激烈、供求关系急剧变化的市场经济条件下，分析饭店自身的经营状况和财务状况，总结财务管理的工作经验，并依此调整市场定位和行为目标，这对于饭店的经营管理来讲尤为重要。因此，财务指标的定位和分析，必须首先满足饭店内部管理决策的需要，并通过财务信息的分析与披露，树立饭店的市场形象。

(二) 促进财富最大化目标的实现

财务指标的设置与分析，应在提示与披露饭店经营状况的基础上，进一步发挥财富最大化的作用。首先，通过财务指标的设置与分析，有利于揭示饭店经营管理的成绩与问题，从而使饭店及时采取措施，克服短期行为，引导和促进饭店财务管理活动的顺利开展，进而实现财富最大化的目标。其次，通过财务分析，可检查财务规章制度的执行情况，促进饭店正确处理与其他各方面的财务关系，维护投资者、债权人、协作单位的合法权益。

二、财务分析的内容

饭店财务分析的内容由饭店财务分析的目的决定，主要包括以下几个方面。

(一) 偿债能力分析

偿债能力是指饭店偿还到期债务的能力，包括对短期债务的偿还能力和对长期债务的偿还能力。分析指标包括流动比率、速动比率、资产负债率、利息周转倍数等。通过对偿债能力的分析，可以判断饭店的财务和经营状况，分析饭店对债务资金的利用程度，为饭店制订筹资计划提供依据，同时也为债权人进行债权投资决策提供依据。

(二) 盈利能力及社会贡献能力分析

盈利能力是饭店赚取利润的能力，社会贡献能力是饭店为国家和社会做出贡献和提供积累的能力。分析指标包括销售利润率、投资报酬率、资本保值增值率、社会贡献率、社会积累率等。通过分析，可将饭店的资产、负债、所有者权益、营业收入、成本费用、税金及利润分析有机地结合起来，从不同角度判断饭店的盈利能力和社会贡献能力的大小，为未来的盈利预测、业绩评价提供依据。

(三) 资金周转情况分析

资金周转情况分析是对饭店各项资产的周转情况进行的全面分析。分析指标包括应收账款周转率、存货周转率、固定资产周转率等。通过分析，可以判断饭店各项资产的周转速度，衡量资金使用效率和经营管理人员的水平，为饭店制定投资决策和改善经营管理提供依据。

(四) 发展能力和其他财务指标分析

饭店的发展能力是饭店的生命力所在，是饭店偿债能力、盈利能力、社会贡献能力和营运能力的综合体现。通过发展能力分析，可以展望饭店的未来，对饭店经营战略的制定具有重要的意义。

三、财务分析的方法

对饭店财务报告进行分析，需要借助一定的指标与分析方法。财务分析方法主要有比较分析法、比率分析法、因素分析法、趋势分析法等。

(一) 比较分析法

比较分析法是将同一个财务指标在不同时期或不同情况下的执行结果进行对比，从而分析差异的一种方法。财务指标之间存在的某种数量关系，能在一定程度上反映饭店生产经营状况，从而反映饭店在经营过程中存在的问题。经过对比分析，能够帮助经营者找出其中存在的问题，进行适当调整，从而改善饭店的经营状况。比较结果有绝对数分析与相对数分析两种形式，根据分析的目的和要求，以下是常用的比较标准。

(1) 实际指标与计划(定额)指标对比。根据实际指标与计划(定额)指标之间的差异，了解该指标计划(定额)的完成情况。

(2) 本期指标与上期指标或历史最高水平等指标进行对比。确定该指标的变动情况，了解本企业的经营活动发展趋势。

(3) 本企业指标与同行业先进水平或平均水平进行对比。通过对比找出本企业与其他企业之间的差距，了解本企业在行业中所处的位置，推动企业改善经营管理，提高经济效益。

【**例9-1**】S饭店2022年实现营业收入2 005 000元，试计算与同期计划数1 800 000元的比较结果。

实际营业收入比计划营业收入增加=2 005 000-1 800 000=205 000(元)

完成计划相对程度=2 005 000/1 800 000×100%≈111.4%

超额完成计划百分比=111.4%-100%=11.4%

(二) 比率分析法

比率分析法是应用较为广泛的财务分析方法，是由两个或两个以上的相关指标进行对比，得到一定的财务指标，通过一系列的财务指标来分析评价饭店的财务状况与经营成果的一种分析方法。比率分析法所用的指标很多，主要有短期偿债能力比率、长期偿债能力比率、盈利能力比率、资产管理比率、市场比率等。

1. 反映短期偿债能力的比率

短期偿债能力是指企业偿还短期债务的能力。在进行财务分析时，必须重视对短期偿债能力的分析。如果企业的短期偿债能力不足，无法满足债权人的要求，可能会引起破产或生产经营的混乱。企业的短期偿债能力可以通过以下指标来分析。

(1) 流动比率。它是指流动资产与流动负债之比，计算公式为

$$流动比率=流动资产/流动负债$$

式中：流动资产是指在一年或超过一年的一个营业周期内能够变现或运用的资产，主要包括现金、短期投资、应收账款及预付款项和存货；流动负债是指在一年或超过一年的一个营业周期内需要偿还的债务，主要包括短期借款、应付及预收款、应付票据、应交税费、应付股利以及短期内到期的长期负债等。将流动资产与流动负债进行对比，表明企业能在短期内转化成现金的资产对需要在短期内偿还的负债的一种保障程度，同时，也能反映企业的短期偿债能力。

【例9-2】 A饭店2022年末的流动资产为6 689 142.46元，流动负债为2 293 387.96元，试计算流动比率。

流动比率=6 689 142.46/2 293 387.96≈2.92

计算结果说明，该饭店2022年末每1元流动负债就有2.92元的流动资产作为还款保证。

根据惯例，流动比率等于2时为佳。流动比率太低，说明企业的短期偿债能力不强；流动比率太高，说明其短期偿债能力较强，但也表明企业存在存货、应收账款等流动资产闲置或流动负债利用不足的问题。

(2) 速动比率。它是指速动资产与流动负债之比。速动资产是指流动资产中易变现的那一部分资产，用流动资产扣除存货即为速动资产。该指标用以衡量企业在短期内运用随时可变现的资产偿还短期负债的能力，计算公式为

$$速动比率=(流动资产-存货)/流动负债$$

【例9-3】 例9-3中，A饭店在2022年末的存货为2 446 700元，试计算速动比率。

速动比率=(6 689 142.46-2 446 700)/2 293 387.96≈1.85

计算结果说明，2022年末该饭店每1元的流动负债就有1.85元的速动资产作为还款保证。

计算速动比率时将存货从流动资产中剔除的主要原因：第一，流动资产中存货的变现速度最慢；第二，由于某些原因，部分存货可能已经过时、损毁，但还未做报废处理；第三，存货的账面价值可能与市场价值相差悬殊。

当企业的流动资产变现时，存货就极有可能产生损失，用流动比率来反映偿债能力有时会出现失误；而速动比率在计算时不包括存货，因此能更好地反映企业的短期偿债能力。

通常情况下，饭店的速动比率等于1时为佳。

2. 反映长期偿债能力的比率

长期偿债能力是指企业偿还长期债务的能力。分析评价企业的长期偿债能力，可以观察企业资金结构是否合理、资金链是否稳定、通过盈利偿还债务是否有保证。企业长期偿债能力分析使用的指标主要有资产负债率、负债权益比率、利息周转倍数等。

(1) 资产负债率。它是负债总额与资产总额之比，计算公式为

$$资产负债率=负债总额/资产总额×100\%$$

如果资产负债率过高，说明投资者的投入在企业总资产中所占的比重很少，借入的资产所占的比重很大，企业风险主要由债权人承担。因此，资产负债率越高，说明企业的长期偿债能力越弱；反之，说明企业的偿债能力越强。当然，资产负债率也并不是越低越好。

(2) 负债权益比率。它又称产权比率，是饭店负债总额与所有者权益之比，反映饭店举债取得的资产和投资者投资形成的资产之间的关系，计算公式为

$$负债权益比率=负债总额/所有者权益总额×100\%$$

负债权益比率越小，说明饭店长期偿债能力越强，债权人的安全感就越高；反之，该比率越大，说明饭店的长期偿债能力越弱，债权人的安全感就越低。一般认为，负债产权比率小于1时为佳，此时的企业资金结构比较稳定。

(3) 利息周转倍数。利息周转倍数是企业的息税前盈余与所支付的利息之比，计算公式为

$$利息周转倍数=息税前盈余/利息费用$$
$$=(税后利润+所得税+利息费用)/利息费用$$

利息周转倍数反映企业用自身的利润支付利息费用的能力，利润周转倍数越大，说明企业支付利息的能力越强；反之，则说明企业支付利息的能力较弱。利润周转倍数低于1时，说明企业实现的利润不足以支付其当期的利息，表明企业面临较大的财务风险。

3. 反映盈利能力的比率

(1) 营业净利率。营业净利率是指净利润与营业收入的比率，计算公式为

$$营业净利率=净利润/营业收入净额×100\%$$

营业净利率体现了企业的收益水平，营业净利率越高，说明企业的获利能力越强。

(2) 投资报酬率。投资报酬率又称资产净利率，是企业净利润与平均资产占用额之比，计算公式为

$$投资报酬率=净利润/平均资产占用额×100\%$$
$$平均资产占用额=(期初资产占用额+期末资产占用额)/2$$

投资报酬率反映企业投入的全部资金的盈利能力。数值越高，说明资产的利用效果越好，饭店的获利能力越强。

(3) 权益资本报酬率。权益资本报酬率又称净资产报酬率，是企业净利润与平均净资产的比率，计算公式为

$$权益资本报酬率=净利润/所有者权益平均占用额×100\%$$
$$所有者权益平均占用额=(期初所有者权益+期末所有者权益)/2$$

所有者权益资本报酬率反映了股东财富的增长速度，是投资者较为关注的一个重要指标。

4. 反映资产管理能力的指标

资产管理比率是用来衡量企业资产管理效率的财务比率，主要包括存货周转率、应收账款周转率、平均收账期间、总资产周转率和固定资产周转率。

(1) 存货周转率。它是指营业成本与存货平均占用额之比。存货周转率用以衡量企业在一定时期内存货的周转速度。速度越快，说明存货的利用效果越好，计算公式为

$$存货周转率 = 营业成本/存货平均占用额 \times 100\%$$

(2) 应收账款周转率。它是指赊销收入净额与应收账款平均占用额之比。应收账款周转率反映企业在一定时期内应收账款的周转速度。速度越快，说明应收账款的利用效果越好，计算公式为

$$应收账款周转率 = 赊销收入净额/应收账款平均余额 \times 100\%$$

(3) 平均收账期间。平均收账期间的计算公式为

$$平均收账期间 = 360/应收账款周转率$$

评价平均收账期间的标准，是饭店赊销条件中规定的放出账款期限。如果实际收回账款所需天数超过规定的账款偿还期限，说明客户拖欠付款；若超过偿还期限较多，发生坏账损失的可能性就很大。平均收账期间超过偿还期限，还说明因催收账款不力，企业有过多的营运资金被应收账款占用，已经影响了正常的资金周转。

(4) 总资产周转率。它是指营业收入与资产总额之比。总资产周转率用来衡量企业在一定时期内总资产的周转速度。数值越大，说明企业资产总额的周转速度越快，资产的总体利用效果越好，计算公式为

$$总资产周转率 = 营业收入/平均总资产占用额$$

(5) 固定资产周转率。它是指企业年销售收入净额与平均固定资产净值的比率。固定资产周转率反映企业固定资产周转情况，从而衡量固定资产利用效率的一项指标，计算公式为

$$固定资产周转率 = 销售收入/平均固定资产净值$$

5. 市场比率

市场比率是反映上市企业财务状况、股票价格和盈利能力的重要指标，主要包括每股收益额、每股股利、股利支付比率、股利报酬率、市盈率等。

(1) 每股收益额。它是指股份有限公司普通股每股的收益额，是企业净利润扣除优先股股利后的余额，再除以普通股发行总股数后所得的金额。每股收益额越高，表明企业盈利能力越强，股东投资效益越好，计算公式为

$$每股收益额 = (净利润-优先股股利)/普通股股数$$

(2) 每股股利。它是指股份有限公司流通在外的普通股每股所获取的现金股利。每股股利越高，说明每一普通股获取的现金股利越多，投资者的收益越高，计算公式为

$$每股股利 = 普通股股利总额/普通股股数$$

(3) 股利支付比率。它是指股份有限公司每股股利与每股收益额之比。股利支付比率反映股份有限公司实现的净利润中直接支付给普通股股东现金股利的多少，其水平的高低取决于股份有限公司的股利分配政策，计算公式为

$$股利支付比率 = 每股股利 / 每股收益额 \times 100\%$$

(4) 股利报酬率。它是指股份有限公司普通股每股股利与每股市场价格之比。股利报酬率反映股份有限公司按股市价格计算的股票投资获利水平，即股票投资者可以获得的实际报酬率，计算公式为

$$股利报酬率 = 每股股利 / 每股市价 \times 100\%$$

(5) 市盈率。市盈率是普通股每股市价与普通股每股盈余进行对比所确定的比率，计算公式为

$$市盈率 = 普通股每股市价 / 普通股每股盈余$$

饭店内部的财务人员和外部投资者对市盈率都很关心。饭店内部的财务人员在做出财务决策之前要全面考虑其财务决策对市盈率的影响。投资者在投资之前，先对不同股票的市盈率进行对比，再决定投资于何种股票。

(三) 因素分析法

因素分析法是把由多个因素组成的综合指标分解为多个因素，并确定各个因素变动对综合指标的影响程度的一种方法。实施该方法的具体步骤是先将综合指标分解为多个因素，每次按顺序替代一个因素，再将替代结果与前一结果相比较，依次计算出每一个因素对总指标的影响。通过分析各因素变动对总指标的影响，有针对性地采取相应措施解决经营过程中存在的问题。

因素分析法的具体应用有不同的形式。其中，差额计算是比较常见的一种，它利用各个因素实际数与标准数之间的差异，来计算各因素变动所产生的影响。

假设某财务指标 E 受 a、b、c 三个因素的影响，且 E 为三个因素的乘积，则 E 的实际数与计划数及有关因素的关系为

$$计划指标：E_0 = a_0 b_0 c_0$$

$$实际指标：E_n = a_n b_n c_n$$

分析实际指标与计划指标所产生的差异，其计算公式为

$$a \text{ 因素变动产生的影响：} (a_n - a_0) b_0 c_0 = A$$

$$b \text{ 因素变动产生的影响：} a_n (b_n - b_0) c_0 = B$$

$$c \text{ 因素变动产生的影响：} a_n b_n (c_n - c_0) = C$$

$$三个因素变动产生的影响合计为：E_n - E_0 = A + B + C$$

【例9-4】G饭店餐厅本月耗用原材料计划总额为4250元，实际为5184元，超支934元。计划加工饮料1000瓶，实际加工数量为1200瓶，具体情况如表9-1所示。

表9-1　G饭店餐厅原材料耗用资料

单位	计划数	实际数	差额
产量/瓶	1000	1200	+200
单耗/千克	5	4.8	−0.2
原料单价/元	0.85	0.9	+0.05
成本总额/元	4250	5184	934

利用因素分析法，对成本总额的变动进行如下分析。

产量变动对成本总额的影响：$(1200-1000) \times 5 \times 0.85 = 850$(元)

单耗变动对成本总额的影响：$1200 \times (4.8-5) \times 0.85 = -204$(元)

原料单价变动对成本总额的影响：$1200 \times 4.8 \times (0.9-0.85) = 288$(元)

三个因素对成本总额的共同影响：$850+(-204)+288 = 934$(元)

因素分析法在财务分析中的应用很广泛，既可用于全面分析，也可分析各因素对某一经济指标的影响。

(四) 趋势分析法

趋势分析法是通过比较企业连续数期财务报表有关项目的金额，揭示其财务状况和经营成果变动趋势的一种分析方法。它从动态的角度反映企业的财务状况，揭示各财务指标的变化及发展趋势，有利于企业对未来的经营状况做出准确的预测。

根据比较指标的不同，趋势分析法可分为绝对数趋势分析法和相对数趋势分析法。

1. 绝对数趋势分析法

绝对数趋势分析法是将同一指标的数据按时间先后顺序排列，据此计算逐期的增减量，以反映逐期财务指标的增减变动的分析方法。

【例9-5】某饭店自2018年到2022年连续5年的营业收入如表9-2所示。

表9-2　某饭店营业收入发展趋势

年份		2018	2019	2020	2021	2022
营业收入/万元		800	890	1100	1280	1300
增长量/万元	逐期	—	90	210	180	20
	累计	—	90	300	480	50

由表9-2中的数据可以看出，该饭店5年来的营业收入呈连续增长趋势。

2. 相对数趋势分析法

相对数趋势分析法是将同一指标连续数期的指标数值与基期对比，计算增减速度，以观察指标的增减变化及趋势的分析方法。

【例9-6】在例9-5中，根据该饭店5年来的营业收入，计算各期的增长速度，如表9-3所示。

表9-3　某饭店营业收入增长速度

年份		2018	2019	2020	2021	2022
增长速度/%	定基	—	11.25	37.5	60	62.5
	环比	—	11.25	23.6	16.4	1.6

由表9-3中的数据可以看出，该饭店连续5年的营业收入一直保持增长趋势，其中2019年的增长速度有所减慢。

📖 案例分析•

P饭店2022年末的资产负债表如表9-4所示，2022年的利润表如表9-5所示。

表9-4　P饭店资产负债表

2022年12月31日　　　　　　　　　　　　　　　　　　　　　　　　　　　　　　　　　　　元

资产	年初数	年末数	负债及所有者权益	年初数	年末数
流动资产：			流动负债：		
现金	20 000	24 000	应付票据	30 000	33 000
应收账款	25 000	30 000	应付账款	20 000	30 000
存货	100 000	99 000	应付费用	10 000	12 000
流动资产合计	145 000	153 000	流动负债合计	60 000	75 000
固定资产	500 000	500 000	长期负债：	100 000	100 000
资产总计	645 000	653 000	负债合计	160 000	175 000
			股东权益		
			普通股	400 000	400 000
			保留盈余	85 000	78 000
			权益合计	485 000	478 000
			负债与所有者权益总计	645 000	653 000

表9-5　P饭店利润表

2022年度　　　　　　　　　　　　　　　　　　　　　　　　　　　　　　　　　　　　　　元

项目	上年累计数	本年累计数
一、营业收入	1 401 800	1278 700
减：营业成本	400 600	390 300
营业费用	457 600	493 004
附加及其他	126 000	112 500
二、经营利润	417 600	302 896
加：其他业务利润		11 500
减：管理费用	223 000	250 050
财务费用	101 130	48 500
三、营业利润	93 470	15 846

(续表)

项目	上年累计数	本年累计数
加：投资收益	5600	8700
补贴收入		
营业外收入	3100	3500
减：营业外支出	2800	1600
四、利润总额	99 470	26 446
减：所得税	32 825	8727
五、净利润	66 645	17 719
加：年初未分配利润	10 740	1080
减：提取盈余公积金	9997	2659
其中：公益金	3332	886
应付利润	35 000	5400
六、未分配利润	32 388	10 741

资料来源：酒店前厅服务管理案例. 百度文库[EB/OL]. http://wenku.baidu.com/. 作者有删改

思考：

结合表中数据，对该饭店进行财务比率分析。

本章小结

　　饭店财务管理是在饭店经营管理过程中出现的一种管理职能，它主要解决饭店经营过程中的一些理财问题，包括如何筹集资金、如何控制成本费用、如何使利润最大化、如何分配利润等。财务管理是企业经营管理的一部分，管理者应根据饭店经营目标和经营需要，按照资金运动方向，对饭店财务问题进行科学有效的管理，并正确处理饭店与各相关利益主体的经济关系。常见的财务分析方法有比较分析法、比率分析法、因素分析法、趋势分析法等。

复习思考题

　　1. 饭店的财务关系有哪些？

　　2. 简述饭店各种财务管理目标的优缺点。

　　3. 饭店成本费用是如何划分的？具体包括哪些内容？

　　4. 饭店成本费用控制应遵循哪些原则？

　　5. 简述饭店营业收入的内容。

　　6. 饭店应按怎样的顺序进行利润分配？

　　7. 财务分析方法有哪些？

第十章
饭店安全与危机管理

▎知识目标▎

- 掌握饭店安全、安全管理的含义和饭店安全管理的内容与特点
- 了解饭店安全类型、安全网络、安全组织与安全职责
- 掌握饭店危机的含义、特点与分类
- 了解饭店危机管理的含义

▎技能目标▎

- 熟悉饭店犯罪与盗窃的防范计划、控制与管理，以及防火安全计划与消防管理措施
- 掌握饭店危机管理的对策与措施

引导案例 | 核心员工跳槽引发经营危机

某知名饭店集团非常重视员工培训，并成立了员工培训中心。新招来的员工都要被送到培训中心接受长达1年的业务培训，全部费用由饭店承担。至2021年，该培训中心已先后培训了五届员工。然而，由饭店花钱培训的员工，特别是核心员工，在近两年频频跳槽。当第一届参加培训的40人中只有10人留在饭店时，并没有引起饭店管理者的关注，他们认为这是偶然现象，以致第二届、第三届培训员工也只剩下7人。问及离职原因，离职员工大多认为自身价值得不到体现，缺乏晋升机会，绩效与薪酬不挂钩，工资和福利待遇差。面对人才的大量流失，饭店已无心培训员工，害怕留不住培训后的员工，白白为他人作嫁衣，于是饭店取缔了员工培训中心，这又导致员工服务水平与技能每况愈下，饭店口碑大不如前，致使人才流失更为严重，饭店经营陷入危机。

思考：

请谈谈你对案例中的饭店的看法。

▎本章导语▎

在现代市场经济背景下，饭店的生存与发展和周围环境息息相关。饭店在发展过程中，会遇到各类涉及饭店客人、员工及饭店自身的安全及危机问题。这些问题或多或少地会给饭店带来直接或间接的损失，甚至导致饭店经营衰退。对饭店而言，能否正确认知危

机并及时采取相应的方法和对策予以解决，是衡量饭店是否具备生存能力及竞争能力的重要因素。

第一节 饭店安全管理

一、饭店安全概述

(一) 饭店安全的含义

饭店安全是指在饭店范围内所涉及的人、财、物的安全及所营造的没有危险、不受任何威胁的生理及心理安全环境。

(二) 饭店安全的内涵

饭店安全包含以下4个层面的内容。

(1) 饭店以及来店客人、本店职工的人身和财物，在饭店所控制的范围内不受侵害，饭店内部的生活秩序、工作秩序以及公共场所秩序等保持良好的状态。

(2) 饭店本身的财产安全与名誉安全。

(3) 饭店安全是指饭店及其人员的人身和财产不受侵害，并且也不存在其他因素导致这种侵害的产生，即心理安全。饭店安全状态是一种既没有危险也没有可能发生危险的状态，使客人在心理上获得安全感。如果客人在住店期间感到有威胁，就会产生一种恐慌心理，比如设施、设备安装不合理或不牢固，电器有漏电现象，住客楼层有闲杂人员，地面光滑易摔倒，娱乐场所有人起哄等，虽然在这些情况下客人的人身和财产并未受到伤害和损失，但会使客人产生心理上的不安全感。从保障客人合法权益的角度来说，只要客人住进饭店，饭店员工就有责任保障客人的安全，为客人保守秘密和隐私。

(4) 饭店安全还包括饮食安全和其他一些需要注意的安全问题。

二、饭店安全问题的类型

现代饭店中的安全问题主要表现为5种类型：以偷盗为主的犯罪行为、火灾、名誉损失、逃账等财产安全问题、其他安全问题。

(一) 以偷盗为主的犯罪行为

一般来说，盗窃案件是旅游饭店中较为普遍和常见的犯罪行为之一。饭店是一个存放大量财产、物资和资金的公共场所，极易成为盗窃分子实施犯罪活动的目标。饭店客人的物品新奇、小巧、价值高，客人钱财在客房内随意存放，且饭店的许多物品具有家庭使用或出售价值，这些都会引发不法分子的犯罪动机。盗窃案件对饭店造成的后果较为严重，不但会造成客人和饭店的财产损失，而且会使饭店的名誉受损，直接影响饭店的经营。

(二) 火灾

由于饭店建筑费用高、内部设施完善、装饰豪华、流动资金和各类高档消耗品储存较多，且大多数饭店地处繁华地段，一旦发生火灾，将造成严重的直接经济损失等危害性后果。饭店火灾不仅危及客人和饭店员工的生命，使饭店遭受重大的经济损失和名誉损失，而且会给国家带来不可估量的损失。

(三) 名誉损失

饭店安全中的名誉损失包括住店客人的名誉安全、隐私安全与心理安全3个方面。

1. 名誉安全

名誉安全是指避免客人因住店行为或他人行为而受到名誉或人格的损害。例如，由于饭店内有卖淫、嫖娼、赌博、打架斗殴等违法或不良行为的存在，致使客人的名誉受损、人格受到伤害，有损客人的形象，从而使入住该店的客人认为"到此饭店投宿很羞耻、很不光彩"。

2. 隐私安全

隐私安全涉及客人的个人生活习惯、爱好、嗜好甚至一些不良行为和生理缺陷的安全保障问题。客人住店期间，在消费或被服务的过程中，一些嗜好、不良习惯与行为甚至一些生理缺陷难免会曝光。如果这些隐私外泄，就会影响客人的工作和生活。因此，楼层服务员有责任为客人保守秘密和隐私，让客人能够放心、无拘束地消费与生活。

3. 心理安全

心理安全是指客人在入住饭店后对环境、设施和服务的信任感。有时候，虽然客人的人身和财产并未受到伤害和损失，但客人仍会感到有不安全的威胁，因此产生一种恐慌心理，比如，设备安装不牢固、电器有漏电现象、楼层有闲杂人员等。从保障客人合法权益的角度来说，只要客人住进了饭店，饭店的任何人员，在没有特殊情况时，都不得随便进入客房。饭店员工有责任为客人保守秘密和隐私，如果客人不愿将自己的情况告诉别人，那么饭店员工就要为其保密，不要轻易将客人的房间号等信息告诉外来人员，让客人在心理上获得安全感。

(四) 逃账等财产安全问题

逃账现象在饭店中经常出现。在饭店经营管理中，常把冒用信用卡、盗用支票、使用假支票、使用假钞、逃单等现象统称为逃账。逃账会给饭店带来经济损失和人力损耗，是危及饭店正当利益的财产安全问题。

(五) 其他安全问题

现代饭店面临的其他安全问题主要有以下3个。

1. 食物中毒

食物中毒是由饮食卫生引发的较为严重的饮食安全问题,主要是指由于饮食提供者提供的食品及饮品过期、变质或不洁净等原因而导致的恶性事故。食物中毒对宾客的伤害较大,严重时会危及宾客的生命安全。

2. 打架斗殴

打架斗殴多发生在饭店的歌舞厅、卡拉OK厅、酒吧等娱乐场所,主要源于酗酒。娱乐场所发生打架斗殴事件容易殃及其他宾客,不仅会对宾客造成身体伤害,还会使饭店蒙受财产损失和经济损失。

3. 黄赌毒

黄赌毒是指在娱乐场所发生的卖淫嫖娼、赌博、吸毒等严重损害人们身心健康的不法活动。黄赌毒不仅严重危害宾客的利益,而且严重妨碍饭店的健康发展。

三、饭店安全管理内容

饭店安全管理是指饭店为了保障客人、员工的人身和财产安全以及饭店自身的财产安全而进行的计划、组织、协调、控制与管理等一系列活动的总称。这些活动既包括安全宣传与教育,安全管理方针、政策、法规、条例的制定与实施,也包括安全防控、管理措施的制定与安全保障体系的构建与运作。饭店安全管理的目的是防止火灾、犯罪活动和其他不安全事故的发生,保障客人、员工以及饭店安全,保证饭店的正常运营。

饭店安全管理涉及3个方面。

(一) 宏观行业安全管理

宏观行业安全管理是指全国性、地区性的宏观行业安全管理。由国家或地区制定相应的法规,设置专门的机构和人员,对全国饭店接待设施加以规范、管理,落实饭店接待设施的安全和安全管理工作,从宏观上把握饭店业的行业安全。例如,通过《中华人民共和国治安管理处罚条例》《旅馆业治安管理办法》《中华人民共和国消防法》对饭店业的治安、消防等予以宏观管理。因此,行业安全管理在很大程度上体现为国家或地区的安全管理政策法规。

(二) 微观饭店企业安全管理

微观饭店企业安全管理主要是指饭店企业根据国家的相应政策法规开展的企业内部安全管理。饭店企业内部的安全管理千头万绪,工作较为琐碎,且难度较大,其主要内容包括安全管理规章制度、安全管理机构、安全设施设备、部门安全管理、防火管理、防盗管理以及其他安全管理。

(三) 客人管理

客人管理主要包括以下两方面内容。

1. 对客人的管理与引导

首先，应对客人进行管理，防止某些不法分子借助客人身份的掩护变成安全问题的制造者；其次，应正确引导客人，使客人能够遵守相应的安全规章制度，安全操作，不致引发安全问题。据统计，饭店火灾中约有40%是因客人吸烟时不注意引发的。因此，劝导客人不要卧床吸烟、对饭店客人加强管理非常重要。

2. 客人自我安全管理

饭店安全问题的发生，有很大一部分是由客人自身原因造成的。例如，客人疏忽大意导致在饭店丢失东西或物品被盗，客人吸烟引发的火灾等。因此，客人不但要提高警惕，充分认识到饭店中潜在的不安全因素，还应该尽量克制自己的不良行为，避免使自己成为安全问题的制造者，尤其是故意制造者。

四、饭店安全管理的方法与特点

(一) 饭店安全管理方法

1. 建立有效的安全组织与安全网络

饭店安全管理工作通常是由专门成立的安全部门(如饭店的安全部或保安部)负责的。鉴于饭店安全管理的复杂性，该项工作除由安全部门具体负责外，还应根据饭店特征，建立有效的安全组织与安全网络。现代饭店的安全组织和安全网络由各级管理人员和一线服务员组成，与保安部共同完成安全管理，管理工作内容包括消防管理、治安管理以及日常的楼面安全管理。

2. 制订科学的安全管理计划，制定相关制度与安全管理措施

科学的安全管理计划、制度和安全管理措施可防患于未然，避免饭店不安全问题的发生或减少发生的频率。饭店安全管理计划、制度与安全管理措施包括犯罪和防盗控制计划与管理措施、防火安全计划与消防管理措施、常见安全事故的防范计划与管理措施。安全制度包括治安管理制度、消防管理制度等。

3. 紧急情况的应对与管理

紧急情况是指发生在饭店中的一些突发的、重大的不安全事件或事故。在饭店安全方面，饭店中容易发生的紧急情况包括停电事故，客人违法事件，客人伤、病、亡事故，涉外案件以及楼层爆炸等。加强对引发紧急情况因素的控制与管理，做好应对紧急情况发生的准备工作，是现代饭店安全管理的重要工作与任务。

(二) 饭店安全管理特点

饭店安全管理具有特殊性，具体表现在以下几个方面。

1. 国际性

所有涉外饭店的安全管理均具有国际性的特点。随着全球经济一体化的发展，国际交流将越来越频繁。饭店的客人来自世界各地，各国的法律、道德、准则和行商公约也不尽相同，因此饭店安全管理应该特别强调国际性。在制定安全防范政策与措施时，一方面既

不能违背我国的法律规定，又要注意内外有别，按国际惯例行事；另一方面既要考虑来自不同国家和地区的客人的习惯与承受能力，又要遵循国际通例，以国际性的安全管理政策与条例来满足来自不同国家和地区的宾客的共同需求。

2. 复杂性

饭店是为社会大众提供各种服务的公共场所，同时也是物质消费场地，因此，每天汇集了大量的人流、物流和信息流。在人流中，有住客，有访客，也可能有寻机作案的犯罪分子，而犯罪分子往往很难通过外表加以辨认；在物流中，既有客人与饭店、客人与客人、客人与外界的物流过程，也有服务过程所需要的物质(资)流；在信息流中，既包括电波流、文件流、数据流，也包括商务过程中的洽谈、会议期间的报告和产品演示的交流。大量的人流、物流与信息流的存在造成了饭店安全管理的复杂性，饭店安全管理不仅要考虑防火、防盗，保障客人的生命、财产安全，保障客人的娱乐、饮食安全，还要考虑防暴力、防突变、防黄赌毒、防突发事件。

3. 广泛性

饭店安全管理的广泛性体现在以下两个方面。

(1) 安全管理内容的广泛性。饭店安全管理的内容涉及供给方的安全管理与需求方的安全管理两大方面。前者包括饭店员工的人身安全、服务用品安全以及设施设备安全；后者除包括客人的生命、财产、隐私安全外，还包括客人的食、娱安全等内容。

(2) 安全管理涉及范畴的广泛性。饭店安全管理不仅涉及饭店本身和饭店以外的区域，还涉及各个工作岗位和每位员工及每位住店客人。

饭店安全管理的广泛性要求各部门、各岗位通力合作，依靠全体员工的努力和配合，把安全工作与各部门、各岗位的职责和任务结合起来，在饭店中形成一个安全管理工作网络体系。

4. 全过程性

饭店接待设施应进行全年不间断的安全管理。从饭店服务产品的生产到客人的消费过程，从客人入住登记到客人离店的过程，都存在安全管理的问题。

5. 突发性

饭店各类安全问题往往是在很短的时间内发生的，如火灾、抢劫、凶杀、爆炸等。因此，只有在平时做好处理各种突发事件的准备，才能在应对突发事件时做到临危不乱，及时进行控制与处理。

6. 强制性

饭店安全管理必须依据具有规范性和约束力的规章制度来执行，违者则以行政、经济等手段进行处罚。只有制定健全、有力、高效的管理制度，才能保证饭店的经营安全和正常运营，才能使饭店取得良好的经济效益与社会效益。

7. 全员性

饭店安全管理涉及每个部门、每个工作岗位和每个员工，饭店安全管理虽由安全部门主要负责，但由于饭店的特点，必须有各部门的通力合作，并依靠全体职工之间的共同努力。安全部应将安全工作与各部门及各岗位的职责结合起来，在饭店内形成一个安全工作网络体系。只有各级管理者和全体员工都增强了安全管理意识，饭店安全才能有保障。

8. 政策性

饭店安全管理的政策性是由饭店安全管理的性质和内容决定的。在饭店安全管理中，既要维护客人的合法权益，又要对一些触犯法规的人员进行适当的处理。在面对安全问题时，不同的对象、性质和问题，应依据不同的法规和政策进行处理。

第二节 饭店危机管理

一、饭店危机的含义

所谓危机，一般是指由客观(社会)或主观(人为)因素或者"不可抗力"引发的意外事件而产生的紧急或危险状态。企业发生危机是企业面临危险与机遇的分水岭。国际上对"危机"的权威定义为在任何组织系统及子系统中，因其外部环境或内部条件的突变，而导致的对组织系统总体目标和利益构成威胁的一种紧张状态。这种具有不确定性的重大事件，可能对组织及其相关成员、产品服务、资产和声誉造成巨大的损害。

根据这一定义，饭店危机指的是由于具有突发性的重大事件的发生而对饭店业造成重大破坏和后续不良影响的状态。

二、饭店危机的特点

(一) 发生突然

饭店内部因素导致的危机在发生之前都会通过一些细节表现出来，但人们可能会对这些细节视而不见。因此，饭店危机的爆发经常出乎员工的意料之外，危机爆发的具体时间、实际规模、具体态势和影响程度都难以预计。

(二) 传播迅速

进入信息时代后，危机的信息传播比危机本身的发展要快得多。信息传播渠道的多样化、时效的高速化、范围的全球化，会使饭店危机信息迅速公开化，成为公众聚焦的中心和各种媒体炒作的素材。社会公众了解饭店危机信息的渠道是各种形式的媒体，而媒体对饭店危机的报道内容和所持的态度将在很大程度上影响公众对危机的看法和立场。

(三) 危害性大

不论是什么性质和规模的危机，都会不同程度地给饭店造成影响，并会导致混乱和恐慌。如果饭店决策的方向错误或采取的措施失利，将会给饭店带来无法估量的损失，而且危机往往具有连锁反应，容易引发一系列矛盾和问题，从而使事态更加严重。对饭店而言，危机不仅会破坏正常的经营秩序，而且会破坏饭店持续发展的基础和未来。

(四) 紧迫性强

对饭店而言，危机一旦爆发，其破坏性将呈快速蔓延之势。如果不及时控制，局势将会急剧恶化，使饭店蒙受更大损失。危机的连锁反应以及各路媒体的快速传播，不仅会给公众留下饭店反应迟缓、漠视公众利益的印象，还会使饭店失去公众的谅解和同情，甚至损害品牌的美誉度和忠诚度。因此，对于危机处理，可供使饭店做出正确决策的时间是有限的，这就要求饭店决策者能够审时度势，善于处理危机，并能把握大局。

三、饭店危机的分类

(一) 形象危机

形象危机也称为信誉危机或信任危机。饭店形象是饭店在长期的经营和管理过程中，客人对产品和服务、环境和氛围以及现场管理和企业文化等的整体印象和评价。良好的社会形象是饭店重要的无形资产，是饭店生存和发展的基础，树立良好的社会形象是饭店的战略计划和战略行为。如果饭店发生严重事件，如违法经营、欺骗客人、食物中毒、安全事故等，都容易成为社会焦点问题。若处理不当，不仅会使饭店的社会形象受到损害，还会使饭店陷入危机，甚至难以经营。

(二) 人事危机

部分饭店为了节约成本，违法招工，违法用工，拒签劳动合同，不给员工缴纳社会保险，强行收取押金或变相收取押金，处理员工或辞退员工时过于随意和简单化。随着社会的发展和员工法律意识的提高，员工的维权意识在不断增强，一旦员工向劳动和社会保障部门投诉，劳动和社会保障部门就会对违纪违法饭店进行惩处，从而给饭店造成人事危机，使员工对饭店产生信任危机。此外，如果饭店对现有管理人员及后备管理人员队伍缺乏培养和储备意识，缺乏有效的激励机制，就会致使骨干管理人员流失和后备管理人员匮乏，从而使饭店管理队伍断层，这也将成为饭店潜在的危机。

(三) 财务危机

饭店产生财务危机的原因主要有3个方面，即高层经营决策不当，如投资新领域、扩大经营规模、增加经营项目等；缺乏科学论证而盲目投资，致使饭店流动资金短缺，经营难以为继；饭店制度不健全、管理有漏洞，导致流动资金被私自挪用、被挥霍、被贪污等。

(四) 财产危机

饭店在经营过程中，极有可能遇到不可抗拒的力量和意外事故，如地震、飓风、洪水、火灾以及员工人身事故等。若饭店没有采取规避自然灾害和意外事故的行为和措施，可能会给饭店造成财产危机。

(五) 信息危机

由于对信息的保护和利用不利，而给饭店造成危机的情况屡见不鲜。有些员工缺乏对饭店商业机密保护的认识和重视，将饭店的发展规划和投资意向提前泄露，以致被其他饭店抢先一步；还有些员工缺乏对饭店内部经营控制指标和经济协议等内容的保护意识，以致被其他饭店窃用、模仿等。这些行为或使饭店工作陷入被动局面，或降低饭店的竞争优势。此外，如果饭店不关注行业经营和管理的发展趋势，不注意吸取同行以及竞争对手的经验和教训，就会给饭店造成信息危机。

(六) 公共危机

饭店经营特点是对社会依赖性强，且对外部反应极其敏感。典型的公共危机，如新冠疫情等，将会对饭店乃至整个社会造成很大的影响。如果应对不利，将会使饭店遭受重创。

■ 四、饭店危机管理的含义

饭店危机管理是对危机进行控制和管理，以防止和规避危机，使饭店组织和个人在危机中生存下来，并将危机造成的损害控制在最低限度。根据危机演变的时间过程，危机管理过程可划分为危机预警与准备阶段、识别危机阶段、隔离危机阶段、管理危机阶段及危机后处理阶段。

因此，可以认为，饭店危机管理是指为避免和减轻饭店危机可能带来的严重威胁，通过采取危机研究、危机预警和危机救治等手段，以达到恢复饭店经营环境、恢复饭店消费信心的目的而进行的非程序化的决策过程。它涉及政府(主要指政府管理部门)、饭店、饭店从业人员、公众(消费者)等多个行为主体，以及沟通、宣传、安全保障和市场研究等多个实施途径。

■ 五、饭店危机管理的对策与措施

(一) 扎实做好饭店危机管理预案的构建工作

饭店危机管理预案主要包括：防范火灾；防范各类治安性突发事件，如爆炸等；防范各种可能发生的自然灾害；防范食物中毒、服务过失等多种易发性事件；防范各种设施、设备安全隐患；防范媒体恶性炒作。

(二) 危机管理必须坚持统一指挥及科学分工

在危机管理中，企业必须明确各级人员的分工、职责和工作程序，以争取在第一时间果断地采取措施，这是战胜"危机"的关键因素。现代企业危机管理组织结构如图10-1所示。

图10-1　现代企业危机管理组织结构

(三) 建立健全危机管理预警体系制度

饭店应用制度来规范各级人员应对危机的职责和做法，形成一套切实有效的预警体系制度。一旦饭店出现危机苗头，相关人员应及时发现、上报并及时发出警报，视情形及时采取各种应对措施，进入"危机"处理程序。

(四) 加强饭店危机教育，提高员工危机意识

为将饭店的"危机"消灭在萌芽阶段，饭店应该以员工的思想教育作为切入点，不断加强员工危机意识教育，把培训危机意识融入到日常培训工作中，从而使全员树立全方位防御的预警意识，使所有员工都能熟练地掌握和运用各种应急措施，切实增强员工发现危机和防范危机的能力。

(五) 危机处理过程要迅速有效

饭店发生危机时，应立即采取有效措施解决问题，同时要及时向公众公布有关信息，避免因信息传播不及时或不正确引起客人的误会和恐慌，对社会造成不良影响。

(六) 做好危机公关，避免不良局势蔓延

当危机发生时，"危机公关"是饭店危机处理的核心工作。饭店应尽快查明真相，明确责任，加强与各方面的沟通联络，把危机真相尽快通过新闻媒体告知社会，以真实的信息去引导公众，从而避免引发舆论的围堵和谴责，防止进一步引发饭店公关危机。

案例分析·

安防到位、服务一流

4月16日中午，一对新人在饭店举行了隆重的结婚典礼，为新人祝贺的亲朋好友有700余人。为确保此次婚庆典礼的顺利进行，饭店安全部、公关营销部、餐饮娱乐部积极安排专人负责婚庆现场的安全保卫和协调工作。在婚庆典礼及宴会结束后，负责该场婚礼的摄像师卢先生和他的同事找到安全保卫部，反映其放在桃花园餐厅舞台中间箱子里的DV摄像机不见了，里面录有新人的结婚典礼过程。"摄像机价值2800元，但更重要的是无法弥补一对新人终生的遗憾。一旦新人要求赔偿，损失非常大。"卢先生非常焦急地说。监控员小李感到事情的严重性，立即向部门主管汇报，备存该时间段的监控录像，帮助失主分析和查找可疑人员。经调查分析，最终锁定了可疑人，认为其同事"拿"走摄像机的可能性较大。为避免打草惊蛇，及时找回摄像机，安全部主管与失主私下沟通后，决定先进行询问和冷处理，然后根据可疑人的反应仔细查看监控录像。

卢先生反映，经过两天的询问和等待，可疑人有思想斗争，但未做出明确表示。为切实找到证据，安全部再次安排查看监控录像。从19日上午8点半至下午4点，监控员小李积极耐心地查看监控录像。在卢先生的指认下，确认此次偷盗事件为该婚庆策划负责人教唆其妻子所为，监控记录了其拿走摄像机的全过程，录像显示可疑人的作案时间和动机与安全部的分析结论相吻合。因此，安全部主管与失主卢先生商议，在采纳其暂不报案的意见后，通过精心策划，采取电话警告的方式从思想上瓦解可疑人最后的精神防线，迫使其及时送还摄像机，否则依法处理。结果，可疑人很快回了电话，并表示在处理完私事后，于当晚9点亲自送还。

4月20日，卢先生打来电话称摄像机已送还，他心情非常激动，对饭店安全部工作人员的安防意识和热情服务表示感谢，并给予了很高的评价，还赠送锦旗一面，上书："安防到位、服务一流。"

资料来源：现代酒店管理案例100则. 百度文库[EB/OL]. http://wenku.baidu.com/. 作者有删改

思考：

1. 你认为该饭店的安全保卫工作是否完善，为什么？

2. 通过此案例，你认为饭店安全保卫工作应从哪些方面开展？

本章小结·

饭店安全是指在饭店范围内涉及的人、财、物的安全及所营造的没有危险、不受任何威胁的生理和心理安全环境。饭店安全包含4个层面的内容：饭店以及来店客人、本店员工的人身和财物在饭店控制的范围内不受侵害；饭店内部的生活秩序、工作秩序、公共场所秩序保持良好的状态；饭店本身的财产安全与名誉安全；饭店内不存在其他因素导致人身、财产侵害的产生，即心理安全。饭店安全还包括名誉安全、饮食安全和其他一些需要注意的安全问题。

饭店中的安全问题主要表现为5种类型，即以偷盗为主的犯罪行为、火灾、名誉损失、逃账等财产安全问题和其他安全问题。饭店安全管理具有国际性、复杂性、广泛性、全过程性、突发性、强制性、全员性、政策性等特点。

饭店危机指的是由于具有突发性的重大事件的发生而对饭店业造成的重大破坏和后续不良影响的状态。饭店危机的特点包括发生突然、传播迅速、危害性大和紧迫性强。饭店危机可分为形象危机、人事危机、财务危机、财产危机、信息危机和公共危机。

饭店危机管理是指为避免和减轻饭店危机可能带来的严重威胁，通过采取危机研究、危机预警和危机救治等手段以达到恢复饭店经营环境、恢复饭店消费信心的目的而进行的非程序化的决策过程。饭店危机管理的对策与措施包括：扎实做好饭店危机管理预案构建工作；危机管理必须坚持统一指挥及科学分工；建立健全危机管理预警体系制度；加强饭店危机教育，提高员工危机意识；危机处理过程要迅速有效；做好危机公关，避免不良局势蔓延。

复习思考题

1. 什么是饭店安全？
2. 饭店安全包含哪些层面的内容？
3. 简述饭店安全问题的表现类型。
4. 饭店安全管理中的紧急情况包括哪些？
5. 饭店危机管理的含义是什么？
6. 饭店危机分为几种类型？
7. 简述饭店危机管理的对策与措施。

第十一章
饭店后勤保障管理

知识目标

- 了解饭店后勤部门管理的内容、特点
- 熟悉饭店物资、设备的分类和维护方法
- 掌握饭店物资、设备的采购流程和验收保管的基本方法
- 掌握饭店卫生管理的基本原则

技能目标

- 能够预防和解决饭店卫生管理中容易出现的问题
- 掌握饭店物资、设备的采购、验收及管理方法

引导案例┃"绿色饭店"的起源

1991年，"威尔士王子商业领导论坛"创建了"国际旅馆环境倡议"机构，在该机构中，由世界上11个著名的饭店管理集团组成一个委员会，由英国查尔斯王子(现为查尔斯三世国王)任主席。1993年，查尔斯王子倡议召开了旅馆环境保护国际会议，通过了这11个饭店管理集团签署的倡议，并出版了《旅馆环境管理》一书，目的是指导旅馆业实施环保计划，改进生态环境，加强国际合作，交流旅馆环境保护工作的经验和有关信息，促进政府、社区、行业及从业人员对旅馆环境保护达成共识并付诸实践。从那时起，欧美许多国家的饭店纷纷重新审视企业的经营方式和服务程序是否符合环境保护的要求，并着手改进经营和服务方式，相关措施有：采用先进的节能设备；加强排放物的污染控制；尽量回收可再利用的物资，同时倡导"绿色消费"，建设"绿色饭店"。在全球性的绿色浪潮的推动下，我国一些大城市的饭店也开始重视环境保护，不断增强员工的环保意识，注意在经营中节能、降耗、减少污染。

思考：

1. 为什么要倡导开展建设"绿色饭店"活动？
2. "绿色饭店"对物资设备的要求有哪些？

后勤保障管理包括对饭店的物资、设备以及卫生等方面的管理。随着饭店业的发展，饭店的服务项目越来越多，其后勤保障工作越来越受到人们的重视。例如，饭店要开展经营管理活动必须有一定数量的物资做基础，但如果饭店物资储备数量过大，不仅会占用大量资金，而且饭店必须为大量储存的物资支付库存保管费用。其中，食品原料经过长期储存会逐渐损坏变质或降低规格，造成大量浪费。因此，为了提高经济效益，饭店应该合理地控制物资采购数量，科学地实施物资管理。此外，饭店后勤保障管理的其他方面也同样重要。

本章从物资、设备、卫生等几个方面阐述了饭店后勤保障管理的一些实用技巧，虽然知识比较零散，但对有志于从事饭店业管理的人来说，掌握本章讲授的知识和技能非常重要。

第一节　饭店物资管理

饭店物资管理是指围绕饭店物质资料的使用价值的效用发挥而进行的计划、采购、保管和使用等一系列组织和管理活动的总称。

饭店内的许多物资单价低，容易被管理人员忽视，如客户用品中的小香皂、牙刷，餐厅中的餐巾纸、客用水杯等。如果这些物资管理不善，就会造成丢失和浪费，从而增加饭店的成本，影响饭店的经济效益。

饭店的物资中还有相当一部分重复使用量大、周转环节多，如客房中的棉织品，餐厅中的台布、餐具等。这些物资在使用的过程中，需要经过客房、餐厅、洗衣房、仓库等许多地方，这在一定程度上加大了管理难度。

物资管理工作直接影响饭店的服务质量。物资供应是饭店客房部、餐饮部、康乐部等部门正常运营和提供服务的基础。如果物资不能按时供应，必然影响饭店的正常经营；如果物资的质量较差，就会影响使用效果，从而降低服务质量；如果物资的品种不全，就无法为客人提供高质量的服务。因此，饭店服务的质量与物资的供应、物资的质量和物资的保管工作息息相关。

一、饭店物资管理的特点及任务

(一) 饭店物资管理的特点

饭店物资涵盖面广泛，因而饭店物资管理具有复杂性的特点。

1. 客人需求的多样性影响饭店物资管理的规定性

饭店开展各种管理工作的最终目的是以优质的服务满足客人的需要，从而提高饭店的经济效益。饭店的客人来自五湖四海、各个阶层，其生活习惯、兴趣爱好以及对饭店服务质量的期望并不相同，这使他们对饭店各类物资的需求差异很大。

2. 饭店营销效果的不稳定性影响饭店物资管理的计划性

饭店产品的价值实现有赖于强有力的营销手段，而饭店产品的销售与物资的消耗紧密相关，也就是说，饭店物资消耗的多少和营销手段、营销效果有直接关系。随着饭店业竞争的日益加剧，基于旅游业所具有的季节性、不稳定性等特点，饭店营销效果有时难以把握。

3. 饭店物资的丰富性决定了物资管理技巧的多样性

饭店物资品种丰富、各不相同，因此，对各类物资的管理技巧也不同，需要因"物"而异。

4. 饭店部分物资的相对不可储存性决定了物资管理的时效性

饭店部分物资尤其是食品、饮品、鲜活原料等，为了确保其品质，需要及时投入使用；而棉织品、低值设备等物资，则可适当地储存。因此，在饭店物资管理工作中，应了解不同物资的管理时效性。

(二) 饭店物资管理的任务

1. 做好开业标准配备，保证饭店等级规格

在正式开业之前，饭店应该按照等级规格和接待能力完成饭店的物资配备工作。它既是饭店物资管理的起点和重要任务，又是保证饭店等级规格、满足开业后的业务活动需要和客人消费需求的重要条件。

2. 合理制定消耗定额，为物资管理提供依据

饭店物资配备完成后，随着业务活动的开展，各种物资都处于消耗过程中，消耗方式分为一次性消耗和多次性消耗。为此，饭店物资保障管理应针对物资消耗方式的不同，分别制定消耗定额和储备定额。

3. 编制物资采购计划，保证业务开展需要

饭店物资在开业初期大多是成套配备的，其他物资则按一定时期的需要量配备。在业务管理过程中，物资的采购以根据业务发展需要编制的月、季度物品补充采购计划为主。为此，饭店必须做好物资分类采购计划，及时掌握资金的使用情况，在保障业务需要的前提下降低资金占用额，提高资金的使用效率。

4. 加强物资使用管理，节省饭店费用开支

饭店每天都应根据各部门业务发展的需要，按消耗定额发放、使用各种物资，做好原始记录和统计分析，考核物资的使用效果和成本费用消耗，以节省饭店费用开支。

5. 做好物资库房管理，加快饭店资金周转

饭店应制定不同物资的库房储备定额，加强出入库管理，定期盘点，在保证业务需要的前提下管好库存物资，加快饭店资金周转。

■ 二、饭店物资的分类及定额管理

(一) 饭店物资的分类

饭店需要的物资种类繁多，其价值构成和管理要求各不相同，为了便于物资管理工作的开展，饭店需要对各种物资进行分类，分类方法大致有以下几种。

(1) 按价值构成分类，物资可分为低值易耗品和物料用品。

(2) 按自然属性分类，物资可分为棉织品、装饰用品、清洁用品、服务用品、玻璃瓷器、食品原材料、燃料、印刷品及文具、维修材料及用具、办公用品、消防用品。

(3) 按客人消耗和价值补偿的方式分类，物资可分为客用多次性消耗物品和客用一次性消耗物品。

(4) 按使用方向分类，物资可分为客用物资、生产用原材料、办公用品、清洁和服务用品、基建维修用料、安全保卫用品、后勤用品。

(二) 饭店物资的定额管理

饭店物资的定额管理主要指物资的消耗定额管理和仓储定额管理。

1. 饭店物资的消耗定额管理

饭店物资消耗定额是指饭店在一定时期、一定的生产技术水平下，为完成某项任务或制造单位产品所必须消耗的物资数量标准。物资消耗定额并不一定等于实际的物资消耗量。

(1) 确定饭店物资消耗定额的工作程序。饭店物资包括客用物资和自用物资两大类。以客用物资为例，饭店物资消耗定额的确定程序如下所述。

① 饭店将确定物资消耗定额的任务下达各个部门，并详细说明物资消耗定额的意义以及各部门确定物资消耗定额的工作要求和确定物资消耗定额的标准。

② 各部门根据自己的特点详细编制单位产品或单位接待能力所需的物资配备表，注意区别一次性消耗物资和多次性消耗物资。

③ 饭店需确定客用一次性消耗物资单位时间或单位产品的消耗定额，并注意按照物资的不同特性选用不同的计量标准，如客房的茶叶、香皂、牙刷等一次性消耗物资一般按单位时间计量，如"间/天"；而餐饮部门则一般按单位产品计算，如有的饭店的食品原料消耗定额以"克/份"为计量单位。

④ 饭店需确定客用多次性消耗物资在寿命期内的损耗率或一段时间的更新率，因为这些物资通常是在更新周期内逐步补充、更新的。

⑤ 综合汇总。饭店应汇总客用一次性消耗物资和客用多次性消耗物资的各种消耗定额。

自用物资消耗定额的确定通常也采用如上做法，只是饭店在确定自用物资的消耗定额时要更加严格，以便在员工中树立节约的观念。

(2) 确定饭店物资消耗定额的方法有以下3种。

① 经验估算法。这种方法一般用于确定某些受各种主、客观因素影响而消耗量变动较大的物资消耗定额。例如，随着季节的变化其质量、价格变化较大的食品原料，如虾仁、螃蟹等。对于这类物资，饭店只能根据已有的经验，在分析各个餐厅的接待能力和客

源旺淡季差别的基础上做估算。这种方法虽然简单、方便，但易受估算人主观因素的影响，因而要求估算人具有丰富的实践经验。

② 统计分析法，即将一定时期内实际消耗物资的统计数字进行加工、整理、分析、计算后，根据它所反映的物资消耗规律制定消耗定额。统计分析法主要适用于确定多次性消耗物资的消耗定额。通过分析实际物资消耗的历史资料，饭店可以找出它们的消耗规律，据此做出科学的推断和预测。这种方法的优点在于它摒弃了经验估算法的主观性，具有一定的准确性和科学性，但是这种方法需要借助大量的历史资料。

③ 实物实验法。按照饭店生产经营的客观条件，通过反复操作、考察，并经过对实际消耗物资的分析汇总，确定物资的消耗定额。它适用于饭店经营中所需燃料消耗定额的计算，如一定时期内空调系统所需燃料的消耗定额。采用这类方法的关键是要选择典型的操作人员和产品。但在饭店中，操作人员和产品都有较大的不确定性，所以实验样本的代表性往往不够。因此，有关人员在采用这种方法确定定额时，应注意多次观察，并请具有不同操作水平的操作人员多次操作后取平均值。

2. 饭店物资的仓储定额管理

仓储定额，简单地说就是饭店规定的各类物资的最高储备额，即在一定的经营条件下，饭店为保证接待服务质量，保证服务活动顺利进行，所必需的、合理的物资用品储备数量。饭店物资仓储定额可分成不同的种类，各类仓储定额的确定方法主要包括以下几种。

(1) 经常仓储定额。经常仓储定额是指为满足饭店日常业务需要而确立的物资储备量。影响经常仓储定额的因素是该类物资平均每天的需要量和两次进货的间隔时间，用公式表示为

$$经常仓储定额=物资日消耗定额×两次进货间隔天数$$

(2) 保险储存量。保险储存量是一种后备性仓储，是为了防止某些物资因运送受阻、交货误期、规格品种不符合要求等造成供需脱节而建立的物资仓储定额，用公式表示为

$$保险储存量=物资的日消耗定额×保险储备天数$$

如果某些物资容易因各种原因而延迟交货，则需要在该类物资的经常仓储定额上加上保险储存量。

(3) 季节仓储定额。季节仓储定额是指为了克服某些物资因季节变动导致供需脱节而建立的物资储备定额，用公式表示为

$$季节仓储定额=平均每天需要量×供应中断天数$$

(4) 订货点储存量。为了保证饭店业务顺利进行，饭店不能等到库存量下降到保险定额以后再订货，而应该在经常储备中确定一个物资储备点，当某物资的库存量降至这个点时，就必须订货。这个点就是订货点储存量，用公式表示为

$$订货点储存量=发货天数×物资日消耗定额+保险储存量$$

(5) 经济仓储定额。确定经济仓储定额的目的是通过计算经济合理的订货批量，确定物资储存费用和订货费用之和最低时的仓储数量。仓储费用和订货费用是矛盾的，因为每次订货的批量越大，存储的费用就越高；而每次订货的批量越大，又意味着全年订货的次数越少，订货费用就会减少。经济仓储定额就是要调节它们之间的矛盾，确定物

资储存费用和订货费用之和最低时的订货批量，计算公式为

$$Q\sqrt{\frac{2C_aD}{c}}$$

式中：Q——经济仓储定额；C_a——每次订货成本；D——全年需要量；C——单位物资年储存成本。

三、饭店物资的采购和验收

(一) 饭店物资的采购管理

采购管理是指参照既定的物资定额(包括消耗定额和仓储定额)，在不同的时间段采购不同品种、不同数量的物资，以维持饭店的正常运转。

1. 采购管理的主要内容

(1) 认真分析饭店所有业务活动的物资需要，依据市场情况，科学合理地确定采购物资的种类与数量。

(2) 根据饭店各业务部门对物资质量与价格的要求，选择合适的供货商，并及时订货或直接采购。

(3) 控制采购活动过程，堵塞每个环节中可能存在的管理漏洞，使物资采购按质、按价、按时到位。

(4) 制定采购各种物资的严密程序、手续和制度，使控制工作的每个环节都卓有成效。同时，建立科学的采购表单体系，为每一个环节的工作流程留下可供查询的原始凭证，并以制度保证所有原始凭证得到妥善整理和保存，为饭店结付款及物资管理的其他环节提供可靠的依据。

(5) 制作并妥善保管与供货商之间的交易合同，保证合同合法有效并对饭店有利。

(6) 协助财务部门做好饭店对供货商的货款清算工作。

通过上述步骤，饭店可达到物资及时供给、较少投入、物资质量理想、净料成本低以及在与供货商交往过程中确立有利竞争地位的目的。

2. 采购的基本程序

(1) 确定采购程序。饭店物资采购程序大致包括以下几个环节。

① 各物资使用部门或仓库管理人员根据经营需要填写请购单。

② 仓库定期核算各类物资的库存量，若库存降至规定的订货点，仓库向采购部送请购单，申请订购。

③ 由采购经理通盘考虑，对采购申请给予批准或部分批准。

④ 采购部根据已审核的采购申请向供货商订货，并给验收部、财务部各送一份订货单，以便收货和付款。

⑤ 供货商向仓库发送所需物资，并附上物资发货单。

⑥ 仓库经检验，将合格的物资送到仓库，并将相关的票单(检收单、发货单)转到采购部。

⑦ 采购部将原始票据送到财务部，由财务部向供货商付款。

(2) 选择采购方法。采购方法主要有以下4种方式可供选择。

① 市场直接采购。采购人员根据批准的采购计划或请购单的具体要求，直接与供货商接洽，采购所需物资。

② 预先订货。饭店采购部根据采购计划及请购单的要求，确定供货商，与之签订订货合同，使之在规定的时间内按规定的品种、规格和数量将物资送到饭店的指定地点。

③ "一次停靠"采购法。饭店选择一家实力雄厚、供应物资品种齐全的物资供应公司，以批发价向其订购饭店业务所需的全年量物资，一次订货，分期到货。

④ 集中采购。集中采购是饭店集团常用的一种采购方法，被世界上许多饭店集团所采用。它是指两家以上的饭店联合成立物资采购中心，统一为各饭店采购经营中所需的物资。具体做法是各饭店将需要采购的物资报送采购中心，采购中心将各饭店的同类需求物资汇总并向供货商订货，统一验收后分送到各饭店。

(3) 加强采购凭证管理。采购凭证管理具体包括以下几个方面内容。

① 设专人专门保管各类凭证，包括供货者的交货通知单、发票、运单、各种费用单据、订购合同、请购单、订货单等。

② 定期将采购凭证按日期装订成册并加具封面，按时归档。

③ 凡属因质差、量差、价差等问题所提出的全部或部分拒付理由书，应该附在有关凭证之后。

④ 凡向供货商提出索赔的书面异议书，应由采购部门的经办人员妥善保管，以便进一步与供货商协商解决。

⑤ 未使用的空白购进凭证，如收货单，应由进货部门经办人员妥善保管，防止丢失，并不得私自撕毁和处理。

(二) 饭店物资的验收管理

验收是指物资采购任务完成以后，由饭店验收人员根据订货单以及批准的请购单，检查所购物资交货是否准时，质量是否达到标准，数量、价格是否准确，并详细记录检验结果，对合格物资准予入库或直拨到使用部门，对不合格物资则予以拒收。

1. 验收的内容

(1) 检验。主要核查有关物资采购的凭证、时间、数量、质量、价格等项目。

① 凭证检验。重点核查物资品种、规格、数量、等级和价格。

② 时间检验。对交货时间进行检验，核查交货期是否和订货单上的日期一致。

③ 数量核查。在进行数量核查时，应对订货单数量、送货单数量与实际到货量三者进行交叉检查，确认是否一致。

④ 质量核查。质量核查是物资验收的核心内容。饭店物资种类多，且各类物资的质量要求不同，衡量质量高低的标准也多种多样，核查人员需要具备各种专业知识，这些都对饭店物资的质量验收提出了更高要求。

⑤ 价格核查。核查价格是否与市场报价一致。在保证质量的基础上，价格不得高于市场同类物资的价格。

(2) 收货。验收合格的物资，验收员要详细记录，填写验收清单及进货日报表，并将这些物资分类后及时入库或发放给相关的使用部门。

2. 验收的程序

(1) 前期准备工作。采购员完成采购任务后，应及时将订货单转给验收部门，并将采购物资的基本情况通知验收负责人。验收人员应将订货单与财务部门转送的经批准的请购单相对照，若订购内容与上级批准的采购内容有出入，应及时向财务部门报告。

验收管理人员应在物资到达验收点前督促下属安排好相应的物资验收位置和具体的验收人员，检查验收人员是否已准备好订货单，以便与到店物资核对，同时准备好各类验收工具、验收场地，确定验收范围。

(2) 验收操作，物资入库。当物资到店后，验收人员要根据订货单或订货合同的内容清点货物的件数，逐一检查密封容器是否有启封的痕迹，逐一称量货物的重量，特别是要检查袋装物品的内容，重量是否和袋上印刷的相一致，以防名实不符及数量短缺。在清点数量时，验收人员要按照饭店采购规格书上规定的质量标准检查和测试货物的外观及内在质量是否完全合乎要求，此外还要逐一检查物品的规格是否符合要求。

在对全部货物进行测试、检验、清点之后，若发现问题，验收人员应当场向送货者提出交涉，并做出相应的处理，包括拒收及由双方签字认可。对完全符合要求的货物应尽快选择仓储位置或发放给使用部门使用，不要让货物在验收地点长时间存放，以免因不具备必需的储存条件而影响物资质量，降低安全性。

(3) 记录验收结果。验收人员最终以书面的形式阐述验收情况，包括填签验收单据和形成验收报告及进货日报表。

3. 拒收

拒收是指物资验收人员在验收过程中，对照有关标准，发现有严重出入时，拒绝物资入库或进入生产领域。拒收是杜绝伪劣假冒物资流入饭店的有效手段，是维护采购正常权益的有力保证。

拒收应填写拒收通知单，写明拒收理由，经送货方和验收方签字，将拒收通知单和物资以及有关凭证一同退回。在处理拒收问题时，应特别注意以下几点。

(1) 要认识到拒收只是交易过程中常见的问题，而不是供购双方的纠纷，故饭店应在坚持原则的前提下尽量保持与供货商及送货者之间的良好关系，以友好的态度向送货人耐心解释拒收的原因，为可能给他们带来的额外工作负担表示歉意。

(2) 在退货通知单上应详尽写明退货的原因，并请送货人签字证明，为与供货商的进一步交涉留下原始凭证。

(3) 应尽快告知饭店的采购部门和相关物资的使用部门，敦促他们及时寻找替代品。

■ 四、饭店物资的仓储和发放

(一) 饭店物资的仓储

广义的仓储管理是指物资从入库到出库之间的管理和控制过程，它从验收物资开始，将各类物资合理储藏，保障库存物资的数量安全与质量安全，并进行物资出库控制。

饭店所需物资种类繁多，其重要程度、消耗数量、价值大小各不相同，可以依照"关键的是少数，次要的是多数"这一基本原理，将物资分成3类。

A类物资：数量上只占饭店使用物资总数量的5%～10%，而资金上占资金总额的60%～70%，这类物资属于关键的少数物资。

B类物资：数量和所占的资金分别占总额的20%左右，属于一般物资。

C类物资：数量占饭店使用物资总数量的60%～70%，而资金占资金总额的15%以下，是次要的多数物资。

运用ABC分类法选择的两个相关标志是物资数量的累计百分比和资金占用额的累计百分比。

仓库管理是饭店经营中不可忽视的环节，它既要保证经营需要和节约使用，又要保持最低限度的周转量，并节约资金。

1. 仓储管理的基本要求

(1) 保证物资数量的充足和质量的完好。

(2) 物资的存放堆码应井井有条，整齐清洁，便于收发、检验、盘点、清仓。

(3) 物资保管应有专人负责。物资入库应先验收，后收料入账；进库物资不论多少，均应过磅点数；能定量包装的物资，应做到点数包装；出入库应有完备的手续和凭证，如"入库单""领用单""调拨单"等。

(4) 掌握各类物资日常使用和消耗的动态，合理控制物资库存量。

(5) 各种物资都应设有明细台账，收入、发出、结存时应按时登卡记账，笔笔清楚，需要进行不定期的抽查核对和定期的清仓查库，做到账、卡、物(资)、资(金)"四对口"。

2. 仓储管理的内容

(1) 组织物资验收入库工作。不论是零星物资还是大批物资，入库前都需要通过严格的验收手续。必要时，应配合有关部门进行化验或用其他方法进行检验。

(2) 组织物资发放工作。物资发放要坚持"先进先出"的原则，特别是对那些保鲜要求特别高的食品原料。

(3) 组织物资的维护保养工作。

(4) 组织废料的回收和利用工作。

(5) 及时处理滞留积压的物资。

(6) 通过物料台账及其他统计分析资料掌握库存物资的动态。

(二) 饭店物资的发放

物资发放必须按照一定的程序严格控制，以达到准确、及时、安全、经济的基本要求。

1. 物资发放的原则

(1) 先进先出原则。物资发放人在发货时仔细核查进货账目和货架标签，先发早入仓库的物资，目的是防止物资久置导致的老化，以免影响物资质量。

(2) 保证经营原则。饭店仓库中储存的物资种类繁多，可适应不同部门、不同岗位的需求。工作人员在每日规定的发料时间内常常十分繁忙，面临多个部门同时领料的情况。在这种情况下，急用、急需物资应先备料、先分配，以保证生产经营的连续性。

(3) 补料审批制度。饭店前厅接待部门常常会因为经营业务的变化临时出现对某类物资的特急需求。在这种情况下，由于形势紧迫，往往不能按照常规填制领料单据，逐项办理领料审批手续。这时需要特事特办，以保障前台业务的顺利进行。但即使是特急领料也必须有交接双方的签字和在场的部门管理人员批准的领料单据，并且规定补办手续的时限。

另一种情况是部门工作人员凭手续齐全的请领单到仓库领料时，仓库经审核准予发放，但发现存货不足，只能发放其中一部分物料。这时，需填制反映实际领料情况的发货单，当仓库进货后，再通知部门补领。补领时虽不用再次履行请领手续，但必须履行补领手续。

以上这些解决问题的方法都必须制度化，即建立健全补料制度，以防止差错和作弊行为的发生。

(4) 退库核错制度。由于计划变更或其他原因，物资使用部门会发生物资剩余，这时，应将这些剩料退回仓库，并办理退料登记手续。

(5) 以旧换新制度。为防止旧物资未用完就领取新物资的浪费行为，在物资发放管理中应对一些用量较大或价值较高的多次耗用物资采用以旧换新的领用制度。同时，许多物资的盛装器皿具有回收价值，饭店物资管理部门应通过制定以旧换新的制度全面回收和处理，以减少浪费。

2. 物资发放的程序

(1) 点交。使用部门在每次领取物资时必须填写请领单。仓库接到请领单后应认真检查请领单上所列物品的名称、规格、等级是否与库存物品相符，凭证字迹是否清楚，有无涂改迹象，印章是否齐全，领料日期是否正确。审查无误，即可将待发物资发放给请领部门，同时根据实际发出的物资品种、规格、数量等填制必要的物资发放单据。

(2) 清理。物资点交工作结束之后，仓储人员需进行内部清理，包括账面上的清理、地面的清理和物资管理。

(3) 复核。为防止物资发放过程中出现差错，仓库发货人员必须对物资发放作业过程中的每一个环节仔细地进行自查、复查、层层复核。一方面，复核发货单与实发物是否相符；另一方面，复核货物结存量来验证出库物资的品种、数量是否正确。发货人员自查后，还应由专职或兼职的复核员在搬运过程中进行复核，凡未经复核、单货不符或手续不齐全的物资都不能准予出库。

(4) 原料计价。原料计价是饭店每日成本核算的重要环节。仓库在发放各类物资时，应在物资请领单上填写各类物资的购入单价，并计算出所领物资的总价，以便成本核算。

3. 物资发放管理的重点

在物资发放管理中，首先应抓住人的因素，其次是做好物的管理。

(1) 审批人环节。审批人是物资的发放把关人，从根本上控制物资的发放量，根据需求量的客观性进行物资审批。饭店必须以制度的形式确定物资分配的审批人。审批人平时应注意和基层保持密切的联系，及时掌握物资使用情况的动态信息，以动态的眼光来把握物资分配量。

(2) 执行人环节。执行人是指物资发放过程中涉及各个方面的工作人员。在物资发放过程中，核算员要逐一核算已发物资的价值。尤其要注意的是，实物发货人与发货记账人应分岗设置。执行人素质的高低直接关系发放工作质量的好坏，因此，饭店应加强对这些人员的日常管理。

(3) 发货区域。仓库是饭店储存物资的重地，每一种物资对储存环境和条件都有明确而严格的要求，而大量人员频繁进出仓库会极大地影响储存环境，同时还会威胁仓储物资的数量安全。因此，有条件的饭店应在仓库到仓库大门之间设置专门的发货区域。发货人员将需发放的物资搬运到发货区域，领货人在此区域点数交割，切勿直接进入仓库领料。这是防止物资发放出差错的有效手段。

(4) 发货时间。根据物资的用途，可采取定时发货和不定时发货相结合的办法。

(5) 物资交接。发货人员与部门领货人员之间的物资交接是物资发放管理的最后环节，若在这一环节中出现差错，就会给仓库账目登记及部门的成本核算等许多管理环节造成混乱，当相关人员事后发现这种差错时，往往会因为物资已投入使用而难以查清问题及责任所在，使管理工作陷入被动。因此，在进行物资交接时，收受双方都必须按照发货单和领料单复核检查，点数所发物资的品种、规格和数量，确保无差错时再准予出库。

(6) 物资数量短缺问题。物资发放过程中很容易出现物资数量短缺的问题，其直接原因是物资在入库时都是批量入库，一些以重量来计量的物资入库时是以大秤进，而在发放过程中由于执行限量分配制度，每次的发放量小于进货量，即小秤出，这样就会出现重量流失问题。因此，在盘存时很可能会有数量上的出入。

为解决物资重量流失问题，饭店可以为每一种物资的收发制定合理的损耗率。对于整进零出的物资，可在进货之后预先进行拆零包装，按照一般的单位需用量将整包物资变为小包装物资。

第二节　饭店设备管理

饭店设备管理，就是对饭店内各种设备从选购、验收、安装开始，经过使用、维护、保养、修理，直至更新改造的全过程所实施的一系列管理活动。饭店设备管理是由工程部主要负责，并由饭店全体员工共同参与的综合性管理。

一、饭店设备管理概述

(一) 设备管理的分类及特点

饭店设备管理对象包括饭店各部门使用的机器、机具、仪器、仪表等各种物资技术设备，它们具有长期、多次使用的特性，不是一次性消耗品，并在会计核算中被列为固定资产。

1. 设备的分类

饭店设备的分类方法有很多，并无统一规定，这里介绍饭店设备的一般分类。

(1) 建筑物。建筑物是指房屋建筑，包括主楼、裙房及其他附属用房。

(2) 供应设备。供应设备是指为饭店各部门供应水、气的设备，包括锅炉、冷冻机、新风系统、热交换器、冷热水箱、冷库以及与此配套的管道系统。

(3) 清洁卫生设备。清洁卫生设备是指清洁和洗涤专用设备，包括洗衣全套设备、吸尘器、打蜡机等。

(4) 供电设备。供电设备是指供电和用电设备，包括变配电设备、供电系统及用电设备，如照明系统、舞厅等场地的灯光系统。

(5) 厨房设备。厨房设备是指厨房使用的各种烹调及制作设备、冰箱等。

(6) 通信设备。通信设备是指电话、传真等通信设备。

(7) 电梯设备。电梯设备是指电梯、自动扶梯等垂直运输设备。

(8) 家具设备。家具设备是指用于接待客人、行政办公及具有其他用途的各种家具类设备及家用电器。

(9) 计算机设备。计算机设备是指饭店的计算机系统。

(10) 接待服务专用设备。接待服务专用设备是指各前台部门使用的服务设备，如服务车、行李车等。

(11) 娱乐健身设备。娱乐健身设备是指供客人娱乐或健身使用的设备，如网球场、保龄球场、蒸汽浴室、健身房、台球房等场所内的设备。

(12) 系统设备。系统设备是指通过管线或其他方式联系并自成系统的各种设备，如上下水道、排污系统、音响系统、闭路电视等。

(13) 消防报警系统。消防报警系统是指报警系统和消防供水系统。

各种设备的归类并没有统一的要求，设备的数量由饭店的星级和饭店管理层的决策而定。饭店的星级标准决定了饭店必备的设备，但各饭店设备的具体设置标准并不仅限于星级的设备规定。饭店对设备的归类也因各饭店对设备归类法的认识而定，归类结果既要包括饭店所有的设备，又要便于科学管理。

2. 设备管理的特点

(1) 投资大，资金回收期长。现代饭店多用豪华、舒适的设施设备来营造优良的消费环境和气氛，其设施设备投资大，占饭店总投资的65%～70%，甚至更多。这些投资必须通过饭店业务经营和产品销售来获得价值回报，因此资金回收期较长。

(2) 精神损耗为主，更新周期较短。饭店设施设备在业务经营过程中存在两种损耗：一是物质损耗，即设备在使用过程中造成的物质磨损；二是精神损耗，即因设备陈旧、新设备出现、消费时尚改变等引起的精神上的感觉。饭店应该尽力做好各种设施设备的维护保养，力争延长精神损耗周期和设施改造周期，这样才能提高设备的经济效益。

(3) 社会消费性较强，设备质量要求高。饭店设备就其功能而言，可大致分为消费性设备和生产性设备两大类。前者为客人营造优良的享受气氛，以供客人直接消费使用为主；后者主要用来生产产品或提供相关服务，这些设备不仅数量多、投资大、社会消费性强，而且质量要求高。

(4) 涉及范围广泛，管理协作性较强。饭店设备保障管理涉及企业内部和外部两个方面。从内部来看，各种设施设备散布在企业各部门、各环节、各岗位。设备保障管理的工作职责分属不同部门和人员，购置、维修、改造归工程部，设备使用以业务部门为主，价值管理归财务部，因此，饭店必须加强内部协调工作。从外部来看，饭店锅炉、配电、燃气等重要设备大多必须接受地方政府的环保、消防、安全、劳保等主管部门的管理或监督，因此，饭店还要增强外部的协作性。

(二) 设备管理的任务及原则

1. 设备管理的任务

保持饭店等级规格和各种设备始终处于完好、有效、安全的状态，满足客人消费需求，保证设备使用方便并满足各部门生产经营活动的需要，是饭店设备保障管理的主要任务，具体表现在以下几个方面。

(1) 合理选择设备，保证设备配置与饭店等级规格及目标市场的消费需求相适应。

(2) 做好各种设备的维修保养工作，满足各级各部门的业务经营需要和客人消费需求。

(3) 加强设备更新改造，以适应饭店客人日益增长的、多层次的物质和精神享受需要。

(4) 做好设备管理过程中的技术经济分析，以降低消耗，提高设备管理的经济效益。

2. 设备管理的原则

(1) 分级归口管理的原则。分级管理分为企业级、部门级和班组级。企业级是主管副总经理和总工程师负责，主要职责是制定设备管理方针政策、管理制度、预算审批流程等。饭店工程部是企业级的职能管理机构，负责设备保障管理的具体工作。部门级是以使用部门为主，主要负责设备的日常使用、维护与保管工作。设备需要报修时，则协同工程部做好维修工作。班组级主要负责本班组的设备日常使用管理，遵守操作使用规则和程序。

归口管理主要分属3个口径：设施设备价值管理，归属于财务部管理；设备维修保养与更新改造，即设备物质运动形态管理，归属于饭店工程部管理；设备的日常使用与保管，即设备的效用发挥，归属于业务和使用部门管理。

(2) 预防为主、保修结合的原则。将设备管理工作重点放在各级、各部门的日常使用和维护保养方面，工程部则集中负责设备维修。

(3) 前勤考核后勤，提高设备管理效率的原则。设备管理是为业务经营活动提供后勤保障，前勤考核后勤是指在设备使用过程中，如果一线部门发生设备故障或损坏，工程部门收到报修通知后，必须在规定时间内(5~10分钟)赶到现场维修，否则即视为维修失职。每次维修完成后经过调试验收，做好记录，由维修人员和使用人员共同签字，以此作为前勤考核后勤的依据。这样操作既可以提高饭店设备维修的工作效率，防止互推责任，又不会影响一线接待服务活动的顺利进行。

(4) "春备夏、秋备冬"与坚持"三优先"相结合的原则。"春备夏、秋备冬"是指饭店的中央空调、暖气系统、大型锅炉等重要设备因其在使用和检修、大修时，具有季节性的特点，必须坚持"春备夏、秋备冬"的原则，提前做好计划和维修保养工作。"三优先"是指在日常设备维修的派工安排上要坚持影响客人使用的设备优先、影响安全的设备优先和影响观瞻的设备优先的原则。

二、饭店设备的选择与购置

(一) 设备的选择

1. 设备的实用性

选择设备首先要考虑实用性，包括设备设计先进、使用方便、便于清洁保养；设备的外观和使用都能给人以舒适感；设备是安全的，具有安全自动控制装置；设备和整个饭店的协调程度高。其次还要考虑设备的效率、占地、耐用性等方面。

2. 设备的工作质量

饭店设备的工作质量应能达到饭店管理计划和质量要求所规定的标准。一般的机械和用电设备的工作质量都可由设备的技术参数来衡量，其他设备则根据设备特定的使用要求来衡量和评价。

3. 对设备的经济因素进行评价

评价内容包括投入产出(即投资和效益之间的关系，评价其经济效益的合理性)和费用支出(使用费用和维修费用)的合理性、使用时间和利用效率的合理性。只有在充分考虑设备的各种经济因素后，才能对设备的购置选择做出最佳决策。

(二) 设备的购置

设备购置包括饭店对尚缺设备的购置和饭店对已有的但与饭店经营不相适应的设备的更新改造。饭店购置设备主要考虑以下几方面因素。

1. 饭店的实际需要

饭店应根据星级要求和管理层的经营决策，从实际需要出发，做出设备的购置决策。实际需要既有数量上的要求，也有质量上的要求，数量上考虑的是设备的多少和设备的工作能力，质量上考虑的是能否和饭店星级相一致。从实际需要出发购置设备，可以避免设备闲置。

2. 现有设备情况

在购置设备前，需要对设备情况进行调查分析。应具体分析使用状况良好的、使用状况不是最好但尚可继续使用的、应改造的、应更新的设备。先要具体分析不同种类设备现在的适用度、技术指标情况、性能、经济效益等，再制订设备购置计划。

3. 同类设备的市场情况

在选择和购置饭店设备前要了解设备的市场情况，一方面，要注意设备的使用趋势，即国际上和国内先进水平的饭店对该类设备的使用情况；另一方面，要注意客人对该类设备的需求倾向。

4. 设备的节能和环保

节能是指设备能源利用率高、能源消耗量少，这是衡量设备质量的一个重要标准。饭店所选设备应达到环保要求，能够减少噪声、废气、污水、烟尘等的排放。对于会产生污染物的设备，要注意配套污染处理设施。

5. 设备的成套性

饭店设备种类繁多，因而要注意设备的互相配套。

(1) 单项配套。单项配套主要是指某一用途的设备自身要配套。例如，酒吧吧台与酒吧设施配套、家具配套、洁具配套、舞厅灯光音响配套、洗衣房设备配套等。

(2) 设备间的互相配套。互相配套主要是指能源动力、供应设备、使用设备的互相配套。例如，对于客人直接使用的一些设备，要求电源和各电插座配套；冷冻水供应量和输送管道、空调用量配套等。

(3) 外观配套。外观配套主要是指设备的外观、风格、色彩、造型要和饭店的基本风格保持一致，互相协调。

■ 三、饭店设备的使用和维护保养

(一) 设备的使用

1. 设备使用管理的原则

对设备使用的管理要遵循"谁使用、谁负责"的原则。饭店内每一台设备都要有明确的责任人，公用设备需要指定专门的责任人，而且每一班都要有相应的责任人；独立操作或使用的设备，操作者或使用者就是该设备的责任人。

2. 设备使用前的准备工作

(1) 技术资料的准备。资料准备包括设备操作维护规程、设备润滑卡片、设备日常检查和定期检查卡片等。

(2) 培训。对操作者的培训包括技术教育、安全教育和业务管理教育三方面内容。操作者经教育、培训后要通过理论和实践考核，合格后方能独立操作使用设备。

(3) 检查。全面检查设备的安装、精度、性能、安全装置及维护使用的仪器和工具。

3. 设备使用的基本要求

"三好、四会、五项纪律"是设备使用的基本要求，这是根据设备全员管理的思想提出的。

(1) 部门要做到"三好"。对每一个设备使用部门而言，都需要做到"三好"，即"管好、用好、维护好"设备。"管好"是指每个部门必须管好本部门使用的设备；"用好"是指应正确使用设备；"维护好"是指部门要建立设备维护保养制度，定期开展设备维护保养工作，同时加强对封存设备、租用设备、转借设备、报废设备等的动态管理。

上述工作需要列入部门日常管理工作中。部门设备管理可以由部门经理承担，有利于管理工作的顺利开展。

(2) 员工要做到"四会"。全体员工都需要做到"四会"，即"会使用、会维护、会检查、会排除故障"。"会使用"是指每一个设备使用人员都应熟悉设备的用途和基本原理，学习并掌握设备的操作规程，正确使用设备；"会维护"是指每一个设备使用人员要学习和掌握设备维护规程，达到设备使用四项要求，即整齐、清洁、润滑、安全；"会检查"是指员工要了解自己所用设备的结构和性能，饭店主要设备的运行值班人员要了解设备易损零件的部位，熟悉日常点检及设备完好率的检查项目、标准和方法，并能按规定要求进行检查；"会排除故障"是指工程部及其他部门重要设备的运行值班人员，要懂得所用设备的特点，能鉴别设备正常与异常现象，懂得拆装方法，会进行一般的调整和简单故障的排除，自己解决不了的问题要及时向上级主管报告，并协同维修人员进行检修。

(3) 操作者要执行"五项纪律"。设备的操作人员要严格按照"五项纪律"执行，即实行定人定机、凭证操作制度，严格遵守安全技术操作规程；经常保持设备清洁，按规定加油，做到没完成润滑工作不开机、没完成清洁工作不下班；认真执行交接班制度，做好交接班记录及运转台时记录工作；管理好工具、附件，不能遗失、损坏；不准在设备运行时离开岗位，发现异常的声音和故障时应立即停下检查，自己不能处理的应及时通知维修工人检修。

4. 设备的动态管理

设备的动态管理是指对于已投入使用的设备因闲置、封存、移装、调拨、借用、租赁、报废处理等情况引起设备资产的变动所进行的管理。各级人员在设备的动态管理中应办好各类手续，并做好记录。

(二) 设备的维护保养

1. 设备维护保养的类别和内容

设备的维护保养，可分为日常保养和定期维护两种。

(1) 日常保养。日常保养又称为例行保养，是对设备的基本保养，分为每班保养和周末保养，于每班结束后或每周末实施。每班保养的主要工作是对设备进行清洁、润滑和点检。周末保养则要求相关人员用1～2小时对设备进行彻底清洁、擦拭和上油。

(2) 定期维护。定期维护是指由工程部编制设备维护计划，并由专业设备维修人员和操作人员一起对设备进行维护、修理。设备定期维护保养的间隔时间视设备的结构情况和运行状况而定。

根据保养工作的深度、广度和工作量，设备的定期维护保养可分为一级保养和二级保养，简称"一保""二保"。"一保"的工作内容包括对设备的全面清洁、使油路畅通、调整配合间隙、紧固有关零部件及对有关部位进行必要的检查。"二保"的工作内容除了"一保"的内容外，还要对设备进行局部接替检查、清洗换油、修复或更换磨损的零部件、排除异常情况和故障、恢复局部工作精度、检查并修理电气系统等。"二保"比"一保"的工作量更大，更全面。

2. 设备维护保养的实施

开展定期维护保养工作的关键是制订合理的维护保养计划并有效实施。设备维护保养计划是设备维护保养的指导性文件，编制设备维护保养计划是根据设备的实际技术状况，实施以"预防为主"的重要技术措施。通过维护保养计划确定设备维护保养的类别、时间、工作量、材料、费用预算、停机时间等内容。正确编制设备维护保养计划，合理安排维护保养工作，可以为保养工作做好准备，缩短停机时间，提高工作效率，降低维护费用。

3. 设备维修管理

设备维修管理是指当设备的技术状态劣化或发生故障后，为了恢复其功能和精度而采取的更换或修复磨损、失效的零部件，并对整机或局部进行拆装、调整的技术活动。设备维修分为两个阶段，即获得设备维修信息和实施设备维修。

(1) 获得设备维修信息。获得设备维修信息是设备维修管理的重要环节。发现设备故障主要有4个途径。

① 报修。报修是指设备使用人员发现设备故障后，通过填写"设备报修单"或以电话、网络信息传递的方式将设备的故障状况通知工程部，由工程部安排人员进行维修。

② 巡检。巡检是指工程部人员根据既定的路线和检查内容对设备逐一进行检查，发现故障及时处理。

③ 计划维修。计划维修是一种以时间为基础的预防性维修方法，工程部人员根据设备的磨损规律事先确定维修内容。在对设备实施计划维修时，工程部人员会参考该设备的使用说明书、其他单位同类型设备的定期维修经验以及本饭店设备的使用特点来进行。

④ 预知性维修。工程部人员根据设备的日常点检、定期检查、状态监测和诊断提供的信息，经统计分析、处理，来判断设备的劣化程度，并在故障发生前有计划地进行有针对性的维修。

(2) 实施设备维修。当设备存在故障时，既可以由饭店的维修人员自行修理，也可以委托外修，由专业公司的维修人员在饭店内实施维修。

根据饭店员工的素质状况，饭店自行修理可分为由设备操作人员实施维修和由饭店维修组的维修人员实施维修，两种方法各有利弊。

根据维修工作量的大小，维修工作可分为小修、项修和大修。小修是工作量最小的一种修理；项修(即项目修理)是在总结过去实行设备计划预修制度的经验的基础上，在实践中不断改革而产生的，它取代了与大修难以区分的中修；大修是对设备进行解体，修整所有基准件，修复或更换磨损、腐蚀、老化及丧失精度的零部件，使之达到规定的技术要求。

四、饭店设备的改造和更新

(一) 设备的改造及原则

设备改造，就是应用新技术、新工艺流程和先进经验，改变原有的设备结构，安装或更换新部件、新附件、新装置以补偿设备的有形磨损和无形磨损，改变原来的工艺流程或结构，从而改进原设计的不足或安装中的缺陷。设备的技术改造应遵循针对性、适应性、可行性和经济性的原则。

(1) 针对性。从饭店实际出发，按照经营需要，针对设备在使用过程中的薄弱环节，结合设备在饭店经营过程中的重要程度及技术状况，确定需要进行改造的设备和设施并确定改造方法。

(2) 适应性。设备改造所采用的技术既要先进又要适用。由于科学技术的迅速发展，设备的技术性能千差万别，技术改造所采用的技术应满足饭店的实际需要，不应盲目追求高指标。

(3) 可行性。在制定设备或系统的改造方案时，采用的新技术、新工艺必须经技术论证或实践证明是可行的。

(4) 经济性。在确定设备设施改造时，应进行经济性分析，综合考虑投入的人力、物力、财力和改造后的效益，力求以较少的投入获得较多的产出。

(二) 设备的更新及原则

设备更新是用比较经济且先进的设备来替换技术上不能继续使用或经济上不宜继续使用的设备。设备更新的目的是提高饭店的现代化水平，以适应饭店业发展的需要。在设备更新时，既要考虑设备的物质寿命，又要考虑设备的经济寿命和技术寿命，凡符合下列情况之一的，都需要进行更新。

(1) 经多次大修，技术性能达不到标准要求，无法保证饭店服务质量的。

(2) 技术性能落后，经济效益很差的。

(3) 通过修理、改造虽能恢复性能，但不经济的。

(4) 耗能大或污染环境严重，进行改造又不经济的。

(5) 不能满足饭店经营需要的。

(三) 设备改造和更新的工作程序

一般情况下，饭店对重要设备进行改造或更新的费用较高，会在一定程度上影响饭店的正常经营，因此，饭店应加强对设备改造、更新的管理。

(1) 编制改造和更新计划。根据饭店的实际情况和设备的具体技术状态，先确定需要改造、更新的重点，再按照饭店经营目标的要求，编制设备的改造和更新计划。

(2) 进行技术和经济分析。对每一个列入改造和更新计划的设备，都应进行技术和经济方面的可行性分析。因为设备使用到最佳更新期以后不一定需要立即报废，可以通过大修或技术改造来恢复设备的技术性能。如果大修或改造已不经济，就需要更新设备；如果饭店的经营方针即将改变或者饭店要整体改造，且设备继续使用的时间很短，就可以考虑不更新设备，甚至也不修理，直到报废为止。因此，对于一台已经到更新期的设备，饭店有多种处理方法，应通过技术、经济分析来确定最佳方案。

(3) 编制设备技术改造任务书。确定设备技术改造项目后，饭店需要编制设备技术改造任务书。

(4) 设备改造和更新的实施。设备改造和更新项目被批准后，由工程部组织实施。若任务重、技术复杂，可委托专业单位承担。

第三节 饭店卫生管理

饭店作为人们开展食宿以及娱乐、会议、贸易、外交等活动的场所，是社会关系和人际关系的交融点，具有人员复杂、流动性大的特点，这决定了饭店卫生管理的重要性。饭店卫生管理贯穿饭店管理全过程，不仅关系饭店的声誉和效益，也关系宾客的健康。

一、饭店卫生管理的特点与要求

(一) 饭店卫生管理的特点

(1) 广泛性。饭店卫生管理的广泛性，是指卫生管理存在于饭店各个部门和各个环节，在饭店的各项管理中都占有一席之地。

(2) 全员性。饭店卫生管理的全员性，是指饭店的每一位员工，上至总经理，下至服务员，维护环境卫生，人人有责。各岗位的服务人员除了要履行本岗位的卫生管理职责以外，还要注意个人卫生和维护饭店的公共卫生。

(3) 复杂性。饭店卫生管理的复杂性，是指卫生管理的内容较为复杂，既包括墙面和地面的卫生、家具用品的卫生、空气和环境的卫生、食品和餐具的卫生，又包括消除噪声干扰、除虫灭害。

(4) 细致性。饭店卫生管理的细致性，是指卫生的清扫整理要细致入微，严格执行卫生管理的有关规定。尤其是食品卫生管理，必须遵循标准和流程，严防因污染而导致宾客患病或食物中毒。

(5) 经常性。饭店卫生管理的经常性，是指饭店需要天天打扫和整理，不能间断。如遇刮风和雨雪天气还要重点清扫，以确保饭店的清洁整齐。

(二) 饭店卫生管理的要求

为使饭店保持较高的卫生标准，真正做到整齐清洁，使宾客生活在一个干净优美的环境之中，饭店卫生管理主要应抓好以下几方面工作。

(1) 抓好个人卫生。饭店的每一位员工，不论其职位高低，不管在什么岗位，都必须注重个人卫生，养成良好的卫生习惯。这既是讲文明的需要，也是讲究个人仪表、提高个人素质的需要，更是提高饭店服务质量的需要。

(2) 抓好公共卫生。公共场所的卫生涉及的范围广，工作量大，有一定的管理难度。饭店要注意门前卫生，做好绿化，注意维护社会秩序。饭店内的每一个地段、每一扇门窗、每一道走廊楼梯都要责任到人、随时清扫，有些地方需要在晚上或清晨营业之前清扫，以免影响宾客在饭店内的日常生活。

(3) 抓好客房卫生。保持饭店客房卫生是一项重要工作，应定时进行。客房卫生的好坏，常常是饭店服务质量和管理水平高低的综合反映，也是宾客较为敏感的方面，应引起重视。除了要制定严格的清洁制度、配有良好的清洁卫生工具之外，还需要配备训练有素的服务人员，严格按照标准来管理和检查。

(4) 抓好餐饮卫生。饭店的餐饮卫生包括食品卫生、食具卫生、厨房卫生、餐厅卫生等。抓好餐饮卫生管理，对提高饭店食品质量，防止食品污染，预防食物中毒，防止肠道疾病和其他疾病的传染，增进宾客和员工的身体健康具有重要的作用。

(5) 抓好检查督促。饭店要制定严格、正规的卫生检查制度，依据详细的卫生检查标准，适时进行定期或不定期的卫生检查。对表现好的部门、班组或个人适时进行表扬和奖励；对发生问题的单位和员工，要进行批评或处罚。检查的方法要科学，要突出重点，注重效果，使之切实有利于加强饭店的经营管理，有利于提高饭店的声誉。

二、饭店卫生管理的主要内容

(一) 饭店员工个人卫生管理

1. 个人卫生管理的内容

个人卫生管理主要包括3个方面即身体卫生、服装卫生和个人卫生习惯。身体卫生是个人卫生的基础，患病毒性肝炎、伤寒、痢疾、活动性肺结核等传染病和传染性皮肤病的员工不可上岗，此外，个人卫生还包括经常洗澡、洗脸、洗手和仪容整洁等具体内容；服装卫生是个人卫生的重要表现形式，服务人员上班穿戴的各种服装配饰必须勤洗、勤换，保持无污迹、无异味、无破损等；个人卫生习惯是良好环境的保证，也是食品卫生质量的重要因素。总之，饭店员工个人卫生的内容比较广泛，它要求饭店员工特别是广大服务人员必须根据饭店有关规定和服务工作的需要做好个人卫生管理。

2. 个人卫生管理的要求

(1) 严格遵守各项卫生制度，认真执行卫生操作规程。有关制度和操作规程对服务人员的卫生要求，都是根据长期的实践经验总结提出的。服务人员必须认真执行，并坚持始终如一。

(2) 定期检查身体，防止疾病传染。经检查发现患有传染性疾病、皮肤病的服务人员不可上岗，因此，平时要加强锻炼，注意卫生，增强身体抵抗力。

(3) 勤理发，勤洗澡。服务人员经常会因为体力消耗较大而出汗，在工作中会沾染灰尘或烟尘。这样既影响服务人员身体的正常代谢，又会因污物积存发出异味而使宾客感到厌恶。因此，服务员要经常理发、洗澡，保持容貌的整洁。

(4) 勤洗手、勤剪指甲。服务员的手经常接触各种物品、钱币和食品。如果指甲不勤剪，积满脏物，就会成为细菌寄生繁殖的地方，并且会非常容易地把细菌带到其他物品或食品上。因此，服务员应勤剪指甲。在开始工作前、上厕所后，要认真洗手；在接触患有疾病的客人或沾染脏物后，要及时进行消毒。

(5) 养成良好的衣着卫生习惯。上班时必须穿好规定的工作服，内衣不外露，不卷衣袖、不挽裤腿；接待客人时，不能穿背心、短裤、短裙，不穿拖鞋。

(6) 保持工装干净整洁。工作服要勤洗勤换，保持挺括整洁，做到无污迹、无汗味；衬衫要系好扣子，挂好领钩；着西装要系好领带或领花；皮鞋应擦得光亮，保持干净。

(7) 仪容仪表要美观大方。女服务员工作时禁止配戴戒指、耳环、项链、耳坠、手链；男服务员头发不得盖耳，不留大鬓角。

(8) 上班前禁止食用异味较大的食品(如饮酒，吃生葱、生蒜、萝卜、臭豆腐等)。

(9) 工作时间禁止吸烟、喝酒、吃零食，禁止在工作岗位上用餐。

(10) 工作中禁止对着宾客或食品打喷嚏、咳嗽，咳嗽或打喷嚏时应用手帕掩住口鼻；禁止随地吐痰。

(二) 饭店公共卫生管理

1. 公共卫生管理的范围

(1) 大厅、饭店门前区域、花园及饭店周围的清洁卫生工作。

(2) 餐厅、咖啡厅、宴会厅、茶座、酒吧、会议厅及舞厅等场所的清洁保养工作。

(3) 饭店所有公共卫生间的清洁卫生工作。

(4) 地下停车场、地下服务设施、楼顶平台、天井等区域的清洁工作。

(5) 饭店所有下水道、排水排污等管道系统和垃圾房的清疏整理工作。

(6) 饭店卫生防疫工作，定期喷药物，杜绝"四害"。

(7) 饭店的绿化布置和苗木的保养种植工作。

(8) 电梯内壁、地面和梯门的清洁工作，并定期对电梯地面磨光，给电梯的内壁、地面和梯门上蜡。

(9) 行政办公区域、员工通道、员工更衣室等员工使用区域的清洁工作。

(10) 雪天及时清扫门外的积雪，铺好防滑胶垫，制定防滑措施。

2. 公共卫生管理的要求

(1) 前厅。地面、楼梯干净无杂物，地毯干净、平整，大厅四壁无灰尘，玻璃明亮无痕，墙壁四角、墙围子、沙发、椅子、服务台、广告牌、花盆架等整齐无尘土，烟缸、痰盂内保持清洁，各处镜子、金属门扶手保持光亮。

(2) 客房部门的楼层环境。服务台、楼梯、楼道及各角落物品陈设整齐无尘土，地毯无杂物，暖气、空调机、墙壁无灰尘，玻璃及各种照明设备、楼道、楼梯表面整洁、光亮。

(3) 会议室。台布干净无污迹、无破洞，地毯保持平整松软无杂物，无地毯的地面光亮无灰尘，椅子、沙发、花架等布局合理、整洁。

(4) 值班室、职工休息室、更衣室。应保持同客房一样的水准。

(5) 客流量较大的公共场所。应充分利用客流量少的时候做好卫生清洁工作。例如，可以在白天进行一般性清理，在夜间进行全面清理。白天客流量大，在人多的时候应随时清理，特别是沙发、茶几、烟缸、痰盂等都应做到随时清洁整理，以保持公共场所各个位置的干净、整齐。

(6) 饭店门外的平台、台阶、停车场。要求无痰迹、无树叶、无碎纸、无烟头、无杂物。

(7) 地下停车场、地下服务设施、楼顶平台、天井等区域。应确保无杂物、无烟头、无痰迹、无污迹。

(8) 庭院。卫生要勤打扫，应及时清理草地上及花丛中的腐烂树叶、碎纸、烟头、杂物，并及时清理院内的垃圾，保持庭院清洁。

(9) 公共厕所。应随时清扫，保持清洁。手纸、香皂、毛巾保证供应，马桶、脸盆、水箱等设备如损坏或发生故障要及时修理。公共厕所内的卫生质量要求马桶及便池无尿碱、无异味，地面无脏物、脏迹，设备完好，能保证正常使用。

(三) 饭店餐饮卫生管理

1. 员工卫生管理

员工管理好个人卫生不仅可以保证身体健康和高效率地工作，而且可以防止疾病的传播，避免食物污染，并防止食物中毒事件的发生。

(1) 个人卫生管理。个人清洁是个人卫生管理的基础，个人的清洁状况既显示了个人的自尊自爱，也代表了饭店及餐厅的形象。在培养员工良好的卫生习惯方面。员工个人卫生管理除了依靠严格的上岗规章制度外，还应从根本着手养成良好的卫生习惯；在员工工作服卫生管理方面。饭店应为餐饮工作人员准备两套以上的工作服，工作服必须每天或定期清洗、更换。特别是厨房工作人员的工作服应结实、耐洗、轻便、舒适，并且具有吸汗功能。

(2) 员工操作卫生管理。员工操作卫生管理的目的是防止工作人员因操作时的疏忽而导致食品、用具遭受污染。员工在操作时，应参照员工操作卫生管理的基本原则，即员工在工作场所禁止饮食、吸烟，并尽量不交谈；员工在拿取餐具时应采用符合卫生要求的方法，不能用手直接接触餐具上客人入口的部位；不能用手直接抓取食品，准备食物时尽可能使用各种器皿用具；当必须用手直接操作时，应戴好干净的工作手套，并且在操作结束后处理好使用过的手套；工作时不使用破裂器皿；如器皿器具掉落在地上，应洗净后再使用；若熟食掉落在地上，则应弃置，不可再用；注意成品卫生，避免污染。

2. 厨房卫生管理

厨房卫生管理包括通风照明设施、冷热水设施以及地面、墙壁、天花板、门窗等的卫生管理。

(1) 通风照明设施。厨房应安装通风设施以排出炉灶烟气和仓库发出的气味，且通风设施应定时或经常清洁；有效的照明设施可以缓解厨房员工的眼睛疲劳，在厨房应安装防爆灯具，或使用防护罩，以免灯泡爆裂时玻璃片伤人或掉入食物内。

(2) 冷热水设施。厨房与备餐间应配有充足的冷热水设施，因为厨房和备餐间的任何清洁工作都必须依靠冷热水设施才能完成。

(3) 厨房地面、墙壁、天花板、门窗的卫生管理。厨房墙壁应采用光滑、不吸油水、易冲洗、浅色的材料，墙壁之间、墙壁与地面之间的连接处以弧形为宜，以便于清扫；用水泥或砖面砌成的内墙应覆有易于清洁的表面，各种电器线路和水、气管道均应合理架设，不应妨碍对墙壁和天花板的正常清扫；厨房天花板应选用不剥落或不易断裂及可防止染积尘土的材料，厨房宜选用轻型金属材料做天花板，其优点是不易剥落和断裂并可以拆卸安装，便于清洁；厨房地面应选用耐磨、耐损和易于清洁的材料，必须经得起反复冲洗，不会因受厨房内高温影响而开裂、变软或变滑，一般以防滑无釉砖为宜，应经常保持地面清洁，每天冲洗地面；厨房的门窗应没有缝隙，保持门窗的清洁卫生，应每天进行擦拭。

3. 餐具、设备的卫生管理

由于加工设备及厨具与生料直接接触，受微生物污染的可能性较高，因而厨房应切实抓好对这些设备及厨具的洗涤、消毒工作。

烹调设备及厨具不仅要控制其不良气味的产生，还要提高烹调设备的使用效率。这类设备一旦洗刷不净，在烹制食物时就会产生大量油烟和不良气味，特别是油锅、烤箱及烤炉等，如不注意清理油垢和残渣，厨房内往往会油烟弥漫。同时，油垢和食物残渣不仅会影响烹调效果，还会缩短设备的寿命。

厨房冷藏箱和冷藏柜只能用于短期放置烹调原料，它们并不是万无一失的保险箱。某些微生物在低温环境下仍能生长繁殖，时间过长，同样会引起食物腐败变质。因此，厨房要做好冰箱的清洁工作。

清洁消毒设备在使用后容易沾上污物与食物残渣，会导致微生物生长繁殖。因此，保持这些机器、设备的清洁卫生非常重要。只有先确保机械和设备的清洁卫生，才能确保被洗涤餐具的清洁卫生。

(四) 饭店客房卫生管理

1. 客房卫生用品

客房清洁车、吸尘器、洗涤剂、消毒剂、除尘毛巾等卫生用品应配备齐全、分类存放、专人保管，以方便使用；各种除尘毛巾应配备齐全，保证专用，无挪用、混用现象发生，无短缺、损坏、乱扔、乱放现象，能够适应客房卫生清扫的需要。

2. 墙面、地面卫生

客房天花板应确保光洁，无蛛网、灰尘、水印、脱皮、掉皮现象；墙面整洁美观，墙饰、壁画美观，无灰尘、蛛网和墙纸脱落现象；地毯应每天吸尘，确保无杂物、铺设平整美观，使用舒适；灯具应定期循环擦拭，确保光洁明亮，无灰尘；门窗应每天擦拭，确保无印迹、无灰尘，开启自如；窗帘应定期换洗，无破旧、无污迹。

3. 家具、用具卫生

客房家具、用具应每天擦拭，确保桌面、椅子、床头、壁柜、电视、冰箱、行李架、床头柜等表面无灰尘、无污迹；玻璃制品应每天擦拭消毒，确保光亮无水印和其他痕迹；电镀制品表面应光洁无污迹；镜子、画框应明亮，无尘土、无水银脱落现象；各种家具应保持干净、整洁，摆放在规定位置，以方便客人使用。

4. 客用物品卫生

床单、枕套应定期换洗，按饭店规定洗涤消毒，确保无破损、无毛发、无污迹，有舒适感；茶杯、口杯应每日擦拭消毒，确保明亮无水渍、无手印；毛毯、床罩、床褥、床裙应定期更换洗涤，确保洁净、柔软，无污迹、无毛发；拖鞋每日要换新；各种客用物品应保持清洁、整齐、美观、舒适，确保无客人使用过的痕迹。

案例分析

北京某饭店工程部张工程师主管维修工作，他在工作中感到很被动。一是饭店领导总是批评工程部的维修工作不及时，有时会遭到客人的投诉，如餐厅空调风口偶尔会吹出灰尘，影响客人就餐。二是工程部维修人员总是充当"消防队"，饭店内不是这个设备出现问题就是那个机器有故障，四处抢修，不但投入了很多人力，而且还要加班加点，但仍经常陷入被动局面。例如，正当厨房忙于开饭时，排风机皮带突然断了，油烟排不出去，窜到餐厅，熏得客人不得不离开餐厅，影响餐厅的正常营业，即使工程部派人迅速修复，也造成了不好的影响。三是张工程师发现由于维修不及时，导致有些设备寿命大大缩短，造成资金浪费，恶性循环越来越严重。针对这些问题，张工程师向工程部经理提出建议，当务之急是要尽快改变这种工作被动局面，摸索工作规律，制订可行和科学的维修保养工作计划，否则后果不堪设想。

资料来源：酒店前厅服务管理案例. 百度文库[EB/OL]. http://wenku.baidu.com/. 作者有删改

思考：

1. 工程部陷入被动局面的原因是什么？
2. 工程部经理在制订维修保养工作计划时，需要做哪些工作？

本章小结

在饭店管理中，做好物资与设备管理工作对提高饭店服务质量、降低成本消耗、提高经济效益有重要作用。本章着重介绍了饭店物资管理的采购及验收、仓储及发放；饭店设备管理的原则；饭店设备的购置、使用与维护、改造与更新等相关内容。随着饭店管理的日趋现代化、多样化，饭店卫生管理越来越受到人们的重视，它不仅关系饭店的声誉和效益，也关系宾客的健康。为此，本章还介绍了饭店卫生管理的特点、要求、原则和内容。

复习思考题

1. 简述饭店物资管理的内容、特点与原则。
2. 简述饭店仓储管理的内容。
3. 饭店设备管理应遵循哪些原则？
4. 饭店设备的使用与维护包括哪些内容？
5. 饭店卫生管理的特点是什么？
6. 简述饭店卫生管理的要求及原则。

第十二章
饭店服务质量管理

知识目标

● 了解饭店服务质量的含义及特点
● 熟悉饭店服务质量管理的内容
● 掌握饭店服务质量管理的基本方法

技能目标

● 运用饭店服务质量管理的基本方法进行服务质量分析
● 能够运用多种方法对同一服务质量问题进行分析

引导案例 | 在爱挑剔的客人面前

　　在某饭店，服务员将客人带到房间后，询问客人有什么吩咐，客人要了杯开水。当服务员把开水拿来后，客人说要毛巾。服务员让客人稍等，便将毛巾拿来。这时，客人看了看毛巾说："我不用旧毛巾，我要用新毛巾。"服务员向客人道歉，承认是自己的错，马上拿来新毛巾，并询问："您还有什么吩咐？"客人说要几包茶叶。当服务员把茶叶拿来后，客人闻了闻说："我不要绿茶，我要红茶。"服务员再次向客人承认错误，又拿来红茶。这时，客人觉得不好意思，主动向服务人员解释，自己心情不好，想发泄发泄，被服务员的真诚态度所感动。最终，这位客人向服务员表达了谢意和歉意，服务员说："这是我应该做的。"

　　资料来源：酒店前厅服务管理案例. 百度文库[EB/OL]. http://wenku.baidu.com/. 作者有删改

思考：

请对本案例进行评价。

本章导语

　　国家宏观政策的支持和倾斜促进了饭店业的发展，由此形成激烈的市场竞争。饭店要在市场竞争中取胜，关键是占领和巩固客源市场，而影响客源市场的突出问题是饭店的服务质量问题。

　　现代饭店服务管理的实质就是服务质量管理。服务质量是饭店的生命线，饭店管理人员应把服务质量管理作为饭店管理的重要内容。饭店服务质量的好坏，直接关系饭店的经营成败。事实证明，服务是生财之道，饭店如果不重视服务质量，很快就会失去顾客，导致经营亏损。谁能提供全面、周到的服务，谁就能在市场上取得优势地位，获得更好的经济效益。

近年来，各家饭店的有形产品往往比较相近，各家饭店在客房等硬件设施上的差别越来越小，很难通过有形产品与竞争对手区别开来，同时，顾客需求的多样性和多变性也为饭店获得和保持竞争优势增加了难度。饭店要想突出重围，在竞争中脱颖而出，就要在提高服务质量上狠下苦功。顾客对服务质量的感知是评价服务质量的最终标准，因此饭店要提高服务质量，就要在各个方面和各个环节中关注顾客的需求，以满足顾客的需求为出发点及最终目的。同时，提高饭店服务质量并不是一个部门、一个员工就可以完成的任务，服务质量的提高要依靠一个完整的系统，并且是一个循序渐进的过程。

本章首先概述了饭店服务质量的含义、特点、内容，并在概括当前饭店服务质量问题的基础上，提出饭店服务质量管理的基本方法。

第一节　饭店服务质量的含义及特点

一、饭店服务质量的含义

饭店服务质量是指饭店以其所拥有的设施设备为依托，为客人所提供的服务在使用价值上适合和满足客人物质需要和精神需要的程度。

二、饭店服务质量的特点

(一) 饭店服务质量构成的综合性

饭店服务质量构成的综合性即饭店服务质量是有形性和无形性的结合，包括设施设备质量、服务环境质量、实物产品质量、劳务服务质量等。

饭店必须要有整体观念，既要重视设施设备的质量，又要重视实物产品的质量，更要重视劳务本身的质量。饭店必须进行多维评价，因为优质服务是由很多具体的内容和劳务活动构成的，这些活动作用于不同的对象，每一次活动的质量好坏都会影响整个服务质量的优劣。饭店必须重视学习和运用心理学知识，服务质量的高低以客人的心理感受作为评价标准，客人的兴趣、爱好、需求及各地风俗习惯不同，评价标准也不一样。因此，只有针对客人的心理特点，充分运用心理学知识，做好每一次服务工作，才能提供优质服务。

(二) 饭店服务质量评价的主观性

饭店服务质量评价的主观性，即服务对象的个性化，服务人员应根据每位客人的特别要求提供相应的优质服务。饭店的服务表现为一次次具体的服务过程，而每一次服务的对象各不相同，他们对饭店服务的要求及对饭店服务质量的评价也有不同标准。

(三) 饭店服务质量显现的短暂性

饭店服务质量显现的短暂性，即服务质量表现的一次性。饭店的服务表现为一次次具体的服务过程，饭店服务质量的水平也是由一次次具体的服务过程来体现的，客人的评价也是一次性的，它不像实物产品那样可以返修、回炉，一旦出错，就无法补救。

因此，服务人员必须具有强烈的服务意识、多方面的服务知识及灵活的应变能力。服务人员必须重视每一次具体的服务活动，要根据服务程序的要求，针对客人的特点提供优质服务。

(四) 饭店服务质量内容的关联性

饭店服务质量内容的关联性，即饭店的每一次服务活动都不是独立存在的，饭店规模越大，服务活动之间的联系越广泛。从饭店整体来看，在保证设备设施和实物产品质量的前提下，服务质量还包括前厅服务质量、客房服务质量、餐饮服务质量等具体内容。这些内容以客人的活动规律为线索，相互关联、相互依存、互为条件，形成一条服务链。

因此，服务人员必须具有系统观念，从住店和用餐客人的活动规律出发，加强各个服务环节之间的衔接和协调，树立整体形象。同时，还必须重视各条服务链内部的衔接和协调。

(五) 饭店服务质量对员工素质的依赖性

饭店服务质量对员工素质的依赖性，即服务人员的素质与服务质量密切相关。饭店服务质量是通过服务人员的劳动体现出来的，因此饭店服务质量很容易受到员工素质的影响。

饭店服务是面对面的复杂劳动，相较于其他劳动有更高的要求，因此，饭店必须注重对服务人员素质的培养，包括对职业道德、语言艺术、形体语言、礼节礼貌、职业知识、职业技能、职业习惯等方面的培训。同时，必须充分调动广大服务人员的主动性、积极性和创造性，培养服务人员的工作责任心和自我管理能力。

(六) 饭店服务质量的情感性

饭店与客人之间关系的融洽程度直接影响客人对饭店质量的评价。服务人员要在日常工作中与客人建立起良好的、和谐的关系，可使客人更容易谅解饭店的一些无心之失。

(七) 标准化服务是服务质量管理的核心

科学化、规范化、制度化、程序化是饭店服务质量管理的核心。饭店是家庭活动与社会活动的综合体，通过服务而非情绪来传递感情，可使客人消除因远离家庭而产生的孤独感。

第二节 饭店服务质量的内容

饭店服务质量主要包括以下几方面内容。

一、服务设施设备质量

饭店的设施设备既是饭店提供服务的基础，也是饭店服务的有形依托和表现形式。饭店服务质量对饭店设施设备的基本要求主要包括以下内容。

(1) 服务设施设备的总体水平应达到与星级标准相对应的水准。

(2) 服务设施设备应尽可能完善，让客人感到实用、方便。

(3) 各种设施设备应始终处于良好的状态。

(4) 应针对各种设施设备制定严格的维修保养制度，确保饭店的接待服务正常进行。

二、实物产品质量

实物产品质量是满足客人物质消费需要的直接体现，主要体现在以下几个方面。

(一) 饮食产品质量

饮食产品质量包括产品风味、原料选择、原料配备、炉灶制作、食品卫生等，最终体现在食品产品的色、香、味、器、名等要素上。饮食产品要精致可口、营养卫生、独具特色，以满足客人的需要。

(二) 实物商品质量

实物商品质量包括商品数量、商品结构、花色品种、民族特色、纪念意义、外观包装等方面，最终以商品本身的内在质量为主。饭店商品应货真价实、品种丰富、结构合理、外观精美，所供商品应符合客人的购买偏好。

(三) 服务用品质量

服务用品包括服务人员使用的各种用品和直供给客人消费的各种生活用品。前者是提供优质服务、保证满足客人需要的重要条件，后者是满足客人物质需要的直接体现。

三、劳务服务质量

劳务服务质量即以劳动为直接形式创造的使用价值的质量，是无形产品质量。劳务服务质量是饭店服务质量的主要表现形式，具体包括服务态度、服务知识、服务技能、服务方式、礼节礼貌、劳动纪律、职业道德、职业习惯、服务效率、安全卫生等方面。

四、服务环境质量

服务环境的良好有序是满足客人精神享受的重要体现。良好的服务环境更有助于为客人提供舒适、方便、安全、卫生的服务，是饭店服务质量的重要组成部分。

服务环境质量包括服务设施、服务场所的装饰布置、环境布局、空间构图、灯光气氛、色调情趣、清洁卫生、空间形象等方面，也包括饭店与客人的人际环境、文化吸引性与相融性、饭店内部人际关系等因素。

五、宾客满意程度

宾客满意程度主要表现为他们在消费过程中享受到的服务劳动的使用价值，因得到物质和心理满足而产生的感受、印象和评价。它是饭店服务质量的最终体现，是提升饭店服务质量的依据。

第三节 饭店服务质量管理方法

在服务质量管理中，饭店只有采取有效的管理方法，才能真正提高服务质量，提供令宾客满意的服务，使饭店取得良好的经济效益。饭店常用的服务质量管理方法有全面质量管理法、服务质量分析法、ZD质量管理法、交互服务质量管理法、QC小组法、专项质量管理法、优质服务竞赛和质量评比法、"末日管理"法、现场管理法等。

一、全面质量管理法

(一) 全面质量管理的含义

全面质量管理(total quality control，TQC)源于20世纪60年代的美国，首先在工业企业中应用，而后推广到服务行业，取得了良好的效果。它把经营管理、专业技术、数据统计和思想教育结合起来，形成从市场调查、产品设计、产品制造直至使用服务的一个完整的质量体系，使企业质量管理进一步科学化、标准化。

饭店全面质量管理是指饭店为保证和提高服务质量，组织饭店全体员工共同参与，综合运用现代管理科学，控制影响服务质量的全过程和各因素，以全面满足宾客需求的系统管理活动。

(二) 全面质量管理的内容

(1) 全方位质量管理，即对饭店内部各个部门以及外部有关行业为宾客提供的各个方面服务的质量管理。全方位质量管理包括对饭店前台接待部门、后台业务部门、各职能部门以及饭店外部有关的物资供应部门等的服务质量管理。

(2) 全过程质量管理，即对饭店的各项服务从预备阶段到服务过程再到服务结束所采取的具有相关性和连续性的管理。

(3) 全人员质量管理，即对各级管理人员、决策人员、操作人员、服务人员等各层级人员的人才素质管理和质量管理，它贯穿饭店各层级人员执行饭店质量计划、完成质量目标的全过程。

(4) 全方法质量管理，即采用多样性和全面性的管理方法，以达到高质量服务的目的。质量管理方法主要有行政方法、经济方法、法律方法、思想方法、数理统计方法以及定性、定量分析法等。

(5) 全效益质量管理，即饭店提高服务质量的目的在于创造更大的经济效益，使饭店在激烈的市场竞争中始终立于不败之地。此外，饭店在创造经济效益的同时，也要创造社会效益，把经济效益和社会效益两者紧密地结合起来。

二、服务质量分析法

服务质量分析法有很多，常用的有ABC分析法、质量结构分析法、因果分析法、PDCA循环法等。

(一) ABC分析法

ABC分析法又称主次因素法，在具体操作时，饭店以"关键的是少数，次要的是多数"为基本思想，对影响饭店服务质量的诸多因素，以质量问题的个数和质量问题发生的频率为两个相关的标志进行定量分析，计算每个质量问题在质量问题总体中所占的比重，再按照一定的标准分成A、B、C三类，以便找出对饭店质量影响较大的1~2个关键性的质量问题，并把它们纳入饭店当前重点的质量控制与管理中去，从而实现有效的服务质量管理，使服务质量管理工作既突出重点，又照顾一般。ABC分析法主要包括以下几个步骤。

(1) 收集服务质量问题信息。

(2) 分类、统计、制作服务质量问题统计表，将收集到的质量问题信息进行分类、统计、排列，制作统计表，并计算比率和累计比率，如表12-1所示。

表12-1　服务质量问题统计表

质量问题	问题数量/个	比率/%	累计比率/%
菜肴质量	130	65.0	65.0
服务态度	36	18.0	83.0
外语水平	20	10.0	93.0
娱乐设施	8	4.0	97.0
其他	6	3.0	100.0
合计	200	100.0	100.0

同时，画出有两条纵坐标轴的直角坐标图。横坐标为分类质量问题，从左到右按问题出现次数的多少进行排列；一条纵轴表示质量问题出现的频数，另一条纵轴表示累计比率，如图12-1所示。

图12-1　ABC分析法案例图

(3) 分析找出主要质量问题。排列图上累计比率为0～70%的因素为A类因素，即主要因素；累计比率为70%～90%的因素为B类因素，即次要因素；累计比率为90%～100%因素为C类因素，即一般因素。找出主要因素就可以抓住主要矛盾。

(二) 质量结构分析法

质量结构分析图又称圆形分析图、饼形分析图，它根据饭店服务质量调查资料，将统计结果绘制在一张圆形图上，如图12-2所示。它可以非常直观、形象地反映影响饭店服务质量的主要因素，便于饭店有针对性地提出改进措施。质量结构分析法主要包括以下几个步骤。

图12-2　质量结构分析图

(1) 收集质量问题信息。饭店管理者应通过各种原始记录、质量信息报表、质量检查结果、客人意见调查表、客人投诉处理记录、质量考核表等途径收集饭店现存的质量问题。

(2) 信息的汇总、分类和计算。对收集到的质量问题信息先进行汇总，并根据不同的内容将其分类，再计算每类质量问题的构成比例。

(3) 画出圆形图。先画一个大小适宜的圆形，并在圆形中心画一个小圆圈；再从最高点开始，按顺时针方向，根据问题种类及其构成比例分割圆形，并用直线与小圆圈相连；最后在分割的圆形中填入相应的问题种类及构成比例。

(三) 因果分析法

因果分析图又称鱼刺图、树枝图，是一种分析质量问题产生原因的有效工具。因果分析图对产生质量问题的原因进行分析，并把原因与结果之间的关系用图表示出来，如图12-3所示。因果分析法主要包括以下几个步骤。

图12-3　因果分析图

(1) 确定要分析的质量问题，用ABC分析法找出存在的问题。

(2) 寻找A类问题产生的原因。需要从大到小、从粗到细、寻根究源，直到能够采取具体措施为止。

(3) 整理并找出原因，按结果与原因的关系画出因果图。对于导致服务质量问题的大原因，通常从人、方法、设备、原料、环境等角度来考虑。

(四) PDCA循环法

PDCA即计划(plan)、实施(do)、检查(check)和处理(act)的英文简称，它是按计划、实施、检查、处理这4个阶段开展管理工作并循环不止的一种科学管理方法，如图12-4所示。

1. PDCA循环的特点

(1) 该循环不停地转动，每转动一周提高一步。每次循环都有新的目标和内容，质量问题才能不断地得到解决，饭店的服务水平才能不断提高。

(2) 大环套小环，小环保大环。小环以大环为整体，是大环的分解和保证。

(3) 强调管理的完整性。PDCA循环是一个整体，每一个阶段都同等重要，每一个阶段的工作都是下一个阶段工作的开始，不可忽视或缺少。

2. PDCA循环的步骤

(1) 计划阶段。

① 分析现状，找出存在的质量问题。

② 分析产生质量问题的原因。

③ 找出影响质量的主要原因。

④ 制定解决主要质量问题的措施、计划。

(2) 实施阶段。

实施计划，要按照制定的措施、计划严格地执行。

(3) 检查阶段。

检查计划的执行情况是否达到预期要求。

(4) 处理阶段。

① 总结经验和教训，实行标准化。

② 提出遗留问题，转入下一个循环。

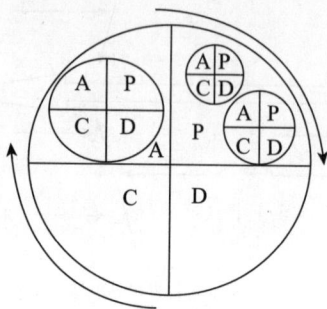

图12-4　PDCA循环图

三、ZD质量管理法

"ZD"是英文zero-defects的缩写，其含义是无缺点计划管理，即零缺点管理，因此，ZD质量管理法又称零缺点质量管理法。它是美国人克劳斯比于20世纪60年代提出的管理理念，主要用于控制产品质量。

(一) ZD质量管理法的含义

零缺点管理的本意并非绝对地无缺点，而是要将缺点和差错减少到最低限度，具体包括以下3个实施要点。

(1) 以"无缺点"为管理目标。

(2) 每位员工都是主角。

(3) 充分发掘人的潜力。

(二) ZD质量管理法的特点

(1) 一次性，即第一次就要把事情做好，这是"零缺点"管理的核心。

(2) 超前性，即以预防为主，防患于未然，强调事前控制。

(3) 全员性，即全体人员共同将缺点和错误降到最低点。

(三) ZD质量管理法的步骤

(1) 建立服务质量检查制度。许多饭店建立了自查、互查、专查、抽查和暗查五级检查制度。

(2) DIRFT，即每个人第一次就把事情做对(do it right the first time)。

(3) 开展零缺点工作日竞赛，使员工养成DIRFT的工作习惯。

四、交互服务质量管理法

(一) 交互服务质量管理的含义

饭店交互服务质量管理是指为实现饭店交互服务质量的提高，而采取的加强交互过程控制、培训服务人员、营造顾客参与氛围等的管理活动。

(二) 交互服务质量管理的基本内容

(1) 服务供求管理。良好的服务质量首先需要有一个良好的服务环境，饭店应对供求进行合理调节，加强管理，从而为员工创造良好的服务环境。

(2) 员工授权管理。由于交互服务的过程十分短暂，要想在短暂的时间内满足顾客需要，员工就必须有一定的权力。授权不仅意味着权力的重新分配，还需要向员工提供必要的信息，使员工具备更好地为顾客服务的知识和能力。同时，授权应与奖励结合起来，出色的员工应获得更高的薪酬。

(3) 现场督导管理。交互服务是在"现场"完成的，交互过程中出现的任何差错都可能给顾客留下不好的印象。因此，饭店需要加强现场督导和监控，从而使交互过程顺利进行。

(4) 服务补救管理。虽然饭店讲究ZD管理，但即使是最优秀的服务人员，在服务工作中也难免会出现差错。这就要求饭店能及时采取一系列补救措施，纠正差错，使顾客从不满意转变为满意。

(5) 人际交往管理。交互服务是由服务人员和顾客共同参与完成的。服务人员不仅要具有较强的服务意识，还要掌握丰富的服务技能和人际沟通技能，以便处理好与顾客接触过程中所出现的各种问题。

五、QC小组法

(一) QC小组的含义

QC小组，即质量管理小组，它是指将在各个岗位上工作的员工组织起来，围绕企业的方针目标和现场存在的问题，以改进质量、降低消耗、提高经济效益为目的，运用质量管理的理论和方法开展管理活动的小组。

(二) QC小组法的实施步骤

(1) 调查现状。对拟解决的质量问题进行现状调查，以保证其真实性。

(2) 分析原因。发动全组成员集思广益，找出问题产生的主要原因。

(3) 制定措施。针对主要原因制定相应的对策，根据确定的对策安排实施计划，实行进度管理，加强预测。

(4) 按计划实施。在实施过程中，应随时把握实施情况，检测质量发展趋势，根据分析结果，采用专业技术或组织管理措施，及时解决遇到的新问题，同时做好详细记录。

(5) 检查效果。将实施计划前后的效果进行对比，检查是否达到预定目标，分析达标或不达标的原因，不达标的应重新调查分析。

(6) 制定巩固措施。如达到目标并通过3个月左右的考验，则说明问题已基本解决，应将行之有效的方法上升为标准，经有关部门审定后，纳入饭店有关质量标准的管理文件。

(7) 遗留问题的处理。对遗留问题加以分析后，将需要进一步解决的问题作为QC小组下一个循环的课题，将继续深入开展管理活动。

(8) 总结成果资料。这是QC小组自我提高的重要环节，也是进入下一个循环的开始。

六、专项质量管理法

(一) 专项质量管理的含义

专项质量管理又称为项目管理，是对每一个服务质量项目所进行的管理，意在强化质量体系中某一个环节的质量控制。饭店经常开展的"微笑服务月""礼貌服务周""环境卫生日"以及星级复查的准备活动，旅游主管部门倡导的优质服务评比和专门工种技能培训等，均属于专项质量管理范围。

(二) 专项质量管理的特点

(1) 授权某一个人全权负责。

(2) 由某一个组织完成。

(3) 在明确的时间内结束。

(4) 有相对精简、实用的评价审核标准。

(5) 有一个清晰的目标。

(6) 项目完成后应提交完整的反馈文件材料。

(三) 专项质量管理的步骤

(1) 确定项目概念。

(2) 进行项目的可行性分析。

(3) 设计并确定项目实施的步骤、评价审核标准等。

(4) 与该项目有关的组织、人员按规定的步骤完成各自的任务。

(5) 总结和记录项目执行情况，进行效果评价、经验教训总结等。

七、优质服务竞赛和质量评比法

(一) 优质服务竞赛和质量评比的作用

饭店定期组织和开展优质服务竞赛和质量评比等活动，可促使饭店全体员工树立质量意识，提高执行饭店服务质量标准的主动性和积极性，营造提高饭店服务质量的气氛。

(二) 优质服务竞赛和质量评比的特点

(1) 定期组织，形式多样。饭店应定期组织和开展丰富多样的优质服务竞赛和质量评比等质量管理活动，要明确范围和意义，确定参与对象及要求，制定评比标准与方法，从而激发广大员工的参与愿望。

(2) 奖优罚劣，措施分明。开展竞赛和评比活动应制定具体的奖罚措施，应遵循"奖优罚劣、以奖为主"的奖惩原则，如给优胜者发奖金、授予荣誉称号、以VIP身份免费入住饭店一天、去国外或外地考察旅游等。

(3) 总结分析，不断提高。每次活动结束后，所有的质量管理人员都应认真总结与分析，总结经验加以推广应用，提出不足以便改进提高，从而不断改善饭店服务质量。

八、"末日管理"法

"末日管理"也称为"危机管理"，它包含两个层次的含义。

(一) 对于效益好的饭店，应以严厉的规章制度来约束

对于那些效益好的饭店而言，在饭店内部树立危机意识，在质量管理和控制方面采取严厉的措施，是为了巩固市场占有率，维护良好的饭店形象。

(二) 对于效益差的饭店，应以非常规的方式来进行管理

对于那些濒临破产的饭店而言，管理者可采取非常规的方式，以扭转劣势，提高服务质量。

九、现场管理法

现场管理是组织为了实现经营目标，有效利用所拥有的资源，实现有计划、高效率的运作所采取的措施，它对生产的范围、时间、进度等各个方面做出规范，并设置目标，把握实际进程。在现场管理中，各项工作应在受控状态下有序进行，一旦出现问题，就应立即采取措施予以解决。

案例分析

行李员小李应客人王先生的要求到15楼取行李。当小李与王先生从15楼进入电梯后，看到电梯从14楼到1楼的按钮都亮了，可电梯内只有4位客人。

小李观察到，在4位客人中，有个小伙子把手插在兜里，一副若无其事的样子，目光却躲躲闪闪，小李立即猜到可能是这个小伙子按下所有按钮。但小李没有直接询问小伙子，而是重新启动电梯，按好了客人们要去的楼层按钮。几位客人都向小李投去了赞许的目光，那位小伙子更是在不安中流露出感激之情。

资料来源：酒店前厅服务管理案例. 百度文库[EB/OL]. http://wenku.baidu.com/. 作者有删改

思考：

试运用所学的饭店服务质量管理原理分析小李的做法。

本章小结

本章介绍了饭店服务质量的含义及特点；阐述了饭店服务质量管理的内容，具体包括服务设施设备质量、实物产品质量、劳务服务质量、服务环境质量、宾客满意程度；归纳了多种饭店服务质量管理的方法，具体包括全面质量管理法、服务质量分析法、ZD质量管理法、交互服务质量管理法、QC小组法、专项质量管理法、优质服务竞赛和质量评比法、"末日管理"法、现场管理法等。

复习思考题

1. 什么是饭店服务质量？
2. 饭店服务质量有哪些特点？
3. 饭店服务质量管理的内容有哪些？
4. 饭店服务质量管理的方法有哪些？
5. 什么是因果分析法？
6. 简述PDCA循环法的步骤。
7. "零缺点"管理的含义是什么？
8. 简述QC小组法的步骤。
9. 什么是"末日管理"法？
10. 什么是现场管理法？

参考文献

[1] 蒋丁新. 饭店管理概论[M]. 4版. 大连：东北财经大学出版社，2012.

[2] 陆慧. 现代饭店管理概论[M]. 北京：科学出版社，2005.

[3] 徐文苑. 酒店经营管理[M]. 广州：广东经济出版社，2006.

[4] 邹益民. 现代饭店管理[M]. 杭州：浙江大学出版社，2006.

[5] 董观志. 现代饭店经营管理[M]. 广州：中山大学出版社，2004.

[6] 谢丽萍. 酒店管理概论[M]. 北京：中国财政经济出版社，2005.

[7] 杨秀丽. 酒店前厅客房服务管理[M]. 沈阳：东北大学出版社，2003.

[8] 孟庆杰. 前厅客房服务与管理[M]. 大连：东北财经大学出版社，2002.

[9] 李丽. 前厅与客房服务实训[M]. 北京：中国劳动社会保障出版社，2005.

[10] 李勇平. 餐饮服务与管理[M]. 6版. 大连：东北财经大学出版社，2018.

[11] 支海成. 客房服务员[M]. 北京：中国劳动社会保障出版社，2001.

[12] 李小兵. 餐厅服务[M]. 北京：旅游教育出版社，2006.

[13] 谢彦君. 饭店营销学[M]. 大连：东北财经大学出版社，2003.

[14] 钱炜. 饭店营销学[M]. 北京：旅游教育出版社，2003.

[15] 谷慧敏. 旅游市场营销[M]. 北京：旅游教育出版社，2003.

[16] 朱承强. 旅游市场营销[M]. 3版. 北京：中国财政经济出版社，2021.

[17] 吴勇. 市场营销[M]. 北京：高等教育出版社，2001.

[18] 蔡万坤. 餐厅与宴会服务实训[M]. 北京：中国劳动社会保障出版社，2005.

[19] 于佩珍. 餐饮服务技术(上)[M]. 天津：南开大学出版社，2005.

[20] 李坤生. 餐饮服务技术(下)[M]. 天津：南开大学出版社，2005.

[21] 徐虹. 饭店企业核心竞争力研究[M]. 北京：旅游教育出版社，2004.

[22] 奚晏平. 世界著名酒店集团比较研究[M]. 北京：中国旅游出版社，2004.

[23] Raphael R. Kavangugh. 饭店业督导[M]. 张俐俐，译. 北京：中国旅游出版社，2002.

[24] 叶万春. 服务营销管理[M]. 北京：中国人民大学出版社，2003.

[25] 邹统纤，等. 理论前沿与中国的实践[M]. 广州：广东旅游出版社，2002.

[26] 魏小安. 旅游热点问题实说[M]. 北京：中国旅游出版社，2001.

[27] 李天元，王连义. 旅游学概论[M]. 天津：南开大学出版社，1997.

[28] 陈志辉，陈小春. 旅游信息学[M]. 北京：中国旅游出版社，2003.

[29] Robert H. Woods，等. 饭店业质量管理[M]. 李昕，译. 北京：中国旅游出版社，2003.

[30] 加里·德斯勒. 人力资源管理[M]. 吴雯芳，译. 9版. 北京：中国人民大学出版社，2005.

[31] 彼得·德鲁克. 管理前沿[M]. 闾佳，译. 北京：机械出版社，2006.

[32] 海因茨·韦里克，哈罗德·孔茨. 管理学——全球化视角：英文版[M]. 北京：经济科学出版社，2004.

[33] 张永安. 现代饭店管理[M]. 广州：暨南大学出版社，2004.

[34] 张少龙，等. 中国市场消费报告[M]. 北京：社会科学文献出版社，2005.

[35] 谷慧敏. 世界著名饭店集团管理精要[M]. 沈阳：辽宁科学技术出版社，1999.

[36] Denny G. Rutherford. 现代美国饭店经营与管理[M]. 赵媛，译. 长沙：湖南科学技术出版社，2003.

[37] 朱卓仁. 休假地的开发及其管理[M]. 王永贵，译. 北京：旅游教育出版社，1998.

[38] 全国旅游星级饭店评定委员会办公室. 星级饭店经典服务案例及点评[M]. 北京：中国旅游出版社，2008.

[39] 牟昆，王林峰. 饭店管理概论[M]. 北京：电子工业出版社，2009.

[40] 张虹薇，陈艳珍. 饭店管理实务[M]. 北京：北京师范大学出版社，2012.

[41] 金祖良. 旅游危机处理指南[M]. 杭州：浙江大学出版社，2006.

[42] 唐文. 现代酒店管理(下)[M]. 北京：企业管理出版社，2003.

[43] 梁玉社，白毅. 饭店管理概论[M]. 北京：旅游教育出版社，2006.

[44] 李辉作. 现代饭店管理[M]. 北京：电子工业出版社，2010.

[45] 马勇. 饭店管理概论[M]. 北京：清华大学出版社，2006.

[46] 梁玉社，李烨. 饭店管理[M]. 上海：上海人民出版社，2010.

[47] 初晓恒，章平，何军杰. 饭店管理概论[M]. 上海：上海财经大学出版社，2010.

[48] 叶昌建，李民田. 饭店管理概论[M]. 北京：北京理工大学出版社，2010.

[49] 谷慧敏，田桂成. 饭店集团案例库：中国卷[M]. 北京：旅游教育出版社，2008.

[50] 邓峻枫. 国际饭店集团管理[M]. 广州：广东旅游出版社，2006.

[51] 范运铭. 现代饭店管理概论[M]. 北京：首都经济贸易大学出版社，2009.

[52] 王少蓉. 现代饭店管理[M]. 天津：天津大学出版社，2011.

[53] 薛秀芬. 中外酒店集团比较研究[M]. 北京：北京师范大学出版社，2011.